100 HIGHLIGHTS
DIE WELT

ALLE ZIELE, DIE SIE GESEHEN HABEN SOLLTEN

100 HIGHLIGHTS
DIE WELT
BRUCKMANN

Das Treppenviertel von Blankenese gehört zu den teuersten Wohnlagen Hamburgs (oben). Andalusien hat viel zu bieten: atmosphärische Restaurants in der Altstadt Málagas (Mitte). Farbenfrohe »Drachenmenschen« sind unterwegs beim »Mega Carnaval« in Lima (unten).

Inhaltsverzeichnis

Europa 10

1 **Hamburg** – Venedig an der Elbe 12

2 **Berlin** – Die hippste Stadt der Welt 16

3 **München** – Hightech und Tradition 20

4 **Die Zugspitze** – Ziel für Gipfelstürmer 24

5 **Wien** – Lebensqualität und Lifestyle 26

6 **Dolomiten** – Rund um die Drei Zinnen 30

7 **Der Mont Blanc** – Der Riese in Europa 34

8 **Paris** – Mon Amour 36

9 **Die Schlösser an der Loire** – Ein Besuch im »Garten Frankreichs« 40

10 **Bordeaux** – Südfranzösischer Charme 44

11 **Côte d'Azur** – Traum am MIttelmeer 48

12 **Venedig** – La Serenissima 52

13 **Florenz** – Im Zeichen der Kuppel 56

14 **Das Chianti** – Im Land des guten Weins 60

15 **Rom** – Weltstadt zwischen Kunst und Cappuccino 64

16 **Mallorcas Mandelblüte** – Romantik in Reinform 68

17 **Sevilla** – Hauptstadt der Sinne 70

18 **Granadas Alhambra** – Im Garten Allahs 76

19 **Málaga** – Hauptstadt der Costa del Sol 80

20 **Porto** – Heimliches Zentrum Portugals 82

21 **Der Dartmoor National Park** – Einzigartige Einsamkeit 86

22 **Canterbury** – Stadt der Pilger und Märtyrer 90

23 **Stonehenge** – Mystischer Steinkreis 94

24 **London** – Die schönen Dinge des Lebens 98

25 **Edinburgh** – »Athen des Nordens« 104

26 **Callanish** – Mystische Standing Stones 108

27 **Reykjavík** – Stadt zwischen Feuer und Eis 110

28 **Haukadalur** – Wo Island brodelt und zischt 114

29 **Im Nationalpark Snæfellsjökull** – Welt der Elfen und Trolle 116

30 **Grönland** – Land der Menschen 118

31 **Kopenhagen** – Geschichte trifft Moderne 122

32 **Göteborg** – Die maritime Schönheit 126

33 **Oslo** – Eine Stadt mit vielen Namen und Gesichtern 128

34 **Trollstigen und Trollwand** – Wo die Trolle lauern 132

35 **Nusfjord** – Das schönste Fischerdorf der Lofoten 134

36 **Das Nordkap** – Am Ende des europäischen Kontinents 136

37 **Lappland** – Reich der Samen und Rentiere 140

38 **Stockholm** – Grüne Metropole, verteilt auf 14 Inseln 144

39 **Helsinki** – Die finnische Hauptstadt 150

40 **St. Petersburg** – Weiße Nächte 154

41 **Moskau und der Kreml** – Schaltzentrale russischer Macht 156

42 **Der Elbrus** – Götterthron im Kaukasus 160

Afrika 162

43 **Die Pyramiden von Gizeh** – Grabmäler für die Ewigkeit 164

44 **Luxor** – Hauptstadt der Pharaonen 168

45 **Der Kilimandscharo** – Das Dach Afrikas 174

46 **Windhoek** – Namibias Metropole im Hochland 176

47 **Brandberg und Spitzkoppe** – Namibias Bergwelten 180

48 **Der Namib Naukluft National Park** – Die älteste Wüste der Welt 184

49 **Der Etosha National Park** – Das Paradies der Wildtiere 190

50 **Cape Town** – Das schönste Ende der Welt 194

51 **Der Tafelberg** – Südafrikas Highlight 198

52 **The Song of The Kalahari** – Großkatzen und Buschleute 200

53 **Der Krüger Park** – Die Arche der Wildtiere 202

Surfer (oben) sieht man täglich an Rios Copacabana. Die schönsten Mosaiken in der Hagia Sophia in Istanbul sind auf den Galerien zu finden (Mitte). Wuchtige Designgebäude prägen das Gesicht von Peking (unten).

Garnelen und andere Meeresfrüchte werden in Vietnam in geflochtenen Körben transportiert (oben). Im amerikanischen Arizona begegnen einem noch echte Cowgirls (Mitte). Im Oman tragen auch die Kinder die traditionellen Gewänder, Dishdasha genannt (unten).

Inhaltsverzeichnis

Amerika 206

54 Québec City – »Vive le Québec libre!« 208

55 Banff National Park und Lake Louise – Abwechslungsreiche Natur 212

56 New York – Die Stadt, die niemals schläft 216

57 San Francisco – »Belle of the Bay« 220

58 Der Yosemite National Park – Das erste Naturschutzgebiet der Welt 224

59 Der Grand Canyon – Unvergleichlicher Einblick in die Erdgeschichte 226

60 Miami Beach – Die Roaring Twenties 230

61 Havanna – Das spanische Erbe in Kuba 232

62 Trinidad – Die Museumsstadt Kubas 238

63 Guardalavaca – Karibische Badefreuden 242

64 Long Island – Auf Kolumbus' Spuren 246

65 Port Antonio und die Blue Mountains – Geschäftige Hafenstadt 248

66 St. Lucia – Wilde Inselschönheit 252

67 Lima – Die Stadt der Könige 254

68 Machu Picchu – Die verlorene Stadt der Inka 258

69 Das Amazonas-Tiefland – Die Lunge der Erde 262

70 Das Schutzgebiet Zentralamazonas – Einzigartige Biosphäre 266

71 Rio de Janeiro, Zona Sul – Von Copacabana bis Leblon 270

72 Der Perito Moreno – Blau-weiße Eiswelt 274

73 Die Torres del Paine – Türme über der Pampa 276

Asien 278

74 Istanbuls Hagia Sophia – Ewig schön 280

75 Jerusalem – Die Stadt der Verheißung 284

76 Tel Aviv – Israels Metropole 286

77 Am Toten und am Roten Meer – Zwei Welten ganz nah 288

78 **Bahla** – Die Königsstadt in der Wüste 290

79 **Dubai** – Wie aus einem orientalischen Märchen 292

80 **Keralas Backwaters** – Auf Booten in Südindien unterwegs 298

81 **Agra** – Ein Mausoleum als Liebesbeweis 302

82 **Delhi** – Eine der grünsten Städte der Welt 306

83 **Udaipur** – Indischer Drehort zum Träumen 310

84 **Der Mount Everest** – Mutter der Erde 314

85 **Der Nanga Parbat** – Der »nackte« Berg 316

86 **Peking** – Nahtstelle von Himmel und Erde 318

87 **Hongkong** – Zwischen Tradition und Innovation 322

88 **Tai Shan** – Dem Himmel so nah 326

89 **Bangkok** – Die Stadt der Engel 328

90 **Ko Samui** – Palmen und Strände 332

91 **Die Halong-Bucht** – Ein vietnamesisches Wunder 336

92 **Hanoi** – Tradition und Tempo 340

93 **Das Mekong-Delta** – Vietnams Reiskammer 346

94 **Der Fuji** – Weltkulturerbe in luftiger Höhe 350

95 **Shibuya und Harajuku** – Hippe Schwestern 350

96 **Kyoto** – Kulturelle Schatzkiste in Japans Westen 356

Ozeanien 360

97 **Sydney** – Stadt mit Sonnengarantie 362

98 **Das Great Barrier Reef** – Sagenhafte Unterwasserwelten 366

99 **Der Ayers Rock** – Heiliger Berg der Aborigines 370

100 **Rotorua** – Zentrum der Maori 376

Impressum 380

Eine Schönheit aus Rajasthan (oben). Das Angebot der vietnamesischen Garküchen ist vielfältig, aber nicht unbedingt dem Geschmack aller Reisenden angepasst (Mitte). Zu den Stars Neuseelands zählt der Kiwi, ein flugunfähiger, geschützter Laufvogel (unten).

Beaufort-see
Baffinbai
GRÖNLAND
30
Beringstraße
ALASKA
Diskobucht
nördlicher Polarkreis
Haukadalur
28
ISLAND
Reykjavík
Snæfellsjökull
27
29
Nordsee
Beringmeer
Golf von Alaska
Hudsonbai
Isle of Lewis
26
LABRADOR
KANADA
ALEUTEN
QUEEN CHARLOTTE ISLANDS
55
Banff NP
NEUFUNDLAND
IRLAND
VANCOUVER ISLAND
54
Quebec
St. Lorenz-Strom
NOVA SCOTIA
Chicago
Toronto
Boston
VEREINIGTE STAATEN VON AMERIKA
56
Long Island
64
New York
57
San Francisco
59
Yosemite NP
58
Grand Canyon
ATLANTISCHER OZEAN
20
Porto
PORTUGAL
17
Sevilla
19
Malaga
MAROKKO
60
Golf von Mexiko
Miami Beach
BAHAMAS
MEXIKO
Havanna
63
Guardalavaca
61
KUBA
JAMAIKA
DOMINIKANISCHE REPUBLIK
PUERTO RICO
WEST-SAHARA
MAURETANIEN
HAWAII
BELIZE
65
HAITI
GUATEMALA
HONDURAS
Karibik
ST. LUCIA
66
SENEGAL
GAMBIA
GUINEA-BISSAU
GUINEA
EL SALVADOR
NICARAGUA
62
TRINIDAD
COSTA RICA
SIERRA LEONE
PANAMA
VENEZUELA
GUYANA
SURINAM
FRANZÖSISCH-GUAYANA
LIBERIA
GALÁPAGOS-INSELN
KOLUMBIEN
ECUADOR
Amazonas
69
70
Amazonas-Tiefland
PERU
Machu Picchu
BRASILIEN
Lima
67
68
ATLANTISCHER OZEAN
La Paz
BOLIVIEN
PARAGUAY
Rio de Janeiro
71
CHILE
URUGUAY
ARGENTINIEN
72
Perito-Moreno-Gletscher
Torres del Paine
73
FALKLANDINSELN
IRLAND
GROSS-BRITANNIEN
DÄNEMARK
Kopenhagen
31
1
Hamburg
Cardiff
NIEDER-LANDE
21
24
London
Dartmoor NP
23
Amsterdam
Canterbury
2
POLEN
Berlin
Stonehenge
22
BELGIEN
DEUTSCHLAND
Paris
Seine
8
Luxemburg
Prag
TSCHECHISCHE REPUBLIK
Loire
9
Schlösser an der Loire
Donau
3
München
Wien
5
4
Zugspitze
FRANKREICH
Zürich
SCHWEIZ
ÖSTERREICH
Bordeaux
10
UNGARN
Dolomiten
7
Montblanc
ALPEN
6
SLOWENIEN
Bilbao
Rhône
Ljubljana
12
Venedig
Po
Florenz
11
Nizza
13
Chinati
Côte d'Azur
14
Sarajevo
SPANIEN
KROATIEN
ITALIEN
Barcelona
15
Rom
MONTE-NEGRO

NORDPOLARMEER
SPITZBERGEN
36
Nordkap
Barentssee
Karasee
Laptewsee
NOVOSIBIRSKIVE OSTROVO
LOFOTEN
35
38
Lappland
VARANGER-HALBINSEL
SCHWEDEN
34
FINNLAND
33
39
40
Helsinki
St. Petersburg
Oslo
Göteborg
ESTLAND
32
Ostsee
LETTLAND
LITAUEN
RUSSL.
Moskau
41
POLEN
WEISS-RUSSLAND
DEUTSCH-LAND
SLOWAKEI
UKRAINE
UNGARN
MOLDAU
RUMÄNIEN
SERBIEN
BULG.
Schwarzes Meer
42
Elbrus
Kaspisches Meer
KASACHSTAN
Aral-see
16
ITALIEN
Mallorca
Istanbul
GEORGIEN
ARMENIEN
ASERBAIDSCHAN
USBEKISTAN
KIRGISTAN
GRIECHEN-LAND
74
TÜRKEI
TURKMENISTAN
TADSCHIKISTAN
TUNESIEN
Mittelmeer
SYRIEN
IRAK
IRAN
AFGHANISTAN
85
Kailash
RUSSLAND
MONGOLEI
CHINA
Peking
86
Tai Shan
88
NORD-KOREA
Japan. Meer
SÜD-KOREA
Kyoto
96
Fuji
Tokio
95
JAPAN
94
Ochotskisches Meer
KAMTSCHATKA
Beringmeer
43
Pyramiden
LIBYEN
ÄGYPTEN
Luxor
44
Rotes Meer
SAUDI-ARABIEN
KATAR
79
VAE
Dubai
Bahla
78
OMAN
PAKISTAN
82
Delhi
Agra
81
Udaipur
83
INDIEN
NEPAL
Mt. Everest
84
BHUTAN
Mekong
BANGLADESCH
92
Hanoi
Hongkong
87
BURMA
LAOS
Halong-Bucht
91
Ostchinesisches Meer
TAIWAN
NIGER
TSCHAD
SUDAN
ERITREA
JEMEN
80
Kerala
Golf von Bengalen
THAILAND
Bangkok
89
VIETNAM
KAMBODSCHA
90
KO SAMUI
93
Mekong-Delta
PHILIPPINEN
NIGERIA
ZENTRAL-AFRIKAN. REPUBLIK
SÜD-SUDAN
ÄTHIOPIEN
SRI LANKA
BRUNEI
MALAYSIA
Singapur
PAZIFISCHER OZEAN
SOMALIA
UGANDA
KENIA
45
GABUN
D.R. KONGO
KONGO
RUANDA
BURUNDI
Kilimandscharo
INDISCHER OZEAN
INDONESIEN
PAPUA-NEUGUINEA
SALOMON-INSELN
SEYCHELLEN
TANSANIA
BALI
ANGOLA
SAMBIA
MALAWI
49
Etosha NP
Brandberg
Kalahari
52
SIMBABWE
MOSAMBIK
Windhoek
BOTSWANA
53
Namib
48
NAMIBIA
Krüger Park
SWASILAND
MADAGASKAR
MAURITIUS
RÉUNION
LESOTHO
SÜDAFRIKA
50
Kapstadt
Tafelberg
51
98
Korallensee
VANUATU
Great Barrier Reef
FIDSCHI
Südsee
AUSTRALIEN
NEUKALEDONIEN
Ayers Rock
99
97
Sydney
Nordinsel
100
Tasmansee
Rotorua
NEUSEELAND
Südinsel
Nicosia
SYRIEN
LIBANON
Beirut
Damaskus
ISRAEL
76
Tel Aviv
75
Jerusalem
Amman
Totes Meer
77
JORDANIEN
Rotes Meer
ANTARKTIS
Highlights in
Europa
Afrika
Amerika
Asien
Ozeanien
N
0
1000 km

Ein Wahrzeichen von Florenz ist der Ponte Vecchio (rechts). Seit Jahrhunderten überragt der Torre de Clérigos die Dächer der Altstadt von Porto (oben). Die gewagte Architektur des Berliner Kanzleramtes vis-à-vis vom Reichstagsgebäude wird kontrovers diskutiert (Mitte). Europas Bergwelt ist eine Herausforderung für Alpinisten (unten).

Europa

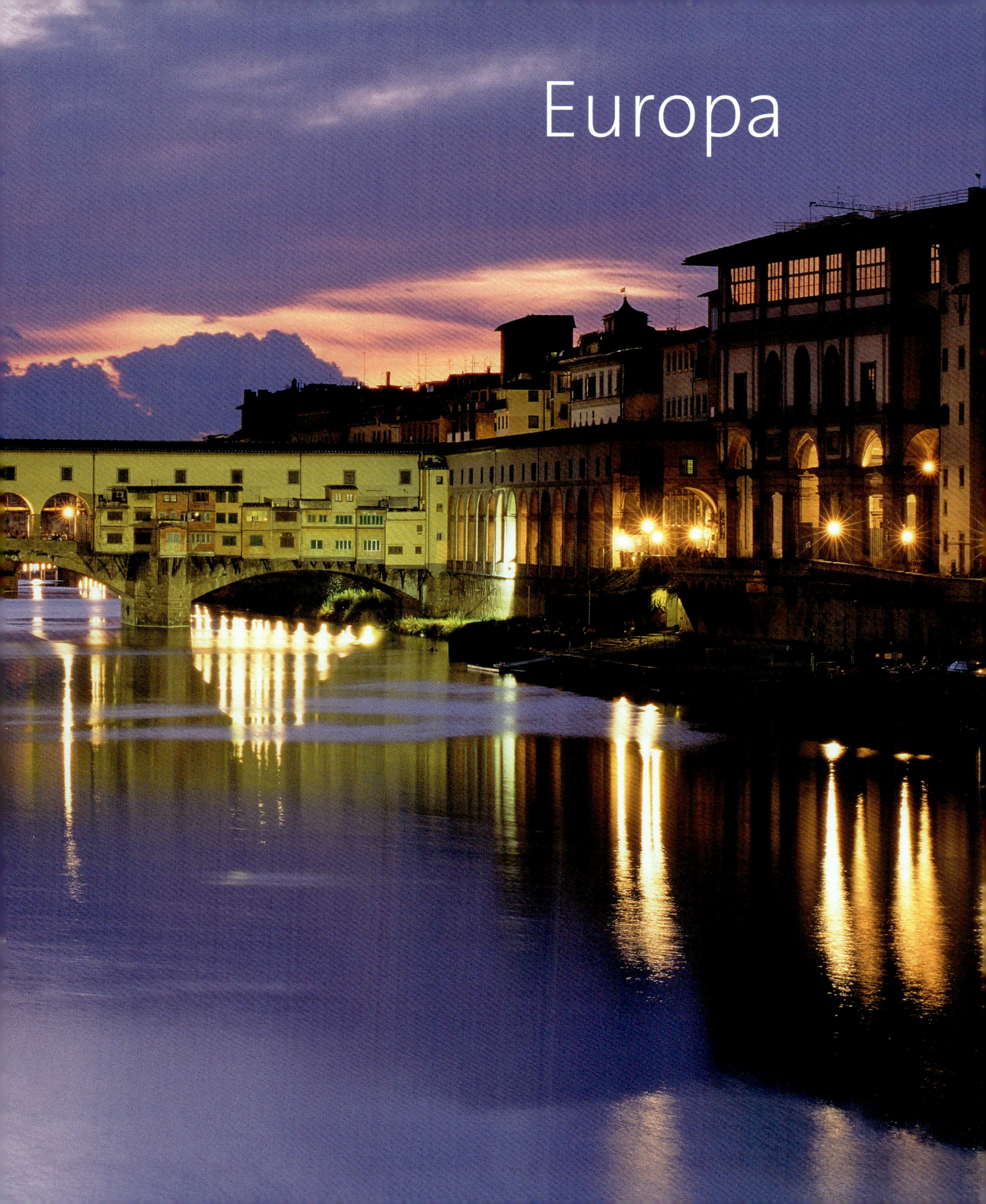

Abwechslungsreiches Hamburg mit unterschiedlichen Facetten: herrschaftliches Flair bei den Alsterarkaden gegenüber des Rathauses (oben) und turbulentes Nachtleben rund um St. Pauli (unten).

1 Hamburg – Venedig an der Elbe

Hamburg, meine Perle

Das Hoch im Norden, Tor zur Welt oder heißes Pflaster im kühlen Norden? Die Metropole am Wasser mit ihren genau 2479 Brücken über Elbe, Alster, Nebenflüsse und Kanäle hat viele Kose- und Beinamen. Für die meisten Hamburger ist sie einfach die schönste Stadt der Welt. Hamburg bietet große und kleine Kunst, Sehenswürdigkeiten und Attraktionen, Shopping vom Feinsten und viel Grün.

Irgendwann um 810 n. Chr. wurde die Hammaburg an der Mündung der Alster in den Elbstrom erbaut. Sie schützte den Handelsweg über die Elbe und eine kleine Ansiedlung, die bald ein Missionszentrum für den Norden bildete. Heute zählt die Freie und Hansestadt Hamburg, wie sie sich seit 1819 nennt, rund 1,8 Millionen Einwohner. In der Metropolregion, die von Cuxhaven bis Lübeck reicht, leben etwa fünf Millionen Menschen. Hamburg ist eine Stadt von Gewerbe und Handel, von Medien und Kultur, mit dem größten deutschen Hafen und dem zweitgrößten in Europa. Hier gibt es Handelsgiganten, Versicherungen, Banken, Reedereien, die größte Kupferhütte Europas, IT- und Forschungsunternehmen sowie Computerspiele-Produzenten, Werbeagenturen, und ein Shopping-Angebot, das Kunden bis aus Skandinavien anreisen lässt. Mehrmals im Jahr feiert Hamburg sich selbst, beim Kirschblütenfest, dem Aistervergnügen und den Cruise-Days mit einem Dutzend Kreuzfahrtriesen. Im Mai steigt eines der größten Hafenfeste der Welt mit einer Million Schaulustiger.

Kunst und Kommerz in der City

In der Innenstadt sind Handel und Kultur seit jeher zu Hause. Die Mönckebergund die parallele Spitaler Straße, der Neue Wall, die Großen Bleichen und der Jungfernstieg sowie die überdachten Einkaufspassagen mit exklusiven Geschäften locken Shopaholics von nah und fern an, zahlreiche Passagen bieten selbst bei schlechtem Wetter Einkaufsvergnügen. Mittendrin zeigt sich das repräsentative, im Stil des Historismus 1897 errichtete Rathaus der Stadt vom Trubel ungerührt. Das Kontorviertel erstreckt sich von der Mönckebergstraße bis zum Hafen. Die wuchtigen Bürogebäude aus dunkel gebranntem Klinker mit Staffelgeschossen, Dekorelementen und Terracottaskulpturen sind erst vor rund 100 Jahren entstanden, nachdem die Stadt ein dicht bebautes Elendsquartier, in dem eine Choleraepidemie ausgebrochen war, komplett hatte abreißen lassen. Für die markanten Gebäude der Reeder und Kaufleute, allen voran das wie ein scharf geschnittener Schiffsbug gestaltete Chilehaus, läuft ein Antrag zur Anerkennung als Weltkulturerbe der UNESCO.

Mehrere Theater und Kunstmuseen zeigen Kultur auf Weltniveau: allen voran das Deutsche Schauspielhaus und das Thalia Theater mit überregional beachteten Produktionen. Die Hamburger Kunsthalle mit der dazugehörigen Galerie der Gegenwart für zeitgenössische Kunst residiert in einem auffälligen kubusförmigen Bau. Mit rund 200 000 Besuchern im Jahr gehört das Museum für Kunst und Gewerbe zu den führenden Design-Museen in Europa. Kunstmeile nennt sich die Kette von Museen und Galerien, die sich von hier bis zum Hafen entlangzieht und einstige Markthallen zu Kulturtempeln umfunktioniert hat.

Der Hafen, das Tor zur Welt

Eigentlich ist das gebogene Nikolaifleet der erste Hafen Hamburgs. Hier legten im Mittelalter die Frachtsegler an. Deichstraße und Cremon, rechts und links des Wasserweges, gehören zu den ältesten erhaltenen Gebäude-Ensembles, mit Kaufmannsspeichern aus dem 16. und 17. Jahrhundert. Hafenrundfahrten kommen in den bei Ebbe trocken fallenden Fleeten nicht vorbei. Die starten an den St. Pauli Landungsbrücken, wo man bereits die 130 Kilometer entfernte Nordsee zu spüren meint.
Eine Kette von Pontons dienen als Anleger für Hafenfähren, Rundfahrtdampfer, Barkassen und Schlepper. Man erreicht sie durch Torbögen in dem vor gut 100 Jahren errichteten Empfangsgebäude der St. Pauli Landungsbrücken, das mit seinen grauen Tuffsteinmauern und grünen Kupferdächern ebenso wie der sich anschließende Kuppelbau des alten Elbtunnels längst unter Denkmalschutz steht.

Der Hafen kann auf eine 1000-jährige Tradition zurückblicken. In Europa wird er, zumindest was den Umschlag betrifft, nur von Rotterdam übertroffen. Rund 13 000 Schiffe löschen hier im Jahr ihre Ladung, riesige Containerschiffe von 300 Metern Länge bis zu kleinen Küstenmotorschiffen. Hoch automatisierte Containerbrücken be- und entladen die mehrstöckig gestapelten Container in Hochgeschwindigkeit. Schließlich ist die Liegezeit an den Kais teuer.

Große Pötte und elegante Vögel

Zum Hafen gehören auch Werften, obwohl die beste Zeit des Schiffsbaus in Deutschland vorbei zu sein scheint. Wer Glück hat, kann in dem den Landungsbrücken und dem Fischmarkt gegenüberliegenden 351 Meter langen Trockendock Elbe 17 Kreuzfahrtriesen wie die »Queen Mary II« oder Containerschiffe wie die 347 Meter lange »Sovereign Maersk« sehen.
Hamburg als Zwischenstation, als Tor vor allem in die Neue Welt, zeigt die »Auswandererwelt Ballinstadt«. Rund fünf Millionen Menschen aus Deutschland und Osteuropa machten sich zwischen 1850 und 1934 mit Auswandererschiffen von Hamburg auf ins große Abenteuer, um in Baltimore oder New York einen neuen Anfang zu wagen.

St. Pauli und die Reeperbahn

Die sentimentale Seemannsromantik hat eine lange Geschichte. Liebeshungrige Matrosen haben bei den kurzen Liegezeiten gar keine Zeit mehr für einen St.-Pauli-Besuch, wie ihn noch Hans Albers »Auf der Reeperbahn nachts um halb eins …« besingt. Doch die »geile Meile«

Im »Atlantic«-Hotel an der Außenalster ist die Welt gerne zu Gast (oben). In der Speicherstadt am Hafen wurden früher Gewürze, Kaffee und Teppiche aus aller Welt gelagert (unten).

Blick über die Landungsbrücken (oben). Aufregung pur auf dem Fischmarkt am Sonntagmorgen (Mitte), Stimmung beim nächtlichen Fest in der historischen Fischauktionshalle (unten). Das Internationale Maritime Museum in der Hafencity belegt einen historischen Kaispeicher (oben rechts). Panoramablick auf Hafen und Michel (rechte Seite unten).

von Udo Lindenberg ist auch heute nicht verwaist. An guten Wochenenden ziehen insgesamt rund 200 000 Amüsierwillige über den Kiez, besuchen Musicals, Theateraufführungen und Auftritte international bekannter Live-Bands in den zahlreichen Musikklubs.
Auch Striptease-Bars und käufliche Liebe gibt es noch, doch in Zeiten des Internets erscheint manch erotische Bühnenshow als geradezu liebenswert altmodisch. Nostalgisch ist auch das »Panoptikum«, ein Wachsfigurenkabinett, in dem Besucher Prominenten von James Dean bis Lena Meyer-Landrut in aller Ruhe tief in die Augen schauen können. Nicht weit vom früheren »Starclub« an der Großen Freiheit, Auftrittsort vieler Pop- und Rockidole von Chuck Berry bis Cream, liegt der wie eine riesengroße Schallplatte geformte Beatles-Platz. Silhouetten aus Edelstahl erinnern an die Hamburger Zeit der »Fab Four«, die allein 90 Mal frenetisch umjubelt auf der Bühne des Starclubs standen.

Die neuen Szeneviertel

Das Heiligengeistfeld, eine zehn Hektar große Ausstellungsfläche zwischen Wallringanlagen und dem Stadion der Profifußballer des FC St. Pauli, ist im Frühjahr, im Sommer und im Winter jeweils vier Wochen lang Schauplatz des »Hamburger Dom«. Mehr als 250 Aussteller installieren Riesenräder, Achterbahnen und andere Fahrgeschäfte für die mehr als zehn Millionen Besucher auf dem größten Volksfest des Nordens.
Gleich auf der gegenüberliegenden Seite der Feldstraße beginnt das Karolinenviertel, eines der neuen Szenequartiere der Stadt, in dem viele junge Modedesigner arbeiten. Hierher, wie ins benachbarte Schanzenviertel oder nach Ottensen im weiter westlich gelegenen Altona, sind viele jüngere Leute gezogen, leben

Künstler und Kreative, Fotografen, Autoren, Musiker oder Modedesigner neben vielen »normalen« Menschen aus allen Erdteilen. Auch die »Rote Flora«, ein seit 1989 von autonomen Gruppen besetztes ehemaliges Konzert- und späteres Kaufhaus, ist ins Schanzenviertel integriert und gehört inzwischen zur lokalen Folklore. In mehreren der sanierten Gebäude des ehemaligen Schlachthofes sind inzwischen Restaurants von TV-Köchen, eine Kaffeerösterei, Schallplattenlabels oder Live-Musikklubs zu Hause.

Rund um die Außenalster

Hamburg ist urban, zeigt aber viel Natur. Rund um die Außenalster, dem schon 1235 zu einem See aufgestauten Alsterflüsschen inmitten der Stadt, ist dies gut zu sehen. »Planten un Blomen«, der zu einem Landschaftspark umgestaltete frühere Botanische Garten, der Alsterpark von Pöseldorf, der Hayns Park in Eppendorf oder der Stadtpark, der sich von Winterhude mit Planetarium, Sportanlagen, Liegewiesen, Rosengarten, Freilichtbühne und Stadtparksee bis nach Barmbek erstreckt, sind Treffpunkte sportlich ambitionierter Stadtbewohner.
Wer jenseits der Elbbrücken nach Harburg in den Süden der Stadt, nach Bergedorf ganz im Osten oder nach Blankenese im Westen fährt, kann feststellen, dass Hamburg nicht nur Stadt, sondern auch ein Bundesland ist. Erst 1936/37 wie andere Gebiete Preußens Hamburg angegliedert, haben sie ihren eigenen Charakter bewahrt. Dabei zeigt der Westen mit der noblen Elbchaussee, einer neun Kilometer langen Prachtstraße zwischen Altonaer Rathaus und dem schicken Treppenviertel von Blankenese, mit seinen weitläufigen Parks, Feinschmeckerrestaurants und repräsentativen Kaufmanns- und Reederanwesen die Schokoladenseite der Stadt.

HAFENCITY: NEUER STADTTEIL MIT MARITIMEM FLAIR

Wo Hafenarbeiter früher Kaffeesäcke, Gewürze und Teppiche von Schiffen in Speichern verstauten, entsteht seit 2001 ein neuer Stadtteil am Wasser, weniger als einen Kilometer vom Rathaus entfernt. Moderne Architektur mit Wohnungen, Büros, Museen, mit Flanierpassagen und Terrassen am Wasser, mit Schulen, einer Universität und einem Kreuzfahrtterminal machen das Quartier schon heute zu einer Attraktion. Das umstrittenste Bauwerk auf dem 2,2 Quadratkilometer großen Areal ist die Elbphilharmonie über dem ehemaligen Kaispeicher A. Die Baukosten des Konzerthauses hinter der markanten Silhouette werden inzwischen auf fast 800 Millionen Euro geschätzt, das entspricht dem Zehnfachen der ursprünglich veranschlagten Summe. In die angrenzende, vor mehr als 120 Jahren aus Backstein errichtete Speicherstadt sind auch Museen, Kultureinrichtungen Restaurants und die berühmte Modelleisenbahn des »Miniatur Wunderland« eingezogen.

WEITERE INFORMATIONEN

www.hamburg-tourismus.de;
www.hafencity.de

Der Berliner Dom präsentiert sich nach umfangreicher Restaurierung als pompöses protestantisches Gotteshaus, das auch Staatsakten einen repräsentativen Rahmen gibt (oben). Das Badeschiff in der Spree mit schwimmendem Pool, Sandstrand und Open-Air-Bar liegt am Treptower Seeufer. Im Winter mutiert es zur Sauna (unten).

2 Berlin – Die hippste Stadt der Welt

Weltbühne Berlin

Berlin ist »in«. Die Deutsche Hauptstadt, früher als Machtzentrale des Deutschen Reiches und als geteilte Stadt mit gemischten Gefühlen betrachtet, gehört heute weltweit zu den Städten mit dem höchsten Sympathiefaktor. Dynamische Entwicklung, spannende Architektur, ein reiches kulturelles Erbe, dazu eine avantgardistische Kulturszene und Spitzengastronomie: Berlin ist aufregend.

Am Beginn standen zwei Dörfer namens Cölln und Berlin, die sich 1307 ein gemeinsames Rathaus teilten. Gut 700 Jahre später ist daraus eine Metropole von knapp 3,4 Millionen Einwohnern in den Stadtgrenzen und sechs Millionen Menschen in der Metropolregion geworden. Eine Weltstadt mit repräsentativer und experimenteller Architektur, in der es altägyptische neben Avantgardekunst gibt, die Berliner Philharmoniker neben experimenteller Musik, internationale Festspiele neben Kiezevents. Eine europäische Großstadt, in der vor 75 Jahren antisemitischer Terror herrschte und heute die Weltoffenheit regiert, mit einer Gedenkstätte Berliner Mauer und einer Graffiti-Galerie auf dem längsten, noch erhaltenen Stück der Mauer in der Mühlenstraße. Nach dem 1999 umgesetzten Beschluss des Bundestages, Regierung und Parlament nach Berlin zu verlegen, hat sich Berlin von einer »Frontstadt« an der Schnittstelle zweier konträrer Gesellschaftssysteme zu einer aufregenden Mischung von Kulturen und Ansichten entwickelt. Eine Metropole, die nicht ohne Probleme, aber immer sehr produktiv ist.

Die neue Mitte

Nach der Vereinigung von Ost- und West-Berlin hat die Stadt ihre alte Mitte neu gefunden. Das Regierungsviertel mit Ministerien, dem Kanzleramt, dem Bundestag im früheren Reichstagsgebäude und vielen Botschaften gruppiert sich um das Brandenburger Tor. Gleich dahinter mahnt das Holocaust-Mahnmal, ein begehbares Stelenfeld von Peter Eisenman (geb. 1932), an die furchtbaren Verbrechen des Nazi-Staates.

Das Brandenburger Tor hat preußische Militärparaden, Aufmärsche von SA-Kolonnen und den Bombenregen des Zweiten Weltkrieges erlebt. In der Nachkriegszeit markierte es die Grenze zwischen den Weltanschauungen. Heute können Spaziergänger wieder durch das Brandenburger Tor flanieren.

Vor dem Reichstagsgebäude auf der anderen Seite des Tors wartet meist eine lange Schlange von Besuchern, die den Sitz des Deutschen Bundestages mit seiner transparenten und begehbaren Kuppel besichtigen wollen. Das monumentale moderne Kanzleramt, auch als »Angies Waschmaschine« bespöttelt,

liegt in Sichtweite des Parlaments am Spreebogenpark. Nördlich davon spiegelt sich die Sonne in den Glasfronten des 2006 eröffneten Hauptbahnhofs. Viele halten den Gendarmenmarkt im Stadtviertel Friedrichstadt für einen der schönsten Plätze Berlins. Ihn rahmen das Konzerthaus, ein Schinkelbau, und die beiden nahezu identischen Kirchen des Deutschen und des Französischen Doms ein, die 1785 noch ohne die hohen Kuppeltürme eröffnet wurden.
Die Friedrichstraße macht mit der Galerie Lafayette ihrem einstigen Ruf als elegant-luxuriöse Einkaufsmeile wieder alle Ehre. Der S-Bahnhof Friedrichstraße war zu DDR-Zeiten Übergangsstelle zum Westen. Heute hat die Gegend alles Düstere verloren: Im Süden erinnert der Checkpoint Charlie, ein alliierter Grenzübertritt, an die Zeit, als eine Mauer die Stadt teilte. Das nicht weit entfernt gelegene Jüdische Museum dokumentiert in einem beeindruckenden und bedrückenden Bau von Daniel Libeskind die Geschichte des Judentums in Deutschland, seinen kulturellen Reichtum und die fast komplette Vernichtung jüdischer Mitbürger.
Der Prachtboulevard Unter den Linden zieht sich vom Brandenburger Tor bis zur Spreeinsel, flankiert von der Staatsbibliothek, der Humboldt-Universität und dem Reiterdenkmal Friedrichs II., vom Bebelplatz, von Deutscher Staatsoper und Kronprinzenpalais sowie der Neuen Wache, die seit 1990 als Mahnmal für die Opfer von Krieg und Gewaltherrschaft dient. Das zum Deutschen Historischen Museum umgestaltete Zeughaus schließt sich an, es ist das älteste erhaltene Gebäude Unter den Linden.

Die Schatzinsel

Die Museumsinsel, seit 1999 UNESCO-Weltkulturerbe, birgt kulturelle Schätze aus mehreren Jahrtausenden, die im Pergamonmuseum, dem Bodemuseum, der James-Simon-Galerie, der Alten National-

Das Brandenburger Tor ist das bekannteste Wahrzeichen Berlins (oben). Ein Stelenfeld gedenkt der Millionen Opfer des Holocaust (Mitte). Der Checkpoint Charlie, hier im Bild, war einst alliierter Grenzübergang in Berlin (unten). Innenhöfe und Arkaden laden zum Shoppen und gemütlichen Miteinander ein (links).

»Victoria« grüßt von der 69 m hohen Siegessäule (oben). Das bunte Mauerstück »East Side Gallery« gehört zu Berlins neuen Ikonen (Mitte). Abendszenerie im Sony-Center beim Potsdamer Platz (unten). Der Pergamonaltar gehört zu den berühmtesten Kunstschätzen Berlins (rechte Seite oben).

galerie, dem Neuen und dem Alten Museum ausgestellt sind. Der grandiose Figurenfries des Pergamonaltars und die Büste der ägyptischen Königin Nofretete im Neuen Museum sind die unbestrittenen Besuchermagneten.

Noch auf der Spreeinsel entfaltet der 1894 errichtete Berliner Dom seine repräsentative Pracht. Auf dem Schlossplatz gleich jenseits der Spreebrücke standen bis zur Sprengung 1950 die Überreste des Stadtschlosses der Hohenzollern. In den 1970er-Jahren ließ die DDR-Führung hier den »Palast der Republik« errichten, nun soll hier ein Humboldt-Forum in der Optik des früheren Schlosses entstehen.

Das Nikolaiviertel mit der gleichnamigen Kirche gehört zum Ältesten, was Berlin zu bieten hat. Der wegen seiner Backsteinfassade Rotes Rathaus genannte Sitz des Senats und des Regierenden Bürgermeisters von Berlin ist seit rund 150 Jahren die Zentrale der Berliner Stadtverwaltung. Während der Teilung der Stadt tagte der Westberliner Senat im Rathaus von Schöneberg.

Der Grundstein für die freistehende Marienkirche vis-à-vis wurde schon 1270 gelegt. Gleich hinter der Kirche ragt der 1969 eingeweihte, 368 Meter hohe Fernsehturm in den Himmel über Berlin.

Die Weltzeituhr auf dem Alexanderplatz war schon zu DDR-Zeiten ein beliebter Treffpunkt. Hier endet die 125 Meter breite Karl-Marx-Allee, seinerzeit beliebt für Militär- und andere Paraden.

Ein Hotelhochhaus und Einkaufszentren sowie das »Haus des Lehrers«, heute die Niederlassung einer Wohnungsbaugesellschaft und erkennbar an seinem Wandfries, säumen »den Alex«.

Bewegte Vergangenheit und glitzernde Gegenwart

Vom Hamburger Bahnhof schnauften Mitte des 19. Jahrhunderts die Züge in die Hansestadt. Heute sind in dem zu einem Museum für Gegenwart umgestalteten Bau unter anderem Werke von Joseph Beuys, Andy Warhol und Robert Rauschenberg, aber auch Filme und Videokunst zu sehen. Zum Brechthaus in der Chausseestraße pilgern nach wie vor Theaterfreunde aus vielen Ländern. Hier hatten Helene Weigel und Bertolt Brecht ihre letzte gemeinsame Wohnung. Das Literaturforum im Haus organisiert Veranstaltungen zu literaturpolitischen Themen. Gleich nebenan, auf dem Dorotheenstädtischen Friedhof, haben die beiden ihre letzte Ruhestätte gefunden, neben vielen anderen Literaten, Theaterleuten und Geistesgrößen, wie Georg W. F. Hegel, Hanns Eisler, Johann Gottlieb Fichte, Heinrich Mann, Herbert Marcuse, Heiner Müller, Anna Seghers, Karl Friedrich Schinkel oder Christa Wolf.

In der Gedenkstätte Berliner Mauer an der Bernauer Straße erinnern ein erhaltener Mauerabschnitt, ein Aussichtsturm und das Dokumentationszentrum an die stark befestigte Grenze, die sich seit dem 13. August 1961 quer durch Berlin zog. An der geteilten Bernauer Straße scheiterten zahlreiche Fluchtversuche. Die Hackeschen Höfe, ein Ensemble von acht Hinterhöfen, teils mit Art-déco-Fassaden versehen, steht bereits seit 1972 unter Denkmalschutz. Nach der Wende restauriert, haben sich die immer noch bewohnten Höfe dank der Restaurants und Cafés, der originellen Geschäfte und einer Kleinkunstbühne zu einem wahren Anziehungspunkt entwickelt.

Platz im Wandel

Das einst pulsierende Leben am Potsdamer Platz war mit der Teilung Berlins komplett zum Erliegen gekommen, die Grenze verlief quer durch das neue Niemandsland. Inzwischen setzen das Sony Center und sein spektakuläres Glaszelt, die Shopping-Quartiere, Musical-Theater und das Museum für Film und Fernsehen neue architektonische Akzente.

Das Kulturforum gleich hinter der außergewöhnlichen Konzerthalle der Philharmonie gehört zu den landesweit wichtigsten Orten für Liebhaber bildender Kunst. Die benachbarte, von Mies van der Rohe entworfene Neue Nationalgalerie zeigt Werke des 20. Jahrhunderts: Ernst Kirchner, Pablo Picasso, Otto Dix bis hin zu Gerhard Richter.

Im berüchtigten Bendlerblock dokumentiert die Gedenkstätte Deutscher Widerstand, wie sich Menschen gegen die Nazi-Diktatur gewehrt haben. Ein Ehrenmal erinnert im Innenhof an die 1944 dort hingerichteten Wehrmachtsoffiziere um den Widerstandskämpfer Oberst Graf Stauffenberg.

Der Tiergarten, ein früheres Jagdrevier der preußischen Kurfürsten, ist schon lange öffentliche Grünanlage. Sie wird durchzogen von der breiten Straße des 17. Juni, die im Kreisverkehr »Großer Stern« um die Siegessäule herumführt. Von der Aussichtsplattform unterhalb der »Jold-Else«, wie die »Victoria« im Volksmund heißt, überblickt man das riesige grüne Areal des Tiergartens bis zum Brandenburger Tor.

Der Kurfürstendamm mit der Kaiser-Wilhelm-Gedächtniskirche und dem Europa Center war eines der wichtigen Zentren West-Berlins bis zum Mauerfall. Noch im-

mer lädt der Ku-Damm zum Flanieren, zum Shoppen in schicken Boutiquen oder auf einen Kaffee ins neu gestaltete »Kranzler-Eck« ein.

Im Nordwesten des Stadtteils Charlottenburg zeigt sich das gleichnamige Schloss als glanzvolles Barockensemble. Der im französischen Stil gestaltete Barockgarten wurde um einen englischen Landschaftsgarten erweitert. Im Belvedere erfreut eine grandiose Porzellansammlung alle Liebhaber edlen Geschirrs.

Gleich auf der gegenüberliegenden Straßenseite gelangen Freunde der klassischen Moderne ans Ziel ihrer Träume. Der Kunstsammler Heinz Berggruen, der wegen seiner jüdischen Abstammung Deutschland 1936 verlassen musste, kehrte 60 Jahre später in seine alte Heimat zurück. Seine ungewöhnlich reiche Sammlung von 200 Werken überragender Künstler konnte Berlin zu günstigen Konditionen erwerben. Seitdem sind sie im Museum Berggruen der Nationalgalerie ausgestellt.

BESICHTIGUNG DES REICHSTAGSGEBÄUDES

Nachdem 1871 das Deutsche Kaiserreich gegründet worden war, sollte auch das Parlament in ein Reichstagsgebäude mit Tagungssaal. In dem zwischen 1884 und 1894 nach Plänen von Paul Wallot (1841 bis 1912) errichteten Kuppelbau tagten die Mitglieder des Reichstags bis 1933. Der Brandstiftung in der Nacht zum 28. Februar 1933 fielen Plenarsaal und Kuppel zum Opfer. Die Nazis nahmen den Reichstagsbrand zum Anlass, gegen innenpolitische Gegner massiv vorzugehen. Heute erinnern 96 gusseiserne Platten an die ermordeten Reichstagsabgeordneten. Erst nach der Deutschen Einheit und dem Beschluss des Bundestages 1990, mit Parlament und Regierung nach Berlin umzuziehen, wurde das Reichstagsgebäude wieder zum Parlamentssitz umgebaut. Nach langen Debatten erhielt er neun Jahre später nach den Plänen des britischen Architekten Norman Foster sein heutiges Gesicht. Mit einer begehbaren gläsernen Kuppel über dem Plenarsaal hat sich der Reichstag zu einem Symbol für das vereinte Deutschland entwickelt.

WEITERE INFORMATIONEN

www.visitberlin.de, www.berlin.de, www.bundestag.de/besuche

Die Landeshauptstadt präsentiert sich: Bronze-Bavaria vor der Ruhmeshalle (oben) und ausgesuchte Oliven vom Viktualienmarkt, angeboten von einer freundlichen Verkäuferin (unten).

3 München – Hightech und Tradition

Mit Laptop und Lederhose

Millionendorf, Weltstadt mit Herz – Bayerns Landeshauptstadt wird ihren Beinamen auch im 21. Jahrhundert gerecht. Obwohl München im Ranking internationaler Wirtschaftszentren eine Spitzenposition einnimmt, hat sich die Stadt ihren eigenen Charakter bewahrt. Allerdings wächst sie rasant – und mit den Einwohnerzahlen steigen die kulturellen Angebote.

Als im August 2012 in Schwabing ein Blindgänger aus dem Zweiten Weltkrieg kontrolliert gesprengt werden musste und einen Millionenschaden verursachte, wurde der Schrecken der Bombardierung fast noch einmal spürbar. Wobei Münchens zu 90 Prozent zerstörte Altstadt zumindest nach 1945 Glück hatte: Ihre Rekonstruktion verlief behutsam. Die überkommene Straßenführung blieb erhalten, viele historische Gebäude wurden nach alten Plänen wieder aufgebaut und Neubauten dem alten Stadtbild angepasst.
Wohl jeder München-Besucher steuert zunächst den Marienplatz im Herzen der Altstadt an. Vor dem neogotischen Rathaus, das die Nordseite des Platzes schmückt, recken jeden Tag um 11 und um 12 Uhr Menschen aus aller Welt die Köpfe nach oben, um den 32 Glockenspiel-Figuren bei ihrem Auftanz zuzusehen. Hinter dem spätgotischen Alten Rathaus an der Ostseite des Marienplatzes geht es durch ein Gewirr enger Straßen zum Hofbräuhaus, eine Ur-Münchner Institution, die dank der unzähligen Touristen, die hier täglich stranden, internationales Flair bekommt.
In der Nähe des Alten Rathauses steht leicht erhöht die Pfarrkirche St. Peter, Münchens ältestes Gotteshaus. Der »alte Peter«, wie er liebevoll genannt wird, besitzt eine Aussichtsplattform, die den besten Blick über München bietet. Gleich gegenüber lockt der Viktualienmarkt mit einem breiten Angebot an Gemüse, Obst Fleisch- und Fischspezialitäten.

Avantgarde am St.-Jakobs-Platz

Südlich vom Viktualienmarkt erstreckt sich die Schrannenhalle, und nur wenige Gehminuten entfernt öffnet sich am St. Jakobsplatz das Häuserspalier. Lange Zeit ein in städtebaulicher Hinsicht trostloser Ort, hat er sich seit der Einweihung des neuen jüdischen Gemeindezentrums zu einem beliebten Treffpunkt von Jung und Alt entwickelt. Wie ein Fels in der Brandung steht die Synagoge, ein Kubus aus schweren Steinquadern, über den sich eine dunkel glänzende Stahlkonstruktion erhebt, die mit einem bronzefarbenen Metallgewebe verhängt wurde. Im gut 500 Jahre alten Zeughaus an der Nordseite des Jakobsplatzes residieren das Münchener Stadt- und das ihm angeschlossene Filmmuseum.

In der Fußgängerzone zwischen Marienplatz und Stachus, Deutschlands meist frequentierter Shoppingmeile mit den höchsten Ladenmieten, fällt zwischen all den großen Kaufhäusern und kleinen Geschäften ein architektonisches Highlight Münchens fast gar nicht auf: Hinter der reich mit Figurenschmuck ausgestatteten Fassade des Gebäudes an der Ecke Neuhauser/Ettstraße verbirgt sich die Jesuitenkirche St. Michael. Das größte renaissancezeitliche Gotteshaus nördlich der Alpen und steingewordenes Symbol der Gegenreformation inspirierte die Sakralbaukunst in Süddeutschland. In der Wittels-bachergruft unterhalb des Chors liegt Ludwig II. begraben.

Geschichtsträchtige Mitte

Im Nordwesten des Marienplatzes ragen die beiden knapp 99 Meter hohen Türme des Liebfrauendoms auf. Diese Höhe ist die Richtschnur für Gebäude innerhalb des Mittleren Rings: Weil kein Bauwerk die Marke von 100 Metern Höhe überschreiten darf, prägt die Frauenkirche bis heute das Stadtbild. Der mächtige, spätgotische Backsteinbau lässt die Gebäude ringsumher winzig klein erscheinen. Dennoch wirkt der Dom schlicht. Die für gotische Kathedralen typischen Türmchen, Zierpfeiler und der Figurenschmuck fehlen. Die Strebepfeiler wurden nach innen verlegt.
Der berühmt-berüchtigte Odeonsplatz, an dem 1923 der Hitler-Ludendorff-Putsch im Kugelhagel der bayerischen Polizei endete, liegt nur einen kurzen Spaziergang vom Marienplatz entfernt. Das Ziel der Putschisten, die Feldherrnhalle, ist ein Werk Friedrich von Gärtners, 1841 und 1844 nach dem Vorbild der Loggia dei Lanzi in Florenz entstanden. Noch eine weitere Hommage an Italien ziert den Odeonsplatz: Die in barockem Gelb gehaltene Theatinerkirche, deren wuchtige Fassade die Westseite des Platzes beherrscht.
Hier beginnt auch die schnurgerade Ludwigstraße, die von der Feldherrnhalle

Volle Prachtentfaltung: das Siegestor auf der Ludwigstraße (oben), Blick auf Theatinerkirche und Feldherrnhalle (Mitte) und die Ahnengalerie der Residenz (unten). Zu Füßen des Monopteros im Englischen Garten kann man mitten in der Stadt Ruhe und Natur genießen (links).

Museen für jeden Geschmack: die Alte Pinakothek mit Chillida-Skulptur (oben), Zentrum für neue Technologien im Deutschen Museum (Mitte), Museum Brandhorst (unten). Bier für jeden Geschmack: im Oktoberfestzelt (rechts oben).

zum Siegestor führt. Das Gotteshaus wurde nach dem Vorbild der Mutterkirche des Theatinerordens in Rom errichtet, die klassizistisch strengen Bauten an der Ludwigstraße sind italienischen Renaissancepalästen nachempfunden.

Bayerische Prachtentfaltung

Die Münchner Residenz hat sich über die Jahrhunderte aus der Neuveste, einer Wasserburg, die die Wittelsbacher Herzöge ab 1385 nutzten, entwickelt. Im Laufe der Zeit ist ein repräsentativer Schlosskomplex entstanden, dessen verschiedene Gebäude sich um zehn Innenhöfe gruppieren. Die jüngsten baulichen Erweiterungen gehen auf König Ludwig I. zurück. Unter der Federführung seines Architekten Leo von Klenze entstanden an der Hofgartenseite der Festsaalbau und im Süden zum Max-Joseph-Platz hin der Königsbau.
Nach dem Ende der Wittelsbacher Herrschaft wurde die Residenz in ein Museum umgewandelt. Den Zweiten Weltkrieg überstanden nur die vor den ersten Bombenangriffen ausgelagerten Kunstschätze unversehrt. Die Anlage selbst musste wieder aufgebaut werden. Heute präsentiert sich die Residenz in altem Glanz mit mehr als 100 prunkvoll ausgestattete Räumen und Sälen. Unter all der Pracht ragt das freskenbedeckte Antiquarium, der größte profane Renaissancesaal nördlich der Alpen, heraus.

Von der Antike bis zur Gegenwart

Wohl nirgendwo sonst in Deutschland findet sich so viel Kunst auf so engem Raum: Die drei Pinakotheken und das Museum Brandhorst areal in der Maxvorstadt decken alle Epochen der europäischen Kunstentwicklung vom Mittelalter bis zur Gegenwart ab. Die antiken Sammlungen am Königsplatz liegen auch nur einen Steinwurf weit entfernt. Die im Stil eines italienischen Renaissancepalastes errichtete Alte Pinakothek zählt zu den weltweit bedeutendsten Gemäldegalerien. Künstler wie Dürer, Raf-

fael, Leonardo da Vinci oder Rembrandt sind hier mit mindestens einem Meisterwerk vertreten. Die Rubens-Sammlung des Hauses gilt als größte der Welt.
Meisterwerke europäischer Maler des 19. Jahrhunderts zeigt der postmoderne Bau der Neuen Pinakothek. Ihre Anfänge gehen wie die der Alten Pinakothek auf Ludwig I. zurück, der in den 1850er-Jahren am gleichen Ort ein Haus für seine Sammlung zeitgenössischer Kunst errichten ließ. Bei ihrer Eröffnung war die Neue Pinakothek das erste Museum für moderne Kunst überhaupt. Das Gebäude wurde im Zweiten Weltkrieg zerstört, bis zur Eröffnung des Neubaus im Jahr 1981 waren Teile der Sammlung im Haus der Kunst ausgestellt.
Seit 2002 ist die Pinakothek der Moderne das größte Museum für die Kunst des 20. und 21. Jahrhunderts in Deutschland. Der lichte, offene Bau des Architekten Stefan Braunfels beherbergt vier hochkarätige Sammlungen, die das ganze Spektrum modernen Kunstschaffens abbilden. Im Untergeschoss nennt das Museum für Angewandte Kunst die weltweit bedeutendste Sammlung von Industrial Design sein Eigen. Die Ausstellungsräume des Erdgeschosses teilen sich die Graphische Sammlung und das Architekturmuseum der Technischen Universität. Im Obergeschoss wird die Entwicklung der modernen Kunst nachgezeichnet.
Kunst am Bau zeigt das 2009 eröffnete Museum Brandhorst: Seine Außenhülle besteht aus 36 000 farbigen Keramikstäben. Die Sammlung der Kunstmäzene Udo und Anette Brandhorst präsentiert Werke von Andy Warhol, Mario Merz, Sigmar Polke.

Ein kurzer Spaziergang führt von den Pinakotheken zum 2013 neu eröffneten Ägyptischen Museum und weiter zum Königsplatz mit seinen klassizistischen Museumsbauten: Die Glyptothek an der Nordseite präsentiert eine Sammlung griechischer und römischer Skulpturen, das Gebäude an der Südseite Zeugnisse antiker Kleinkunst.
Unter König Ludwig I., einem bekennenden Philhellenen, angelegt, wurde der Königsplatz von den Nazis als Schauplatz für monströse Aufmärsche missbraucht und mit einem später gesprengten Ehrentempel versehen. Nur wenige Schritte hinter den Propyläen prunkt mit Goldfassade ein weiterer Tempel der modernen Kunst: Das 2013 neu eröffnete Lenbachhaus vereint die wohl umfassendste Sammlung von Werken der Künstlergruppe Blauer Reiter unter einem Dach.

Ein Dorado für Technikfans

Schenkt man Statistikern Glauben, so führt das weltweit größte Wissenschafts- und Technikmuseum (Deutsches Museum) auch die Liste der beliebtesten Museen Deutschlands an. Hier werden historische Autos, Schiffe und Flugzeuge ebenso wie die neuesten Errungenschaften der Bio- und Nanotechnologie gezeigt. Besonders stolz ist das Museum auf Exponate, die Pionierleistungen in Wissenschaft und Technik dokumentieren, wie der erste programmgesteuerte Computer, die Z3 von Konrad Zuse, oder das erste Propellerflugzeug der Gebrüder Wright. Im Kinderreich können sich die Kids im Labor als Forscher versuchen oder spielend den Umgang mit Maschinen erlernen, interaktive Erlebniswelten laden zum Experimentieren ein.

KLOSTER ANDECHS

Das Benediktinerkloster hoch über Herrsching am Ammersee ist ein ganz besonderer Wallfahrtsort. Die in der klostereigenen Brauerei hergestellten Biere rühmen Experten dank ihres süß-herben Geschmacks als beste Sorten der Welt. Rund eine Million Gäste lassen es sich pro Jahr im Biergarten, im Bräustüberl oder im Klostergasthof schmecken. Das Bierbrauen hat in Kloster Andechs lange Tradition. Seit seiner Gründung durch Herzog Albrecht III. von Bayern im Jahr 1455 werden hier Wallfahrer, die zum »Andechser Heiltumsschatz« pilgern, von Benediktinern bewirtet und betreut. Die Reliquien liegen in einer Kapelle der Wallfahrtskirche St. Nikolaus und Elisabeth aufbewahrt. Das Gotteshaus auf dem Klosterberg lockt auch abstinente Pilger nach Andechs. Seine Anfänge gehen auf eine gotische Hallenkirche zurück, die im 18. Jahrhundert im Rokokostil modernisiert wurde: Johann Baptist Zimmermann stattete die Kirche mit Deckenfresken, einem grandiosen Hochaltar und viel vergoldetem Stuck aus.

WEITERE INFORMATIONEN

www.muenchen.de; www.andechs.de

Herrliche Alpen: Gipfelkreuz auf dem Zugspitz-Massiv (oben), Blick in die steinerne Bergwelt von Ehrwald aus. Hier prägen ursprüngliche Häuser mit weit vorgezogenen Dächern und Holzbalkonen die Szenerie (unten). Zur Bergrast laden sommers wie winters zahlreiche Hütten ein (rechte Seite).

Europa

4 Die Zugspitze – Ziel für Gipfelstürmer

Der Höchste – in Deutschland …

Unter den großen Alpenspitzen läuft sie nur unter ferner liefen: Aber mit genau 2962 Metern ist die Zugspitze Deutschlands höchster Berggipfel. Auf dem Dach der Republik befinden sich auch das höchstgelegene Haus, Postamt, Hotel, Restaurant und Skigebiet Deutschlands. Vor allem aber gibt es einen 360-Grad-Panoramablick, der bei gutem Wetter die Sicht auf rund 400 Alpengipfel in vier Ländern gewährt.

Die aufsehenerregende Erstbesteigung der Zugspitze gelangt 1820. 51 Jahre später, galt die Zugspitze aber schnell als »kleiner Stumpen«. Der höchste Gipfel im deutschen Kaiserreich hieß nämlich Kaiser-Wilhelm-Spitze und die Bücher vermerkten sie mit einer Höhe von 6011 Meter. Um sie zu besuchen, musste man allerdings ins ferne Afrika reisen, nach Deutsch-Ostafrika. Heute heißt das Land Tanzania, und die ehemalige Kaiser-Wilhelm-Spitze trägt den Namen Kilimanjaro. Dem »Kili« wird heute eine Höhe von 5895 Metern zugebilligt, denn die Kaiser-Wilhelm-Spitze wurde seinerzeit bewusst falsch vermessen, um der höchsten Erhebung im Deutschen Reich die Sechs vor der Tausend zu schenken.

Ein Zwerg in den Alpen

Die Bundesrepublik Deutschland bäckt in Sachen Bergspitzen deutlich kleinere Brötchen. Zwar hatte die Zugspitze ursprünglich 2964 Meter Höhe, doch der Westgipfel wurde 1938 für eine nie gebaute Flugleitstelle gesprengt. Zwei Meter hin, zwei Meter her: 2962 Meter Höhe beeindrucken zwar die Deutschen, aber schon die österreichischen Nachbarn deutlich weniger: Allein 42 österreichische Gipfel messen mehr als 3500 Meter, der Großglockner, ihr höchster Berg, endet bei 3798 Metern. Insgesamt sind sogar 128 Berge der Alpen Viertausender, der höchste unter ihnen ist der Mont Blanc mit 4808 Metern. Und trotz all dieser Zahlen und Rekorde: Die Deutschen lieben ihre Zugspitze. Sie ist Mythos, Gipfel der Nation und Pflichtstoff für die Schüler im Unterricht.

Der höchste Berg Deutschlands gehört zum Wettersteingebirge und liegt an der Grenze von Bayern und Tirol. Über den Rest des Westgipfels verläuft die Grenze zu Österreich. Der Name geht auf die vielen Lawinenzüge an ihren Steilhängen zurück. Das Zugspitzmassiv trägt die beiden letzten deutschen Gletscher, den Schneeferner und den Höllentalferner mit seiner markanten Gletscherzunge. Doch beiden droht binnen geschätzten 20 Jahren das Aus: Mit der Klimaerwärmung hat sich die Schneefallgrenze ste-

tig nach oben verschoben und die Gletscher liegen nun im Schmelzbereich. Der Schneeferner, heute noch etwa 25 Hektar groß, hatte einst um die 300 Hektar!

Ursprünglich Korallenriff

Kaum zu glauben, aber war: Der Berg ist der Überrest eines zu Kalk gewordenen Korallenriffs. Vor mehr als 200 Millionen Jahren lag an seiner jetzigen Stelle noch ein tropisch-warmes Meer. Die Zugspitze wurde erstmals 1590 namentlich erwähnt, 1807 startete die erste Expedition. Die Erstbesteigung erfolgte 13 Jahre später durch Leutnant Joseph Naus, der topographische Aufnahmen machte. Pfarrer Christoph Ott stellte 1851 mit 28 Helfern das Gipfelkreuz auf. Seit 1993 steht eine Replik auf dem Ostgipfel, da das ursprüngliche Kreuz nicht mehr restauriert werden konnte. 1897 folgte das »Münchner Haus«, heute eine Alpenvereinshütte, einst das meteorologische Observatorium. Die Kreuzeckbahn ging 1926 in Betrieb. Sie war die erste Seilschwebebahn in Bayern, die 2002, nach 76 Jahren und 15 Millionen unfallfrei beförderten Fahrgästen, ihre letzte Fahrt machte. 1931 öffnete erstmals das »Hotel Schneefernerhaus« seine Türen und 50 Jahre später wurde die Kapelle Maria Heimsuchung durch den Erzbischof von München und Freising, Josef Kardinal Ratzinger, den späteren und heute zurückgezogen lebenden Papst Benedikt, geweiht. Gut 400 000 Bergfreunde besuchen die Zugspitze pro Jahr. Einige leben zeitweise dort, weil sie die »höchsten« Arbeitsplätze der Republik bekleiden, etwa der Hausmeister, die 24-Stunden-Schicht-Meteorologen oder die Wissenschaftler des Max-Planck-Instituts für extraterrestrische Physik, die kosmischer Strahlung auf der Spur sind. Und das bei Wind, der manchmal Geschwindigkeiten von mehr als 200 Stundenkilometern erreicht, und Temperaturen, die schon mal auf Arktis-Niveau fallen können ...

VIELE WEGE FÜHREN NACH OBEN

Gibt es etwas Besseres als ein Gipfelerlebnis rund um den nördlichsten Alpengletscher? Bei schönem Wetter reicht die Rundumsicht vom Piz Bernina über den Ortler, die Wildspitze bis zum Großglockner sowie nach München im Norden und Italien mit den Dolomiten im Süden. Nur zwei Zugaben können dies toppen: die Zugspitze während des Sonnenuntergangs oder eine Fahrt in Vollmondnächten aufs Plateau zum nicht weniger fulminanten Mondaufgang.
Mehrere Bergbahnen führen nach oben: Der Gipfel ist mit der Eibsee-Seilbahn und ab Garmisch-Partenkirchen mit der Bayerischen Zugspitzbahn und der Zahnradbahn, mit bis zu 25 Prozent Steigung, sowie von Österreich mit der Tiroler Zugspitzbahn erreichbar. Die einfachste Route zu Fuß ist der Weg durch die Partnachklamm, wofür bis zu 14 Stunden einzuplanen sind und 2200 Höhenmeter bewältigt werden.

WEITERE INFORMATIONEN

Wetter-Tel: 08821/79 79 79
www.zugspitze.de
www.zugspitze.at

K.u.K. könnte auch für »Kaffeehaus und Konditorei« stehen: Besucher lukullischer Hochburgen haben die Qual der Wahl. Sollen sie sich für einen Guglhupf, einen Punschkrapfen oder ein Plundergebäck entscheiden (oben)? Ein Muss jedenfalls ist ein Stück der weltberühmten Torte im Sacher-Eck (unten).

5 Wien – Lebensqualität und Lifestyle

Reiche Vergangenheit und pulsierende Gegenwart

Die Donaumetropole wurde schon mehrere Male zur »lebenswertesten Stadt« gekürt. Reisende finden hier ein einzigartiges Event- und Freizeitangebot vor: Dutzende Museen und Kirchen, 22000 Hektar Grünfläche innerhalb der Stadt und eine Küche, die wirklich schmeckt. Besser könnte es gar nicht gehen.

Das internationale Beratungsinstitut Mercer zeichnete Wien in den Jahren 2009 und 2010 als »lebenswerteste Stadt der Welt« aus. Und das vor 221 anderen Metropolen. Was Wien so spitze macht, sind seine vorteilhaften wirtschaftlichen und sozialen Bedingungen, sein exzellentes medizinisches Versorgungssystem und sein gutes öffentliches Verkehrsnetz, seine vielfältigen Freizeitangebote sowie sein unvergleichlicher Wald- und Wiesengürtel. Die Wiener können also zu Recht stolz auf ihre Stadt sein.

Sie selber nehmen aber auch an jedem Detail im urbanen Leben Anteil. Ob das Blumenbeet auf dem viel befahrenen Gürtel wirklich gut gejätet ist, checken sie beim Vorbeisausen. Und wenn die Auslagenscheiben am Graben nicht richtig gut geputzt sind, fällt ihnen das auch auf. Ihre eigene Stadt lässt sie einfach nicht los: Zwei Damen ziehen da zum Beispiel im Schwimmbecken die Runden und unterhalten sich über eine gar knifflige Frage im Kreuzworträtsel: »Stadtviertel im 8. Bezirk, 13 Buchstaben. Wie könnte das denn heißen?« Hin und her überlegen sie, gehen in Gedanken den ganzen Bezirk ab, vom Rathaus die Josefstädter Straße hinauf, vorbei am Theater, über den Jodok-Fink-Platz, einen der schönsten Plätze von Wien mit der imposanten Maria-Treu-Kirche. Der Name für das »Grätzl« lässt sich jedoch nicht und nicht finden. Vielleicht fällt er ihnen erst dann ein, wenn sie selbst durch die verwinkelten Gässchen der historisch gewachsenen Vorstadt gehen und in der »Alten Backstube« aus dem Jahr 1701 auf einen Millirahmstrudel mit Vanillesoße einkehren.

Wiens »Grätzeln« möbeln auf.

Vom Freihaus- zum Karmeliterviertel, vom Franziskaner- zum Schleifmühlviertel ziehen diese ursprünglich alten Dörfer vor den Toren der historischen Innenstadt Reisende wie auch Besucher von anderen Bezirken an. »Grätzeln« umfassen manchmal nur einige Häuserblöcke und haben fließende Grenzen. Sie werden deshalb populär, weil in ihren Hinterhöfen nette Lokale, Galerien und Bars aufsperren.

Wien schlummerte bis in die frühen 1980er-Jahre im Dornröschenschlaf dahin. Zu schwer lastete der eine Stunde vor der Stadt beginnende Eiserne Vorhang auf der Donaumetropole. Aber dann kam die »Waldheim-Affäre«, und die Stadt stellte

sich ihrer Vergangenheit. Der Eiserne Vorhang wurde 1989 ebenfalls hochgezogen. Wien begann sich punktuell als »Event City« zu positionieren. Das »Bermudadreieck« um die Ruprechtskirche, Wiens ältestes Gotteshaus, und die Synagoge in der Seitenstettengasse verschlang jedes Wochenende Tausende von Jugendlichen, die auf der Suche nach gutem Bier und cooler Musik hier gekentert waren. Und auf einmal wurden sich die Wiener bewusst, welch großen Nachholbedarf sie hatten. Das Donauinselfest entlang dem neu geschaffenen Entlastungsgerinne startete im Jahr 1983 als musikalischer Versuchsballon. Mit fast drei Millionen Besuchern avancierte es inzwischen zum größten Freiluftspektakel in ganz Europa.
Mit der Neujahrsnacht verhielt es sich ähnlich. Als Bürgermeister Helmut Zilk den Jahreswechsel 1989/90 in Wien verbrachte, musste er mit Schrecken feststellen, was die Stadt ihren Gästen zu Silvester bot: »Nur Hunger und Glasscherben.« Alle Restaurants ließen nach Weihnachten ihre Rollläden herunter. Wenn Reisende also an Mitternacht das Neue Jahr mit dem Klang der Pummerin am Stephansplatz einläuten wollten, fanden sie erstens nichts zu essen und zu trinken, und zweitens mussten sie aufpassen, dass sie nicht auf den Scherben von Flaschen ausrutschten, die fidele Wiener ins Stadtzentrum mitgebracht und dann fallen gelassen hatten. So entstand die Idee, einen Silvesterpfad durch die Innere Stadt anzulegen. Die Punschhütten hatten schon in der Adventszeit heiße Schwipsgetränke ausgeschenkt. Und nach und nach erkannten auch viele Gastbetriebe in der Inneren Stadt, dass sich bei 700 000 Besuchern ein beachtlicher Umsatz machen lässt. Da Musik im urbanen Leben eine zentrale Rolle spielt, stellte man auch zehn Bühnen an den besten Plätzen der Innenstadt auf.
Im Jahr 2001 kam dann noch das Museumsquartier dazu: 60 000 Quadratmeter für die Kunst in unmittelbarer Nähe vom »Kunsthistorischen« und »Naturhistorischen« und der Hofburg. Institutionen wie das Leopold Museum eröffneten hier, das die weltweit größte Egon-Schiele-Sammlung birgt, sowie das Museum Moderner Kunst Stiftung Ludwig, in dem die besten Werke österreichischer Nachkriegskunst ein Heim gefunden haben. Aber Besucher schätzen das Museumsquartier nicht nur wegen seines kulturellen Angebots. In der warmen Jahreszeit werden die Innenhöfe zum verlängerten Wohnzimmer.

In Wien tut sich jeden Monat etwas

Kaum eine Woche verstreicht, in der nicht irgendeine Veranstaltungsreihe stattfindet: von »wean hean«, dem Wiener-Lied-Festival bis hin zu den Tanzwochen, dem Jazz-Fest und den großen Wiener Festwochen, in dem ein wahres Feuerwerk an Theater- und Musikproduktionen über die Stadt hereinbricht.
Als die Habsburgermonarchie in Einzelstaaten zerfiel, galt Wien in den Bundesländern als Wasserkopf, dem Agrarprodukte zugeliefert werden mussten. Das Bild des Wasserkopfes mag auf den ersten Anblick vielleicht erschreckend wirken, doch der Kopf eines Landes kann nicht groß genug sein. Denn ein Hirn braucht ja viel Platz zum Denken. Im 21. Jahrhundert versucht sich Wien, auch als Zentrum für Wissenschaft und Forschung zu positionieren, als Plattform für kreatives Schaffen. Das »Institute of Science and Technology«, Österreichs erste Eliteuniversität,

Das Treppenhaus des Kunsthistorischen Museums könnte einem monumentalen italienischen Palazzo entsprungen sein (oben). Der Zuschauerraum der Wiener Oper hat eine tadellose Akustik (unten).

Romantik pur – die lauschigen Parklauben der Hermesvilla (oben). Die Konfiserie »Dürnberger« in der Neubaugasse fertigt ihre eigenen Rumpastillen (unten). »Schanigärten« nennen sich die Restaurantterrassen im Freien (rechts).

machte im Jahr 2008 im gleich vor der Stadt gelegenen Ort Gugging seine Pforten auf. Bis 2016 sollen hier 500 Spitzenwissenschaftler und Doktoranden ihre Arbeit aufnehmen.

Die Grüne Lunge

Die Eliteuni liegt im Wienerwald, in der grünen Lunge der Stadt. Auf 105645 Hektar rankt er sich im Westen und Süden um die Stadt. Wer hier jemals spazieren ging und dann zum Beispiel eine Wanderung in den Green Mountains im amerikanischen Bundesstaat Vermont antrat, wird sich schmerzlich nach Wien zurücksehnen. Nach einer halben oder dreiviertel Stunde bergauf und bergab gibt es allerlei Leckerbissen, die den durch die Sauerstoffzufuhr verursachten Hunger schnell stillen: Leberknödelsuppe, Bauernschmaus, Apfelstrudel und ein Viertel Weiß gespritzt machen auch die müdesten Knochen wieder munter.

»Eine Stadt kann man nicht essen«, sagt die Psychotherapeutin mahnend, wenn eine emigrierte Wienerin darüber nachdenkt, wieso sie beim Heimatbesuch alle traditionellen Delikatessen in sich hineinstopfen will. Und wer kann es ihr auch verdenken? Schließlich sehen die barocken Kirchenkuppeln wie gewundene Schlagobersgupfe auf einem Windgebäck-Baiser aus, und zu Weihnachten riecht das ganze Zentrum nach heißem Rum und Gewürzen.

Auch für jene, die das ganze Jahr hier leben, ist das »Papperl« (die Mahlzeit) ein wichtiges Lebenselixier. Schon in der Früh wird daran gedacht, was zu Mittag gegessen wird, und am Nachmittag stehen noch die Einkäufe für ein ordentliches Abendessen an. Zwischendurch liegen Verlockungen immer in Reichweite. Wiens Bäckereien haben in den letzten Jahren an vielen Standorten Filialen eröffnet. Bei U-Bahn- und Straßenbahnhaltestellen haben sie Verkaufsstände aufgemacht. Ein Punschkrapfen vom »Anker« und ein Rehrücken vom »Felber« lindern den Heißhunger zwischendurch – von den diversen »Würstelständen« ganz zu schweigen. Und in den Hunderten Restaurants der Stadt wird genau darauf geachtet, was in den Topf kommt. Nur das feinste Rindfleisch für den Tafelspitz und die beste Powidl-Marmelade für die Germknödel.

Offen für alle

Bewohner der Stadt begegnen Reisenden oft mit ausgesuchter Höflichkeit. Ist es noch ein Erbe der Kaiserzeit, dass Titel eine wichtige Rolle spielen? Der »Herr Ingenieur« hat gerade mal sein Abitur in einer technischen Fachrichtung gemacht, runzelt aber die Stirn, wenn man seine Anrede vergisst. Frauen, die am Standesamt promovierten, bestehen darauf, mit »Frau Doktor« angesprochen zu werden. Aber manchen Verkäufern und Verkäuferinnen kommt es gar nicht in den Sinn, eine Kundin überhaupt zu siezen. Nur die dritte Person ist erlaubt. Bei Nachbestellungen wird deshalb die Frage gestellt: »Darf es noch etwas sein, die Dame?«

Die Wiener haben jedoch eine zärtliche Beziehung zu Objekten, die sich im Laufe des Stadtlebens verdient gemacht haben. Als die Straßenbahnlinie 65 in ein neues Streckennetz überführt und als Nummer 1 wiedergeboren wurde, sagten ihre Schaffner mit einer zentralen Durchsage Lebewohl: »Der Bahnhof Favoriten verabschiedet sich von der 65er-Linie. Viel Glück im neuen Leben!«

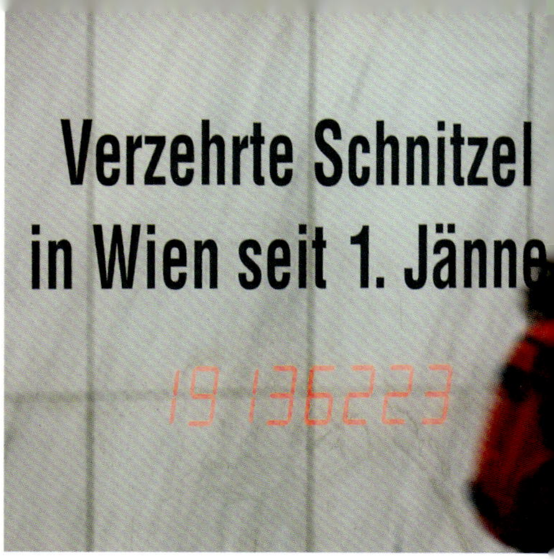

Nur auf dem Fußballplatz lassen Wiener überschüssige Energie raus. Das Lokalderby Rapid gegen Austria erhitzt die Gemüter. Wer Schimpfwörter im Wiener Dialekt lernen will, sollte das Gerhard-Hanappi- oder das Ernst-Happel-Stadion besuchen. »Renn doch, du Ohrwaschelkaktus!« ist noch eine feine Ausdrucksweise. »Hau di üba d'Heiser, du Karachl« fällt schon etwas deftiger aus. Beim Fußball werden die Wiener zu Zweckpessimisten. »Rapid spielt diese Saison echt schlecht«, meint da ein eingefleischter Fan, hofft jedoch inständig, dass die Hütteldorfer bis zum Ende des Jahres wieder »ein Leiberl reißen«.

Eine Stadt zum Leben

Wien ist eine Wohlfühlstadt. Wohl auch, weil die Metropole schon seit Jahrzehnten »rot« ist. Die sozialdemokratische Stadtregierung hat darauf geachtet, dass die Fahrpreise für öffentliche Verkehrsmittel moderat, das Essen auf Rädern für Senioren mit Mindestpension erschwinglich und die Extrawoche im Spital zum Auskurieren einer Krankheit selbstverständlich bleiben. Und dass die Parks, Bäder, Theater und Konzerthallen in Schuss gehalten werden.

In der satirischen Fernsehsendung »Wir sind Kaiser« kam einst H.C. Strache, Bundesvorsitzender der ultrarechten FPÖ, auf Besuch bei Majestät Robert Heinrich I. Er erklärte, wie er in Wien einiges ändern würde. Daraufhin schaute ihn »Kaiser Robert« nur mal lange an und fragte dann bei seinem Hofkanzler nach, an welcher Stelle Wien in Sachen Lebensqualität denn läge. Als man dem »Kaiser« die Pole-Position bestätigte, fragte er Strache nur ungläubig: »Und das will er ändern?«

MYTHOS WIENER SCHNITZEL

Kalbfleisch, Semmelbrösel, Ei, Mehl, Butterschmalz, Salz – mehr braucht man nicht, um die Leibspeise der Wiener oder vielmehr das Nationalgericht Österreichs – zuzubereiten. Über seinen Ursprung gibt es viele Theorien. Erstmals soll es 1831 in einem süddeutschen Kochbuch erwähnt worden sein. Andere Quellen berichten, dass Feldmarschall Radektzky das Rezept aus Italien mitgebracht hat. Immerhin ist man sich über die Art seiner Zubereitung weitgehend einig: Dünn aus der Kalbsnuss geschnittene Fleischscheiben werden in Ei und Mehl paniert und dann in heißem Fett herausgebacken Schweineschnitzel darf übrigens nicht als Wiener Schnitzel, sondern nur als »Schnitzel Wiener Art« oder »Wiener Schnitzel vom Schwein« bezeichnet werden. Traditionell reicht man dazu Kopf-, Kartoffel- und/oder Gurkensalat, ein Petersiliensträußchen sowie eine Spalte Zitrone, um die Panade zu beträufeln. Wer sich selbst ein Bild machen will, sollte eines der unten genannten Restaurants besuchen.

WEITERE INFORMATIONEN

Schnitzelwirt
Neubaugasse 52/7, 1070 Wien,
www.schnitzelwirt.co.at

Figlmüller
Wollzeile 5/Bäckerstr. 6, 1010 Wien,
www.figlmueller.at

Belohnung für den Aufstieg: Über den Wolken kann man auf einem schroffen Gipfel die Sonne genießen (oben). Ehrwürdige Hütten und Gasthäuser, auch bekannt als »Refugio«, laden zu Einkehr und Übernachtung ein (unten). Reizvolles Ambiente: der Misurina-See vor der mächtigen Kulisse der Drei Zinnen (rechte Seite).

6 Dolomiten – Rund um die Drei Zinnen

Wilde Bergwelt

Die Sextener Dolomiten mit ihren weltbekannten Drei Zinnen sind das Traumziel vieler passionierter Wanderer und Kletterer. Das Gebirge fasziniert mit einer wilden Berglandschaft, unzähligen alpinen Abenteuern und den Spuren einer bizarren Vergangenheit, die spannender kaum sein kann. Wer hier unterwegs ist, der bewegt sich in einem der einzigartigsten Gebirge der gesamten Alpen.

Das bekannte Dreigestirn der Westlichen Zinne, Großen Zinne und Kleinen Zinne ist eines der meist fotografierten Gipfelgruppen im gesamten Alpenraum. Dabei bestehen die Tre Cime di Lavaredo, wie die Drei Zinnen in Italien genannt werden, eigentlich aus fünf Gipfeln, denn neben der Kleinen Zinne stehen noch die Gipfel Punta di Frida sowie der markante Preußturm (Kleinste Zinne). Sie sind Naturwunder, Fotomotiv der Wanderer und Betätigungsfeld für Kletterer aus aller Welt. Seit 2009 sind die Drei Zinnen von der UNESCO als Weltnaturerbe anerkannt.

Wandern und Klettern

Es ist September, die letzten schönen Spätsommertage stehen vor der Tür. Wir haben unser Quartier auf der 2320 Meter hoch gelegenen Auronzo-Hütte aufgeschlagen, die nur einen Steinwurf von der Südseite der Zinnen entfernt steht. Die Hütte mit dem freundlichen Hüttenwirt bietet sich an, denn sie ist vom Misurinasee aus über eine Mautstraße leicht erreichbar. Von hieraus wollen wir die Landschaft erwandern und einige Routen an den Nordwänden der Drei Zinnen klettern. Noch am Nachmittag umrunden wir die Drei Zinnen, um uns auf das tolle Ambiente einzustellen. Auf unserem Weg zur Nordseite erreichen wir nach einer halben Stunde den Patternsattel auf 2454 Meter, der uns fantastische Einblicke in die Nordwände bietet.

Die Dolomiten sind – bedingt durch die starke Verwitterung des Kalksteins – ein sehr raues und brüchiges Gebirge. Der Grund für den fortschreitenden Zerfall des Kalksteins liegt in der besonderen geografischen Lage: Vor 200 Millionen Jahren entstand dieses Gebirge durch Hebungs- und Senkungsprozesse des Meeres. Im Laufe der Zeit entstanden so die markanten würfelförmigen Gesteinsschichten mit ihren dünnen Lagen aus Ton und den vertikalen Klüften, die charakteristisch für diese Gegend sind. Die gesamte Region lebt von starken Gegensätzen: schneegefüllte Rinnen im Winter, saftig grüne Almen im Frühling, im Sommer die Zeit der schweren Unwetter. Dies alles findet in einem Meer aus stark

Schwieriges Terrain: Widriges Wetter kann einfache Wege in tückisches Gelände verwandeln (oben), Schwindelfreiheit ist auf vielen Touren Voraussetzung (Mitte). Das kleine Dorf Sexten liegt mitten im gleichnamigen Teil der Dolomiten (unten). Kurz vor dem Pass liegt der kleine Valparola-See (rechte Seite).

verwitterten Riffgipfeln statt, die oft von markanten Schutthalden umgeben sind. Unterwegs auf dem Friedensweg »Via della Pace«.

Auffallend in dieser Gebirgsgegend sind die vielen außergewöhnlichen Wanderwege, die die Landschaft durchziehen. Die Pfade laufen teilweise durch Felswände, verschwinden in einem Stollenloch und tauchen hunderte Meter weiter an anderer Stelle aus dem Felsen auf. Viele dieser Steige stammen noch aus der Zeit des Ersten Weltkriegs, als die Drei Zinnen Schauplatz eines erbitterten Gebirgskrieges zwischen Italien und dem damaligen Österreich-Ungarn waren. Genau dort, wo sich heute herrliche Ausblicke auf Paternkofel, Drei Zinnen und Monte Cristallo bieten, verlief die hart umkämpfte Dolomitenfront. Reste ehemaliger Stellungen und in den Fels gehauene Höhlen-Befestigungen zeugen heute noch von diesem bizarren Stellungskrieg.

Seit den 1970er-Jahren wurden von dem Verein »Dolomitenfreunde« viele verfallene Kriegswege und Steige wieder hergestellt. Durch den unermüdlichen Einsatz der Mitglieder entstanden so im Laufe der Jahre Friedenswege, ganz nach dem Motto: »Wege, die einst Fronten trennten, sollen heute verbinden«. Die Dolomitenwege bieten einen spannenden Zugang zur bewegten Geschichte dieses Gebirges und laden zum Wandern und Erkunden ein. Auf einem weit verzweigten Wegenetz kann man hervorragende Mehrtagestouren unternehmen. Teil dieses Wegenetzes ist unter anderem auch der Grohmann-Höhenweg, der vierte Abschnitt des 10-teiligen Dolomiten-Höhenwegs.

Nach einigen Tagen auf den alpinen Wegen wird es Zeit, die Wanderschuhe durch Kletterschuhe einzutauschen. Vor genau 80 Jahren – im August 1933 – gelang dem italienischen Alpinisten Emilio Comici zusammen mit den Dimai-Brüdern in dreitägiger Kletterei das Kunststück der erstmaligen Besteigung durch die 550 Meter hohe, senkrechte bis überhängende Nordwand der Großen Zinne. Für uns ein guter Grund, dieses Jubiläum mit einer Wiederholung der Route entsprechend zu würdigen.

Schauplatz alpiner Leistungen und großer Herausforderungen

Nach einem kurzen Frühstück machen wir uns morgens gegen 4 Uhr im Scheine unserer Stirnlampen auf den Weg zum Einstieg. Die ersten Klettermeter bringen wir zügig hinter uns, bis die Sonne den Schleier der Dämmerung lüftet. Gegen Mittag haben wir schon beachtlich an Höhe gewonnen und genießen die einzigartige Atmosphäre in dieser ausgesetzten Wand. Unglaublich, wie und mit welcher Ausrüstung sich die Bergsteiger damals ihren Weg durch diese Wand bahnten. Seit dieser Zeit haben viele Spitzenkletterer an diesen Wänden Geschichte geschrieben. Einer der Höhepunkte dürfte 2002 sicher die Free-Solo Durchsteigung der »Hasse-Brandler«-Route (Schwierigkeit VIII+) durch den Deutschen Alexander Huber gewesen sein. Und mit der »Camillotto Pellissier« wurde 2003 der untere X. Schwierigkeitsgrat in dieser Wand frei geklettert. Die Drei Zinnen sind immer wieder Schauplatz alpiner Spitzenleistungen und zählen deshalb zu Recht bis heute zu den begehrtesten Gipfelzielen der Alpen.

Ein Kletterer-Dorado

Der Mythos der Drei Zinnen wurde vor allem durch die Kletterer geprägt. Ein Hauptgrund hierfür liegt in der unglaublichen Steilheit der Wandfluchten, denn steiler als hier geht es nicht mehr. Das ist auch der Reiz, der das Klettern in den Dolomiten von anderen Orten unterscheidet. Gerade die Nordwand der Großen Zinne ist in dieser Hinsicht unschlagbar: Es ist fantastisch und in gewisser Weise furchteinflößend zugleich, wenn man direkt unter dieser leicht überhängenden, riesigen Wand steht.
Einmal auf dem Gipfel mit seinem Eisernen Kreuz angekommen, lässt sich die prächtige Aussicht von der Großen Zinne auf die umstehenden Spitzen und Türmchen sowie weite Teile der gesamten Dolomiten genießen. Gegen Nachmittag machen wir uns an den Abstieg, der uns über den Normalweg auf der Südseite wieder herunter bringt. Der Weg ist durch deutliche Begehungsspuren und unzählige Steinmännchen markiert und bietet dem erfahrenen Bergsteiger in ca. drei Stunden einen relativ einfachen Zugang auf den Gipfel der Großen Zinne. Gegen Nachmittag arbeiten sich hier unzählige Bergsteiger und Kletterer talwärts. Der Weg führt anfangs über loses Geröll und einige Schuttbänder. Im mittleren Teil, der mit einigen kurzen Abseilpassagen aufwartet, kommt es hier regelmäßig zu Warteschlangen. Da das Wetter an diesem schönen Herbsttag jedoch sehr beständig ist, gibt es keinen Grund zur Hektik und es bleibt genug Zeit, um die Landschaft zu genießen.
Es ist schließlich Abend, als wir zufrieden und erschöpft und auf der Auronzo-Hütte eintreffen und die Berge rosarot zu leuchten beginnen. »Enrosadüra« nennen die Einheimischen dieses spektakuläre Schauspiel: das Alpenglühen in den Dolomiten. Für uns ist dieser Augenblick ein unbeschreibliches und atemberaubendes Naturschauspiel und ein Grund, warum wir immer wieder in dieses Gebirge zurückkehren werden.

DER LUCA-INNERKOFLER-KLETTERSTEIG

Beeindruckend ist der kriegshistorische Steig, der auf einem langen Stollen durchs Berginnere führt. Ein anschließender einfacher Klettersteig (Schwierigkeitsgrad A/B, leicht) führt zum Gipfel des Paternkofel. Der September empfiehlt sich wegen stabilen Wetters und geringerer Gewitterneigung. Im Frühjahr ist der Stollen oft noch vereist. Im August ist der Klettersteig überlaufen. Ausgangspunkte sind die Auronzo-Hütte (2333 m), Lavaredo-Hütte (2385 m) oder Drei-Zinnen-Hütte (2405 m)
Die Tour beginnt bei der Auronzo-Hütte. Von dort wandert man in einer Stunde zur Drei-Zinnen-Hütte. Auf einem ausgetretenen Pfad geht es zum Felskamm, der vom Paternkofel herunterzieht. Das Beginn des ersten Stollenlochs markiert später den Anfang des Klettersteigs. Der Tunnel ist mehrere hundert Meter lang und stockdunkel. Danach folgt eine kurze gesicherte Passage bis zur Gamsscharte, über einen kurzen Felsaufschwung und leichte Schrofen gelangt man zum Gipfel. Der Abstieg erfolgt über den selben Weg.

WEITERE INFORMATIONEN

www.klettersteig.de
www.suedtirol.com

Das Mont-Blanc-Massiv: mythische Ausstrahlung im Winter und bei untergehender Sonne (oben und unten). Majestätischer Anblick auch, wenn sich die schneebedeckten Berge im Lac de Chésery spiegeln (rechte Seite).

7 Der Mont Blanc – Der Riese in Europa

Faszinierende Gletscherwelten

Das gewaltige Mont-Blanc-Massiv fasziniert mit imposanten, blendendweißen Flanken und den vielen wild zerrissenen Graten. Seine nach Norden abfließenden Gletscherströme sind von erhabener Pracht und Schönheit. »Der Mont Blanc ist ein außerordentliches Gebilde, geformt aus Erde und Zeit«, schrieb schon im vergangenen Jahrhundert der berühmte Gaston Rébuffat.

Der Mont Blanc zwischen Frankreich und Italien ist mit einer Höhe von 4807 Metern der höchste Berg in den Alpen und damit auch in Westeuropa. Den Namen »Weißer Berg« hat der Mont Blanc seiner starken Vergletscherung zu verdanken. Durch die geografische Lage am nordwestlichen Rand des Alpenbogens liegt er auf der exponierten Wetterseite der Alpen. Hier treffen die atlantischen Tiefausläufer bei westlicher Strömung mit voller Wucht auf ihr erstes natürliches Hindernis und weichen in höhere Luftschichten aus. Diese können aufgrund der kälteren Temperatur aber nicht mehr so viel Feuchtigkeit aufnehmen und so ist es wenig verwunderlich, dass es zu häufigen Niederschlägen kommt – sehr oft in Form von Schnee. In Kombination mit der großen Höhe führt diese Wettersituation immer wieder zu besonders intensiven Unwettern mit starken Winden. Der Mont Blanc ist bekannt für seine starken Wetterkapriolen, schnell ändern sich die Bedingungen und aus der Bergtour bei Kaiserwetter wird ein lebensfeindliches Inferno. Eine Besteigung sollte daher nur bei stabiler Wetterlage in Angriff genommen werden.

Der Berg ruft – und alle kommen

Die Erstbesteigung des Mont Blanc erfolgte am 7. August 1786 durch den Kristallsucher Jacques Balmat und den Arzt Michel-Gabriel Paccard und gilt als die Geburtsstunde des modernen Alpinismus. Einmal auf dem höchsten Berg der Alpen stehen: Das ist auch heute noch der Traum vieler Bergsteiger. Und so kommt es, dass sich jedes Jahr bei guten Bedingungen Tausende von Bergsteiger auf den Weg machen, um dem Riesen aufs Haupt zu steigen. Die mit Abstand am meisten begangene Route ist der Normalweg auf der französischen Seite. Es ist die kürzeste Route mit der geringsten Höhendifferenz zum Gipfel. Sie führt zum Col du Dôme und weiter über den Bossesgrat auf den Gipfel. Ausgangspunkt für diese Tour ist das Refuge Goûter auf 3817 Meter, die höchste Hütte am Mont Blanc.
In den letzten Jahren hat sich auch eine alternative Route etabliert: Die Trois-

Monts-Route, die vom Ausgangspunkt Refuge Cosmiques durch die Nord-West-Flanke des Mont Blanc du Tacul und den Nord-West-Grat des Mont Maudit zum Gipfel führt. Die Route ist deutlich länger und weißt sowohl im Auf- wie auch im Abstieg einige Gegenanstiegen auf. Sie bietet aber den Vorteil, auf nicht so stark überlaufener Hütte und Route unterwegs zu sein. Die Route ist jedoch nur den sehr konditionsstarken Alpinisten zu empfehlen. Nicht zu unterschätzen sind auf dieser Route die objektiven Gefahren, denn es gab in jüngster Vergangenheit einige dramatische Unfälle.

Facetten des modernen Bergsports

Neben diesen beiden häufig begangenen Routen führen heute über einhundert weitere Wege und Kletterrouten durch Wandfluchten und mehrere große Grate auf den Gipfel des Mont Blanc. Die Anstiege sind allesamt lange ausgedehnte Tages- oder Mehrtagestouren in großer Höhe. Man bewegt sich am Gipfeltag permanent über 3500 Höhenmetern, wo der Sauerstoffgehalt in der Luft merklich geringer ist als auf Meereshöhe. Eine gute Anpassung des Körpers an diese Höhe ist daher zwingend notwendig und erhöht die Chance für eine erfolgreiche und besonders auch sichere Gipfelbesteigung.

Wer den Mont Blanc nur aus nächster Nähe betrachten möchte, kann mühelos mit der Seilbahn auf die Aiguille du Midi fahren. Oben angekommen eröffnet sich den Besuchern eine beeindruckende weiße Gletscherwelt, die im scharfen Kontrast zu den rot leuchtenden Granitzacken und dem blauen Himmel stehen. Auf der beliebten Aussichtsterrasse hat man bei gutem Wetter eine fantastische Sicht über die Gletscherwelt des Glacier du Geant und weite Teile des westlichen Mont Blanc-Massivs.

AUF EINSAMEN PFADEN AN DER AIGUILLE DE LORIAZ

Wer sich dem Mont Blanc annähern will, kann dies auf einer einfachen Wanderung (am besten zwischen Juni und Ende September, wenn die Pfade gut begehbar sind) mit hohem Genussfaktor tun. Natur pur erschließt sich mit dieser Tour über dem Chamonix-Tal nördlich von Vallorcine, auf der man tolle Weitblicke zum Mont Blanc-Massiv hat. Man wandert vorbei an den Gletschern Glacier d'Argentière und Mer de Glace, mit schönen Aussichten auf Aiguille Verte, Grand- und Petit-Dru bis in die Grand Jorasses Nordwand Ausgangspunkt ist der Parkplatz am südöstlichen Ufer des Lac d'Emosson. Von hier aus gelangt man über die lange Gittertreppe zur Staumauer, überquert diese und hält sich dann orografisch links Richtung Süden. Von hier aus geht es auf schönem Pfad (mit kurzen Stellen I) unterhalb von Grand Perron und der Aiguille du Charmoz, bis man den Col des Montets erreicht. Von dort weiter Richtung Massif des Aiguilles Rouges bis zur Seilbahnstation »Télésiège de l'Index« am Flégère, die zurück in das Tal nach Chamonix führt.

WEITERE INFORMATIONEN

Aktueller Wetterbericht unter
www.chamonix.com
www.alpenverein.de/DAV-Services/Bergwetter

Für einen *café au lait* oder einen *café crème* ist immer Zeit, entweder in der ältesten Bäckerei von Paris, La Maison Stohrer in der Rue de Montorgueil 2 (oben), oder in einem der vielen Straßencafés wie hier in Saint Germain (unten). Nachts erstrahlt der Arc de Triomphe (rechte Seite).

8 Paris – Mon Amour

Eine Stadt, die einfach gut tut

Wer Paris kennenlernen will, sollte sich einfach treiben lassen. So kommt man am besten den vielen Geheimnissen dieser Metropole auf die Spur, von denen es sich herrlich in einem der zahllosen Cafés, Bistros oder Brasserien träumen lässt. Notre-Dame oder Louvre, Montmartre oder Marais – Museum oder Einkaufstempel, Rue du Faubourg Saint Honoré oder Rue di Rivoli? Die Auswahl ist unendlich. Schnell stellt man fest: Paris ist mehr als eine Reise wert!

Mit einem Baguette, dick mit Schinken, Ei, Käse und Tomaten belegt, auf einer Parkbank in den Tuilerien sitzen, sich mit einem süßen Crêpe nach dem Besuch des Centre Pompidou stärken, voller Stolz eine kleine Papiertasche mit dem berühmten Logo aus zwei ineinander verschlungenen »C« tragen, sich die kleinen Zwischenstopps in den unzähligen Straßencafés mit leckeren Cafés au Lait und Cafés crèmes versüßen, dazu ein macaron – oder zwei … und sich freuen auf ein vorzügliches Essen in einem der Bistros, Brasserien und Restaurants. Auch wenn man eigentlich nach Paris gekommen ist, um Sightseeing zu betreiben, um die Sehenswürdigkeiten zu erkunden und Museen zu besuchen, so hat man doch bald mit fliegenden Fahnen eine Lieblingsbeschäftigung der Pariser übernommen: einfach dasitzen, der Welt zusehen, essen, trinken, reden. Und schnell stellt man dabei fest: Paris tut gut.
Wer schnell von A nach B möchte, findet stets eine Metrostation in der Nähe. Die Fahrt in der Pariser U-Bahn ist preiswert und ihr Netz übersichtlich. Oder Sie mieten sich im Sommer ganz eines der elektronisch gesicherten Fahrräder, die an allen wichtigen Plätzen stehen. Darüber hinaus gibt es Taxis, Busse und die berühmten Ausflugsboote auf der Seine.

Auf Modemeilen bummeln

Egal, in welche Richtung man auf den Champs-Élysées spaziert, man ist auf jeden Fall beeindruckt. Wo am westlichen Ende der Prachtavenue der 50 Meter hohe Arc de Triomphe steht, führen zwölf Avenuen sternförmig in alle Richtungen. Auf der Avenue Hoche gelangt man nicht nur zum Parc Manceau, sondern auch in die Rue du Faubourg Saint Honoré. Sie ist die führende Modemeile in Paris. Den Blick in die Läden der Haute Couture wird frau sich nicht nehmen lassen, wobei auch die Herren gerne den einen oder anderen Blick riskieren und sich mit auf den Weg machen zu den angesagten Designern in der Avenue Montai-

Auf der Île de la Cité stehen die Kathedrale Notre-Dame (rechte Seite unten) und die Conciergerie (oben). Für die Freiheit Frankreichs setzte sich Jean d'Arc (unten) ein, für das leibliche Wohl sorgt die junge Dame in der Passage des Panoramas (Mitte).

gne, rund um die Place des Victoires oder im Szeneviertel Saint-German-des-Prés. Wer prachtvolle Geschmeide, wertvolle Pretiosen und dicke Klunker, liebt, ist zwischen der Oper und der Place Vendôme bestens aufgehoben.

Auf den Spuren der Geschichte

Das ist das moderne Paris, das Herz der Stadt schlägt jedoch dort, wo alles seinen Anfang genommen hat: auf der Île de la Cité. Auf der schiffsförmigen Insel in der Seine schlendern Sie durch eine 2000 Jahre während Stadtgeschichte. Hier ließen sich im 3. Jahrhundert v. Chr. gallische Schiffe und Fischer nieder und besiedelten zunächst das linke, dann das rechte Ufer des Flusses. Der Name »Paris« leitet sich von den Siedlern ab, die dem Stamm der Parisier angehörten.
Auf die Île de la Cité führen mehrere Brücken, am bekanntesten ist jedoch wohl der Pont Neuf. Der Name ist irreführend, denn neu ist die Brücke beileibe nicht – ganz im Gegenteil. Für diese älteste Brücke der Stadt legte Heinrich III. bereits 1578 den Grundstein, im Jahr 1607 wurde sie eingeweiht. Am Quai de l'Horloge befindet sich der Eingang zur Conciergerie, die von 1391 bis 1914 als Gefängnis diente und jetzt Teil des riesigen Palais de Justice ist.
Zur Zeit der Französischen Revolution warteten hier mehr als 4000 Gefangene auf ihre Hinrichtung, unter ihnen Marie-Antoinette und Maximilien de Robespierre, den jetzt seine eigene Revolution auffraß. In der gotischen Salle des Gens d'Armes waren die königlichen Garden untergebracht. Die bedrückende Atmosphäre, die der Kerker und die winzige Zelle von Marie-Antoinette verströmen, kann man noch heute in der Conciergerie verspüren.
Der mächtige Justizpalast entstand aus der ehemaligen Burg der Merowinger, die später zu einem Königssitz ausgebaut wurde. Sie blieb auch noch offizielle Residenz, als der Alte Louvre bereits gebaut war. Der größte Teil des Justizpalastes, in dem heute verschiedene Gerichtshöfe tagen, entstand um 1900. Und hier finden Sie auch »das Tor zum Himmel«, wie die Sainte-Chapelle, die Heilige Kapelle, genannt wird. Die zweigeschossige Schlosskirche fasziniert den Besucher mit der Leuchtkraft ihrer 15 Buntglasfenster. Lediglich gute sechs Meter hoch ist das Gewölbe der Unterkapelle, war sie doch auch »nur« für die Palastbediensteten bestimmt, die im diffusen Zwielicht beten konnten. Über eine schmale Wendeltreppe erreicht man die 20 Meter hohe Oberkapelle, die der königlichen Familie vorbehalten war. Ihre Luftigkeit verdankt sie den schlanken Strebepfeilern, den breiten Fenstern und der sternenübersäten Decke. Über tausend biblische Szenen werden hier bildnerisch nacherzählt.
Vorbei am Marché aux Fleurs et Oiseaux und dem Hôtel-Dieu kommt man über die Rue d'Arcole zur Kathedrale Notre-Dame. Unter dem Vorplatz liegen die Überreste von 2000 Jahre alten Gebäuden, die man besichtigen kann. Schauen Sie auf den Boden, wenn Sie auf die Kathedrale zugehen, und suchen Sie den Point Zéro. An Frankreichs »Nullpunkt« ist eine Bronzeplatte mit einem Messingstern in das Pflaster eingelassen. Von hier aus werden alle Stra-

ßenentfernungen des Landes gemessen und laufen alle Nationalstraßen sternförmig zusammen.

Im Reich des Glöckners

Wer nun unweigerlich nach dem Glöckner von Notre-Dame Ausschau hält, dessen Blick wird an den vielen monströsen Grotesken hängen bleiben, die als Wasserspeier in der Galerie des Chimères auf den Balustraden das Gotteshaus bewachen. Die monumentale, aber wohlproportionierte Westfassade gilt als Glanzstück der französischen Gotik und diente als Vorbild für zahlreiche Kirchen in Nordfrankreich. Die 28 Figuren der Königsgalerie stellen die judäischen Könige dar. Aus dem 13. Jahrhundert stammt das Marienportal mit der Muttergottes sowie Heiligen und Königen. 387 Stufen muss man im Südturm erklimmen, um mit einer grandiosen Aussicht über den Großraum Paris belohnt zu werden.

Hier hängt auch die 13 Tonnen schwere, 1686 gegossene Glocke »Emanuel«.
Der Bischof von Sully hatte 1159 den Bau von Notre-Dame in Auftrag gegeben, die Grundsteinlegung erfolgte 1163. Während der Französischen Revolution wurde die Kathedrale schwer beschädigt und zum »Tempel der Vernunft« erklärt, nach den Plänen des Architekten Eugène Viollet-le-Duc im 19. Jahrhundert jedoch wieder renoviert.
Das gewaltige Kircheninnere wird durch die Beleuchtung auch durch zwei Rosettenfenster wirkungsvoll in Szene gesetzt. Die westliche Fensterrose zeigt Maria, die südliche eine Darstellung Christi.
Wer über den Pont St-Louis auf die Île St-Louis spaziert, findet gemütliche Cafés, gediegene Restaurants – und in der Rue St-Louis-en-l'Île bei Berthillon rund 60 verschiedene Eiscremesorten. Hier kann man für weitere Besichtigungstouren neue Kräfte sammeln

DAS QUARTIER LATIN

Obwohl das Quartier Latin nach der Cité zu den ältesten Vierteln von Paris zählt, ist es dank seiner jahrhundertealten Universitäten jung und frech geblieben. Die altehrwürdige Sorbonne wurde 1253 für mittellose Theologiestudenten gegründet, das Collège de France 1530 als Hochschule für Latein, Griechisch und Hebräisch.
Das Quartier Latin steht für Shopping und Unterhaltung. Literaturfreunde zieht es in die Buchhandlung Shakespeare and Company mit über 50 000 englischen Titeln. Entspannen lässt es sich im Bistro Itineraires in der Rue de Pontoise oder in der »Kantine« der Studenten, im »Le Balzar« nahe der Sorbonne. Mit feinsten Pralinen verwöhnt Christian Constant.
Abends amüsiert man sich im Revuetheater, Paradis Latin, Jazzfreunde steigen ins Kellergewölbe »Le Caveau de la Huchette« hinab. Übernachten kann man natürlich auch. Im Hotel Collège de France etwa hat man im 5. Stock einen fantastischen Blick auf Paris.

WEITERE INFORMATIONEN

Office de Tourisme
25 Rue des Pyramides, 75001 Paris
www.parisinfo.com
www.paradis-latin.com

9 Die Schlösser an der Loire

Ein Besuch im »Garten Frankreichs«

Frankreichs großartigste Schlösser liegen an der Loire. Hier bauten nicht nur die französischen Könige prunkvolle Landsitze jenseits der Hauptstadt, sondern auch reiche Adelsgeschlechter. Sie ließen sich prächtige Schlösser errichten, die sich in die fruchtbare, hügelige Landschaft entlang des Flusses Loire wundervoll einpassten. So entstanden im Laufe der Zeit an die 600 Burgen und Schlösser.

Jedes Schloss für sich ist eine Attraktion: das Château de Villandry (rechte Seite) mit herrlichen Gartenanlagen, das am Cosson gelegene Château de Chambord, die größte Residenz (oben), und Schloss Chaumont südlich von Blois, einst eine Festungsanlage aus dem Mittelalter (unten).

Auf ihrem 1020 Kilometer langen Weg von den Cevennen zum Atlantik wirkt die Loire wie eine Lebensader einer harmonischen Landschaft, die der berühmte Renaissance-Schriftsteller François Rabelais als den »Garten Frankreichs« bezeichnete. Es verwundert nicht, dass sich Könige und Adelige gerade hier prachtvolle Landsitze erbauten – und dass die Loire und ihre Schlösser heute zu den beliebtesten Reisezielen in Frankreich gehören. In der Regel zieht es die Besucher in das Tal der mittleren Loire zwischen Giens und Ancenis bei Nantes, wobei der Abschnitt zwischen Sully und Chalonnes zum Weltkulturerbe der UNESCO gehört. Mehr als 600 Burgen und Schlösser entstanden im Laufe der Jahrhunderte im Umland des Flusses, nicht zuletzt auch deshalb, weil die Loire schiffbar und nicht zu weit von Paris entfernt ist. Die Bezeichnung »Schlösser an der Loire« ist jedoch im Grunde genommen nicht ganz korrekt, steht doch ein großer Teil der Bauwerke nicht an der Loire selbst, sondern an ihren Nebenflüssen wie Sologne, Allier, Indre, Cher und Sarthe.

Bogen der Architekturgeschichte

Die Schlösser der Loire sind ein Spiegel der Baukunst aus sieben Jahrhunderten. Die ersten Wehrburgen wurden zwischen dem 11. und 14. Jahrhundert unter anderem in Chinon errichtet. Dort überredete im heute verfallenen Château de Chinon Jeanne d'Arc 1429 den späteren König Karl VII., ihr ein Heer im Kampf gegen die Engländer anzuvertrauen. Später entstanden die Renaissance-Schlösser, deren Prunk noch heute überwältigt, barocke und klassizistische Bauten, prachtvolle Gärten und Parkanlagen. Ein Beispiel für den Klassizismus ist etwa das 1634 an der Sologne bei Blois erbaute Château de Cour-Cheverny. Dem Schöpfer der Comic-Helden Tim und Struppi, Hergé, diente es als Vorbild für das Schloss von Kapitän Haddock. Es befindet sich nach wie vor in Familienbesitz, steht jedoch bereits seit 1922 Besuchern offen.

Parade der Superlative

Mit Superlativen wird nicht gegeizt, wenn es um die Schlösser der Loire geht.

Das Château von Montrésor liegt idyllisch am Indrois (oben). 52 Kilometer lang sind die Buchsbaumhecken im Château de Villandry (unten). Rosen und Pfaue im Park des Château du Lude (rechte Seite unten) und im Château de Valencay (rechts).

Natürlich ist es jedem selbst überlassen, welches Bauwerk er besichtigen möchte und welches er für das schönste oder das prachtvollste oder das beeindruckendste hält. Für viele zählt jedoch das Château de Saumur sicherlich zu den schönsten Loire-Schlössern. Dieses wahre Märchenschloss ließ Herzog Ludwig I. von Anjou im 14. Jahrhundert errichten – und sein Enkel René von Anjou ein Jahrhundert später umbauen. Zu der dreiflügeligen Anlage gehören ein spätgotisches Treppenhaus aus dem Jahr 1371 und die beeindruckende Tour du Guet. Wer diesen hohen Turm besteigt, wird mit einem wunderbaren Ausblick auf die Loire und die Stadt Saumur belohnt.

Den Superlativ der Romantik darf hingegen das Château d'Ussé für sich beanspruchen. Im 15. Jahrhundert am Fluss Indre erbaut, soll es mit seinen romantischen weißen Türmchen, den Spitztürmen und Schornsteinen den Dichter Charles Perrault als Vorlage für sein Märchen vom Dornröschen gedient haben.

Das Château d'Azay-le-Rideau wiederum wird als das eleganteste Renaissance-Schloss bezeichnet, oft auch als das faszinierendste. Es steht auf einer Insel im Fluss Indre und wurde für den Schatzmeister Gilles Berthelot errichtet. Es beeindruckt mit einem dreistöckigen Treppenhaus mit Erkerfenstern und reich verzierten Giebeln sowie einem von Auguste Rodin gefertigten Kamin. Azay diente als Lustschloss und war nur im Sommer bewohnt.

Und noch ein Etikett: Als letztes großes Renaissance-Schloss wurde das Château de Villandry westlich von Tours ab 1536 von Jean le Breton erbaut. Im 19. Jahrhundert wurden die Renaissance-Gärten restauriert und bilden ein Ensemble mit Küchen-, Zier- und Wassergarten. Anfang Juli erleuchten bei den Nuits de Mille Feux Tausende von Kerzen den Garten, und Barockmusik erklingt Mitte August im Schlosshof.

Königliche Prachtbauten

Die am häufigsten abgebildeten Loire-Schlösser sind wohl das Château de Chenonceau und Schloss Chambord. Das heute in Privatbesitz befindliche Château de Chenonceau stammt aus dem Mittelalter und wurde 1513 auf Geheiß von Cathérine Briconnet im Stil der Renaissance umgebaut. Für weitere Umgestaltungen waren Diane de Poitiers, die Mätresse Heinrichs II., Katharina von Medici und Louise de Lorraine, die Witwe Heinrichs III., verantwortlich. Dass das Schloss die Französische Revolution überstand, hat es Madame Dupin zu verdanken, der tatkräftigen Frau des damaligen Gutsverwalters.

Das Château de Chenonceau steht mitten im träge dahinfließenden Cher und wurde von dem Schriftsteller Gustave

Flaubert als in der Luft über dem Wasser schwebend beschrieben. Wer sich auf der prächtigen Platanenallee dem Schloss nähert, kann diesen Eindruck nur bestätigen. Über das Wasser führt eine 60 Meter lange Brücke, die eine italienisch anmutende Galerie trägt. Die »weibliche Hand« ist vor allem in den herrlich möblierten Räumen und Schlafzimmern zu spüren.
Schloss Chambord, die größte Residenz an der Loire, entstand aus einem Jagdhaus des Grafen von Blois, das damals zwei Tagesreisen von Paris entfernt war. Hier ließ König Franz I. ab 1519 ein gigantisches Jagdschloss mit einem nahezu quadratischen Grundriss, vier Ecktürmen und über 400 Zimmern erbauen. Das Wappentier des Königs, der Salamander, ist in der ganzen Anlage rund 800 Mal zu sehen. Den Kern des Komplexes bildet der quadratische Zentralbau mit den vier runden Ecktürmen. Dort residierte König Franz I. im Obergeschoss des Nordostturms, Jahrzehnte später wohnte Ludwig XIV. während seiner Aufenthalte im Schloss jedoch in der Mitte des Hauptgebäudes. Die Chambre Royale des Sonnenkönigs wurde 1681 in seinen Prunkgemächern eingerichtet.
Ein absolutes Novum war zu damaliger Zeit das Treppenhaus, das möglicherweise von dem italienischen Universalgelehrten Leonardo da Vinci entworfen wurde. Auf den beiden Wendeltreppen mit der gemeinsamen Achse konnten zwei Personen hinauf- beziehungsweise hinuntersteigen, ohne sich zu begegnen. Die Treppen führen hinauf zu den Terrassen auf dem Dach, das mit seinen zahllosen Türmchen, Spitzen, Kuppeln und Giebeln an eine kleine orientalische Stadtkulisse erinnert. Von hier aus sah der Hofstaat Festen, Turnieren und Militärparaden zu.

JENSEITS DER SCHLÖSSER

1099 gründete der Wanderprediger Robert d'Arbrissel in dem Städtchen Fontevraud eine Benediktinerkongregation, aus der sich die größte mittelalterliche Abtei Europas entwickeln sollte. Die Abbaye Royale de Fontevraud war ein gemischtes Kloster, dessen Nonnen und Mönche teilweise aus reichen Adelsfamilien stammten und der Abtei ein riesiges Vermögen erbrachten. Immensen politischen Einfluss erlangte die Abbaye durch ihre Äbtissinnen, die der mächtigen Aristokratie angehörten. Die einst enorme Bedeutung des Klosters lässt sich unter anderem in seiner Funktion als Grablege von Mitgliedern des Königshauses erkennen. Die Grabmäler des Hauses Plantagenêt, darunter die letzten Ruhestätten von Heinrich II. und Eleonore von Aquitanien, liegen im rechten Querhaus der Kirche. Sehenswert ist auch der von 1520 bis 1560 erbaute Marien-Kreuzgang, der größte seiner Art in Frankreich. Regelmäßig finden Konzerte und Ausstellungen statt.

WEITERE INFORMATIONEN

www.abbaye-fontevraud.com
CRT Centre – Val de Loire
37 Avenue de Paris, 45000 Orleans
www.visaloire.com

Weinreben, so weit das Auge reicht, prägen das Bild der Weinregion Bordeaux (oben). In der gleichnamigen Wein-»Hauptstadt« hatte die große Glocke im Stadttor die Aufgabe, die Weinlese einzuläuten (unten). Imposant anzusehen: die Kathedrale Saint-André (rechte Seite).

10 Bordeaux – Südfranzösischer Charme

Die Stadt der Weine

Wenn der Name Bordeaux fällt, muss man unweigerlich an Wein denken. Das kommt nicht von ungefähr, werden doch jährlich über 44 Millionen Kisten Wein im Bordeaux-Weinbaugebiet, dem Bordelais, produziert. Der Weinbau und der Handel waren schon für das römische Burdigala eine der Haupteinnahmequellen. Daran hat sich die Jahrhunderte über wenig geändert.

Bordeaux liegt am linken Ufer der Garonne, die hier etwa 500 Meter breit ist. Schon vor der Römerzeit befand sich an dieser Stelle des Flusses ein bedeutender Hafen. Der Handel und der Weinbau sprudelten als Haupteinnahmequellen über die Jahrhunderte hinweg unaufhörlich für die Stadt. Als im Jahr 1152 Eleonore von Aquitanien und Heinrich Plantagenêt, der spätere englische König Heinrich II., heirateten und Bordeaux von nun an zum englischen Machtbereich gehörte, vergrößerte dies natürlich auch die wirtschaftliche Bedeutung der Stadt. Sie konnte ihren florierenden Weinhandel mit und nach England ausdehnen und intensivieren.

Eine klassizistische Renovierung

Im 18. Jahrhundert erlaubte sich Bordeaux eine umfassende Renovierung. So säumen vor allem die Uferpromenaden Häuser mit eleganten klassizistischen Fassaden, die auch den Blick auf die einst baufälligen mittelalterlichen Stadtviertel dahinter verbergen. Heute präsentiert sich Bordeaux als moderne Hafen- und Industriestadt mit elegantem Zentrum und attraktiven, lebenssprühenden und kosmopolitischen Stadtvierteln. Die engen Gassen von Saint-Michel oder die Gebäude aus den Sechziger- und Siebzigerjahren in Mériadeck sind symbolisch für diese Stadt, die sich wandelte, ohne je ihren ureigenen Charakter oder ihre Identität zu verlieren.

Im Jahr 2007 nahm die UNESCO Bordeaux in die Liste des Weltkulturerbes auf – der riesige denkmalgeschützte Bereich ist 1810 Hektar groß und umfasst fast die Hälfte des Stadtgebiets zwischen den Boulevards und der Garonne. Als Gotteshäuser der Pilgerpfade nach Santiago de Compostela gehörten darüber hinaus die Kirchen Saint-André, Saint-Michel und Saint-Seurin bereits zuvor zum UNESCO-Welterbe.

Wer Bordeaux von einer besonders schönen Seite sehen möchte, sollte am Quai Louis XVIII entlangspazieren und den Blick von den Terrassen auf den ruhig dahinziehenden Fluss genießen.

Viele Bäume und die Zahl Fünf

Die Altstadt wird an ihrer nördlichen Seite von der Esplanade des Quinconces

Die Ernte des Anbaugebiets St. Émilion (rechte Seite unten) wird später im L'Intendant (oben) als einer von vielen Weinen angeboten. Die besten *caneles* bekommt man bei Baillardran (unten). Das Grand Théâtre (rechts oben) überzeugt mit bester Akustik. Je älter, je besser: Bordeauxweine (rechte Seite oben).

begrenzt. Der zwischen 1818 und 1828 angelegte Platz ist mit seinen Alleen, Brunnen und Statuen einer der größten in ganz Europa. Die bereits im ersten Jahr gepflanzten Bäume sind in zahlreichen Gruppen wie die Augenzahl Fünf eines Würfels gesetzt. Diese Anordnung heißt auf Französisch Quinconces – daher der Name des Platzes. An seiner Stirnseite steht das fast 50 Meter hohe Denkmal für die Girondisten, die während des Terrorregimes von Robbespierre 1793 hingerichtet wurden.

Gestärkt mit einem Café au Lait bummelt man an der Garonne entlang zur Place de la Bourse mit Gebäuden aus den Jahren 1728 bis 1755. Hier stehen unter anderem die Börse und das Hôtel des Fermes du Roi mit dem Museum des französischen Zollwesens. Wer weiter an der Garonne entlangläuft, sollte über den Pont de Pierre gehen. Dort sieht man die schöne Fassadenfront der Altstadt vor sich und natürlich die 1755 erbaute Porte de Bourgogne. Wer die Garonne weiter flussaufwärts spaziert, kommt zur gotischen Basilika Saint-Michel, die fast 200 Jahre lang erbaut wurde. Ihr 114 Meter hoher Glockenturm ist der höchste in ganz Südfrankreich. In einer der Seitenkapellen kann man die heilige Ursula mit ihren Jungfrauen sehen.

Grandioser Blick von oben

Von Saint-Michel ist es nicht weit zur Kathedrale Saint-André, die nicht nur durch ihre Ausmaße an Notre-Dame in Paris erinnert. Das Mittelschiff der Kirche wurde bereits im 11. Jahrhundert begonnen und etwa 200 Jahre später umgebaut. Das Querschiff und der Chor waren im 14. und 15. Jahrhundert vollendet. An der Porte Royale sind mittelalterliche Szenen des Jüngsten Gerichts zu bewundern und vor dem Chor der Kathedrale die 47 Meter hohe Tour Pey Berland mit einer goldenen Madonnenstatue auf der Spitze. Wer will, kann den Turm besteigen. Gleich daneben steht das Hôtel de Ville. In den Flügeln des einstigen erzbischöflichen Palastes präsentiert das Musée des

Beaux-Arts Kunst vor allem aus den Epochen von der Renaissance bis zur Neuzeit. Zu sehen sind unter anderem Gemälde von Tizian, Rubens und Renoir sowie Skulpturen von Rodin.
Am einstigen römischen Forum steht das Grand Théâtre von 1780. Das Meisterwerk klassizistischer Baukunst wird von Statuen unter anderem der neun Musen gekrönt und entfaltet seine wahre Pracht erst im Inneren. Die Prunktreppe diente als Vorbild beim Bau der Pariser Oper; der große Zuschauerraum mit dem riesigen Kristallüster hat eine ausgezeichnete Akustik.
Vor dem Theater steht man direkt im Triangle d'Or. Das »goldene Dreieck« bilden drei Alleen, an denen sich Boutiquen, Luxusläden, Feinkostgeschäfte, Bistros und Restaurants aneinanderreihen. Sie sind das Schaufenster des feinen Bordeaux. Von der fast vollständig für Autos gesperrten Rue Sainte-Catherine gelangt man direkt zum Cours de l'Intendance, wo im Haus Nummer 57 der spanische Maler Francisco de Goya vier Jahre bis zu seinem Tod 1828 wohnte.

Die Protestanten vor der Stadt

Weiter geht der Stadtbummel noch einmal zur Esplanade des Quinconces, die man überquert und so zum Quartier des Chartrons gelangt. Hier können elegante Kaufmannshäuser aus dem 18. Jahrhundert bewundert werden. Der Name des Stadtviertels geht auf das hiesige Karthäuserkloster aus dem 14. Jahrhundert zurück. In dem außerhalb der Stadtmauern gelegenen Gebiet wohnten im 17. Jahrhundert viele protestantische Kaufleute aus Deutschland, Holland und England. Auch hier drehte sich (fast) alles um den Handel mit Weinen und Kolonialwaren.
Der Bordelais gilt unter Weinliebhabern und Weinkennern als eines der besten Weinbaugebiete der Welt. Ein Ausflug in die nähere und weitere Umgebung um Bordeaux bietet sich deshalb immer an – etwa nach Saint-Émilion. Die reizende Kleinstadt wartet mit den Resten einer Befestigungsmauer und mittelalterlichen Häusern auf und gehört zusammen mit dem gleichnamigen Weinanbaugebiet der Umgebung zum UNESCO-Welterbe.

WEINBAU IM BORDELAIS

11 300 Hektar Anbaufläche, 2000 Jahre Geschichte – das Bordelais ist eines der größten und ältesten Weinanbaugebiete der Welt: In 500 von 542 Gemeinden des Départments wird Wein angebaut. Weinliebhaber rühmen die Qualität der Produkte, deren Klassifizierung 1855 bei der Pariser Weltausstellung festgelegt wurde. Grundlage dieser traditionellen Einordnung ist das Château, ausschlaggebend für Qualität und Geschmack eines Weines ist zudem der Boden, auf dem er wächst. In und um Bordeaux liegen viele Weingüter, die – nach Voranmeldung – besichtigt werden können, so etwa die Châteaux Mouton-Rothschild und Lafite-Rothschild. Zu einer genüsslichen Verkostung lädt in Bordeaux ganz in der Nähe des Grand Théâtre der Weinladen L'Intendant in der Allée de Tourny ein. 15 000 Weine lassen das Herz eines jeden Weinkenners höherschlagen. Nicht weit entfernt erhält man am Cours 30 Juillet in der Maison du Vin de Bordeaux Infomaterial für Ausflüge ins Bordelais.

WEITERE INFORMATIONEN

Office de Tourisme
12 Cours du 30 Juillet, 33080 Bordeaux
Tel. 05 56 00 66 00,
www.bordeaux-tourisme.com

Zwischen Marseille und Cassis sind die Klippen der Küste zerklüftet, die kleinen Buchten heißen Calanques (oben). Die paradiesische Calanque de Sormiou mit Booten und Badenden (unten).

11 Côte d'Azur – Traum am Mittelmeer

Die himmelblaue Küste – immer in schönstem Licht

Wenn Europa Anfang des Jahres dem Frühling entgegenbibbert, steht die Côte d'Azur schon in schönster Blüte, wetteifern Mimosen, Rosen, Jasmin und Stiefmütterchen mit ihrer Farbenpracht. Die Pflanzen entwickelten sich zu Frühblühern und erfüllen damit eine wichtige Aufgabe: Sie sollen die Gäste erfreuen, die heute wie zu Beginn des 19. Jahrhunderts Jahr für Jahr kommen, um die Wintermonate im milden Klima an der Côte d'Azur zu verbringen.

Es waren in der Hauptsache reiche Nordeuropäer und gut betuchte Briten, die es vom kalten langen Winter in der Heimat erstmals an die blaue Riviera zog. Entlang der »himmelblauen Küste« sieht man ihre eleganten Villen direkt am Meer, an den Hügeln und im Hinterland der Provence stehen. Seit bereits gut 100 Jahren ist an der Côte d'Azur für die High Society, für Stars und Sternchen und für Jachtbesitzer das ganze Jahr Saison. Und in den Ferienmonaten ist die ganze Provence mit ihren feinen Stränden, alten Ortschaften und großartigen Kunstschätzen ein Urlaubsziel ersten Ranges.
250 Kilometer zieht sich der traumhafte Küstenstreifen am Ligurischen Meer von Marseille bis hinauf zur italienischen Grenze. Wer ihn entlangfährt, passiert einige denkwürdige Orte und Naturschönheiten: Toulon, die »goldenen« Îles d'Hyères und das Massif des Maures, sieht Sainte-Maxime und Fréjus – und natürlich die Berühmtheiten Cannes, Nizza und Saint-Tropez.

Treffpunkt Saint-Tropez

Saint-Tropez! Hier wurde 1956 Et Dieu créa la femme gedreht. Brigitte Bardot trug einen Bikini, ein Novum in der Filmgeschichte. So viel Sexappeal – Saint-Tropez und die Côte d'Azur galten seitdem als Synonym für einen freizügigen Lebensstil. In Deutschland übrigens lief der Film unter dem Titel Und ewig lockt das Weib …
Von dem Mythos, den der Film- und Geldadel und Pariser Intellektuelle wie Françoise Sagan (Bonjour Tristesse spielt ebenfalls an der Côte d'Azur) in den Fünfziger- und Sechzigerjahren des vergangenen Jahrhunderts dem Fischerort verschafften, leben die Einwohner auch heutzutage noch sehr gut. In den Sommermonaten ist es angebracht, nach Saint-Tropez mit den Ausflugsschiffen aus den angrenzenden Küstenstädten zu schippern – wenn man schon nicht in der eigenen Jacht anreisen kann … –, denn die Zufahrtsstraße ist heillos überfüllt. Stoßstange an Stoßstange stehen die Wagen, Motorradfahrer und Vespas

schlängeln sich durch die Autoschlangen. Über allem ist das Geknatter der Hubschrauber zu hören.

Sehen und gesehen werden – die Touristen drücken sich die Nasen platt hinter ihren Fotoapparaten, strecken die Handys in die Luft, um die spektakulären Jachten abzuknipsen, immer in der Hoffnung, den einen oder anderen Prominenten, das Luxusmodel oder den russischen Fußballclubbesitzer zu entdecken. So wie man es eben kennt aus den Illustrierten, die in den Sommermonaten voll sind mit dem neuesten Klatsch aus Saint-Tropez.

Das Licht – jeden Tag aufs Neue

Dabei hat Saint-Tropez weitaus mehr zu bieten, etwa oberhalb des Ortes in der Zitadelle aus dem 16. Jahrhundert das Musée Naval. Und am Nouveau Port punktet in der Verkündigungskapelle das Musée de l'Annonciade mit einer großartigen Sammlung mit Kunst des Impressionismus und der Klassischen Moderne. Der Maler Paul Signac erlag 1892 als einer der ersten Künstler dem Charme des kleines Fischerortes. Seine Werke sind ebenso zu sehen wie die der Kollegen, die nach ihm kamen: Kees van Dongen, Henri Matisse und Pierre Bonnard – und Picasso, Chagall und Renoir. »Als ich begriff, dass ich jeden Morgen aufs Neue dieses Licht sehen würde, konnte ich mein Glück nicht fassen«, schrieb Henri Matisse 1917 an der französischen Riviera über diese.

Der beschauliche Ort Grimaud liegt über dem Golf von Saint-Tropez rund 12 Kilometer von Saint-Tropez und nicht weit von Saint-Maxime entfernt. Grimaud gehört zur Region Provence-Alpes-Côte d'Azur und zählt etwa 4500 Einwohner. Überragt wird das Städtchen von den Ruinen einer imposanten Burg aus dem 11. Jahrhundert. Von hier genießt man einen traumhaften Blick über die Bucht und auf die umliegenden grünen Hügel

Das einzigartige Licht fasziniert beim Blick auf den Hafen von Menton (links). Ein Bummel durch Saint-Tropez! Plaudern (oben) und sich zeigen, einkaufen (Mitte) und bewirten, malen und schauen (unten).

Die Côte d'Azur hat viele Gesichter: die Küste an der Riviera bei Saint-Tropez (oben), die Corniche de l'Esterel (unten) und die Berge, durch die sich die Corniche des Crêtes windet (rechte Seite unten). In Grasse steht die Parfümerie Fragonard (Mitte).

des Massif des Maures. Pinien-, Kastanien- und Eichenwälder bestimmen zusammen mit Weinreben das herrliche Landschaftsbild.
Grimaud besitzt einen malerischen Dorfkern mit alten Gassen, der mit den Jahren liebevoll restauriert wurde. In diesem typisch provenzalischem Bergdorf finden Urlauber alle Ruhe und Erholung. Die schmalen Gassen sind gesäumt von Kakteen, wildem Wein und Glyzinien. Statt In-Boutiquen und Souvenirshops entdeckt man hier kleine Kunsthandwerkläden und Galerien.

Blau überall

Die Morgensonne strahlt vom azurblauen Himmel und wärmt auch im Winter die Gäste der Straßencafés, die den ersten Café au Lait zu sich nehmen. Das Blau des Himmels wird vom Meer aufgenommen, die blau-blaue Spiegelung ist ein reizvoller Kontrast zu den Hängen und Hügeln, deren Grün changiert zwischen Matt, Satt und Silber. Dazwischen das Grau-Beige der Schieferfelsen. Dazu eine milde Brise aus Afrika – und wenn's denn mal der Mistral oder im Sommer der heiße Schirokko sein sollte, ist es auch kein Problem – c'est la vie. Das Leben ist viel zu kurz und zu schön, um sich über so etwas aufzuregen.

Dazu das Lila des Lavendels

Zu dem Licht kommen die bergige Landschaft, das milde Klima und die Gerüche der vielfältigen Pflanzenwelt. Provence und Lavendel, das Land violett wogender Felder. Das klassische Hauptanbaugebiet von echtem Lavendel ... Daneben die duftenden Kräuter Salbei, Thymian und Rosmarin. In Meeresnähe finden sich Myrte, Ginster, Disteln, Zistrosen und Baumheide. In der Provence wird Wein angebaut, stehen alte Ölbäume, natürlich Palmen, Mimosen und Eukalyptusbäume. Dazwischen befinden sich Salinen, Sonnenstrände und zahlreiche Schluchten.
Zwischen Hyères und Fréjus liegt das Massif des Maures. Bis auf 779 Meter ragt es auf, fast 65 Kilometer dehnt es sich aus, bedeckt von dichten Kiefern-, Eichen- und Kastanienwäldern. La Garde-Freinet ist das Zentrum der Korkenherstellung, in Cogolin entstehen Pfeifen aus Wurzeln des Bruyère-Strauchs, der Baumheide. Abstecher ans Küstenstädtchen Lavandou oder nach Ramatuelle lohnen immer. Dort ist auf dem Friedhof der bekannte französische Schauspieler Gérard Philipe begraben.

Schon Königin Victoria zog es hierher

Nicht weit entfernt kommt man in eines der ersten Kurbäder an der Côte d'Azur, nach Hyères. Es ist die südlichste Stadt in der Provence. Im 19. Jahrhundert machte Königin Victoria dem Bad ebenso ihre Aufwartung wie der Schriftsteller Robert Louis Stevenson. Prächtige Villen, Hotels und das Casino lassen den Belle-Époque-Charme des ältesten Winterkurorts an der französischen Riviera erblühen. Ein Schmuckstück ist die Altstadt um die Place Massillon.
Von Hyères aus steuern die Ausflugsschiffe die drei Inseln Porquerolles, Port-Cros und Île du Levant an. Die waldreichen Îles d'Hyères sind geologisch dem Massif des Maures vorgelagert und locken mit schönen Badeplätzen, zerklüfteten Steilküsten und kilometerlangen Wanderwegen. Mit Taucherbrille und

Schnorchel kann man auch die mediterrane Unterwasserwelt mi seiner abwechslungsreichen Flora und Fauna erkunden. Am anderen Ende des Bergrückens und schon am Fuß des Esterel-Massivs liegt Fréjus. Im Jardin la pomme d'Ambre kann man dort wie in anderen privaten Themengärten auch die sorgsam gepflegte und gehegte Blumenvielfalt bewundern, die gerade in den Wintermonaten blüht und ab Mai in sattes Grün übergeht. Die bedeutendsten römischen Zeugnisse der Stadt sind das Amphitheater, die Reste eines Aquädukts, eines Theaters und Teile eines Wehrtors. Der Ort geht nahtlos über in Saint-Raphaël, das sich charmant präsentiert mit Jugendstilhäusern und Palmen, die die Uferpromenade säumen.
Wieder hinauf in die Berge führt der Weg nach Grasse. Mit Katharina von Medici kamen im 16. Jahrhundert parfümierte Lederhandschuhe in Mode und damit wurde der Grundstein gelegt zur Parfümindustrie in Grasse. Das Gerberhandwerk existierte bereits seit dem 13. Jahrhundert in der Stadt inmitten der Lavendel-, Jasmin- und Rosenfelder. Einen informativen Einblick in die Parfümherstellung gewährt das Musée International de la Parfumerie mit einem Garten voller duftender Pflanzen.

Am Gipfel ist man schnell

Durch das Massif de l'Esterel geht es zurück zur Küste. Das etwa 20 Kilometer lange Gebirge fällt schroff zum Meer hin ab. Die Küstenstraße Corniche d'Or verbindet Saint-Raphaël mit La Napoule auf dem Weg nach Cannes. Die roten Porphyrfelsen, die grüne Vegetation und das Blau des Meeres bieten dem Auge einen wunderbaren Dreiklang der Natur. Vom Mont Vinaigre, mit 618 Metern höchster Gipfel des Massivs, hat man einen fantastischen Panoramablick über die Riviera. Vom Parkplatz aus ist es nur ein kurzer Fußweg bis zum Gipfel.

DAS LICHT DES SÜDENS

Sei es im Sommer oder im milden Winter – es ist das Licht, das bei den Besuchern der Provence immer wieder für Erstaunen sorgt. Meist zeigt sich die Region von ihrer sonnigen Seite, nicht umsonst werben viele Orte mit über 300 Sonnentagen im Jahr. Lediglich der Mistral braust gern auf zwischen Marseille und Avignon. Doch auch dagegen hilft die Gelassenheit der Provenzalen, die Zypressen und Hecken pflanzten, um sich und ihre Felder zu schützen.
Der französische Landstrich ist eingebettet zwischen Rhone, Alpen und Mittelmeer, dazwischen befinden sich sonnige Küsten und Strände, wogende Lavendelfelder, Salinen und zahlreiche Schluchten und natürlich unzählige Dörfchen und Städte, deren Besuch sich lohnt. In Fontaine-de-Vaucluse etwa lockt die gewaltige Quelle der Sorgue viele Touristen an. Mit dem Wasser wird eine Papierfabrik gespeist. Das Dorf Le Baux-de-Provence wirkt, als sei es aus dem Felsen herausgeschlagen …
Und über allem scheint das besondere Licht der Provence, das Licht des Südens, das Maler und Schriftsteller anzog und das heute für den Ganzjahres-Tourismus sorgt.

WEITERE INFORMATIONEN

www.ot-saint-tropez.com

Der Dogenpalast zeigt eindrucksvoll Macht und Reichtum des einstigen Venedig (oben). Ohne die Masken wäre der Karneval von Venedig nicht vorstellbar (unten). Die Basilica Santa Maria Maggiore mit ihrer eindrucksvollen Kuppel (rechte Seite oben). Sightseeing in der Dämmerung (rechte Seite unten).

12 Venedig – La Serenissima

Die einzigartige Lagunenstadt

Diese Stadt ist ein Liebling der Götter. Eine aufregende Mixtur aus erstklassiger Kunst, spannender Geschichte und viel Charme. Das dürfte der Grund sein, warum jedes Jahr zwölf Millionen Menschen nach Venedig reisen – keine Stadt der Welt empfängt mehr Gäste. Die Venezianer lassen sich nicht beirren: Der Karneval, die Biennale und die Gondeln sind für die Fremden, aber der morgendliche Cappuccino in einer Bar, das Baden am Lido oder die herzhafte venezianische Küche bleiben ihr Refugium.

Auf der Piazza San Marco

Für die Einheimischen ist es »la piazza«, denn alle anderen Plätze heißen campi in Venedig. Es sei »der eleganteste Salon Europas«, sagte Napoleon über die Piazza von San Marco, als er 1797 in die Stadt kam und die Ära einer dominierenden Handelsmacht beendete. Hier liegt die Mitte Venedigs, ein aus Veroneser Marmor und istrischem Stein geformtes Aushängeschild der Serenissima, das von der Macht und dem Reichtum der einstigen Adelsrepublik Venedig zeugt. Mehr als 500 Jahre Frieden und blühende Geschäfte haben Kunstschätze und so viel Vermögen angehäuft, dass sogar noch im Niedergang Venedigs prächtige Paläste gebaut wurden. Begünstigt durch seine geografische Lage galt Venedig als Tor zum Orient, und unter der Führung schlauer und skrupelloser Dogen begann um die Jahrtausendwende der Aufstieg der Lagunenstadt. Ein erfolgreicher Kreuzzug brachte 1204 die Metropole Konstantinopel unter ihre Kontrolle, und die Geschäfte mit der Levante machten Venedig zum Mittelpunkt des damaligen Europa. Mit der Entdeckung Amerikas verlagerten sich die Interessen auf Spanien und Portugal, die Macht bröckelte langsam, und als Napoleon kam, lag »La Serenissima« schon im Koma. Im Jahr 1866 wurde die Stadt dem italienischen Königreich angeschlossen.

Die Markusbasilika

Seit dem 12. Jahrhundert sieht die Piazza unverändert aus, nur an ihren Rändern wurde 400 Jahre lang gebaut, von der Gotik bis zur Renaissance. Ein Blickfang ist der Campanile, doch beherrscht wird der Platz von der imposanten Basilika San Marco, einem Flaggschiff byzantinischer und westlicher Dekorationskunst. Die mit fünf Kuppeln gekrönte Kirche wurde im 11. Jahrhundert für die Gebeine des heiligen Markus eingeweiht, die man aus Alexandria gestohlen hatte. Auch die Quadriga der Bron-

SERVIZIO
GONDOLE

Kein Venedigbesuch ohne Besuch im Caffè Florian (oben). Den Palazzo Ca' d'Oro erkennt man an seinen Steinmetzarbeiten (Mitte). In der Cantina do Mori verkehrt die Schriftstellerin Donna Leon (unten). Blick vom Campanile auf die Basilica San Marco und die Seufzerbrücke (rechte Seite unten und oben).

zepferde aus Byzanz, die heute über dem Eingang der Basilika thront, wurde geraubt, und als Beute aus Syrien gelangten auch die beiden Säulen auf der Piazzetta nach Venedig, mit den Symbolen des heiligen Theodor und des heiligen Markus. Bis 1807 war die Basilika die Privatkirche des Dogen, erst mit Napoleon durfte dort der Patriarch einziehen. Am schönsten lässt sich die Pracht dieser Kirche bei einem morgendlichen Gottesdienst erleben, wenn die ersten Sonnenstrahlen über die Goldmosaiken streichen, oder während der Abendmesse, wenn die orientalischen »Teppichmuster« auf dem Steinboden beleuchtet sind.

Der Dogenpalast

Neben der Kirche liegt der Palazzo Ducale, die einstige Residenz des Staatsoberhauptes und der Amtssitz der venezianischen Regierung. Alleine der Treppenaufgang der »Scala dei Giganti« mit ihren Statuen von Mars und Neptun, den Symbolen der Macht zu Land und zu Wasser, lassen keine Zweifel am Selbstbewusstsein der Republik aufkommen. Über drei Etagen erstrecken sich die Räume und Säle, darunter die »Sala del Maggior Consiglio«, wo der Große Rat tagte, und dazu gehörten im 16. Jahrhundert immerhin 2000 Mitglieder. An der Ostwand hängt das »Paradies« von Tintoretto, eines der größten Ölgemälde der Welt. Einen etwas traurigen Abschluss bildet die Seufzerbrücke, eine Verbindung zwischen Dogenpalast und dem Gefängnistrakt. Es seien die Seufzer der Häftlinge gewesen, die der Brücke ihren Namen gegeben hätten …

Kaffee auf der Piazza San Marco

Schon seit dem frühen 18. Jahrhundert wird Kaffee im Anblick der Basilika getrunken. Damals gab es alleine auf der Piazza 24 Kaffeehäuser, heute buhlen die Musikcafés »Florian«, »Quadri« und »Lavena« um die Gunst des Besuchers. Das bedeutet, wer die Atmosphäre der Piazza genießen will, ist gnadenlos dem Fiedeln ausgesetzt, meist Walzern und dem Vivaldi-Dauerbrenner der »Vier Jahreszeiten«. Wenn die Kapelle des »Quadri« eine Kunstpause macht, dann setzen sich die Violinen des »Florian« in Szene. Am Vormittag bieten »Quadri« und »Lavena« den Platz an der Sonne, denn sie liegen in den Arkaden der Procuratie Vecchie, während sich das »Florian« schräg gegenüber so langsam für den Nachmittag und Abend rüstet. Alle drei Cafés wurden im 18. Jahrhundert gegründet, das »Florian« 1720 von einem gewissen Floriano Francesconi, das »Lavena« 1750 und das »Quadri« 1775 von Giorgio Quadri aus der Levante.

Aperitif in »Harry's Bar«

Wenn sich der Nachmittag zum Ende neigt, ist die Zeit für einen Aperitif in »Harry's Bar« gekommen, die im Jahr 1931 in einer Seilerei am Canal Grande von Giuseppe Ciprani und seinem amerikanischen Freund Harry Pickering gegründet wurde. Für den weltberühmten Bellini sollte man alle pekuniären Vorbehalte aufgeben und nur genießen. Der Saft von sechs weißen Pfirsichen wird mit einer Flasche Prosecco aufgefüllt, und getrunken wird der Bellini aus hohen, schmalen Gläsern. Dazu ein paar Tramezzini oder das berühmte Carpaccio. Noch

immer strahlt »Harry's Bar« diese unvergleichliche Atmosphäre von Geborgenheit und eleganter Zurückhaltung aus. So weist kein Schild auf die Bar hin und noch heute ist der Name in die Milchglasscheibe der Fenster hineingeätzt. Der berühmteste Gast war Ernest Hemingway, der allerdings Montgomery trank, aus 15 Teilen Gin und einem Teil Wermut. Damals entstand der Roman »Über den Fluss und in die Wälder«, der 1950 erschien und der Bar ein literarisches Denkmal setzte.

Auf dem Canal Grande

Wie ein umgestülptes S durchzieht der Canal Grande die Lagunenstadt, und die Fahrt auf der knapp vier Kilometer langen Lebensader Venedigs führt an unzähligen Palästen, Kirchen und Museen vorbei. Sie bietet einen Überblick über 700 Jahre Geschichte der Stadt, denn keine vornehme Familie hätte auf den Bau eines Palastes an der »Renommiermeile« des Canal Grande verzichtet. Eines der schönsten Häuser ist Ca' d'Oro mit einer einzigartigen Marmorfassade, die Spätgotik mit Frührenaissance vereint und früher vergoldet war. Um den ersten Bogen des Kanals ballt sich legendäre Kunst: die Moderne in der Collezione Peggy Guggenheim, dann die alten Meister in der Accademia mit Giorgiones »Gewitter« und Veroneses »Gastmahl im Hause Levi«.
Etwas versteckt liegt die Kirche Santa Maria Gloriosa dei Frari, dort hängt das überwältigende Bild der Assunta, dessen intensives Rot einen schlichtweg den Atem stocken lässt.

ESSEN IN VENEDIG

Der Nepp droht an allen Ecken, und viele lustlose Köche lassen Touristenfutter servieren. Nur wenige Meter von der Rialtobrücke entfernt aber, mitten in San Polo, liegt die »Trattoria alla Madonna«. Versteckt in einer schmuddeligen Gasse, doch zur Mittagszeit und am Abend strömen die Gäste. Zu »Capesante«, das sind Jakobsmuscheln in einem Sud aus Weißwein, Petersilie und Zitrone. Oder zu einer lokalen Spezialität, den »Seppioline alla veneziana«, das sind gebratene Tintenfische in einer Sauce aus Weißwein, Knoblauch und dem Inhalt der Tintenbeutel. Dazu isst man Polenta. Als Nachtisch ein »Sorbetto al limone«, etwas zerstoßenes Zitroneneis mit einen Schuss Wodka. Die Rechnung bleibt moderat, und bezahlt wird beim Inhaber Oscar Fulvio Rado, der das Restaurant 1954 gegründet hat.

WEITERE INFORMATIONEN

Trattoria alla Madonna
Calle della Madonna, San Polo
www.ristoranteallamadonna.com

Viele Vergünstigungen und freie Eintritte in Museen gibt es mit der Venicecard.
www.turismovenezia.it
www.venicecard.it

Eines der bekanntesten Tore der Welt: die »Paradiespforte« von Lorenzo Ghiberti am Ostportal des Baptisteriums von San Giovanni in Florenz (oben); Detail aus der »Paradiespforte«: Szenen aus dem Leben von Josua (rechte Seite unten); Christus als Weltenrichter: Ausschnitt aus dem Kuppelmosaik im Baptisterium in Florenz (rechte Seite oben).

13 Florenz – Im Zeichen der Kuppel

Meisterwerke sakraler Baukunst

Wer sich Florenz nähert, erblickt schon von Weitem die mächtige rote Kuppel des Doms, die über das Dächermeer der Stadt aufragt. Sie weist den Weg zu den zentralen Plätzen Piazza del Duomo und Piazza di San Giovanni, wo die Kathedrale Santa Maria del Fiore mit der einzigartigen Brunelleschi-Kuppel, das Baptisterium di San Giovanni und der Glockenturm von Giotto wohl die ersten Ziele eines jeden neuen Besuchers darstellen.

Das religiöse Zentrum von Florenz ist im nordöstlichen Teil des alten römischen Florentia angesiedelt. Ihre heutige Form erhalten die beiden Plätze – del Duomo und di San Giovanni – weitgehend im 13. Jahrhundert. In dieser Zeit beginnen die Arbeiten rund um den Dom und den Campanile.

Die Kathedrale Santa Maria del Fiore

Die romanische Basilika Santa Reparata aus dem 5. Jahrhundert ist alt und kann die Menschenmengen des aufstrebenden mittelalterlichen Florenz kaum noch fassen. So beschließt die Stadtverwaltung, an der Stelle der alten Kirche eine neue Kathedrale zu erbauen: eine Kirche, die alles bisher Dagewesene in den Schatten stellen soll, ein Symbol für die wirtschaftliche und politische Macht des erstarkenden Florenz, ein Bauwerk, das vor allem die beiden Kathedralen der konkurrierenden Städte Pisa und Siena übertrumpfen soll.
Am Festtag Mariä Geburt des Jahres 1296 legt der päpstliche Delegat Kardinal Valeriano den Grundstein für das neue Gotteshaus. Die Bauarbeiten nach den Plänen von Arnolfo di Cambio beginnen mit der Westfassade. Sie nehmen bis zu ihrer Fertigstellung und Einweihung 1436 ganze 170 Jahre in Anspruch. Nach dem Tod von di Cambio, der gleichzeitig auch mit den Arbeiten an der Chiesa di Santa Croce und am Palazzo della Signoria beschäftigt ist, übernimmt Giotto die Baustelle. Der aber wendet die ganze Aufmerksamkeit seinem Campanile zu. Andrea Pisano und Francesco Talenti sorgen deshalb für die Vollendung des mächtigen Bauwerks. Mit 153 Metern Länge, 90 Metern Breite im Kreuzschiff und 90 Metern Höhe besitzt der Dom zu jener Zeit das größte Kirchenschiff in Europa. Doch schon 1588 wird die von Arnolfo di Cambio gestaltete Westfassade wieder abgetragen, weil sie nicht mehr den Vorstellungen der Zeit entspricht. Dann geht aber das Geld aus. Die heutige Fassade in neogotischem Stil wird erst zwischen 1871 und 1887 von Emilio de Fabris verwirklicht.

Touristenansturm auf das Baptisterium von San Giovanni (oben); Neptunbrunnen auf der Piazza della Signoria (Mitte); die Sonne genießen: vor dem Portal der Kathedrale Santa Maria del Fiore (unten); der Dom und Campanile (rechte Seite unten); Michelangelos Pietà, eine der spätesten Arbeiten des Künstlers, im Dommuseum von Florenz (rechte Seite oben).

Brunelleschi und sein Meisterwerk

Zum buchstäblich überragenden Element der neuen Kathedrale wird die von Filippo Brunelleschi entworfene Kuppel. In nur 16 Jahren, von 1418 bis 1434, wird sie über der Apsis des Gotteshauses errichtet. Mit 45,5 Metern Durchmesser und 107 Metern Höhe ist sie ein »Wunderwerk der Weltarchitektur« und eine technische Meisterleistung der frühen Renaissance. Die Laterne, der runde, turmartige Aufsatz auf der Kuppel, wird erst nach dem Tod Brunelleschis im Jahr 1446 fertiggestellt.

Das Innere der Kuppel ergibt eine riesige, 3600 Quadratmeter große Fläche, die Giorgio Vasari und Federico Zuccari vollständig mit Fresken ausmalen. Die Thematik ist dieselbe wie im Baptisterium: das Jüngste Gericht mit Himmel und Hölle und Christus als Weltenrichter im Mittelpunkt.

Im eleganten, offenen Inneren des Doms treffen weltliche und religiöse Symbolik ganz unmittelbar aufeinander. Die Stadt als Bauherrin setzt entlang der Seitenschiffe Denkmäler für ihre berühmten und verdienten Persönlichkeiten: Büsten von Brunelleschi, Giotto, Arnolfo di Cambio und Emilio de Fabris sowie Fresken von Dante und den *condottieri*, den Söldnerführern, John Hawkwood und Niccolò da Tolentino. Daneben bleibt jedoch auch für das religiöse Programm genügend Platz. Die Spiritualität des Menschen und seine Bestimmung hin zu Gott kommen vor allem in den herrlich farbig schillernden Marmor-Mosaik-Böden und in den 44 bunten Glasfenstern, dem monumentalsten Werk der Glaskunst des italienischen Mittelalters, kraftvoll zum Ausdruck.

Giotto und sein Campanile

Mit dem Bau des Glockenturms, den er selbst entworfen hat, beginnt Giotto 1334. Der Campanile soll ein markantes Wahrzeichen der Stadt werden: 110 bis 115 Meter hoch, mit einem pyramidenförmigen Spitzdach als Abschluss. Auch wenn er schlussendlich nur 84,70 Meter Höhe erreicht, so gehört der quadratische Turm dennoch zu den herausragenden Meisterwerken der gotischen Architektur des 14. Jahrhunderts. Nach Giottos Tod 1337 baut Andrea Pisano nach den Plänen seines Vorgängers die ersten beiden Stockwerke mit ihren reichen, meisterhaft gestalteten Dekorationen und Skulpturen. Die 16 lebensgroßen Statuen stammen von Donatello, Pisano selbst und Luca della Robbia. Francesco Talenti beendet den Bau 1359 mit einigen Änderungen, unter die auch die großen Fenster in den höheren Stockwerken fallen. Über 400 Stufen erreicht der Besucher die Aussichtsplattform an der Spitze des Campanile.

Das Baptisterium

Das Baptisterium ist die Taufkirche des Florentiner Doms und das älteste Kunstwerk an der Piazza di San Giovanni. Um seine Entstehung ranken sich Legenden. Manche halten es für einen vorchristlichen Tempel, der in ein christliches Bauwerk umgewandelt wurde. Ein erstes Baptisterium steht bereits im 5. Jahrhundert neben der alten Basilika Santa Reparata; in seinen Grundformen ist es ebenso achteckig wie die heutige Taufkirche. Sicher ist auf jeden Fall, dass das heutige Baptisterium im 11. Jahrhundert geweiht und mit wertvollem Marmor verkleidet sowie in den darauffolgenden

Jahrhunderten durch die Kuppel und die rechteckige Apsis im Nordosten erweitert wird. Die Kunstwerke, denen das Baptisterium seine Berühmtheit verdankt, kommen im 14. und 15. Jahrhundert hinzu: die drei einzigartigen Bronzeportale mit ihren großartig erzählten biblischen Geschichten. 1338 macht Andrea Pisano mit 28 Szenen aus dem Leben von Johannes dem Täufer auf dem Südportal den Anfang. Zwischen 1402 und 1424 schafft Lorenzo Ghiberti am Nordportal seine ebenfalls 28 Bilder aus dem Neuen Testament und dem Leben Jesu. Das Ostportal schließlich soll die beiden anderen noch übertreffen: Ghiberti setzt sich mit seinem Entwurf gegen Mitbewerber wie Brunelleschi, Francesco di Valdambrino oder Jacopo della Quercia durch. Zwischen 1425 und 1450 gestaltet er das Tor mit zehn großformatigen, vergoldeten Bronzetafeln, die Motive aus dem Alten Testament zeigen. Michelangelo tauft das Portal schon bald nach dessen Vollendung »Paradiespforte«.
Das Innere des Baptisteriums erinnert in seiner Grundstruktur an das Pantheon in Rom. Hier beeindrucken der herrlich gearbeitete geometrisch gestaltete und orientalisch beeinflusste Mosaikboden, das monumentale Grabmal des Gegenpapstes Johannes XXIII. von Donatello und Michelozzo und zwei alte römische Sarkophage. Die Kuppel hat einen Durchmesser von 26 Metern und wird ab 1225 in acht Ringen unter anderem von Giotto und Cimabue mit einem der weltweit größten Mosaikzyklen ausgestaltet. Dieser zeigt im Stil der byzantinischen Schule das Jüngste Gericht sowie in einer gewaltigen zentralen Figur Christus als Weltenrichter. Donatello gestaltet für das Baptisterium eine beeindruckende Holzstatue der büßenden Magdalena. Diese ist seit der Überschwemmung des Arno im Jahre 1966 im Dommuseum zu besichtigen.

MUSEO DELL'OPERA DEL DUOMO

Viele Kunstwerke in der Kathedrale Santa Maria del Fiore, im Baptisterium und im Campanile sind im Lauf der Zeit durch Kopien ersetzt worden. Die Originale befinden sich heute im nahe gelegenen Dommuseum, das unbedingt einen Besuch lohnt. Dort wird die Geschichte des Doms, des Campanile und des Baptisteriums anhand von Originaldokumenten und Plänen anschaulich nachgezeichnet. Zu bewundern sind im Erdgeschoss unter anderem auch Teile der ersten Fassade des Doms von Arnolfo di Cambio, Brunelleschis Entwürfe für die Bronzeportale des Baptisteriums und als Höhepunkt Michelangelos zweite – von insgesamt drei – Pietà. Donatello und seinen meisterhaften Skulpturen ist ein Saal im ersten Stockwerk gewidmet.

WEITERE INFORMATIONEN

Das Dommuseum ist werktags täglich von 9 bis 19.30 Uhr, an Sonntagen von 9 bis 13.45 Uhr geöffnet. Die Tickets kosten 6 Euro. Ein Sammelticket für den Besuch der Kuppel, von Santa Reparata, Campanile, Baptisterium und Museum kostet 23 Euro.
www.operaduomo.firenze.it

Eingang zu einem Feinkostgeschäft in Volterra (oben); Herbst in den Weinbergen des Chianti Classico (rechte Seite oben); im »Weinarchiv« in den alten Kellern vom Castello di Fonterutoli in Castellina in Chianti (rechte Seite unten).

14 Das Chianti – Im Land des guten Weins

Weinkultur zwischen Florenz und Siena

Chianti und Toskana, die beiden Begriffe sind zum Synonym geworden. Wer an die Toskana denkt, der denkt wohl automatisch gleichzeitig an den Chianti. »Ja, ja der Chianti-Wein, der lädt uns alle ein ...«, – wer summt nicht mit bei der alten Schlagermelodie. Dabei ist der Chianti mehr als nur der berühmteste Wein Italiens: »Chianti« wird auch das gesamte Gebiet der Zentraltoskana von Florenz bis nach Siena genannt.

Wir begeben uns auf eine Reise in eine der bekanntesten und faszinierendsten Gegenden der Toskana. Die Herkunft des Wortes Chianti ist umstritten. Das erste Mal taucht der Name in einem Dokument der Abtei San Bartolomeo a Ripoli im Jahr 790 auf. Aus dem Jahr 1404 stammt die erste Urkunde mit der Bezeichnung Vino Chianti für den Wein aus der Gegend. Der hat im Chianti-Gebiet auf jeden Fall eine lange Tradition und die Region so tief geprägt wie kaum ein anderes Gebiet. Höchstens die »Fremden«, die sich hier in den letzten Jahrzehnten scharenweise ihre Ferienresidenzen eingerichtet haben, üben einen ähnlich großen Einfluss aus.

Die Straße des Chianti Classico

Gleich nach Florenz begegnen uns auf unserer Reise über die sanften Hügel die ersten Weinberge mit einladenden Weingütern, stattlichen Villen, wehrhaften Burgen und mittelalterlichen Dörfern und Weilern. Das um 1350 befestigte, auf den Hügeln zwischen den Tälern des Pesa und des Greve gelegene San Casciano in Val di Pesa – in der Geschichte für die Verteidigung von Florenz von strategischer Bedeutung – ist für uns das Tor ins klassische Chianti-Gebiet. Im Ortsteil Sant'Andrea in Percussina schrieb Niccolò Machiavelli 1512 sein Hauptwerk *Il Principe – Der Fürst.*

Über die alte Via Cassia geht es weiter über Tavernelle Val di Pesa nach Barberino Val d'Elsa. Das reizende Zentrum des Ortes bildet die Piazza Barberini mit dem Palazzo Pretorio und der Pieve di San Bartolomeo. In unmittelbarer Nähe haben die Florentiner 1202 den wehrhaften römischen Stützpunkt Semifonte dem Erdboden gleichgemacht.

Bevor wir die Provinz Florenz verlassen, wenden wir uns Greve in Chianti zu. Das Dorf liegt eingebettet in einer urtümlichen Hügellandschaft, ist als Marktflecken bekannt und gilt als das Zentrum des Chianti Classico. Hauptanziehungspunkt in Greve ist der einladende, dreieckige Hauptplatz mit den alten Lauben und schmucken Geschäften.

Kunstinstallation im Garten der Fattoria Nittardi (oben); alte Chianti-Jahrgänge im Castello di Fonterutoli (Mitte); im Weintresor des Weinguts Capanelle von James B. Sherwood (unten); Klaus Johann Reimitz im Weingut Montevertine in Radda in Chianti (rechte Seite unten); im Weinkeller von Badia a Coltibuono in Gaiole in Chianti (rechte Seite oben).

Aristokratische Ländlichkeit

Beschützt von einer massiven Rocca samt Wehrturm aus dem 15. Jahrhundert, liegt Castellina in Chianti sehr erhaben 580 Meter hoch. Das historische Zentrum der ehemaligen Hauptstadt der Region wartet mit einer Reihe eleganter Renaissance-Paläste auf. Bevor wir durch dichte Eichenwälder nach Radda fahren, lohnt sich ein Abstecher nach Fonterutoli mit der beeindruckenden Patrizier-Villa der Familie Mazzei, den Herren des Dorfes seit 1435. Auf einem Hügel mit 360-Grad-Weitblick lockt Radda als Inbegriff eines Weindorfes. Das alte Zentrum, die Piazza Ferrucci mit dem Palazzo Pretorio, der Kirche San Niccolò und den sehenswerten, engen Gassen wird von den Resten der alten Burg überragt.
Gaiole in Chianti, im 13. Jahrhundert als Marktflecken für die vielen umliegenden Burgen gegründet, ist heute das Zentrum der Cinta-Senese-Zucht – einer der ältesten freilebenden Schweinerassen Italiens. Ganz in der Nähe geht es zur Burg Brolio, dem Familiensitz der Ricasoli. In der Kapelle San Jacopo aus dem 14. Jahrhundert befindet sich das Mausoleum der einflussreichen Familie.
In Castelnuovo Berardenga entdecken wir das innovative Landschaftsmuseum – und stoßen an die Grenze des Chianti Classico. Ganz in der Nähe lädt in Pieveasciata der Parco Sculture del Chianti zu einem erholsamen und anregenden Besuch ein. In einer Dauerausstellung präsentiert er Skulpturen und Installationen, die perfekt in den umgebenden Wald integriert sind.
Nicht versäumen sollte man zudem die Burgenstraße des Chianti Classico, die sich kurvenreich durch die Landschaft,

durch Weinberge und Olivenhaine, mediterrane Macchia und Steineichenwälder schlängelt und die alten Schlösser und Burgen verbindet. Dafür braucht es aber – wie überall in dieser wunderbaren Gegend – viel Zeit. Im Chianti reist man nämlich langsam.

DOCG Chianti: kontrolliert und garantiert

Die eigentliche Geschichte des Chianti Classico beginnt im 19. Jahrhundert. Bettino Ricasoli, der »Eiserne Baron« und neben Cavour, Mazzini und Garibaldi einer der Hauptakteure bei der Einigung Italiens, schreibt 1874 auf seinem Castello di Brolio in Gaiole in Chianti in seinem *Governo del Vino* die Regeln für die Produktion des neuen Chianti nieder. Dabei legt er erstmals die Prozentsätze der einzelnen Rebsorten fest, welche die Grundlagen des Weines bilden dürfen: Den Hauptanteil macht mit 70 Prozent

der Sangiovese aus, der für Aromen und Gerbstoffstruktur verantwortlich ist. Die 20 Prozent Cannaiolo geben dem Wein die Weichheit, die zehn Prozent weiße Rebsorten Malvasia oder Trebbiano sorgen für ein Mehr an Geschmack und Frische. Mit Baron Ricasoli, der einen Chianti will, den man trinken und verkaufen kann und der zudem noch problemlos lagern und reifen soll, beginnt der Rebensaft seinen Siegeszug. In der Folge steigt er zu einem der bekanntesten und beliebtesten Weine Italiens auf.
Bereits 1716 grenzt der Großherzog der Toskana, Cosimo III., erstmals das klassische Anbaugebiet auf die Gemeinden Gaiole, Radda, Castellina und einen Teil von Greve ein. 1967 erhält der Chianti die geschützte Ursprungsbezeichnung DOC, 1984 die geschützte und kontrollierte Bezeichnung DOCG. Das Consorzio del Chianti Classico wird 1987 neu gegründet und hat seinen Sitz in Sant'Andrea in Percussina in der Gemeinde San Casciano in Val di Pesa. In sieben Anbaugebieten darf heute Chianti produziert werden. Ihre Bezeichnungen lauten: Colli Fiorentini, Colli Senesi, Montalbano, Montespertoli, Rufina, Colli Aretini und Colline Pisane. Der Chianti Classico allerdings ist auf die klassische Zone in der Provinz Florenz (30 500 Hektar) mit den Gemeinden San Casciano in Val di Pesa, Tavernelle Val di Pesa, Barberino Val d'Elsa und Greve in Chianti, der Provinz Siena (41 000 Hektar) mit Castellina, Radda und Gaiole in Chianti sowie Castelnuovo Berardenga und Poggibonsi beschränkt. Bis zum Jahr 2005 ist der Gallo Nero, der schwarze Hahn – Symbol der Lega del Chianti seit dem Jahr 1384 – auch das Sinnbild des Chianti sowie Logo der historischen Marke des Consorzio del Marchio Storico.
80 Prozent muss der Mindestanteil an Sangiovese-Trauben beim Classico heute betragen. Bis zu 20 Prozent kann der Anteil der autochthonen Canaiolo und Colorino oder der internationalen Sorten Cabernet Sauvignon und Merlot ausmachen. Die weißen Sorten Trebbiano und Malvasia dürfen seit 2006 beim Classico nicht mehr verwendet werden. Beim normalen Chianti sind seit 2003 neben den zehn Prozent Canaiolo und den 15 Prozent der anderen roten Rebsorten nach wie vor auch zehn Prozent an Trebbiano und Malvasia erlaubt. Der Wein darf ab dem 1. Oktober im Jahr nach der Ernte auf den Markt kommen, die Riserva nach 24 Monaten Lagerung.

WEINGÜTER & CO.

Den traditionellen Chianti in der bauchigen, strohumflochtenen Korbflasche, dem *fiasco*, gibt es heute nur noch für nostalgische Touristenherzen. Der Chianti ist viel besser geworden, auch wenn es heute auffallend ruhig um den einst bekanntesten Wein Italiens geworden ist. Was die Vielzahl an adligen und bäuerlichen Weingütern im Chianti heute anzubieten hat, ist beachtlich. Dem Genießer bleibt die Qual der Wahl. Einige Produzententipps für das Classico-Gebiet: Agricoltori del Chianti Geografico, Badia di Coltibuono, Barone Ricasoli, Castell'in Villa, Castellare in Castellina, Castello di Ama, Castello di Fonterutoli, Castello di Volpaia, Fattoria di Felsina, Fontodi, Lamole di Lamole, Riecine, Villa Vignamaggio …
Ein Besuch lohnt sich zudem beim erfrischend verrückten Kult-Metzger Dario Cecchini in Panzano, beim tiefgründigen Pasta-Philosophen Giovanni Fabbri sowie bei den passionierten Safranproduzenten und Olivenöl-Brüdern Gianni e Paolo Pruneti in Greve in Chianti.

WEITERE INFORMATIONEN

www.chianticlassico.com
www.chiantisculpturepark.it/de
www.comune.castelnuovo-berardenga.si.it

Blick in die Kuppel des Petersdoms (oben). Fresko im päpstlichen Gerichtshof (unten). Das Kolosseum ist das Markenzeichen des altrömischen Rom (rechte Seite oben). Niemand kann dem Charme der Fontana di Trevi widerstehen. Auch am späten Abend ist sie von Besucher umlagert (rechte Seite unten).

15 Rom – Weltstadt zwischen Kunst und Cappuccino

Unnachahmliches Flair auf geschichtsträchtigem Boden

Wo gibt es einen Laufsteg mit mehr Ambiente als die Spanische Treppe in Rom, inmitten berühmter Modenamen wie Valentino, Renato Balestra, Laura Biagiotti, der Fendi-Schwestern und des Gucci-Clans? Zur Präsentation der Alta Moda haben sich die Modeschöpfer längst die unwiderstehliche Aura der 139 ausgetretenen Travertinstufen aus dem 18. Jahrhundert zunutze gemacht. Doch dieses Sehen und Gesehenwerden gilt für jeden auf der »Scalinata«, ein tägliches Schauspiel römischen Lebensgefühls.

Wie der Besucher einer Arena blickt man über die flanierende Kauflust in der Via Condotti, der elegantesten Einkaufsstraße Roms, und auf das emsige Geschehen auf der Piazza di Spagna. Einträchtig sitzen Römer und Touristen nebeneinander, als plötzlich Bewegung in Mensch und Einkaufstüten kommt. Ein zierlicher Besen, geführt von energischer Hand, verlangt gebieterisch ein Wegrücken. Grazil werden Papierfetzen und Zigarettenstummel zusammengefegt, leere Flaschen mit einem Anflug von Verachtung eingesammelt. Auch hier setzt Rom eine besondere Note, es ist kein unförmiges Schmuddelkind oder ein unrasierter Lümmel, der hier mit Besen und Schaufel herumwandert. Ihre Maquillage ist perfekt, und durch die Plastikhandschuhe schimmern die roten Fingernägel. Far bella figura, die Naht der Nylons sitzt makellos, gut hundert Augenpaare heften sich an ihre Beine. Sie zeigt Souveränität im Umgang mit dem touristischen Alltag Roms, gut sechs Millionen Besucher kommen jedes Jahr in die Stadt am Tiber.

Das Zentrum der Christenheit

Zu Ostern haben die Pilger die ältesten Rechte auf die Ewige Stadt, den Mittelpunkt der Christenheit. Der Segen des urbi et orbi am Ostersonntag gehört zu den Höhepunkten ihres religiösen Lebens. Dann ist der riesige Petersplatz übersät mit jubelnden Menschen, die auf den Papst warten.

Nimmt man es ernst mit dem Büßen und dem Seelenheil, so warten noch sieben Wallfahrten zu den Kirchen von San Giovanni in Laterano, San Pietro, Santa Maria Maggiore, San Paolo fuori le Mura, Santa Croce in Gerusalemme, San Lorenzo und San Sebastiano. Doch vielleicht büßt man auch gleich beim Anstehen zu den Vatikanischen Museen, die jährlich rund zwei Millionen Besu-

PERRONE
GLOVES

Es gibt viel zu entdecken: Antiquariate (oben), Maroni-Verkäufer (Mitte) und kleine Kaffeehäuser (unten). Ganz anders ist die Via Condotti (rechte Seite unten), die feinste Einkaufsstraße der Stadt. Rechts außen: Die Schweizer Garde bewacht die Eingänge des Vatikans (rechte Seite oben).

cher durch ihre Hallen schleusen.
»Come le formiche«, erbost sich der Taxifahrer beim Anblick der Menschenmengen, die wie die Ameisen aus den Bussen wuseln. Die Sixtinische Kapelle muss man gesehen haben, doch auf dem Weg geht es durch das Appartamento Borgia, die Stanze di Raffaello und die Galleria delle Carte Geografiche, dahinter erst wartet die Kapelle des Papstes. Die Fresken Michelangelos mit ihren leuchtenden Farben nehmen einem den Atem. »Bei der Restaurierung haben sie den Lendenschurz der 17 Männer entfernt«, flüstert eine Fremdenführerin. Für das prüde 18. Jahrhundert waren die offenherzigen Darstellungen Michelangelos zu provokant, und kurzerhand bekamen die Männer farbige Tücher um ihre Leisten.
Ebenfalls mit wertvoller Kunst vollgepackt ist der Petersdom, die Hauptkirche der Christenheit, und jedes Jahr kommen Hunderttausende von Pilgern, um einmal den Papst zu sehen. Ehrfürchtig wandert man durch die gewaltigen Dimensionen der Kirche, bewundert die Kuppel von Michelangelo, den Baldachin von Bernini und die berühmte Pietà von Michelangelo.
Nach so viel Kunst sollte man auf der Passeggiata del Gianicolo etwas Luft schöpfen oder sich in einer Bar oder einem Café etwas Ruhe gönnen. Hier bieten sich traumhafte Blicke über die Stadt bis zu den umliegenden Bergen. An den Gianicolo schließt sich die größte »grüne Lunge« Roms an, der Park der Villa Doria Pamphili, bevorzugter Wohnort der römischen Society, darunter auch der bekannten Mezzosopranistin Cecilia Bartoli.

Auf den Spuren der Antike im Forum Romanum

Nirgendwo wird die jahrtausendealte Geschichte Roms deutlicher als im Forum Romanum mit dem grünen Hügel des Palatin und dem Kolosseum. Am Sonntag ist die breite Straße der Via Fori Imperiali für den Verkehr gesperrt und so lässt sich ganz ungestört an den einstigen Machtzentren des Römischen Reiches vorbeiflanieren.
Mit dem Reiseführer in der Hand durchschreiten die ernsthaften Touristen die Reste vergangener Pracht, die steinernen Zeugen von Tempeln, Palästen und Triumphbögen. Aufregung herrscht am Kolosseum, als sich eine Gruppe Afrikaner als Chor aufstellt und ein Lied anstimmt. Da ist mit den Carabinieri gar nicht zu spaßen, vor dem Symbol von »Brot und Spiele« wird nicht gesungen!
Sehr viel romantischer geht es auf der Piazza del Campidoglio zu, dem Mittelpunkt von Rom und bevorzugtem Ort zum Heiraten. Mit der Treppe Michelangelos, den mächtigen Figuren von Castor und Pollux und im Hintergrund dem Palazzo dei Senatori bietet der kleinste der sieben klassischen Hügel Roms ein beneidenswertes Ambiente für ein Hochzeitsbild.
Im Zentrum des Kapitolsplatzes thront die Statue des Marc Aurel, eine frisch enthüllte Kopie, seit dem Jahr 1981 steht das Original im Palazzo Nuovo gleich nebenan. Auf Rädern hat man ihn dort ausgestellt, doch der Ausstrahlung dieses großen Kunstwerks der antiken Plastik tut es keinerlei Abbruch. Und gegenüber wartet noch im Palazzo dei Conservatori das Sinnbild Roms, die etruskische Wölfin mit den Zwillingen

Remus und Romulus aus dem 6. Jahrhundert, auch für sie steht schon eine Kopie parat.

Sehenswürdigkeiten und Kulinarisches im Zentrum

Wieder an Luft und Sonne geht es die Via del Teatro di Marcello hinunter zum Tiber, da liegt am Lungotevere die einzige Synagoge Roms, früher im Mittelpunkt des jüdischen Ghettos rund um die Piazza Mattei. Ein Geheimtipp ist dort das Restaurant »Giggetto« mit seiner jüdisch-römischen Küche. Überhaupt mag man es hier deftig, so zählen Kutteln, Schweinefüße und Ochsenschwanz zu den Spezialitäten in der Hauptstadt. Oder lieber ein Trüffeleis bei »Tre Scalini« auf der wunderschönen, ovalen Pi-azza Navona oder Spaghetti Vongole auf der Piazza della Rotonda? Die Nudeln haben gewonnen, doch als pflichtbewusster Tourist geht man vorher noch ins Pantheon und bestaunt die gewaltigen Ausmaße dieses antiken Gebäudes, fast 2000 Jahre ist es alt. Am Abend warten die Fontana di Trevi im romantischen Licht oder der Sonnenuntergang auf der Passeggiata del Pincio, dem Stelldichein der Verliebten. Und da wäre noch das »Caffè Greco« an der Via Condotti, seit Goethe ein Treffpunkt deutscher Künstler. Oder eines der vielen Museen in der Villa Borghese, wenn nicht gerade »chiuso per restauro«.

Idyllen abseits des Rummels

Rom kann zum Stress werden angesichts der unzähligen Sehenswürdigkeiten, doch man sollte es wie die Römer machen: sich durch die unzähligen Gassen des centro storico treiben lassen und die Atmosphäre einer Geschichte von 2000 Jahren atmen. Den unverfälschten Alltag des Testaccio mit seinen kleinen Läden kennenlernen oder hinüber auf die andere Seite des Tiber laufen, nach Trastevere, wo die Römer ihre Abende verbringen. Trotz des Touristenrummels haben sich viele intime Ecken bewahrt, man spürt die Nähe der Menschen zueinander, die hier wohnen. Die Schritte hallen auf dem buckligen Kopfsteinpflaster, eine graue Katze streicht um die Ecken. Modrige Gerüche aus uralten Kellern wehen in die Nase, und das schaumige Wasser aus einem Putzeimer läuft den Rinnstein entlang. Dörfliche Idylle inmitten der Drei-Millionen-Stadt, auch das gehört zu Rom

RUNDUM SCHÖNER AUFENTHALT

Zum Träumen schön ist das ohnehin traumhafte Rom, wenn man an einem Sommerabend auf der Dachterrasse des Hotels »Cavalieri Hilton« sitzt und von den Kochkünsten des Heinz Beck verwöhnt wird. Seit vielen Jahren arbeitet der gebürtige Schwabe in der Ewigen Stadt und hat das »Restaurant Pergola« zu einem Treffpunkt der Feinschmecker gemacht.
Zum Übernachten zieht man sich dann in die Via Condotti zurück. Dort liegt der Palazzo Ruspoli und dort wohnte schon Kaiser Napoleon III., der 1830 mit seiner Mutter in der Stadt weilte. Heute wird in den beiden Suiten das prachtvollste *bed and breakfast* von Rom geboten.

WEITERE INFORMATIONEN

Cavalieri Hilton
Via Cadlolo 101
www.cavalieri-hilton.it

Residenza Napoleone III
www.c-und-m.de

APT Roma
Via Parigi 5, Rom,
Tel. (06) 48 89 92 55
www.romaturismo.it

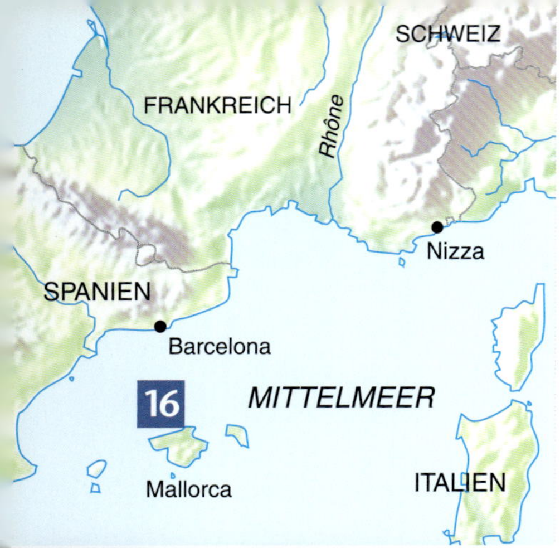

Weiß oder rosa blühen die Mandelbäume (oben, Mitte) schon Ende Januar in geschützten Lagen wie hier in Selva am Südhang des Tramuntana-Gebirges (unten). Bei großflächigen Kulturen erscheinen die blühenden Bäume wie Schnee (rechte Seite unten). Der schmackhafte Kern der Mandel ist von einer harten Schale geschützt (rechte Seite oben).

16 Mallorcas Mandelblüte – Romantik in Reinform

Die ersten Vorboten des Frühlings

Als »mallorquinischer Schnee« werden die weißen und zartrosa Blüten bezeichnet, denn die Mandeln blühen im Januar, Februar und März, wenn selbst auf der sonnenverwöhnten Insel die Natur noch im Winterschlaf liegt. Sie sind die ersten Boten des nahenden Frühlings. In manchen Jahren reichen schon einige sonnige Tage Ende Januar, genannt calmes de gener, um die früh blühenden Sorten herauszulocken.

Zum Beinamen »mallorquinischer Schnee« gibt es eine kleine Sage, die auf der Insel erzählt wird. Angeblich wollte ein Prinz seine aus dem Norden Europas stammende Frau aufmuntern, die wegen des fehlenden echten Schnees auf Mallorca an Schwermut erkrankt war. Er ließ Tausende von Mandelbäumen pflanzen, deren Blüten im Winter aus der Ferne betrachtet als weißer Schneeersatz das Herz der Frau erfreuten.

Von den Arabern kultiviert

Über die Herkunft des auf Mallorca eigentlich nicht heimischen Mandelbaums gibt es keine eindeutige Festlegung. Vermutet wird, dass seine Heimat in Asien, etwa in Persien und Mesopotamien liegt. Selbst das ferne China wird als Ursprungsland genannt. Phönizische und griechische Händler verbreiteten den Baum wie viele andere Kulturpflanzen, die über die alten Karawanenwege nach Europa gelangt waren, im gesamten Mittelmeerraum. Die Kultivierung der begehrten Frucht auf Mallorca wird vor allem den Arabern zugeschrieben, die in den 300 Jahren ihrer Herrschaft große Pflanzungen anlegten. Blühende Mandelbäume sieht man eigentlich überall auf der Insel. Riesige Plantagen gibt es vor allem im Südwesten um Andratx und S'Arraco, in der Ebene zwischen Palma und den Ausläufern der Serra de Tramuntana und im flachen Süden von Llucmajor bis Santanyí. Die Zukunft besonders dieser Pflanzungen ist unklar. In den letzten Jahren wurden immer weniger Bäume im Herbst auch abgeerntet, denn die Kosten dafür übersteigen angeblich den Gewinn, und so denken viele Plantagenbesitzer darüber nach, wie sie die unrentable Kultur durch eine andere ersetzen können, vor allem durch den Anbau von Oliven für das begehrte Öl. Dann wäre es vorbei mit dem Blütenschnee auf Mallorca, und die Insel hätte eine Attraktion in der nicht so beliebten Nebensaison weniger. Wegen der Blütenpracht kommen Tausende von Besuchern auf die sonst zu dieser Zeit stille Insel.

Kurze Blütenpracht

In warmen Wintern mit viel Sonne sind die meisten Bäume schon Mitte Februar abgeblüht und zeigen langsam ihr grünes Kleid aus samtigen Blättern, das sie bis zur Erntezeit tragen. In kalten Wintern wie 2012 blüht vor allem die rosafarbene Bittermandel später, und Tausende von Bäumen zeigen bis Ende März ihr festliches Kleid, das nach und nach mit den grünen Blättern durchsetzt wird. Falls aber – ebenfalls wie 2012 – während der Blüte eine Kaltfront bis in den Süden Europas vordringt und selbst die Strände mit Schnee und Eis überzogen werden, ist es gleich wieder aus mit der weißen, sehr sensibel reagierenden Pracht. Die Blüten erfrieren, und diese Bäume werden in diesem Jahr keine Früchte tragen.

Köstlichkeiten aus der Frucht

Die Verwendung der alten Kulturfrucht ist mannigfaltig, immer jedoch muss sie erst von ihrer harten Schale befreit werden. Man isst sie roh, geröstet, salzig oder süß. Soßen werden mit in Mörsern zerriebenen Mandeln angedickt. Der Mandelkuchen Gató mit Mandeleis ist eine beliebte Nachspeise. Zu Weihnachten ist die Mandel in Form der beliebten Turrons, süßen Riegeln aus gemahlenen oder gebrochenen Mandeln – mit zahlreichen Zusätzen wie Eiern, Orangensaft, Trockenfrüchten, mit und ohne Schokoladenüberzug – als fester Bestand des Festessens nicht wegzudenken. Die Turrons sind am ehesten mit Marzipan aus Lübeck zu vergleichen, das vor allem früher fast ausschließlich aus mallorquinischen Mandeln hergestellt wurde. Diese alte Tradition haben nun zwei Deutsche auf der Insel wieder aufleben lassen. Unter der Marke »Oro de Mallorca« – Gold aus Mallorca – stellen sie klassisches Marzipan nach Lübecker Rezepten und natürlich mit sonnengereiften Inselmandeln her. Man kann die kleinen Schleckereien auch per Internet ordern, www.orodemallorca.com.

FLÜSSIGES AUS MANDELN – SÜSS UND DUFTEND

Aus der Bittermandel wird auf Mallorca in mehreren Destillerien der wohlschmeckende *Licor de Almendras* hergestellt. Das Dessertgetränk, übrigens ein beliebtes Souvenir, ist mit dem italienischen Amaretto zu vergleichen und hat normalerweise einen Alkoholgehalt von nur 20 Prozent. Man bekommt es in vielen Lebensmittelgeschäften, kann es aber natürlich auch bequem per Internet bestellen.
Auch die feinen Blüten des Mandelbaums werden genutzt: Seit Jahrzehnten stellt eine kleine Firma auf Mallorca ein begehrtes Parfüm daraus her. Der zarte Duft von *»Flor d'Ametler«* reist so in hübsch gestalteten Glasflacons um die Welt. Man kann das Parfüm direkt beim Hersteller beziehen, www.flordametler.com.

WEITERE INFORMATIONEN

Mallorca.de, das älteste Internetportal über Mallorca in deutscher Sprache, veröffentlicht jedes Jahr die Mandelblütenkarte der Insel, die zeigt, wo die Blüte bereits eingesetzt hat. Die Information wird ständig von Inselbesuchern online erweitert.

17 Sevilla – Hauptstadt der Sinne

Die Summe Andalusiens

In der 700 000-Einwohner-Stadt mischen sich Traditionen und Gegenwart zu einem sympathischen Durcheinander. Stierkampf, Flamenco und die Semana Santa – das folkloristische Andalusien ist in Sevilla ebenso zu Hause wie die zeitgenössische Architektur und eine kreative Szene befindet sich in Aufbruchstimmung.

Die Altstadt von Sevilla ist ein nicht leicht zu durchschauendes Gewirr aus Straßen und Gassen (oben, beide Bilder). Vor allem im ehemaligen jüdischen Viertel, dem Barrio de Santa Cruz (rechte Seite oben), kann man sich leicht verirren. In den schmalen und malerischen Gassen des Viertels finden sich viele *Tapas*-Lokale (rechte Seite unten).

Bescheidenheit ist keine Tugend in der Hauptstadt Andalusiens. In Sevilla darf es immer etwas prächtiger, pathetischer, pompöser sein. Das beweist nicht nur die riesige Kathedrale. Auch die typisch andalusischen Feierlichkeiten wie die Karwoche, die Semana Santa, oder das Stadtfest, die Féria de Abril, müssen dem Maßstab des Superlativs genügen. Auf eine eigene, den Mitteleuropäern vielleicht nie wirklich nachvollziehbare Weise gehen dabei tief empfundene Emotionalität und die Lust am schönen und oberflächlichen Schein Hand in Hand. Sinnbild hierfür ist La Macarena. Die Madonnenfigur mit den Glastränen und dem Schmuck der Herzogin von Alba genießt eine fast kultische Verehrung. Sie spendet vielen Sevillanern Trost und Hoffnung und begleitet sie durch die Höhen und Tiefen des Lebens.
Wer *La Macarena* einen Besuch abstatten möchte, muss die gleichnamige Basilika am nördlichen Ende der Altstadt aufsuchen. Dort, auf dem Hauptaltar, thront die Marienfigur. Ihr Gesichtsausdruck zwischen Kummer und Freude ist berühmt und wenn man so will, auch Spiegel des wechselhaften Geschicks der andalusischen Hauptstadt.

Stadt des See- und Binnenhandels

Die Wurzeln der Stadt am Guadalquivir, dem großen Fluss des Südens, reichen zurück in den Bereich der Mythen. »Herkules erbaute mich«, heißt es auf dem Stadtwappen, ohne dass die Herkunft dieser Aussage geklärt werden könnte. Die bislang früheste, durch Grabungen belegte Siedlungsphase datiert aus dem 9. Jahrhundert v. Chr. Die strategisch günstige Lage im Mündungsgebiet des Guadalquivir war ideal für den See- und den Binnenhandel. Erst kamen die Phönizier, dann die Karthager, die den Handel im westlichen Mittelmeer kontrollierten. Allerdings mussten sie ihre Vorherrschaft bald an die Römer abgeben. Das heutige Sevilla – damals Hispalis – wurde eines der großen Zentren der römischen Provincia Baetica, immer in Rivalität mit der aristokratischen Nachbarstadt Itálica. Auch unter den Westgoten konnte Sevilla seine herausragende Bedeutung bewah-

año de
1386
RESTAURANTE
bar las
escobas
MENÚ

Die Torre de Oro gehörte zum maurischen Befestigungsring (oben). Die Puente de Alamillo entwarf Santiago Calatrava für die Weltausstellung 1992 (unten). Die Plaza de España (Mitte rechts) im Neomudejar-Stil. Typisch für Sevilla sind die blankpolierten Kutschen (rechte Seite unten). Sie gehören zu Festen wie ein eleganter Fächer (rechte Seite oben).

ren. Stellvertretend stehen hierfür die Namen Leandro und Isidoro. Der heilige Isidor hat sich mit seinen *Etymologien* einen Platz in der Kulturgeschichte erschrieben. Sie gelten als bis dahin einzigartige Sammlung antiken Wissens.

Die muslimische Phase Sevillas begann mit der Eroberung im Jahr 712. Ishbilya, wie die Stadt genannt wurde, konkurrierte mit Córdoba um die Vorherrschaft. In dieser Epoche wurde ein Mauerring errichtet, der bis heute erhalten blieb. 1248 gelang es den Truppen Ferdinands III., die als Mekka der Künste gerühmte Stadt für die Christen einzunehmen.

Dass es auch im christlichen Mittelalter keine einfache Trennung von Freund und Feind beziehungsweise Christ und Muslim gab, zeigten die darauf folgenden Jahrhunderte. Die Stadt gewann an Reichtum und Bedeutung als logistische Basis für die Angriffe auf das weiterhin in muslimischer Hand befindliche Granada und war zugleich wichtigster Handelsplatz zwischen den beiden Kulturen. Wie sehr in dieser Epoche in Spanien Abend- und Morgenland miteinander verknüpft waren, belegt der Palast, den sich Peter I. der Grausame bauen ließ. Die *Reales Alcázares* stehen in ihrer kunstvollen Ausschmückung kaum der Alhambra nach.

Das Goldene Zeitalter des Barock

Sein buchstäblich Goldenes Zeitalter erlebte Sevilla nach der Entdeckung Amerikas. Die geraubten Schätze aus Lateinamerika brachten Reichtum und Wohlstand, der sich noch heute in der Anzahl von Kirchen und Palästen wie der Casa de Pilatos ablesen lässt. Auch die Malerei blühte. Mit den Sevillanern Diego Velázquez, Esteban Murillo und Francisco de Zurbarán erlebte die spanische Barockkunst ihren Höhepunkt. Davon kann man sich etwa im Museo de Bellas Artes überzeugen. Mitte des 17. Jahrhunderts wütete die Pest in den Gassen der Altstadt. Als dann noch der Guadalquivir zunehmend versandete, wurde das lukrative Privileg, den Handel mit den neuen Kolonien abzuwickeln, 1717 Cádiz zugesprochen. Der Stern Sevillas begann zu sinken.

Der langsame Niedergang und die damit einhergehende Dekadenz und Morbidität erzeugten eine ganz eigene Atmosphäre, die die Romantiker des 19. Jahrhunderts regelrecht begeisterte. Sie entdeckten die alte Hauptstadt neu und erfanden den Don Juan, die Carmen und den Figaro, Figuren, die den Mythos Sevillas als Stadt der Leidenschaften begründen sollten.

Büßerkappen und Sonnenschirme

Die meisten Besucher suchen das romantische und barocke Sevilla. Sie begeistern sich für prachtvolle Kirchen und Paläste, besuchen die Stierkampfarena La Maestranza und das ehemalige jüdische Viertel Santa Cruz mit seinen engen Gassen und *Tapas*-Lokalen. Wer es einrichten kann, erlebt die *Semana Santa* mit. Rund 60 Zünfte und Bruderschaften (*cofradías* und *hermandades*) halten die Tradition lebendig. Jede ist verantwortlich für eine oder mehrere Figuren, die sie auf einem oft tonnenschweren Thron mit Pomp und Inbrunst durch die Gassen trägt. Daneben hat Sevilla aber auch eine moderne und zeitgenössische Seite. Sie begann, wenn man so will, mit der Iberoamerikanischen Ausstellung von 1929. Ihr Erbe ist die neomaurische Plaza de España im Parque de María Luisa. Dann dauerte es noch einmal 70 Jahre bis zur Weltausstellung von 1992, die der Cartuja-Halbinsel ein neues Gesicht gab. Das jüngste Zeugnis der Gegenwart stammt von dem deutschen Architekten Jürgen Mayer. *Metropol Parasol* (Stadtsonnenschirm) heißt der riesige Schattenspender mit Aussichtsterrasse auf der Plaza de la Encarnación. Die Sevillaner haben die bis zu 26 Meter hohen Gebilde *Las Setas*, die Pilze, genannt. Eigentlich sollten sie 2007 fertig sein. Doch es dauerte viel länger und wurde viel teurer, als geplant. Nach der Eröffnung im Jahr 2011 sind aber alle wieder glücklich, schließlich kann Sevilla seither wieder einmal glänzen.

FLAMENCO TANZEN LERNEN

Niemand weiß genau, woher er und sein Name kommen. Sicher ist, dass der Flamenco seit etwa 200 Jahren in Andalusien gesungen und getanzt wird. Der *cante jondo*, der tiefe Gesang des *cantaors* wird von der Gitarre und dem kunstvollen Händeklatschen (*palmas*) begleitet. Der Rhythmus (*compas*) unterscheidet sich in den gut 30 Liedformen wie *bulería, fandango, sevillana, soleá* usw. Allein in Sevilla gibt es mehr als 30 Flamencoschulen. Manche bieten auch Tages- und Wochenkurse, sind also für Touristen geeignet, die nur mal hineinschnuppern möchten. Etwa in der Academía de Flamenco María del Mar Berlanga in der Calle Pedro de Mena, in der Flamencowerkstatt (www.tallerflamenco.com) oder im Museo del Baile Flamenco (http://museodelbaileflamenco.com).

WEITERE INFORMATIONEN

Oficina de Turismo
Edificio Laredo,
Plaza de San Francisco 19, 41004 Sevilla,
Tel. +34/95 547 12 32
www.visitasevilla.es

Tourismus der Provinz Sevilla
Plaza del Triunfo 1, 41004 Sevilla,
Tel. +34/95 421 00 05
www.turismosevilla.org

Der Spanische Platz wurde für die Iberoamerikanische Ausstellung im Jahr 1929 angelegt.

Azulejos, die bemalten Wandkacheln, bilden einen bunten Gegensatz zu den einfarbigen Gipsreliefs. *Yeserías*, nach *Yeso* (dt. Gips), nennt man in Spanien die für die islamische Baukunst des Mittelalters so typische Wandgestaltung (oben). Besonders kunstvoll wird die Technik bei den *Muquarnas*-Decken angewendet, wie in der Sala de Abencerrajes (unten).

18 Granadas Alhambra – Im Garten Allahs

Höhepunkt der islamischen Kunst

Die Alhambra beherrscht das Bild Granadas und ist zugleich ihr wichtigster Kulturschatz. In den Palästen der Nasriden und den Gärten des Generalife zeigt sich die wissenschaftliche und künstlerische Blüte der islamischen Welt des Mittelalters. Insbesondere die Stalaktit-Gewölbedecken und die zahlreichen Spiegelungen faszinieren bis heute.

Von außen käme man nicht auf die Idee, dass sich hinter den nüchternen und abweisenden Mauern, die sich auf dem Sabika-Hügel über eine Länge von 720 Metern erstrecken, ein Märchenpalast befindet. Die Mauer mit ihren rund 30 Türmen und vier Portalen umschließt eine ganze Palaststadt mit Festung, Fürstenresidenz und Königspalast, Verwaltungsgebäuden, Bädern, Gefängnissen, Kirchen und früher auch einer Moschee sowie mehreren Gärten. Im Norden, außerhalb des Mauerrings, schließen sich die Gärten des Generalife an.

Die rote Festung

Die Ursprünge der Stadt Granada liegen auf dem Albaicín und im Bereich der Unterstadt, wo sich heute die Kathedrale befindet. Auf dem gegenüberliegenden Bergrücken, einem Ausläufer der Sierra Nevada, der vor allem an der Seite zum Darro-Flüsschen felsig und schwer zugänglich ist, befand sich spätestens seit der Zeit der Mauren eine Festung. Bereits im ausgehenden 9. Jahrhundert findet sich die erste schriftliche Quelle über eine *qasr al-hamra*, eine rote Festung. Der Name bezog sich auf die Färbung des Mauerwerks.

Der Comares-Palast

Den eigentlichen Palast betritt man über den Hof des Machuca, gegenüber der Alcazaba. Der Palacio de Comares wurde zum Teil noch unter Yussuf I. (1335–1354) erbaut. In seiner Herrschaftszeit entstand auch die monumentale *Puerta de la Justicia* (Tor der Rechtssprechung). Der *Mexuar* diente als Versammlungsraum des Ministerrats der ersten Nasriden-Herrscher, dann als Empfangssaal des Sultanpalasts. Karl V. ließ den Raum später in eine christliche Kapelle umbauen, wovon heute allerdings wenig zu sehen ist. Nur das Wappen des Imperators mit dem Wahlspruch »Plus Ultra«, ziert noch eine der Wände. Vom sich anschließende *Mihrab*, einem Gebetsraum mit feinem Gipsdekor, hat man einen herrlichen Blick auf Granada und den Albaicín.
Den Vorhof zum Palast stellt der *Patio del Cuarto Dorado* dar, der Hof des Goldenen Saals. Heute ist hier eine Rekonstruktion

Oberhalb der Palastanlage liegen die Gärten des Generalife (links, Mitte und unten). Viel Grün und Wasserspiele (rechte Seite unten) dienten an heißen Tagen der Erholung. Der Generalife wurde sowohl als Lust- als auch als Küchengarten genutzt.

zu sehen, da der eigentliche goldene Saal durch eine Explosion zerstört wurde. Vom Hof aus schaut man auf die einzige aus islamischer Zeit in Andalusien noch erhalten gebliebene Palastfassade. Sultan Muhammad V. ließ sie im Jahr 1370 erbauen. Die Fassade grenzt den öffentlichen Bereich des Palasts von den privaten Räumen ab.

Die linke Tür führt ins Zentrum der Anlage, den *Patio de los Arrayanes*, den Myrtenhof. In der traditionellen hispano-arabischen Wohnarchitektur bildet der *Patio* den Kern eines Gebäudes. Nicht an der Fassade eines Hauses, sondern an seinem Innenhof lässt sich ablesen, welchen sozialen Rang seine Bewohner einnahmen. Das große Wasserbassin kühlt im Sommer, steigert die Wirkung der sich darin spiegelnden Architektur und sorgt für stimmungsvolle Farbenspiele und Helligkeit. An der nördlichen Stirnseite hinter Arkaden aus sieben Bögen mit durchbrochenen Stuckaturen öffnet sich ein einzelner Bogen zur *Sala de la Barca*, dem Schiffssaal. Die Stuckaturen im oberen Bereich der Wände und der kuppelförmigen Decke, an den Rumpf eines Schiffs erinnern. Die längliche *Sala de la Barca*, deren Name sich auch von einem wiederkehrenden kalligrafischen Motiv ableiten ließe – das Wort *al-baraka*, der Segen, taucht als dekoratives Element in den Wandstuckaturen auf – bildet den Vorraum für den Botschaftersaal (*Sala de los Embajadores*), auch Thronsaal genannt.

Die sieben Himmel des Koran

Die herrschaftliche Funktion dieses Thronsaals wird bereits durch seine Deckenhöhe von 18 Metern deutlich. Oberhalb eines Kachelsockels aus originalen *Azulejos* schmücken Stuckaturen in Rauten- und Sternmustern sowie Pflanzenmotive und Schriftzeichen die Wände. »Gott allein gehören die Größe, der Ruhm, die Ewigkeit, das Reich und die Macht« sowie »Die Ewigkeit ist das Sinnbild Gottes« ist dort zu lesen.

Waren die Schönheit und die Details des Comares-Palasts schon überwältigend, hält der sich anschließende Palacio de los Leones noch eine Steigerung bereit. Er gilt als herausragendes Beispiel für islamische Profanarchitektur in Spanien. In der Mitte des Patio steht ein Brunnenbecken, das von zwölf marmornen Löwen getragen wird. Aus den Mäulern strömt ein dünner Strahl Wasser. Es sammelt sich zu ihren Pfoten, um dann in vier schmalen Kanälen, gleich einem großen Kreuz über den *Patio* abzufließen.

Der Löwenpalast

Der Löwenhof ist von einer Säulengalerie mit feinen *Muquarnas*-Vorhangbögen umschlossen. Muquarnas werden Stalaktit-Gewölbedecken genannt, die aus vielen kleinen, komplex sich überlagernden Spitzbögen eine geometrisch-kristalline Struktur erzeugen. Es war vor allem die Schönheit dieser Architektur, die zur Wiederentdeckung der Alhambra durch die Romantiker des 19. Jahrhunderts beigetragen hat und die den Löwenhof zu einem bevorzugten Motiv in der Orientrezeption der Malerei machten.

Vor einigen Jahren konnten zwei Wissenschaftler von der Princeton und Harvard University nachweisen, dass die Geometrie der mittelalterlichen islamischen Kunst der des Westen um gut 500 Jahre voraus war. Das Ornament ist in der islamischen Kunst nicht nur ein dekoratives

Moment. Der geometrische Raum wurde als etwas Symbolisches gesehen, als ein Medium, in dem sich das Universale einer Gottesidee beziehungsweise der Allahs als abstrakte und unendliche Regelmäßigkeit repräsentieren kann.

Der Palast Karls V.

Der Unterschied der Kulturen, der viel mehr ist als verschiedene Arten der Architektur, zeigt sich im Kontrast, in dem der Palast Karl V. zu den islamischen Bauten steht. Bei seinem ersten Besuch Granadas und der Alhambra war Kaiser Karl V. von der Palastanlage derart beeindruckt, dass er für sich einen Palast in Auftrag gab, den er allerdings nie bewohnte. Tatsächlich wurde der im Jahr 1526 begonnene Renaissancebau mit dem runden Innenhof erst im 20. Jahrhundert fertiggestellt. Heute ist eine Gemäldesammlung darin untergebracht. Der in sich stimmige und in seiner Regelmäßigkeit beeindruckende Bau lässt sich als Ausdruck der Wertschätzung lesen, als der Versuch, dem einzigartigen Ort das Beste hinzuzufügen, was die Architektur seiner Zeit zu bieten hatte. Auf jeden Fall polarisiert der Palast Karls V. heute wie vor Jahrhunderten.

Entlang den Partal-Gärten erreicht man nordöstlich, außerhalb des Mauerrings die Gärten des Generalife. Das architektonische Zentrum bildet der *Patio de la Acequia*, der Wasserbeckenhof, an dessen Stirnseite der Palast des Generalife aufragt. Die Gebäude und die Gärten wurden im 14. Jahrhundert angelegt und beschwören einmal mehr die islamische Vorstellung des Paradieses als Garten.

ABENDBESICHTIGUNG

Wenn es am Tag zu heiß für Besichtigungen ist oder der Andrang so groß, dass keine Eintrittskarten mehr ausgegeben werden, bleibt immer noch der Abend, um die Schönheit der Nasriden-Paläste kennenzulernen. Auch für die Gärten des Generalife werden Abendtickets angeboten. Eine zauberhafte Stimmung erfüllt die Palastanlage, von der man auf das nächtliche und hell erleuchtete Granada schaut. In den Sommermonaten ist der Nachtbesuch von Di–Sa zwischen 22 und 23.30 Uhr möglich, im Winter von 20–21.30 Uhr.

WEITERE INFORMATIONEN

Alhambra
15. März–14. Okt. tgl. 8.30–20 Uhr,
15. Okt.–14. März tgl. 8.30–18 Uhr.
Da die Besucherzahl des Unesco-Welterbes begrenzt ist, sollte man Tickets vorab über das Internet oder im Hotel bestellen (unter www.alhambra-tickets.es) oder telefonisch (Tel. +34/93 492 37 50, per Kreditkarte). Einlass in die Palacios Nazaríes erhält man nur zu der auf den Tickets aufgedruckten Uhrzeit; www.alhambra-patronato.es

Málagas Flanier- und Einkaufsmeile ist die Calle Larios (oben). Den Blick auf die von Wohnblocks umgebene Stierkampfarena hat man vom Gibralfaro und der Alcazaba aus (unten).

19 Málaga – Hauptstadt der Costa del Sol

Wiederentdeckte Küstenmetropole

Die 600 000-Einwohner-Stadt wird immer schöner. Erst wurde mit dem Picasso-Museum posthum der berühmte verlorene Sohn heimgeholt, dann die Altstadt renoviert. Neue Museen locken immer mehr Besucher in die einst vernachlässigte Stadt, die voller Leben und Lebenslust ist und sich gern als »Stadt der Kunst« verkauft.

Im Jahr 1953 wollte Pablo Picasso zwei Lastwagen mit Gemälden in seine Geburtsstadt Málaga schicken. Damals scheiterte die Idee für eine Ausstellung im Palacio de Buenavista an der Ignoranz der Franquisten. 50 Jahre später, im Jahr 2003, eröffnete das spanische Königspaar, begleitet von Gästen aus der ganzen Welt, das Museum Picasso Málaga – in dem frisch restaurierten und maßvoll erweiterten Palacio de Buenavista. Der Palast aus dem 16. Jahrhundert liegt nur wenige Minuten von jenem Haus entfernt, in dem das Künstlergenie am 25. Oktober 1881 geboren wurde. Das Geburtshaus an der Plaza de la Merced, 15 gehört heute der Stiftung der Fundación Picasso. Besucher können sich dort einige Werke sowie Fotos und andere Erinnerungsstücke ansehen.

Lange Zeit belegte die Hauptstadt der Costa del Sol einen der Spitzenplätze in der Kriminalitätsstatistik des Landes. Die Urlauber, die massenweise am Flughafen Málaga ankamen, wurden zu ihren Hotels in Torremolinos oder Fuengirola gebracht und flogen nach sieben oder vierzehn Tagen gut gebräunt wieder zurück. Die schöne alte Hafenstadt hatte sich kaum jemand angesehen. Mit der Eröffnung des Picasso-Museums hat sich für Málaga einiges geändert, ja, wurde ein neues Kapitel der Stadtgeschichte aufgeschlagen.

Aufbruch mit Picasso

Häuser, deren Fassade langsam vor sich hinbröckelte, wurden und werden in der Altstadt restauriert. Frisch gepflasterte Fußgängerzonen machen die alten Gassen und Straßen des Zentrums zu Flaniermeilen, an denen das Einkaufen Spaß macht. Neue Museen wie das Museo Carmen Thyssen rechtfertigen den Ruf der Kunststadt, mit dem Málaga schon lange wirbt. Der 2011 eröffnete Kunsttempel befindet sich im Palacio de Villalón aus dem 16. Jahrhundert Der Altstadtpalast wurde für viel Geld restauriert, damit ein Teil der hochkarätigen Sammlung der ehemaligen Schönheitskönigin und Baronin Carmen Thyssen-Bornemisza darin gezeigt werden kann. Rund 230 Werke mit Schwerpunkt

auf spanischer Malerei des 19. Jahrhunderts sind zu sehen. Thematisch passend sind die andalusischen oder mediterranen Genremotive der Maler Sorolla, Zuloaga und Romero.
Das Picasso-Museum ist auch Jahre nach seiner Eröffnung noch ein Erlebnis, sind doch Umbau und Erweiterung des Buenavista-Palasts schon architektonisch äußerst gelungen. Die Museumsgründung machte eine großzügige Schenkung möglich. Christine Ruiz-Picasso, die Witwe von Picassos erstem Sohn Paolo, und ihr Sohn Bernhard stellten insgesamt 155 Werke zur Verfügung. Christine Ruiz-Picasso war es auch, die bereits vor 60 Jahren versucht hatte, die Ausstellung ihres Schwiegervaters in Málaga zu organisieren. Picasso selbst wollte keinen Fuß mehr nach Spanien setzen, so lange Franco herrschte. Erst in den Jahren 1992 und 1994 wurden einige Werke des Meisters in seiner Geburtsstadt gezeigt – und begeistert aufgenommen. Das war für die Ruiz-Picasso ein gewichtiger Grund, die Sammlung mit Gemälden, Zeichnungen, Druckgrafiken, Skulpturen und Keramiken aus allen Werkphasen der Stadt zu stiften.

Der Hafen öffnet sich zur Stadt

Auf der Rückseite des Palacio de Buenavista schaut man auf die noch intakten Sitzreihen des Teatro romano. Das Römische Theater wurde erst Mitte des 20. Jahrhunderts entdeckt. Es schmiegt sich an einen Hang, der von der Alcazaba und dem Castillo de Gibralfaro überragt wird. Im 11. Jahrhundert ließ der damalige maurische Herrscher Badis ben Habús auf der Anhöhe einen Festungspalast errichten, der ähnlich prachtvoll gewesen sein soll wie der etwas später entstandene Comares-Palast der Alhambra. Durch die *Puerta de la Bóveda* betritt man die Anlage, die ab dem 14. Jahrhundert von Christen als Festung genutzt wurde. Über mehrere Mauerringe erreicht man den einstigen Palast. Oberhalb der Alcazaba wacht das Castillo del Gibralfaro über die Stadt und den Hafen. Gesichert ist, dass die Anlage unter Yussuf I. im 14. Jahrhundert zur Festung ausgebaut wurde, auch mit dem Ziel, die Alcazaba zu schützen. Wie zu vermuten war, hat man von der Anlage eine großartige Aussicht über Stadt und Meer. Ein beliebtes Bildmotiv ist die von hohen Wohnblocks eingefasste Stierkampfarena. Sie liegt auf einer Landzunge, an die sich Richtung Osten die schönen Stadtstrände anschließen. An der Westseite umschließt sie den Hafen, der in einem Großprojekt Málagas neue Visitenkarte werden soll.

Die »einarmige« Kathedrale

Zwischen Altstadt und Hafen liegt der Paseo del Parque, ein langgestreckter Park mit Palmen und üppigem Grün, der so verwunschen ist, dass man selbst die laute Hauptstraße vergisst, die an ihm entlang rauscht. Pflanzenfreunde sollten auch unbedingt einen Abstecher in den etwas außerhalb liegenden Botanischen Garten machen.
Vom Paseo del Parque schaut man auf die das alte Universitätsgebäude und das Rathaus im spanischen Jugendstil. Nur ein paar Schritte sind es bis zur Kathedrale, die vor der Altstadt wacht. *La Manquita*, die kleine Einarmige, nennen die Einwohner den Kirchenklotz, weil es nur für einen Turm reichte.

POSADA DEL PATIO

Wie attraktiv die alte Hafenstadt geworden ist und wie sehr sie inzwischen von den Besuchern geschätzt wird, zeigt sich nicht zuletzt an den vielen Hoteleröffnungen der letzten Jahre. 2010 hat das erste Fünf-Sterne-Haus in der Altstadt seine Pforten geöffnet. Die Posada del Patio setzt auf den Kontrast von historischer Bausubstanz und zeitgenössischem Design. Die großzügigen Zimmer sind in hellen Beige- und Graubraun-Tönen gestaltet und halten den Lärm der Stadt außen vor. Auf der Dachterrasse kann man sich beim Sonnenbad in einem kleinen Pool erfrischen. Bibliothek, Restaurant, Fitnessraum und andere Annehmlichkeiten sind Standard in dieser Klasse. Nicht jedoch die römischen und arabischen Mauerreste im Kellergeschoss.

WEITERE INFORMATIONEN

Vincci Posada del Patio
Pasillo Santa Isabel, 7,
Tel. +34/95 100 10 20;
www.vinccihoteles.com

Oficina Municipal de Turismo
Plaza de la Marina, 11,
Tel. +34/95 192 66 20
www.malagaturismo.com

Zu Füßen des Torre de Clérigos rattert die Straßenbahn durch die Rua 31 de Janeiro (oben), Boote liegen am Ufer mit Blick auf Porto (unten).

20 Porto – Heimliches Zentrum Portugals

Weltoffene Handelsstadt

Der Name ist Programm: »Porto« bedeutet Hafen, und der prägt die Stadt seit jeher. Umgeben von einer fruchtbaren Landschaft, entstand an der Mündung des Rio Douro das wichtigste Wirtschaftszentrum Portugals. Und mit rund 216 000 Einwohnern die zweitgrößte Stadt des Landes. Besonders stolz sind die Portuenser darauf, dass ihre Altstadt seit 1996 zum UNESCO-Weltkulturerbe zählt.

In Lissabon wird das Land regiert, doch Porto sieht sich als seine heimliche Hauptstadt. Schließlich werde hier das Geld verdient, das man in Lissabon ausgebe, heißt es. Außerdem sei das ganze Land nach dieser Stadt benannt. Wo sie recht haben, haben sie recht. Die Griechen errichteten an der Flussmündung eine Handelssiedlung, die sie »Kalos« (griechisch: schön) nannten. Die Römer machten daraus »Portus Cale«, den ruhigen Hafen. Daraus entstand im Mittelalter Bezeichnung der kastilischen Grafschaft »Portucale« und mit der Unabhängigkeitserklärung der Grafen von Braganza schießlich der heutige Name.

Ein geschäftiges Auf und Ab

Porto ist auf Hügeln gebaut und zieht sich auf bisweilen recht steilen Terrassen die Hänge hinauf. So sind nicht nur in der Altstadt »Ribeira« die Straßen eng und ist der Verkehr dicht. Doch ein Besuch dort lohnt allemal: Kleine Lädchen und Lokale drängen sich neben Fado-Bars und Cafés, auch die Einheimischen schauen hier vorbei. Der Trubel passt zu Porto, es war schon immer geschäftig.

Überall begegnet man Zeugnissen der langen, bewegten und reichen Vergangenheit der Stadt. Moderne Gebäude treffen auf historische Gemäuer, romanische und gotische Bauwerke stehen zwischen Kirchen und Palästen der Renaissance, der Manuelinik, des Barock, des Klassizismus und Neoklassizismus – die meisten Sehenswürdigkeiten lassen sich an einem Tag zu Fuß erobern.

Genuss für Augen und Gaumen

Ein guter Ausgangspunkt ist der Bahnhof Estação de São Bento, errichtet auf den Grundmauern eines Klosters. Das hatte im Jahr 1894 ausgedient und wurde abgerissen, um die einträglichen Bahnstrecken aus dem Norden und Osten bis mitten in die Innenstadt führen zu können. Bis der neue Bahnhof fertig war – er sollte 16 Jahre Bauzeit benötigen –, endeten die Züge einfach bei einigen Holzhütten an der nahen »Praça da Liberdade«.

Bis heute ist das Bahnhofsgebäude in seinem Innern ein Augenschmaus: Die Wände der lichtdurchfluteten Vorhalle sind von oben bis unten mit prächtigen Azulejo-Bildern geschmückt. Sie zeigen Szenen aus dem Transportwesen und vor allem aus der portugiesischen Geschichte: Von der Hochzeit Johanns I. mit Philippa von Lancaster bis zu Heinrich dem Seefahrer, der die nordafrikanische Stadt Ceuta erobert.
Der Sohn Johanns und Philippas wurde nicht nur in Porto geboren, von hier lief die einzige Flotte aus, die er je persönlich befehligte, um einen Angriff auf Marokkos Küste zu wagen und ins Herrschaftsgebiet der Mauren einzudringen, die von der Iberischen Halbinsel erfolgreich vertrieben waren. Der Feldzug im Jahr 1415 brachte für Heinrich einen Sieg und den Portuensern ihren Spitznamen »Tripeiros«: die Kuttelesser.

Eine Spöttelei, die immer wieder mit Stolz erwidert wird. Denn die Einheimischen wollten die auslaufende Flotte mit allen Mitteln unterstützen und schlachteten sämtliches Vieh. Das Fleisch gaben sie den Schiffsbesatzungen, für sich selbst behielten sie nur die Innereien, die »tripas«. Dass das gar nicht ein so großes Opfer war, kann jeder Besucher selbst testen: Die »Tripas à moda do Porto«, Kutteln mit weißen Bohnen, Zwiebeln, Hühnchen und mehr gefüllt, stehen bei vielen Restaurants auf der Karte – und sind sehr schmackhaft.
Die »Praça da Liberdade«, der Platz der Freiheit, liegt nur einige Schritte vom Bahnhof entfernt und öffnet den Blick auf zahlreiche prächtige Stadtpaläste. Hierher verlagerte sich das Stadtzentrum im 19. Jahrhundert, weg von der tief gelegenen Altstadt am Flussufer. Quasi gekrönt wird das Viertel von der »Câmara

Azulejos finden sich auch in Porto, etwa an Hausfassaden am Cais da Ribeira (links) sowie an der Kathedrale (oben und unten). Detail von Vital Rifarto (Mitte).

Berühmt ist die Freitreppe der Buchhandlung »Livraria Editores Lello & Irmão« (oben). Gaumenfreuden verspricht der Marktstand am Torre de Clérigos (unten) ebenso wie das Café Majestic (rechte Seite unten).

Municipal«, dem neuen Rathaus am Ende der Prachtstraße der Stadt, der Avenida dos Aliados. Das elegante, reich verzierte Gebäude aus Granit und Marmor stammt aus dem Jahr 1920 und wird überragt von einem 70 Meter hohen Turm, dessen Uhrwerk der Stadt stets die richtige Stunde schlägt.

In dieser Gegend sollte man eine Kaffeepause einlegen, einen »Galão« genießen oder einen Espresso, der nur in Porto »Cimbalino« heißt – denn direkt am Platz finden sich das traditionsreiche »Café Imperial« und für den süßen Zahn die »Pastelaria Confeitaria Arcádia«, beide mit künstlerischem Ambiente voller Glasmalereien und Art-deco-Schmuck. Und nicht weit entfernt, in der Einkaufsstraße Rua de Santa Catarina, wartet das bekannte »Café Majestic« im charmanten Jugendstilambiente aus den 1920er-Jahren.

Sehenswertes in allen Himmelsrichtungen

Wendet man sich vom Platz der Freiheit Richtung Westen, erreicht man den »Torre de Clérigos« und seine Kirche »Igreja de São Pedro dos Clérigos« aus dem 18. Jahrhundert, eine reich verzierte, architektonisch interessante Kombination aus Barock und Rokoko.

Der mit 76 Metern höchste Kirchturm Portugals war einst ein markantes Landzeichen für heimkehrende Schiffe – wer die mehr als 200 Stufen bewältigt, wird mit einem schönen Ausblick über die Alte Universität, das sehenswerte Kirchendoppel »Igreja do Carmo« und »Igreja dos Carmelitas« und den angrenzenden Park belohnt. Zu Fuß käme man auf dem Weg dorthin an Portos ältester Buchhandlung vorbei, der »Livraria Editores Lello & Irmão«, mit neogotischer, fein verzierter Fassade, deren ehrwürdiges Jugendstilinneres schon allein wegen seiner prächtigen Freitreppe einen Besuch wert ist.

Vom Turm aus reicht der Blick nach Westen bis ans Meer, nach Osten folgt er über den Bahnhof hinaus dem Douro-Tal. Im Norden könnte man den weißen Würfel der modernen »Casa da Música« erahnen, die später unbedingt einen Besuch lohnt. Die niederländischen Architekten Rem Koolhaas und Ellen van Loon errichteten hier 2005 eine architektonisches Meisterwerk, einen vielflächigen, von zum Teil gewellten Fenstern gebrochenen Betonkörper über einem weiten Platz, der auch im Inneren durch schräge Konstruktion überrascht. Als Konzerthalle findet er bei Klassikliebhabern ebenso Anklang wie bei Popkünstlern und Fans der experimentellen Musik.

Und wer vom Turm herab nach Süden blickt, schaut genau auf die Altstadt und den Rio Douro – über den in kühnem Bogen die eiserne »Ponte Dom Luís I.« von Gustave Eiffel zum anderen Flussufer führt: nach Vila Nova de Gaia, der eigenständigen Nachbarstadt Portos. Die hat zwar auch sehenswerte Kirchen, Klöster und andere Bauten aufzuweisen, ist aber vor allem bekannt für ihre Portweinkellereien, deren Lager sich am Flussufer entlangziehen.

Vom anderen Ufer aus

Hier schließt sich der Kreis: Von Gaia aus, wie es im Volksmund heißt, ist Porto bestens zu überblicken. Übers Wasser, mit Booten im Vordergrund, wie es sich für eine Hafenstadt gehört. Besonders schön wirkt die Silhouette, wenn das Abendlicht die Häuser vergoldet. Gut zu erkennen ist das Ensemble der »Ribeira«, das seit 1996 zum UNESCO-Weltkulturerbe gehört, explizit die folgenden drei Gebäude: die Kathedrale »Sé« mit ihrem romanischen Chor, die auf einem eigenen Hügel thront und trotz vieler Umbauten über die Jahrhunderte ihre trutzige Erscheinung bewahrt hat; die pompöse klassizistische Börse »Palácio da Bolsa« von 1844, deren Bau von den Händlern selbst finanziert wurde und die einen Saal im prächtigen maurischen Stil birgt; und die typisch portugiesisch-manuelinische Barockkirche »Igreja Santa Clara«, die hinter der schlichten gotischen Fassade in ihrem Inneren mit wertvollen, aus Brasilien stammenden Hölzern und Blattgold ausgestattet ist.

Heinrich der Seefahrer ist gleich mehrfach vertreten: Sein Denkmal nahe der Börse auf seinem eigenen Platz, der »Praça Infante Dom Henrique«, blickt über die ebenfalls nach ihm benannte Straße auf die »Casa do Infante«: Dieses alte Granitgebäude soll sein Geburtshaus gewesen sein. Nur einen Steinwurf entfernt liegen die Kais von »Ribeira«, von denen aus Heinrichs Eroberungsflotte einst in See gestochen sein könnte. Heute legen dort die Ausflugsschiffe an, die Touristen den Rio Douro hinauf ins Anbaugebiet des Portweins tragen. Und die flachen Segler, welche die Weinfässer früher hierher transportierten. Die »Barcos Rabelos« liegen meist nur noch still vor Anker. Bis zum Johannisfest im Juni: Dann feiert die ganze Stadt, und auf dem Douro laufen die alten Boote bei den »Regatas dos Rabelos« noch einmal zu voller Größe auf.

FUTEBOL

In Porto geht man ins Drachenstadion – das »Estádio do Dragão« – zum »Futebol«, der beliebtesten Sportart des Landes. Immer noch hofft Portugal auf seinen ersten internationalen Titel: Obwohl die Nationalmannschaft, die »Selecção«, zu den stärksten Europas gehört, konnte sie bisher weder Welt- noch Europameisterpokale einheimsen. Trotzdem ist sie gefürchtet bei ihren Gegnern, vielleicht, weil ihre Spielweise ein wenig an die Brasilianer erinnert. Ein Heimspiel des FC Porto, einer der Top-Fußballclubs, lohnt sich, am besten gegen Sporting oder Benfica Lissabon. Seit 2003 finden diese im Drachenstadion statt, mitten in der Stadt. Dort wird aber nicht nur Fußball gespielt, denn es ist die erste Adresse der Stadt für Konzerte und Veranstaltungen. Mit seinen Bars und Lounges verwandelt sich das Stadion nachts in eine wahre Partymeile.

WEITERE INFORMATIONEN

Das multifunktionale Drachenstadion, von der UEFA mit fünf Sternen klassifiziert, liegt nordöstlich von Portos Zentrum am Piso 3, Nascente, direkt an der Metro-Station Dragao. Auch eine geführte Tour hinter die Kulissen lohnt sich. www.fcporto.pt
www.stadiumguide.com/dragao.htm

Das Dartmoor bietet auch für Reiterferien die besten Voraussetzungen. Rund 3000 frei lebende Wild-Ponys gibt es noch (oben), die meisten sind an die Begegnung mit Menschen gewöhnt. Durch stille Täler fließen kleine Bäche (unten) und wer die Einsamkeit sucht, findet die Schönheit der Natur am Ende eines Regenbogens (rechte Seite).

21 Der Dartmoor National Park – Einzigartige Einsamkeit

Jazzklänge im Nebel

Die 954 Quadratkilometer großen Moor-, Heide- und Hügellandschaften des Dartmoor sind so einzigartig und geheimnisvoll wie gefährlich und unwegsam. Sie zählen zu den letzten Wildnissen Europas. Einsame Moore, wild lebende Ponys, urzeitliche Steinkreise und winzig kleine Dörfer, die im dichten Nebel verschwinden: Das Dartmoor beflügelt die Fantasie und mahnt zur Vorsicht.

Südenglischer Lebensstil ist mit Gärten untrennbar verbunden, dazu gehören auch die kleinen Paradiese, die versteckt vor dem Lärm der Welt eine Symbiose bieten aus Natur und Kultur, wie sie selten geworden ist. Kommt dann noch anstatt Design Kunst hinzu, trifft man auf Orte, die man am liebsten nicht mehr verlassen will. Die *Stone Lane Gardens* bei Chagford am Nordrand des Dartmoor sind solch ein Glücksfall. Schon der Weg zur Stone Lane Farm und ihrem mythischen Garten gleicht einem Abenteuer. Kein großes Schild, keine Hinweistafel, nichts zu sehen. Nur das geheimnisvolle Dartmoor ringsherum. Dornige Hecken, hohe, dichte Ginsterbüsche, und nur an einer der wenigen Wegkreuzungen wird der Blick frei auf die grandiose Weite des Hochmoors. Und hier, am nördlichen Ende des Nationalparks Dartmoor soll ein Arboretum von internationaler Bedeutung liegen? Immerhin einige tausend Besucher im Jahr finden das abgelegene Anwesen zwischen Chagford und Drewsteignton nahe dem Castle Drogo. Die Suche lohnt sich, denn schon das freundliche Willkommen entschädigt für so manche Irrfahrt.

Garten ohne große Gesten

June und Kenneth Ashburner haben hier in der geheimnisvollen Landschaft des Dartmoor mit *The Mythic Garden and Sculpture Exhibition* eine einzigartige Symbiose aus Wissenschaft, Natur und Kunst geschaffen. In einem zwei Hektar großen Landschaftsgarten wird die nationale Birken- und Erlensammlung betreut, aus Bäumen, die alle von Wildsamen aus der nördlichen Hemisphäre stammen. Der passionierte Jazzmusiker Kenneth – er starb 2010 – widmete jede freie Minute den Bäumen und Pflanzen seines Anwesens. Aber das nur begleitend, gelegentlich behutsam korrigierend, denn er war kein Mann der großen Gesten. Der natürliche Prozess des Werdens und Vergehens, unterstützt von unsichtbarer Hand, ist hier in jeder Nische zu spüren. Seine Gartenphilosophie, über das Wort lächelte er dezent, lässt sich kurz, aber

Am nordwestlichen Ende des Dartmoor-Nationalparks liegt Lydford, das früher vom Zinnbergbau lebte (oben). Den Schafen wird überall Vorfahrt gewährt (Mitte), während Kletterer gut beraten sind, ihre Touren vorher bekannt zu machen (unten). Nicht nur rau, sondern auch lieblich kann die Landschaft im Dartmoor erscheinen (rechte Seite unten).

treffend mit der Geschichte von einem berühmten chinesischen Gärtner erklären. Als dieser gefragt wurde, warum in seinen Händen alles so vorzüglich wachse und gedeihe, antwortete der alte Mann: »Ich pflanze den Baum und dann lasse ich ihn in Ruhe. Das ist das ganze Geheimnis.«

Skulpturen und Bäume in Harmonie

Botaniker erkannten schnell den Wert dieser Arbeit und unterstützten die Ashburners beim Aufbau des Arboretums, 1970 wurden die ersten Bäume gepflanzt. Als die Baumgruppen eine stattliche Größe erreicht hatten, wurde deutlich, dass sie zu einem idealen Hintergrund für Skulpturen heranwuchsen. Was als wissenschaftliche Vergleichsstudie und Erhaltungszüchtung von vom Aussterben bedrohter Wildbäumen begann, wurde wie in einem natürlichen Prozess mit Kunstwerken erweitert, von denen manche das ganze Jahr über zu sehen sind, manche in thematischen Ausstellungen angeordnet, die von Ashburners Frau June und ihren Künstlern harmonisch in das Gesamtensemble integriert werden. Im Zusammenspiel mit seltenen Farnen, kleinen Bächen und behutsam in die Landschaft eingefügten Teichen strahlen die Skulpturen tanzender Hasen, trauriger Waldgeister und menschenähnlicher Wesen eine magische Kraft aus.

Das Dartmoor im Hintergrund tut ein Übriges. Sanft fällt das Licht durch die zart raschelnden Blätter, legt sich auf einen leise vor sich hinplätschernden Bach, wirft Schatten auf das melancholische Antlitz geheimnisvoller Skulpturen aus Baumstämmen, die halb von Efeu überwuchert werden. Wenn irgendwo dort draußen im Dartmoor dann in der Dämmerung ein Hund bellt und von der Terrasse der Stone Lane Farm her Saxophonklänge durch den aufkommenden Nebel dringen, wähnt man sich in einer anderen Welt.

Yugen im Dartmoor

June Ashburner, ausgewiesene Kunstkennerin und selbst Malerin, stellt den kommerziellen Aspekt der Ausstellungen hinten an: »Die meisten Künstler kommen zu uns, weil sie die magische Kraft des Gartens spüren und mit ihren Werken in dieser Umgebung eins werden. Zu jeder Tages- und Jahreszeit hat der Garten sein unverwechselbares Gesicht. Ich liebe besonders den Morgen, die Dämmerung und den Herbst.« Und dann zeigt sie mit leichter Handbewegung auf einen Tautropfen, in dem sich die Farbe einer Blüte reflektiert, und erzählt vom Mönch Shotetsu, der im 15. Jahrhundert das geheimnisvolle Yugen, das Mysterium priesterlicher Gartengestalter im alten Japan, beschreibt als den Wolkenschleier, der den Mond verhüllt oder den Herbstnebel, der sich über die tiefroten Blätter der Bäume legt. Eine innere Ruhe, fast Reglosigkeit, immer aber tiefe Gelassenheit umgibt die *Stone Lane Gardens*, umringt von der mystischen Atmosphäre der letzten Wildnis Südenglands, dem Dartmoor National Park.

Wandern in der Wildnis

Noch heute kommen immer wieder Menschen hierher, um an geheimnisvollen Steinkreisen, auf mit Granitbrocken markierten Pfaden, von denen Energiewellen ausgehen sollen, Blumenkränze

mitten im Hochmoor abzulegen. Sie feiern obskure Feste in mondhellen Nächten und baden in kristallklaren Quellbächen. Auf der unendlich erscheinenden Hochebene wähnt man sich dem Himmelsgestirn näher als der Erde, riesige Wolkenformationen ziehen über den Horizont, werfen dunkle Schatten auf die Steinkreise und tauchen die Landschaft in surreales Licht.
Sich ganz dem Zauber hinzugeben, ist nicht ungefährlich. Immer wieder verschwinden noch heute Menschen im Dartmoor, denn das Wetter kann innerhalb von Minuten umschlagen, können schwarze Wolken heftigen Regen auf die Hochebene werfen und sofort undurchdringliche Nebel aufziehen, die einen die Hand vor den Augen nicht mehr erkennen lassen. Selbst erfahrene Wanderer geistern dann, verloren zwischen Himmel und Erde, im Zickzackkurs durch das Hochmoor. Manche werden erst nach Tagen wiedergefunden, verwirrt, verfroren, ausgehungert und durstig.
Wohl dem, der in solch ein Wetter gerät, der in der Nähe der *Stone Lane Gardens* wandert und der plötzlich Jazzklänge vernimmt. Mit dem Mut, der Musik zu folgen, ist Rettung nahe. Und er erfährt eine Geschichte über das Immerwährende im Flüchtigen, den ewigen Nachklang aller vergänglichen Dinge, über *Betula nigra*, die Flussbirken aus Missouri, oder *Alnus cordata*, die schnellwachsenden Erlen vom Col San Stefano aus Korsika. Jeder Besucher kann einen Beitrag zur Verbreitung selten gewordener Wildbäume leisten, indem er sich Setzlinge von der Stone Lane Farm für seinen eigenen Garten mitnimmt, seinen Freunden den Weg dorthin verrät und von einem meditativen Gartenerlebnis im Dartmoor erzählt, einem Ort, an dem man so offen wie unaufdringlich für den Erhalt seltener Baumarten lebt.

WEGE UND BRÜCKEN IM DARTMOOR

Die Pfade durch das Dartmoor wurden mit Felsbrocken markiert, manche auch mit Granitkreuzen, um mittelalterliche Abteien miteinander zu verbinden. Dabei war die Höhe, mit der die Felssteine aus dem Boden ragten, ein Hinweis auf die Entfernung. Immer wieder trifft man auch auf sogenannte »Clapper Bridges« aus schmalen Granitplatten geformte Brücken, die über Bäche und kleine Flussläufe führen. Schon in der Bronzezeit waren Zinnvorkommen im Dartmoor bekannt. Im Mittelalter wurden dann diese Granitsteinbrücken gebaut, um das Zinn und andere Güter wie etwa Wolle mit den Dartmoor-Ponys zum nächsten Handelsplatz zu transportieren. Die größte noch erhaltene Clapper Bridges aus dem 13. Jahrhundert findet man bei Postbridge.

WEITERE INFORMATIONEN

Lydgate House
Postbridge, Dartmoor, Devon PL20 6TJ,
www.lydgatehouse.co.uk

Dartmoor Partnership
6 Higher Stockley Mead, Okehampton
EX20 1FJ, www.dartmoor.co.uk
www.mythicgarden.eclipse.co.uk
www.dartmoor-npa.gov.uk

Das Canterbury Christ Church Gate und die Tore zur Kathedrale sind mit Statuen von Heiligen und Würdenträgern verziert (oben). Im Inneren findet man Grabmäler der Erzbischöfe und des Schwarzen Prinzen (unten). Auch der beeindruckende Chor ist ein Meisterwerk der Architekten Wilhelm von Sens und Wilhelm dem Engländer (rechte Seite).

22 Canterbury – Stadt der Pilger und Märtyrer

Spiritueller Mittelpunkt Englands

Die Unesco-Weltkulturerbestadt Canterbury ist nicht nur das bedeutendste Zentrum der Grafschaft Kent, mit ihrer Kathedrale, den Klöstern und Pilgerstätten ist sie noch heute ein europäischer Mittelpunkt der Spiritualität und des geistigen Lebens. Mittelalterliches Flair umgeben die Altstadt genauso wie jugendliche Modernität und ein hohes Maß an Aufgeschlossenheit und Toleranz.

Wenn der British Pullman in den Bahnhof von Canterbury West einrollt, schwinden schnell alle königlichen Gefühle. Recht nüchtern empfängt den Genusspilger der Neuzeit die mittelalterliche Kleinstadt 70 Kilometer südwestlich von London, manch eine der älteren Ladies und Gentlemen fühlt sich in die wirren Zeiten des Geoffrey Chaucer und seiner Canterbury Tales zurückversetzt. Man scheint sich wieder dem herrschaftlichen Ambiente der schmucken Pullman-Waggons zuwenden zu wollen, mit denen man in gemütlicher Fahrt der hektischen Metropole London entflohen ist.
Zu frisch noch die Erinnerung an das sanft schaukelnde Gleiten auf den Schienen, die flache, grüne Landschaft mit den Getreidefeldern, den kleinen Flüssen und Seen, ab und zu unterbrochen nur von Hopfendarren und Rugbyfeldern. An die dezent-freundliche Aufmerksamkeit, mit der das Servicepersonal die Zuggäste verwöhnte. Zur Begrüßung wurde Champagner gereicht, ein Pullman Cuvée, sehr trocken natürlich. Auch die Speisen konnten sie sich schmecken lassen: Ob Lachs oder Salatkreationen, Früchtesorbet oder Teegebäck, alles vom Feinsten. Vielleicht wurde auch nur der rote Teppich auf dem Bahnsteig vergessen, das kann ja einmal passieren. Immerhin aber war die moderne Pilgerreise nach Canterbury bisher weit angenehmer als zu Chaucers Zeiten, brauchte man sich doch nicht mit störrischen Eseln, empfindsamen Nonnen oder trinkfesten Ablasshändlern herumzuschlagen. So lassen sich dann doch alle auf das Erlebnis Canterbury ein und haben es nicht bereut.

Malerische Kathedrale

Der Höhepunkt eines jeden Canterbury-Besuchs ist die Besichtigung der Kathedrale. Eingebettet in eine mittelalterlich anmutende Altstadt, zählt sie zu den kunsthistorisch bedeutendsten sakralen Bauwerken Europas. Die Kathedrale von Canterbury ist nicht nur eine Wiege des Christentums, sie ist auch die Mutterkirche des anglikanischen Glaubens. Darüber hinaus gilt sie auf Grund ihrer beein-

Canterbury verbreitet viel mittelalterlichen Charme. Eine Bootstour auf dem River Stour (oben) ist ein besonderes Vergnügen, dabei passiert man historische Weberhäuser (unten). Anschließend besucht man das West Gate Tower Museum (rechts oben). Leib und Seele werden von der Kathedrale und in den Restaurants zusammengehalten (rechte Seite).

druckenden Architektur als die schönste Kathedrale Englands. Zusammen mit der St. Augustine's Abbey und der St. Martin's Church gehört sie zu Canterburys Unesco-Weltkulturerbestätten.
Seit mehr als 1400 Jahren ist die Kathedrale ein Ort der Verehrung und Pilgerstätte zugleich. Im Jahre 597 n. Chr. bekehrten römische Missionare den König von Kent zum Christentum. Der damalige Missionsleiter Augustinus wurde zum Erzbischof geweiht und sein Sitz in Canterbury errichtet. Der normannische Erzbischof Langfranc legte um 1070 den Grundstein für eine zunächst romanische Kirche, die heutige architektonische Vielfalt ist Spiegelbild ihrer Geschichte seit dem 11. Jahrhundert. Neben Tudor-Elementen wie dem Christ-Church-Tor findet man in den Westtürmen und dem Langhaus spätgotischen Perpendikularstil und romanisch-normannischen Stil im St.-Anselm-Turm.

Ein politischer Mord

Die romanische Krypta und der Kreuzgang strahlen erhabene Ruhe aus. Schweigend steht man auch in der Kathedrale vor dem Ort einer Bluttat, die Thomas Becket zum Heiligen und Märtyrer machte. Becket, einst Kanzler und Freund Heinrichs II., wollte nach seiner Ernennung zum Erzbischof von Canterbury ausschließlich dem Ruhm und der Freiheit der Kirche dienen, nicht dem König. Vier Ritter setzten in dessen Auftrag 1170 Beckets Leben ein Ende. Drei Schwertspitzen weisen auf die Bluttat.

Handfeste Abenteuergeschichten

Raubeinig, derb und frivol ging es wohl auch auf den mittelalterlichen Wallfahr-

ten nach Canterbury zu, so einzigartig beschrieben in den *Canterbury Tales* des Londoner Dichters Geoffrey Chaucer (um 1343–1400), des in England meistgelesenen Autors seiner Zeit.
Sein größtes Verdienst war die Weiterentwicklung des Mittelenglischen zu einer anerkannten Literatursprache Europas.
Heute kann man in der St. Margaret's Street eine audiovisuelle Show erleben, die alle Figuren der *Canterbury Tales* auf lebendige und lebensnahe Weise auferstehen lässt. Der Rundgang durch dieses Chaucer-Spektakel ist nicht nur humorvoll gestaltet, sondern zeigt auch authentisch das pralle Leben des Mittelalters mit all seinen täglichen Fallen und Unwägbarkeiten.
Dazu passt dann perfekt eine *Historic River Tour* auf dem Stour-Fluss, der sich mitten durch die Altstadt schlängelt. Vorbei geht es in kleinen Ruderbooten an der Franziskaner-Kloster-Insel mit einer Kapelle aus dem 13. Jahrhundert, der King's Bridge und der Dominikaner-Abtei, einem alten Weberhaus aus dem 15. Jahrhundert und der Königlichen

Mühle. In »Tiny Tim's Tearoom« erholt man sich bei *Cream Tea and Scone* schnell von dem Geschaukel.

Stadtgeschichte mit Teddybären

In den mittelalterlichen Gassen tummeln sich Minne- und Straßensänger, Touristen und Marktgänger, Pilger und Poeten, drängeln vorbei an hübschen Fachwerkhäusern und heimeligen Pubs. Die besonders große Vielfalt an sehenswerten Museen macht die Auswahl schwer. Das Museum of Canterbury in der Stour Street präsentiert anschaulich die Stadtgeschichte von den Römern bis zum Zweiten Weltkrieg. Auch eine Dampfeisenbahn von George Stephenson ist zu bewundern, die 1830 von Canterbury nach Whitstable schnaufte. Und für Teddybärenfans eine Sammlung zu Rupert Bear, einer berühmten Kinderbuchfigur, zu der es auch eine Fernsehserie gibt. Die Musik zu den englischen Originalfolgen stammt von Paul McCartney, einer der Beatles und zugleich großer Verehrer des Teddybären. Doch damit nicht genug. Ein Römisches Museum, die West Gate Towers aus dem 14. Jahrhundert und die Royal Museum & Art Gallery zeigen hochwertige Exponate zur Zeit- und Kunstgeschichte.

Neben der Kathedrale gehören zwei weitere Sakralbauten und ihre Überreste zum Weltkulturerbe. St. Augustine's Abbey ist nur noch in Grundmauern erhalten, das Kloster wurde 598 vom heiligen Augustinus gegründet und war für Jahrhunderte eine der bedeutendsten Benediktinerabteien Europas. Hier wurden vier angelsächsische Könige von Kent, Erzbischöfe sowie der heilige Augustinus begraben. Auch die kleine St. Martin's Church hat große Bedeutung. Sie ist nicht nur die älteste Kirche der Insel, hier wurde König Ethelbert von Kent im Jahr 597 von Augustinus getauft. Auf dem Friedhof findet man das Grab von Mary Tourtel, der Schöpferin von Rupert Bear.

VOM FELD AUF DEN TISCH

Pilgern macht hungrig und durstig. In einem ehemaligen Eisenbahngebäude, in dem Kohle für die Stadt gelagert wurde, ist heute der einzige täglich geöffnete Bauernmarkt in Kent untergebracht. Im Goods Shed verkaufen die örtlichen Farmer nicht nur frisches Obst, Gemüse, Fleisch, Käse und Backwaren, neben den Ständen wurde auch ein Restaurant eingerichtet, das zweimal täglich die Menükarte wechselt, um den frischesten Produkten Platz auf den Tellern zu machen. Die einstige Eisenbahnhalle wurde geschmackvoll restauriert, die Speisen sind exzellent und die Preise fair. The Goods Shed, Station Rd. West, St. Dunstan's, Canterbury, CT2 8AN, Tel. +44/(0)1227-459153, www.thegoodsshed.co.uk

WEITERE INFORMATIONEN

Canterbury Visitor Centre, 12/13 Sun Street, Canterbury CT1 2HX,
www.canterbury.co.uk
www.canterburytales.org.uk
www.canterbury-cathedral.org
www.canterburyrivertours.co.uk
www.visitkent.co.uk

Schon der Name Stonehenge klingt nach Mystik. Als Foto mit der Liebsten (oben) oder als Gruppenmotiv mit der ganzen Familie (unten) ist es weltweit verbreitet. Die magische Anziehungskraft der mächtigen Blöcke ist ungebrochen (rechte Seite oben). Das White Horse von Cherhill wurde 1780 in die Grasnarbe geritzt (rechte Seite unten).

23 Stonehenge – Mystischer Steinkreis

Prähistorisches Wunderland in einsamer Ebene

Die berühmte prähistorische Weltkulturerbestätte Stonehenge bei Amesbury soll durch ein auf mehrere Jahre angelegtes Programm der *English Heritage* und weiterer Organisationen besonders geschützt und renaturiert werden. Dann wird Stonehenge wie zu alten Zeiten nur noch von Gras und Wiesen umgeben sein und den Besuchern wieder geheimnisvoller erscheinen.

So sollen die A303 und die A344, die teilweise direkt durch das unmittelbare Gebiet der Steinkreise führen, in Tunneln verschwinden und in etwa drei Kilometern Entfernung wartet seit 2014 ein neues Besucherzentrum mit Ausstellungsräumen, Theater, Museumsladen und Parkplätzen eröffnet werden. Das Gelände der bisherigen Besuchereinrichtung wurde wieder in Wiesen verwandelt, um der gesamten Anlage ein Stück ihres ursprünglichen Erscheinungsbildes zurückzugeben.
Das war auch dringend erforderlich, sonst wäre Stonehenge zum Rummelplatz verkommen. Mit jährlich über einer Million Besuchern stößt man bereits heute an vertretbare Grenzen. Viele sind ein wenig enttäuscht, wenn Stonehenge auf den ersten Blick so gar nicht mystisch erscheinen will, wie es einem immer wieder die Fernsehbilder vorgaukeln. Wer zur falschen Zeit kommt, schiebt sich in großen Gruppen um das Megalithdenkmal herum, lediglich stockend, wenn eine neue Station zum Knöpfchendrücken des Audio-Guides ermahnt oder weitgereiste Touristen den gesamten Familienclan gerade hier und jetzt zum Gruppenfoto vor den blau schimmernden Basaltsteinen aufstellen müssen. So ist es äußerst ratsam, Stonehenge in den frühen Morgenstunden oder eine halbe Stunde vor Einlassende zu besuchen, wenn die meisten Touristenbusse wieder in der einsamen Hochebene der Salisbury Plain verschwunden sind. Dann spürt man noch ein wenig von jener Faszination, die seit über 5000 Jahren von dieser Anlage ausgehen kann.

Bauen für die Ewigkeit

Stonehenge, das konnte durch modernste Datierungsmethoden eindeutig belegt werden, wurde in drei Bauphasen errichtet. Um 3000 v. Chr. bestand die Anlage aus dem heute noch sichtbaren Ringwall mit Graben und dem Heel Stone im Nordosten, der als Haupteingang diente. Innerhalb des Grabens entdeckte der Altertumsforscher John Aubrey (1626–1697) im 17. Jahrhundert 56 Gruben, die nach ihm benannten Aubrey

An Informationstafeln (oben), Souvenirshop und Besucherzustrom mangelt es in Stonehenge nicht. Das benachbarte Woodhenge (rechte Seite unten) ist nicht minder bedeutend, aber kaum von den Massen frequentiert. Rund 300 Meter Durchmesser weist der neolithische Steinkreis von Avebury auf (unten), er ist frei begehbar für Mensch und Tier.

Holes. In der zweiten Phase um 2600 v. Chr. wurden von den Siedlern der Glockenbecherkultur die schweren Basaltsteine aus Wales herantransportiert, aus denen ein doppelter Halbkreis im Zentrum der Anlage errichtet wurde. Diese Blausteine wurden in der dritten Bauphase zwischen 2000 und 1500 v. Chr. durch tonnenschwere Sarsensteine aus den Marlborough Downs ersetzt. Dazu wurden riesige Schlitten und Holzbahnen benötigt, mit denen die Findlinge über 30 Kilometer bis zu ihrem Endpunkt gerollt werden konnten. Daraus wurden dann die bis zu sieben Meter hohen Trilithe errichtet, bestehend aus zwei aufrecht stehenden Tragsteinen und einem mit Steinzapfen eingepassten Dachquerstein, die Stonehenge noch heute sein unverwechselbares Aussehen geben. Das Zentrum der Anlage ist dem Altarstein vorbehalten, auf dem sich genau zur Sonnenwende das Licht bricht.

Merlin und die Außerirdischen

Dabei ist Stonehenge so beeindruckend wie rätselhaft. Was hat es nicht schon alles für Theorien, Forschungen, Erklärungsversuche, Legenden und Spekulationen zu diesem Monument der menschlichen Frühgeschichte gegeben. Und es kommen regelmäßig weitere hinzu. Eine der neueren Theorien besagt, dass die Menschen, die Stonehenge erbauten, in einer Zeit fundamentaler gesellschaftlicher Umbrüche lebten. Es vollzog sich der Übergang vom Nomadentum zur Sesshaftigkeit, von der Jagd zum Ackerbau und zur Viehzucht, neue Formen des Zusammenlebens wurden geschaffen, die natürlich starke Götter brauchten. So soll Stonehenge den Zweck erfüllt haben, den Menschen die Furcht zu nehmen, indem die Druiden ihnen eindrucksvoll demonstrierten: »Seht her, ihr könnt euch auf die Sonne, den Mond und die Sterne verlassen, sie weisen uns den richtigen Weg.« Damit festigten sie ihre Macht und einigten ihr Gefolge. Oder war es doch Merlin der Zauberer, der die Steinblöcke von weit entfernten Landen über das Meer herbringen ließ? Oder von Außerirdischen, die einen Landeplatz für ihre UFOs markierten?

Fest steht jedenfalls, dass es eine Zeremonien- und Kultstätte war, die der Himmelsbeobachtung, einem Sonnen- und Opferkult diente, wahrscheinlich auch für Fruchtbarkeitszeremonien und vielleicht auch als Heilstätte genutzt wurde, eine Art »prähistorisches Lourdes«, wie es Archäologieprofessor Timothy Darvill von der Universität Bournemouth bezeichnete. Die Erbauer mussten über erstaunliche astronomische und mathematische Kenntnisse verfügt haben: Eine direkte Linie führt vom Fersenstein über Prozessionsallee und Opferstein zum inneren Steinkreis mit dem Altarstein und der genau am 21. Juni, dem Tag der Sommersonnenwende, aufgehenden Sonne.

Hügelgräber und Menschenopfer

Allein in einem Umkreis von fünf Kilometern rund um Stonehenge wurden fünfzehn Hügelgräber, die sogenannten *Long Barrows*, entdeckt, mehr als in jedem anderen Gebiet dieser Größenordnung. Sie haben eine Länge von über 20 bis zu 80 Metern, die Breite beträgt zwischen einem Sechstel und einem Drittel der Länge. Ihre ursprüngliche Höhe betrug drei Meter. In ihnen konnten ganze Clans, aber auch in Einzelgräbern hoch-

rangige Personen beerdigt werden. Sie stammen ungefähr aus der Zeit zwischen 4000 und 3000 v. Chr., belegen damit, dass Stonehenge schon vor seiner Errichtung ein heiliger Ort war.
Auch das drei Kilometer nordöstlich gelegene Woodhenge ist einen Besuch wert, nicht nur, weil es ohne Eintrittskarte betreten werden kann und man frei umherlaufen darf. Dieser Ort war eine Art »hölzernes Stonehenge«, wurde um 2300 v. Chr. erbaut und diente als Tempel für Stammesversammlungen und Opferrituale. Ein Schauer läuft einem über den Rücken, wenn man vor dem Feuerstein im Zentrum steht, der die Stelle markiert, an der das Skelett eines dreijährigen Kindes mit gespaltenem Schädel gefunden wurde. Einer der seltenen Beweise für Menschenopfer im Britannien der Jungsteinzeit. Auch Äxte aus Kreidesteinen hat man hier bei Ausgrabungen gefunden.

Feiern mit den Druiden

Ob nun geheimnisvolle Kräfte von Stonehenge ausgehen oder nicht, die Anziehungskraft ist ungebrochen. Esoteriker und Druiden der Neuzeit werden besonders zur Winter- und Sommersonnenwende von Stonehenge magisch angezogen, feiern hier mit Zehntausenden Schaulustiger ihre manchmal absonderlich wirkenden Rituale. Vor rund 25 Jahren kampierten die New-Age-Jünger danach noch wochenlang rund um das Gelände. Das nahm solche Ausmaße an, dass Wissenschaftler in Sorge um die zahlreichen kleineren Monumente im Umkreis Alarm schlugen, die Polizei einschritt und die Veranstaltung auflöste. Seit dem Jahr 2000 darf wieder gefeiert werden, vertraut *English Heritage* auf das System des *Managed Open Access*, das auch bisher zu funktionieren scheint.

ZURÜCK ZUR ERDE IM »STONEHENGE INN«

Wer vor lauter Stonehenge-Mystik dringend Bodenhaftung sucht, wird in Woodhenge wieder geerdet. Kein Tickethäuschen, kein Museumsshop, keine Drehkreuze am Eingang und keiner, der einem sagt, was man darf und was zu unterlassen ist. Wohltuende Ruhe umgibt den Ort, nur wenige Besucher verirren sich hierher. Dafür tut das Sich-frei-bewegen-Dürfen an und in dieser nicht minder bedeutenden prähistorischen Stätte besonders gut. Derart auf den Boden zurückgeführt, braucht man nur noch die Straße zu überqueren, die in den kleinen Ort Durrington führt, und sich im »Stonehenge Inn« stärken. Das typische englische Landgasthaus überzeugt mit gemütlicher, freundlicher Atmosphäre, Hausmannskost und einer großen Getränkeauswahl.

WEITERE INFORMATIONEN

The Stonehenge Inn
Durrington, Salisbury SP4 5BN,
Tel. +44/(0)1980-655205.

Stonehenge
Amesbury, Wiltshire SP4 7DE
www.english-heritage.org.uk/stonehenge
www.stonehenge.co.uk
www.this-is-amesbury.co.uk

24 London – Die schönen Dinge des Lebens

Kunst, Kirchen und Königsschlösser – alles im Überfluss

London ist eine Kulturmetropole höchsten Ranges, nicht nur in den Stadtteilen West End, Covent Garden oder Shoreditch. London ist darüber hinaus multikulturell, hier werden über 300 Sprachen gesprochen. Ob Inder, Chinesen, Afrikaner oder Einwanderer aus der Karibik, alle tragen zum Schmelztiegel der Kulturen bei. Glanzpunkte sind die großartigen Museen und historischen Königsschlösser.

Londons Kunst- und Kulturschätze sind *so-hip-it-hurts* , um einen Begriff aus der Mode- und Musikszene zu bemühen. Eine passende Beschreibung, denn um alles zu sehen, was es wert ist, gesehen zu werden, brauchte man wohl einige Jahrzehnte. So verlässt der Besucher meistens London mit dem »Eigentlich-hätte-ich-gerne-noch«-Gefühl. Das ist auch ein Grund für den Besucherboom, denn fast alle kommen wieder, weil sie beim nächsten Mal unbedingt das Charles Dickens Museum sehen möchten, ein Konzert der Friendly Fires in der Brixton Academy erleben wollen oder die Dinosaurier im Natural History Museum verpasst haben. Vom Victoria and Albert Museum und der National Portrait Gallery ganz zu schweigen. Das Science Museum, in dem man 300 Jahre Wissenschaftsgeschichte erkunden kann und das London Eye, Europas höchstes Riesenrad am Themse-Ufer, heben wir uns dann für den übernächsten Besuch auf. Oder sollten wir nicht doch noch versuchen, heute Abend Karten zu bekommen für eines der beliebtesten Musicals derzeit? Im Cambridge Theatre läuft doch *Chicago*.

Kunstschätze im Überfluss

Selbst an Malerei weniger interessierte Zeitgenossen haben schon einmal den Namen Tate Gallery gehört. Davon gibt es doch zwei oder drei, nicht wahr? Falsch, vier sind es sogar. Neben der Tate in Liverpool und jener in St. Ives im schönen Cornwall tragen gleich zwei Galerien in London das Tate-Label. Das Original, Tate Britain, bereits 1897 eröffnet, steht an der Millbank-Promenade an der Themse und ist benannt nach seinem Gründer Sir Henry Tate. Heute bekommt man hier eine großartige Gesamtschau britischer Kunst der letzten 500 Jahre mit Werken von Blake, Constable, Gainsborough, Hogarth, Reynolds und Turner. Im Jahr 2001 wurde dann die Tate Modern am Südufer der Themse in einem ehemaligen Elektrizitätswerk eröffnet, eines der bedeutendsten Museen moderner Kunst. Imposant sind nicht nur die Werke von Bacon, Beckmann, Duchamp, Ernst,

Zum Neubau der British Library (oben) gehen die Meinungen auseinander, über 20 Millionen Titel finden darin Platz. Darunter die Magna Charta und Shakespeare-Originalausgaben. Das British Museum (unten) ist das wichtigste kulturhistorische Museum des Landes, während Westminster Bridge und Big Ben die Top-Fotomotive der Touristen sind (rechte Seite).

SUPER SOFT ICE

Die Kulturszene ist geprägt von Vielfalt. In der Tate Britain (oben), in Auktionshäusern wie Bonhams (Mitte) und in Kunstliebhabergesprächen (unten) werden die Trends diskutiert. Selbst Kuriositäten wie eine Beatles-Plastik aus Kaugummi (oben rechts) finden ihren Platz. Westminster Abbey und Covent Garden (rechte Seite) nehmen es gelassen.

Giacometti, Lichtenstein, Monet, Picasso und Warhol, auch die Haupthalle mit 160 Metern Länge und 30 Metern Höhe macht sprachlos. Ein Tempel der Moderne, wie es keinen zweiten gibt. Unverwechselbar ist auch das British Museum, das mit seinem glasüberdachten Innenhof jährlich sechs Millionen Besucher anzieht. Die archäologischen, ethnologischen, griechischen, römischen und ägyptischen Sammlungen bilden zusammen das kulturhistorisch bedeutendste Museum Großbritanniens. Die logische Fortsetzung davon ist die nationale Gemäldegalerie am Trafalgar Square, die alles versammelt, was Rang und Namen hat: Bosch, Constable, Cézanne, Dürer, Friedrich, Goya, Leonardo da Vinci, Michelangelo, Raphael, Rembrandt, Renoir und wie sie alle heißen: Die National Gallery gehört zu einem Londonbesuch einfach dazu.

Kulturgenuss mit Shakespeare

Auch wenn der Name vielleicht mehr verspricht, als er halten kann, The Strand ist noch immer eine wichtige Lebensader Londons. Die aristokratischen Häuser sind allerdings von Bürogebäuden etwas in den Hintergrund gedrängt worden. Doch die Verbindung von Westminster zur City ist lebendig und geschäftig wie eh und je. Im Somerset House, einem beeindruckenden Stadtpalast, und in der Courtauld Gallery blitzt der Glanz dieser Prachtstraße aus früheren Tagen noch hervor. Das gilt auch für das berühmte Shakespeare's Globe Theatre am Südufer der Themse in Southwark. Hier wird Authentizität gelebt, finden die Vorstellungen bei Tageslicht unter freiem Himmel für 1500 Zuschauer ohne viel Bühnenbild

statt. Das 1599 errichtete Haus brannte 1613 völlig nieder, ironischerweise während des Stückes *Heinrich VIII.* ; es geriet dann ab 1642 in Vergessenheit, als die Puritaner alle Theater schlossen. Erst nach Jahren des Engagements, der Restaurierung und der Rekonstruktion durch den amerikanischen Schauspieler Sam Wanamaker konnte es 1997 wieder eröffnet werden.
In jenem Jahr wurde Paul McCartney von Königin Elisabeth II. im Buckingham Palace zum Ritter geschlagen, noch heute ist es Pflicht für alle Beatles-Fans, zumindest einmal den Zebrastreifen der Abbey Road westlich vom Regent's Park überquert zu haben.

Kirchen mit Geschichte

Auch wer sich nicht besonders intensiv um Sakralarchitektur kümmert, an der Westminister Abbey kommt keiner vorbei, der London gesehen haben will. In dem normannischen Gotteshaus aus dem 11. Jahrhundert fand im Jahr 2011 die glamouröse Hochzeit zwischen Kate Middleton und Prinz William statt, nicht das einzige Top-Event in diesem altehrwürdigen Monument englischer Geschichte. Seitdem Wilhelm der Eroberer hier im Jahr 1066 gekrönt wurde, ist die

Westminster Abbey die Krönungskirche des Landes. Und so wurde auch Elisabeth II. 1953 in dem Gotteshaus die Krone aufgesetzt. Hier findet man die Grabstätten zahlreicher historischer Persönlichkeiten der vergangenen tausend Jahre, etwas im Poet's Corner die der großen Dichter des Landes – von Geoffrey Chaucer über Tennyson bis zu Charles Dickens und viele mehr.
Die St. Paul's Cathedral mit ihrer mächtigen Kuppel ist nach dem Petersdom das zweitgrößte Gotteshaus in Europa und Sitz des Anglikanischen Bischofs von London. Man sollte sich dieses architektonische Meisterwerk von Sir Christopher Wren aus dem 17. Jahrhundert unbedingt ansehen.

Königliche Paläste

Wer so viel Kunst- und Kirchenschätze gesehen hat, freut sich auf ganz profanen weltlichen Glanz. Auch da braucht man nicht lange zu suchen, die *Historic Royal Palaces* sorgen dafür, dass das königliche London nicht zu kurz kommt. Ob im Tower of London, in Hampton Court und im Kensington- oder Kew-Palast, königliche Geschichte wird überall hautnah erlebbar. Im Stadtteil Westminster hat das Banqueting House seine frühere Bedeutung als einer der nobelsten Treffpunkte der feinen Gesellschaft zurückbekommen, für ein paar tausend Pfund kann man heute mit 400 Personen in der Main Hall einen Empfang geben, zum Galadiner laden oder Konzerte veranstalten. Es ist das einzige, vollständig erhaltene Gebäude der königlichen Residenz Whitehall Palace, die vor dreihundert Jahren niederbrannte. Die symbolträchtigen Deckengemälde stammen von keinem Geringeren als Peter Paul Rubens, der sich die glorifizierenden Motive auch fürstlich bezahlen ließ. Die damals in Rechnung gestellten 3000 Pfund konnten nur in Raten gezahlt werden. Der von Stararchitekt Inigo Jones (1573 bis 1652) zwischen 1619 und 1622 errichtete klassizistische Bau brachte König Karl I. (1600–1649) indes wenig Glück: Das Banqueting House wird wohl das einzige Gebäude bleiben, das die öffentliche Hinrichtung eines britischen Monarchen erlebte. Im Jahre 1649 durchschritt Charles den großen Saal, um auf Betreiben Oliver Cromwells auf einem Fenstergerüst seinen Kopf zu verlieren.

LEBENDIGE VERKEHRSGESCHICHTE

Für eine Tour durch die Museen in London braucht man Zeit, die Stadt hat an die 300 davon. Und im Herzen der City, in Covent Garden, liegt ein ganz besonderes, das oft zu Unrecht übersehen wird: das London Transport Museum. Schon die Lage ist ideal, denn mit Trafalgar Square, British Museum und dem berühmten Covent Garden Market liegen Sehenswürdigkeiten vor der Museumstür. Ein längerer Aufenthalt in den Ausstellungen lohnt sich allemal. Denn hier gibt es nicht nur die Verkehrsgeschichte Londons vom 19. Jahrhundert bis in die Gegenwart zu bewundern, sondern auch viktorianische Kutschen und Kunstausstellungen, die sich mit dem Thema öffentlicher Verkehr rund um Eisenbahn, U-Bahn, rote Busse und schwarze Taxis beschäftigen.
London Transport Museum, Covent Garden Piazza, London WC2E 7BB, Tel. +44/(0)20-73 79 63 44, www.ltmuseum.co.uk

WEITERE INFORMATIONEN

Auf der Website von Visit London unter »What's on« gibt es einen aktuellen Veranstaltungskalender nach Themen gruppiert.
www.visitlondon.com
TimeOut.com, Universal House,
251 Tottenham Court Road, London W1T 7AB, Tel. (0)20-78133000,
www.timeout.com/London

CITY CRUISES

Londons Tower Bridge: Die berühmteste Klappbrücke der Welt ist nach dem Tower of London, der direkt daneben steht, benannt.

Erhaben thront Edinburgh Castle auf seinem Granitberg (oben). Vor der Cathedral wurde dem antiken Dichter Homer ein Denkmal gesetzt (unten).

25 Edinburgh – Athen des Nordens

Schottlands altehrwürdige Hauptstadt mausert sich

Die Stadt am Firth of Forth ist ein faszinierender Ort. Sie ist elegant, charmant, stolz – und liegt im ständigen Wettstreit mit Glasgow um die Gunst der Besucher. Edinburgh ist aber auch eine liebenswürdige Metropole mit volksnahen Pubs, in denen getrunken, gesungen und gelacht wird. Und es ist eine moderne Stadt – den Blick in die Zukunft gerichtet, sich ihrer Vergangenheit aber ständig bewusst.

Die meisten Schottlandbesucher zieht es in die wilden Highlands und auf die oft fast menschenleeren Inseln vor der Westküste. Aber man sollte auch der Hauptstadt eine Chance geben, denn Edinburgh ist beeindruckend. Es stimmt, die Granithäuser wirken zunächst eher abweisend und grau, aber bei genauerem Hinsehen erkennt man eine feinsinnige Symmetrie, ein Selbstbewusstsein und eine Eleganz in der Planung, die man in den meisten anderen britischen Städten vergebens sucht.

Ein geschichtsträchtiger Ort

Seit 1437 ist Edinburgh die Hauptstadt Schottlands und königliche Residenz. Stolz und trutzig erhebt sich mitten in der Stadt die weltbekannte Burg - unübersehbar auf einem 80 Meter hohen Felsen erbaut. Ein historischer Ort für alle Schotten, vor allem, seit hier im Jahr 1996 der Stone of Scone (sprich: Skuhn) wieder untergebracht werden konnte. 700 Jahre lang hatte sich der 76 Zentimeter lange »Stone of Destiny« aus rötlich-grauem Sandstein, auf dem Schottlands und später auch Englands Könige gekrönt wurden, im Besitz der Engländer befunden. Er war auf Befehl von Edward I. gestohlen und als Kriegsbeute nach London in die Westminster Abtei gebracht worden.

Am anderen Ende der Royal Mile steht der Palast Holyroodhouse. Von hier aus hatte die katholische Mary Queen of Scots – in deutschsprachigen Ländern besser als Maria Stuart bekannt – nach ihrer Rückkehr aus Frankreich vergeblich versucht, die Herzen ihres inzwischen streng protestantischen Volkes wiederzugewinnen. Hier heiratete sie ihren Cousin Henry Stuart, Lord Darnley. Marys Royal Apartments kann man das ganze Jahr besichtigen.

Blick in die Weite

Einen guten Überblick verschafft man sich vom Calton Hill, 106 Meter über der Stadt sollte hier ursprünglich das Walhalla für Schottlands Dichter und Denker, Soldaten und Staatsmänner, Erfinder und Künstler entstehen. Dort oben wurde auch 1822 mit dem Bau von Charles Cockerells Parthenon begonnen. Aber dann ging das Geld aus. Heute bewundert

man das unvollendete Werk, das gerade dadurch etwas von seiner Monumentalität verliert. Die Bezeichnung »Athens of the North«, die von Theodor Fontane stammt, bezieht sich aber nicht auf den Parthenon, sondern auf die Schönheit der New Town, auf das Bildungsbürgertum der Stadt und ihre Bildungsstätten.
Unweit von hier befinden sich das alte City Observatory sowie ein Denkmal für den schottischen Philosophen Dugald Stewart, das 31 Meter hohe Nelson Monument und der Obelisk für die Martyrs of Reform, das Denkmal der fünf politischen Märtyrer.
Wer noch ein anderes Bild über die Stadt erhalten möchte, über den den Palace of Holyroodhouse, die schornsteingeschmückten Dächer und die Burg, der macht sich die Mühe und steigt auf einen kahlen Hügel links neben dem Calton Hill. Arthur's Seat erhebt sich 251 Meter über der Stadt im Holyrood Park. Von hier hat man einen großartigen Blick auch auf das »Neue Schottland«, repräsentiert durch das hypermoderne Parlamentsgebäude. Es wurde von dem katalanischen Architekten Enric Miralles entworfen. Am 7. September 2004 fand hier die erste Sitzung statt. Das Gebäude ist ein Wahrzeichen des modernen Schottlands, aber eben auch eines Schottlands, dessen Bewohner immer wieder größere Unabhängkeit vom Parlament in London verlangt haben.

Janusköpfiges Edinburgh

Architektonisch hat Edinburgh zwei Gesichter: zu Füßen der mächtigen Burg die Old Town mit der Royal Mile, an deren

Herrliche Blicke auf die Stadt ergeben sich von den umgebenden Hügeln (links). Rote Farbtupfer an Türen und Ladenfassaden lockern in der Victoria Street das Grau des Granitsteins auf (oben und unten). Abwechslung zeichnet auch das Shop-Angebot aus (nächste Seite).

361 THE Cigar
www.theciga
afeionado
CUBAN MINIS
MONTECRISTO
HAND MADE HAVANA CIGARS
CIGARS
TOBACCO
C.H.MANLE
www.thec

Ende sich der königliche Palast befindet, schottischer Sitz der britischen Monarchin, und die 200 Jahre alte New Town mit ihren großzügigen Boulevards, den Stadtvillen der Aristokratie, mit ihren eleganten Squares und Einkaufsstraßen. Während die Old Town aufgrund von Platzmangel hinter den Mauern des Flodden Wall 250 Jahre lang ähnlich wie Manhattan bis zu vierzehn Stockwerke nach oben wuchs, entstanden die Stadtviertel der New Town auf dem Reißbrett. Weil im 18. Jahrhundert alles aus den Nähten zu platzen drohte, begann man außerhalb der Mauern mit der Anlage neuer Straßenzüge und Häuser, funktional und auf schachbrettartigem Grundriss. Der künstliche See Nor' Loch unterhalb der Burg wurde 1760 trocken gelegt und 1772 die North Bridge gebaut, um die Schlucht zu überbrücken, die Edinburghs Old Town von seiner New Town trennte. Georgianische Eleganz zog in die Stadt ein. Es kamen die großen Architekten wie Robert Adam, Thomas Hamilton und James Craig. Dichter und Denker ließen sich in Edinburgh nieder: James Boswell, Robert Burns, Sir Walter Scott, der Philosoph David Hume, der Ökonom Adam Smith, der Maler Sir Henry Raeburn und der Ingenieur Thomas Telford, um nur einige zu nennen. In den Assembly Rooms an der Hanover Street hielten Dickens und Thackeray Vorträge und Gladstone seine politischen Reden. In Edinburgh gab auch der Pianist und Dirigent Hans von Bülow Konzerte, der die Stadt später als eine der schönsten in ganz Europa beschrieb.

Offen für Kultur jeder Art

Edinburgh ist ohne Zweifel eine attraktive und charmante Stadt mit vorzüglichen Restaurants und einem regen Kulturleben. Zwar gibt es während der Sommermonate in ganz Schottland Festspiele unterschiedlichster Art, aber der Höhepunkt der Saison ist ohne Zweifel das Edinburgh International Festival mit dutzenden kulturellen Attraktionen aus aller Welt. Nahezu unschlagbar mit teils bis zu 2500 verschiedenen Aufführungen ist das gleichzeitig stattfindende Fringe Festival, das künstlerischen Randgruppen häufig als Sprungbrett zu internationalem Ruhm gedient hat. Mit vielen Fans füllt sich die Stadt auch beim Jazz Festival, und die Writers' Conference zieht ebenfalls immer tausende Besucher an. Edinburgh ist im Sommer also fast der kulturelle Mittelpunkt Großbritanniens, wenn nicht sogar der ganzen Welt...

Wer genug von Theater, Musik und Kabarett hat, der kann sich in der Scottish National Gallery von der Kunst des 18. Jahrhunderts bis zur Gegenwart begeistern lassen. Der Kunstsammler Henry Vaughan schenkte der Galerie vor einhundert Jahren 36 Aquarelle des genialen Malers Turner. Allerdings mit der Einschränkung, dass die empfindlichen Bilder nur im Januar ausgestellt werden dürfen, um sie zu erhalten.

Wem auch der Besuch eines Museums noch zu viel Trubel ist, dem sei ein Spaziergang im botanischen Garten und eventuell ein Abstecher in die Gallery of Modern Art empfohlen. Alternativ kann man natürlich etwas abseits vom Geschehen eines der Edinburgher Pubs besuchen und eine der vielen Biersorten genießen. Mit etwas Glück trägt vielleicht eine Gruppe mit Fideln und Gitarren schottische Lieder vor – einen Cèilidh nennt man das dann auf Gälisch.

DOWN BY THE SEA

Leith – Edinburghs Hafen hatte schon immer etwas Besonderes, auch als die Gegend hier noch sehr heruntergekommen war. Jetzt ist sie eines der neuesten Edinburgher In-Viertel. Hier trifft sich heute Edinburghs Jugend, um zu essen, zu trinken und zu shoppen. Aber auch um zu flanieren, durch die alten Gassen, vorbei an dem Hafenbecken, wo man einen schönen Ausblick auf den Firth of Forth hat.
Auch die königliche Yacht, mit der die königliche Familie vierzig Jahre lang um die Welt geschippert ist und insgesamt eine Million Seemeilen zurücklegte, ist hier vor Anker gegangen. 1953 lief sie vom Stapel, 1997 wurde sie für immer im Hafen von Leith vertäut. Heute kann sich jeder in den offiziellen und den privaten Gemächer der Queen und ihrer Familie umschauen. Und seitdem 2009 ein Tea Room auf dem Royal Deck eröffnet wurde, kann man sogar stilvoll den 5-o'clock-Tea genießen.

WEITERE INFORMATIONEN

Tourist Information Centre
Princes Street, www.edinburgh.org
The Royal Yacht Britannia
Ocean Terminal, Ocean Drive, Leith
Festivals
www.edfringe.com
www.edinburghfestivals.com

Auf uralten Webstühlen wird noch heute der Tweedstoff hergestellt (oben). Tief ducken sich die Cottages der früheren Landarbeiter im fast immerwährenden Wind (unten), mit etwas Glück kann man hier aber sogar Badeurlaub genießen (rechte Seite oben). Hauptattraktion von Lewis sind wohl zweifellos die Standing Stones (rechte Seite unten).

26 Callanish – Mystische Standing Stones

Das schottische Stonehenge auf der Insel Lewis

An der nordwestlichsten Ecke Großbritanniens, am Rande Europas, liegen die Äußeren Hebriden. Diese Inselkette erstreckt sich über eine Länge von 208 Kilometer vom Butt of Lewis im Norden bis zum Barra Head im Süden. Seit mehr als 5000 Jahren trotzt hier ein bronzezeitlicher, geradezu mystisch anmutender Steinkreis, den fast niemand kennt, den Elementen.

Nur eine halbe Stunde fährt man mit dem Bus durch wildromantische Heide- und Moorlandschaft von Stornoway, der Hauptstadt der Insel Lewis, zu den Standing Stones of Callanish. Die Gälen nennen den Steinkreis »Clachan Chalanais« oder auch »Tursachan Chalanais«. Man sollte früh am Morgen losfahren, wenn die Sonne im Osten aufgeht und der für Schottland so typische dünne Dunstschleier über dem Land liegt. Still ist es um diese Zeit, aber groß ist der Andrang ohnehin nie. Dafür liegen die Inseln der Äußeren Hebriden zu weit entfernt im Atlantik.

In der Stille ist man geneigt, an die Menschen zu denken, die rund 3000 Jahre v. Chr. diese Stätte angelegt haben. Möglicherweise um mit ihrer Hilfe den Verlauf der Gestirne, vornehmlich wohl den des Mondes, zu verfolgen. Alle 18,6 Jahre, so haben Wissenschaftler errechnet, bewegt sich der Mond besonders tief über den südlichen Hügeln der Insel. »Ähnlich einem göttlichen Wesen, das die Erde besucht«, so meint einer der Archäologen. Kein Wunder, dass vor langer Zeit derjenige über irdische Macht verfügte, der die Bewegungen am Himmel kannte und vorhersagen konnte.

Von magischer Anziehungskraft

Der Steinkreis von Callanish hat einen Zauber, den sogar der von Stonehenge nicht bieten kann. Vielleicht liegt es daran, dass die Menhire wesentlich kleiner sind und nicht kunstvoll zugehauen und mächtig. Vielleicht liegt es auch daran, dass dieser Steinkreis besser zugänglich ist als das ungefähr gleichaltrige weltbekannte Bauwerk auf den Wiltshire Plains. Auf den Hebriden umgibt nur ein kleiner Zaun die Wiese. Man sollte langsam auf die Steine zugehen, ihr zunächst planlos scheinendes Durcheinander auf sich wirken lassen. Wie viele Steine sind es? Zwei Dutzend? Je näher man kommt, desto besser lässt sich ein Schema erkennen: 13 Steine bilden einen Kreis mit einem Durchmesser von 13 Metern. Steinalleen bilden, darauf zulaufend, ein keltisches Kreuz. Stumm stehen die Steine da, fordern den Betrachter heraus. In der gälischen Mythologie heißt es, es handele sich um auf der Insel lebende Riesen, die nicht zum Christentum übertreten woll-

ten. Zur Strafe wurden sie in Steine verwandelt. Die Inselbewohner nennen die Steine »fir bhrèige« – falsche Männer. Einer anderen Legende zufolge schritt der »Erleuchtete« am Tag der Sommersonnenwende bei Sonnenaufgang entlang der Steinallee auf den Kreis zu. Seine Ankunft wurde vom Ruf eines Kuckucks angekündigt. Das Mitsommerfest geht auf heidnische Riten in den skandinavischen Ländern zurück, später wurde es von den Christan als Fest von Johannes dem Täufer gefeiert.

Historischer Hintergrund

Archäologische Grabungen in den 1980er-Jahren ergaben, dass der Hauptkreis vor 4500 bis 5000 Jahren angelegt wurde. Etwas später kam noch eine Grabstätte hinzu. Aber schon tausend Jahre später verließen die Inselbewohner die Kultstätten. Nicht nur das, sie ebneten den Boden zusätzlich ein. Später veränderte sich das Klima, es wurde kälter, über die Jahrtausende bildete sich eine Torfschicht über den Stätten.
Es ist vor allem der heidnische Bezug, der Besucher anzieht, das Gedenken an unsere Vorfahren, die mit viel Mühe überall auf den britischen Inseln ihre Steinkreise errichteten, um zu verstehen, was der unendliche Himmel über ihnen für Mächte verbarg. Die sich hier versammelten und sich wahrscheinlich ihrer eigenen Bedeutungslosigkeit bewusst waren.

SEHENSWERTES LEWIS

Die Callanish Standing Stones sind nur eine der Sehenswürdigkeiten auf der Doppelinsel Lewis und Harris, deren beide Teile ein Bergzug trennt. Gegensätzlich sind ihre zwei Gesichter: Lewis flach und ohne Bäume, Harris bergig und zerklüftet. Bekannt ist das Eiland vor allem für den Schurwollestoff »Harris-Tweed«. Der Name ist irreführend: Der größte Teil dieses begehrten Stoffs wird nicht auf Harris, sondern auf Lewis gewoben. Harris Tweed ist das älteste eingetragene Warenzeichen Großbritanniens. Der Besuch einer Weberei oder des Lewis Loom Centre lohnt sich. Nach Lewis gelangt man über Stornaway, wirtschaftliches Zentrum der Inseln und ihre Hauptstadt. Propellermaschinen fliegen den Ort von Inverness und Glasgow aus an. Caledonian MacBrayne beherrscht den Fährendienst zwischen britischem Festland und Inseln.

WEITERE INFORMATIONEN

Standing Stones of Callanish
Die Steine sind ganzjährig und zu jeder Uhrzeit zugänglich.
www.callanishvisitorcentre.co.uk
Lewis Loom Centre
Ganzjährig geöffnet, 3 Bayhead, Stornoway Isle of Lewis, HS1 2DU
www.lewisloomcentre.co.uk

Wie ein abstraktes Spaceshuttle ragt der Turm der Hallgrímskirkja über Reykjavík auf (oben). Die neu eingeweihte Konzerthalle Harpa spiegelt sich am Hafen in den umliegenden Wasserflächen (unten), während in der Innenstadt gepflegte Parks und Skulpturen das Stadtbild verschönern (rechte Seite).

27 Reykjavík – Stadt zwischen Feuer und Eis

Die nördlichste Hauptstadt der Welt

Im Großraum Reykjavík leben über 200 000 Menschen – auf den ersten Blick mutet diese Zahl für die Hauptstadt eines Staates gering an. Bedenkt man jedoch, dass dies zwei Drittel der isländischen Bevölkerung ausmacht, ist die nördlichste Hauptstadt der Welt geradezu riesig im Vergleich zu den restlichen Ortschaften des Landes.

Reykjavík ist das urbane Zentrum des Landes und die Stadt mit dem weltweit höchsten Autoaufkommen pro Kopf. Hier winden sich endlose autofreundliche Straßen durch ausgedehnte Wohnsiedlungen und überdimensionale Gewerbegebiete. Riesige Geländewagen fahren Seite an Seite mit normalen Kleinwagen und schwängern die Luft mit Abgasen. Angesichts der monströsen Pkw-Panzer gerät manch Autofan ins Schwärmen. Die für den Stadtverkehr völlig überqualifizierten, heute eigentlich unbezahlbaren Super-Jeeps sind Überbleibsel aus der Ära vor der Finanzkrise und zeugen ebenso vom nationalen Größenwahn der Vorkrisenzeit wie die vielen Bauruinen. So kommt es, dass der weitläufige Städteverbund auf den ersten Blick wie eine chaotische Ansammlung rein praktisch ausgerichteter Betongebäude wirkt. »Hübsch« fällt einem in diesem Zusammenhang eher nicht ein. Wer sich jedoch auf das städtische Chaos einlässt, wird feststellen, dass Reykjavík über einen eigenen Charme verfügt und es sich hier sehr gut leben lässt. Die Stadt ist lebendig, eigenwillig und skurril. Sie verkörpert die Lebenseinstellung ihrer Bewohner, die fernab der schönen Inselnatur in ihrer eigenen, konsum- und technikorientierten Welt leben.

Von den Wikingern zur modernen Großstadt

Als sich hier Ingólfur Arnarson 877 als erster sesshafter Siedler niederließ, wohnten die Menschen gemäß der Wikingertradition nicht in Dörfern, sondern in eigenständigen Höfen. Das änderte sich jahrhundertelang nicht, weil die Entwicklung des Landes von den herrschenden Dänen unterdrückt wurde. Als Reykjavík 1786 das Stadtrecht zugesprochen wurde, lebten in dem Gebiet 167 Einwohner in 30 Torfhäusern. Reykjavíks Bedeutung wuchs in den folgenden Jahrhunderten, eine Blüte erlebte es jedoch erst im Zweiten Weltkrieg, als die USA hier Truppen stationierten und zum Bau des Zivilflughafens in Keflavík beitrugen. Neue Arbeitsplätze und die beginnende Industrialisierung lockten viele Menschen an, die Landflucht und der massive Zu-

Reykjavík ist eine lebendige Stadt: voller Kinderlachen (Mitte), Cafés (rechts) und moderner Kunst, einschließlich witziger Wikingergraffiti (unten). Das Rathaus ragt mitten in den Stadtsee Tjörnin hinein (oben und rechte Seite unten), den man auch von der Platform von »Perlan« erspähen kann (rechte Seite oben).

zug in die Hauptstadt dauern bis heute an. Da Reykjavík im Grunde genommen erst 60 Jahre alt ist, wird man historisch wertvolle Gebäude und eine »gemütliche« Stadtkulisse hier aus verständlichen Gründen vergeblich suchen.

Bunte Innenstadt

Das historische Zentrum ist die touristisch attraktivste Region der Hauptstadt. Hier stehen hübsche alte Häuser mit farbenfroher Wellblech- oder Holzverkleidung auf einer kleinen Landzunge in Sichtweite zum 900 Meter hohen Tafelberg Esja. Einen schöner Blick auf das hübsche Panorama der bunten Altstadtdächer öffnet sich vom Turm der 74 Meter hohen Hallgrímskirkja.
Reykjavík bietet viel Platz. Die meisten Häuser haben Vorgärten, und in den vielen Grünanlagen und Parks mit Kinderspielplätzen treffen sich die Isländer an sonnigen Tagen. Ein Musterbeispiel für die experimentierfreudige Architektur vieler öffentlicher Bauten der Stadt ist das moderne Rathaus, das mitten im historischen Zentrum in den flachen Stadtsee Tjörnin hineinragt.
Die Einkaufsmeile Laugavegur zieht sich vom Zentrum hinaus in die weiter östlich liegenden Industrie- und Wohngebiete. In den schrillen Boutiquen und bunten Souvenirläden hat die Qual der Wahl, wer schon immer mal einen teuren isländischen Wollpullover, Schmuckstücke aus geschliffener Lava oder T-Shirts mit isländischen Schriftzügen erstehen wollte.
Von den historischen Steinbauten der Innenstadt ist es nicht weit zum alten Hafen, der heute hauptsächlich von Fischern und Kreuzfahrtschiffen genutzt wird. Hier starten auch Walbeobachtungsfahrten, bei denen oft Zwerg-, Buckel- oder Schweinswale gesichtet werden. Der jüngste Stolz der Stadt ist die hier angesiedelte Konzerthalle Harpa. Ihr Bau lag während der Finanzkrise brach und wurde schließlich im Frühjahr 2011 allen finanziellen Engpässen zum Trotz fertiggestellt.

Kunst und Museen

Reykjavík ist das kulturelle Zentrum Islands. Überall im Stadtgebiet stehen Skulpturen verschiedenster Künstler und Epochen, zudem informieren viele kleine, überschaubare, liebevoll eingerichtete Museen über Geschichte, internationale und isländische Kunst. Über die Themen und Öffnungszeiten der zahlreichen Ausstellungen gibt die Touristeninformation im Stadtzentrum Auskunft. In deren unmittelbarer Nachbarschaft präsentiert die hochmoderne Ausstellung »Reykjavik 871« die Ausgrabungsstelle eines Langhauses aus der Besiedlungszeit. Die se-

henswerte Sammlung des international herausragenden Nationalmuseums Þjóðminjasafn umfasst kostbare Exponate aus der isländischen Gegenwart sowie der Vergangenheit.

Lange Nächte

Die Stadt verfügt über eine lebendige und trotz der Finanzkrise blühende Kunst-, Musik- und Partyszene. Das ganze Jahr über finden hier international bedeutende Konzerte und Musikfestivals statt. Musiker wie Björk und die Band Sigur Rós begannen hier ihre Erfolgslaufbahnen. Von Donnerstag bis Sonntag wird der Laugavegur allabendlich zur Partymeile. Wer mit Alkohol und Musik seinen Spaß haben und auf die konsumorientierte junge Generation der Isländer treffen möchte, ist hier goldrichtig.
Bis spät in die Nacht wird in den vielen Szeneclubs moderne bis alternative Musik gespielt und flanieren auffällig gestylte Menschen in angeheitertem Zustand laut palavernd und lachend durch die engen Gassen der Stadt. Angesichts der exorbitant hohen Preise für Alkohol fragt man sich allerdings, wie sich die lebensfrohen Musikliebhaber den Spaß überhaupt leisten können. Die Finanzkrise scheint hier jedenfalls noch keineswegs angekommen zu sein!

AUSFLÜGE IM STADTBEREICH

Außerhalb des Zentrums gibt es viel zu sehen. Lange Fußgänger- und Radwege umrunden die Stadt an ihrer oft hübschen Küste, die man mit Leihrädern erkunden kann. Ein Wahrzeichen Reykjavíks sind auf einem Hügel gelegene Wassertanks, die von einer Aussichtsplattform überbaut und treffenderweise Perlan, »Perle« getauft wurden. Südlich davon liegt bei Nautholtsvík Islands einziger wirklicher Badestrand. Hier wird im Sommer das überschüssige Heißwasser der Stadt ins Meer geleitet und somit die künstlich geschaffene Lagune auf 20 ° erwärmt. Wer es doch lieber etwas wärmer mag, sollte unbedingt eines der vielen geothermal beheizten Schwimm- und Freibäder besuchen. Deren warme Becken und Dampfbäder sind der Treffpunkt vieler Einheimischer, die im heißen Wasser leidenschaftlich über Politik und das aktuelle Zeitgeschehen diskutieren.

ALLGEMEINE INFORMATIONEN

Offizielle Tourismus-Homepage:
www.visitreykjavik.is

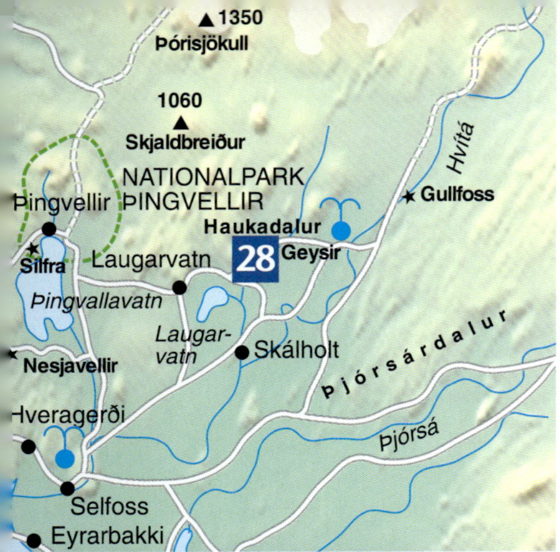

Der Geysir Strokkur, das »Butterfass«, ist die Hauptattraktion in Haukadalur und das wohl am meisten fotografierte Naturphänomen Islands (oben). Nur wenige Kilometer entfernt liegt der Wasserfall Gullfoss, der auch täglich Tausende von Besuchern anlockt (rechte Seite).

28 Haukadalur – Wo Island brodelt und zischt

Unterwegs auf dem »Golden Circle«

Haukadalur ist Islands berühmtestes Geothermalfeld. Hier brodeln die beiden einzigen nennenswerten Geysire der Insel, Stóri Geysir und Strokkur. Entgegen der landläufigen Meinung sind im »Land der Geysire« nämlich nur diese zwei regelmäßig aktiv. Zusammen mit dem zehn Kilometer entfernten Gullfoss und Þingvellir bilden sie Islands beliebteste Hauptattraktion, den »Golden Circle«.

Der Besuch von Haukadalur ist ein Muss für jeden Islandreisenden. 125 Kilometer nordöstlich von Reykjavík liegen Parkplätze, ein Hotel, ein Touristenzentrum und ein Campingplatz rund um ein kleines Hochtemperaturgebiet, das täglich Tausende Besucher anzieht. Seit 2014 werden ca. 4 € Eintritt erhoben. Zwischen gepflasterten Wegen reihen sich in einer niedergetrampelten Ebene blubbernde blauschimmernde Quellen. Die meisten sind ehemalige oder äußerst selten aktive Geysire. Nur Stóri Geysir, der »große Geysir« und Strokkur, das »Butterfass«, melden sich regelmäßig zu Wort.

Strokkur und Geysir

Strokkur bildet das Zentrum des Geothermalgebietes. Er liegt ebenerdig und ist von flachen Sinterterrassen umgeben, denen man sich bis auf wenige Meter nähern kann. Nur selten muss man lange auf seine Aktivität warten: Ohne Ankündigung beginnt etwa alle vier bis acht Minuten das Wasser im kleinen Kessel zu wallen, schließlich ertönt ein tiefes Grollen und bildet sich eine wunderschöne, türkisfarbene Blase, aus der fauchend und zischend eine bis zu 30 Meter hohe kochende Dampf- und Wassersäule in den Himmel schießt.

Einen kurzen Spaziergang entfernt liegt der Vater aller Geysire, Stóri Geysir, der oft nur Geysir genannt wird. Sein Name, bedeutet so viel wie »Hervorschießender«. Dabei handelt es sich weder um die größte noch die älteste Springquelle der Welt, jedoch um die erste, die in Europa bekannt wurde und deshalb mit seinem Namen den Gattungsbegriff prägte. Der Geysir ist vermutlich mehrere Tausend Jahre alt. Das erste Mal erwähnt wurde er in einer Schrift aus dem 13. Jahrhundert. Seine Dampfsäule soll im Jahr 1845 eine Höhe von 170 Metern erreicht haben; normalerweise schoss sie aber »nur« 60 Meter in den Himmel.

Ab 1915 stellte der Große Geysir seine Aktivität ein. Nach einem Erdbeben im Jahr 2000 war er kurzzeitig wieder unre-

gelmäßig aktiv, ist jedoch in den letzten Jahren erneut komplett »eingeschlafen«. Strokkur ist demnach der momentan einzige aktive Geysir im Hochtemperaturgebiet.
Springquellen sind sehr empfindliche physikalische Naturphänomene. Ändern sich die Temperatur oder die Wasserzufuhr, wie es bei größeren Erdbeben häufiger ge-schieht, dann verändern sie ihre Aktivität. Sie benötigen einen langen, engen und einigermaßen geraden Tunnel, der von einem unterirdischen Wasserreservoir zur Oberfläche führt. Das Wasser wird durch die nahe Magma bis über den Siedepunkt aufgeheizt, beginnt jedoch nicht zu kochen, weil der Druck der Wassersäule zu hoch ist. Erst wenn einzelne Blasen aufsteigen und einen Teil des Wassers nach oben aus der Quelle pressen, fällt der Druck ab. Das überhitzte Wasser verwandelt sich in Wasserdampf und kann über 100 Meter in die Luft geschleudert werden.

Geysir-Tuning

Die Aktivität beider Geysire ist vom Menschen beeinflusst worden. Strokkur zum Beispiel war ab 1896 nur noch selten aktiv, weil ein Erdbeben den Wasserzufluss der Quelle verringert hatte. Die schon damals zahlreichen Besucher warfen Steine und andere Gegenstände in die Quelle, um sie so erfolgreich zu Eruptionen zu provozieren. Mit der Zeit verstopfte sie dadurch allerdings gänzlich. Um den Strokkur wieder zum Leben zu erwecken, bohrte man ihn 1963 bis auf 40 Meter Tiefe aus. Seitdem ist er wieder aktiv. Ähnlich wurde beim Großen Geysir verfahren. Man bohrte seine Seitenwand an, um den Wasserspiegel zu senken und damit Ausbrüche zu erleichtern. Nur wenig später wusste man mit 40 Kilogramm Seife, die man in den Geysir warf, die Oberflächenspannung der Wassersäule so zu senken, dass unweigerlich eine Eruption erfolgte. Diese Praktik wird heute nur noch gelegentlich angewendet, zuletzt am 8. Juni 2000.

DER GOLDENE WASSERFALL

Nur neun Kilometer nordöstlich von Haukadalur erfüllt das stete Rauschen des »goldenen Wasserfalls« Gullfoss die Luft. Zweistufig stürzt er elf und 21 Meter tief in eine schräg zur Fließrichtung stehende Schlucht, die später bis zu 70 Meter tief wird. An sonnigen Tagen steht in der Wolke aus Sprühwasser oft ein wunderschöner Regenbogen über dem Wasserfall, der besonders zu Sonnenuntergang seinem Namen alle Ehre macht. Den schönsten Blick bietet die Aussichtsplattform am oberen Rande der Schlucht. Eine Treppe führt dort zum unteren Parkplatz, von dem man sich der oberen Kaskade bis auf wenige Meter nähern kann.
In der Nähe der Treppe steht eine Basaltsäule mit dem Reliefporträt der Bauerntochter Sigriður Tómasdóttir. Die junge Frau verhinderte im Jahr 1920 die Zerstörung des Wasserfalls durch ein geplantes Wasserkraftwerk, indem sie drohte, sich in den Fluss zu stürzen. Ohne sie würde Islands beliebtester Wasserfall heute nicht mehr existieren.

WEITERE INFORMATIONEN

Zu Geysir, Gullfoss und dem »Golden Circle«: www.south.is

Snæfellsnes wird gerne auch »Klein Island« genannt, gibt es hier doch (fast) alle Dinge im Kleinformat zu sehen, die Island ausmachen: Kirchen vor weißen Gletschern (oben), schroffe Lavaskulpturen bei Malarríf (unten) und nächtliche Farbenspiele an den Sandstränden bei Búðir (rechte Seite).

29 Im Nationalpark Snæfellsjökull – Welt der Elfen und Trolle

Die magische Halbinsel

Am westlichen Ende der Halbinsel Snæfellsnes liegt der Snæfellsjökull. Der »Schneeberggletscher« ist ein 1446 Meter hoher vergletscherter Stratovulkan. Erst im Jahr 2001 wurden er und das umliegende Land unter Schutz gestellt. Der 170 Quadratkilometer große Snæfellsjökull-Nationalpark beeindruckt seine Besucher mit abwechslungsreichen Landschaftsformen.

Die markante Kuppe des schneebedeckten Snæfellsjökull markiert den höchsten Punkt eines langen Gebirgszuges, der sich über ganz Snæfellsnes erstreckt. Bei gutem Wetter kann man den Berg schon von Reykjavík aus sehen. Vielleicht gelangte der majestätische Gletschervulkan auch deshalb zu internationaler Berühmtheit. Jules Verne wählte ihn 1864 als Schauplatz seiner Reise zum Mittelpunkt der Erde. Immer wieder wird der gewaltige Berg mit Magie, Elfen und anderen unsichtbaren Wesen in Verbindung gebracht. Manch feinfühlige Menschen spüren gar, dass starke Energie von ihm ausgeht, und sie sind davon überzeugt, dass er zu den sieben stärksten Energiezentren der Welt gehört.

Die Elfenbeauftragte

Erla Stefansdóttir ist eine Klavierlehrerin, die sich selbst als Medium bezeichnet. Sie beschreibt den Einfluss des Snæfellsjökull wie folgt: »Snæfellsjökull ist in starkes Licht getaucht, das man von Reykjavík aus 120 bis 140 Kilometer Entfernung sehen kann. [...] Wenn wir Kontakt mit dem Licht hergestellt haben, empfinden wir [...] tiefes Wunder und eine starke Bindung zu unserem Land.« Die in deutschen Medien als »Elfenbeauftragte« bekannt gewordene Isländerin behauptet, unter anderem Elfen und Geister sehen zu können. Viele Isländer streiten die Existenz der unsichtbaren Wesen des huldufólk (»verborgenen Volk«) zwar nicht ab, allerdings wird der Glaube an Elfen für den Tourismus gerne höher gehandelt, als er in der modernen isländischen Gesellschaft tatsächlich noch vertreten ist. Erla wurde sogar vom isländischen Bauamt mehrmals beauftragt, in Reykjavík Orte aufzuspüren, an denen Elfen und Zwerge leben, um Kulturgüter vor der Zerstörung durch Bauarbeiten zu schützen. Und als Kulturgut zählen in Island eben auch Geländeformationen wie große Steine oder Felsen, die von der lokalen Bevölkerung als »von Elfen bewohnt« angesehen werden.

Nationalpark Snæfellsjökull

Zurück auf Snæfellsnes bezaubert der Snæfellsjökull auch ganz ohne esoterische Hintergedanken. Der nur noch elf Quadratkilometer große Gletscher bedeckt den 800 000 Jahre alten Vulkan, der das letzte Mal vor 1800 Jahren aktiv war. Unzählige Lavaströme verzieren seine Flanken und füllen die Ebene im Nordosten auf. Bildlich kann man sich hier vorstellen, wie das glühende Gestein den Berg hinunterfloss. In Hellnar geben im Informationszentrum Ranger gerne und ausgiebig Auskunft über den Nationalpark, seine Gegebenheiten und Regeln sowie über Wanderwege auf dem Gletscher, der im Sommer von Spalten überzogen ist. Das Eisfeld erreicht man auf steilen Schotterpisten mit dem Geländewagen. Leider schmilzt der Snæfellsjökull aufgrund seiner geringen Größe und niedrigen Lage doppelt so schnell wie die großen Eismassen des Landes. Die im Durchschnitt nur noch knapp 30 Meter dicke Eiskappe wird pro Jahr um eineinhalb Meter dünner. Hält dieses Tempo an, wird der Snæfellsjökull wohl in rund 20 Jahren vermutlich ganz verschwunden sein.

Noch aber ist die obere Hälfte des majestätischen Vulkans auch im Sommer von Schnee bedeckt. Besonders gut lässt er sich von der nordwestlichen Parkseite betrachten, äußerst fotogen ist zum Beispiel die kleine Kirche zwischen den Ortschaften Hellissandur und Rif vor der Kulisse des Gletschers platziert.
Im Südwesten führt die Piste 572 hinunter zu einer reizvollen Lavaküste. Nach einer kurzen Wanderung durch ein schroffes Lavafeld mit abstrakten Formationen gelangt man zur eigentlichen Attraktion der Gegend, zum Djúpalónssandur. Am schwarzen Strand dieser Bucht liegen ein Schiffswrack und vier unterschiedlich große Steine, an denen die Fischer der Umgebung noch im 19. Jahrhundert in Wettkämpfen ihre Kräfte maßen.
Einige Kilometer weiter südlich zweigt eine kurze Straße zum Leuchtturm in Malarrif am südlichsten Punkt von Snæfellsness ab. Östlich davon stehen die 60 und 75 Meter hohen Lóndrangar. Diese sind Überreste eines Vulkanschlots und ragen vor der Kulisse des Gletschers wie eine fantastische dunkle Burg aus dem Meer auf.

WASSERFALL BJARNARFOSS

Außerhalb des Nationalparks rauscht nördlich von Búðir ein kleiner Wasserfall über eine hohe Steilklippe. Er ist leicht zu finden, liegt er doch unmittelbar an der Straße, die Snæfellsnes umrundet. Gemessen an den vielen anderen Wasserfällen der Insel ist er keine Besonderheit, in Westsnæfellsnes jedoch ist er der größte und fotogenste seiner Art. In mehreren Stufen fällt der schmale Wasservorhang über eine Felswand aus Basaltsäulen und in einen kleinen, von Stromschnellen geprägten Bach, der bis zum Meer fließt.

WEITERE INFORMATIONEN

Nationalparkinfos auf der Homepage des isländischen Umweltamtes:
www.ust.is/snaefellsjokull-national-park

Allgemeine Infos zu Snæfellsnes:
www.west.is/Home/VisitSnaefellsnes

Ammassalik wurde 1894 als zentrale Siedlung für Ostgrönland gegründet (oben). Die Grönländer haben sich dem europäischen Lebensstil weitgehend angepasst (unten). Bis weit in den Sommer hinein können die Bewohner von Ittoqqorttoormiit mit ihren Schlittengespannen auf das See-Eis zur Robbenjagd fahren (rechte Seite).

30 Grönland – Land der Menschen

Eisige Insel der Superlative

Grönland ist mit 2 166 086 Quadratkilometern die größte Insel der Welt. Der Eisschild, der 81 Prozent der Inselfläche bedeckt, ist bis zu 3400 Meter mächtig und die größte zusammen-hängende Eismasse der nördlichen Hemisphäre. Hier wird das 3,8 Milliarden Jahre alte Mineral Grönlandit gefunden, eines der ältesten Gesteine der Welt. Bei Ilulissat mündet der aktivste Gletscher der Welt in die Disko-Bucht, und im Nordosten Grönlands befindet sich der größte Nationalpark der Welt.

Skandinavien besteht nur aus der skandinavischen Halbinsel mit den Staaten Norwegen und Schweden. Aus historischen, kulturellen und politischen Gründen wird jedoch auch Dänemark zu Skandinavien gezählt. Damit wird auch klar, warum das zu Dänemark gehörende Grönland ebenfalls Skandinavien zugeschlagen wird, obwohl das europäische Festland mehr als 1500 Kilometer entfernt ist. Ein Blick in die Zeit vor 420 bis 380 Millionen Jahren zeigt, dass auch geologische Verbindungen bestehen.
An der Ostküste Grönlands befinden sich Gesteine, die während der sogenannten Kaledonischen Gebirgsbildung entstanden sind. Dieses Gebirge ist später durch tektonische Vorgänge regelrecht auseinandergerissen worden. Die Reste sind auf der skandinavischen Halbinsel, in Schottland, Grönland und den Appalachen in den USA zu finden.
Grönland erstreckt sich über 2650 Kilometer vom Kap Farvel auf 59°46' N im Süden bis zur Insel »Kaffeklubben Ø«, weit jenseits des nördlichen Polarkreises bei 83° 40′ N, nur noch knapp 706 Kilometer vom Nordpol entfernt. Entgegen verbreiteter Meinung ist Grönland keineswegs eine durchgehend kalte und vereiste Insel. Da ist der zu Wikingerzeiten und nach der vom 15. bis 19. Jahrhundert währenden kleinen Eiszeit heute wieder grüne Süden (dem die Insel ihren Namen »Grünes Land« verdankt), der bis zu 150 Kilometer breite, dank eines Ausläufers des Golfstroms eisfreie Küstenstreifen an der Westküste, die bis weit in den Süden auch im Sommer oft vereiste Ostküste, der hocharktische Norden und natürlich das Inlandeis, auf dem im Winter schon Temperaturen bis zu minus 70 Grad Celsius gemessen wurden.

Von der Saqqaq-Kultur zum modernen Grönland

Während der letzten Eiszeit, die vor etwa 10 000 Jahren endete, war ganz Grönland von einem mächtigen Eisschild bedeckt. Erst vor etwa 4400 Jahren waren an der Westküste Grönlands die ersten Küstenstreifen eisfrei geworden. Inuit der Saqqaq-Kultur siedelten als Erste im Bereich der Disko-Bucht. Fische, Robben und Seevögel bildeten ihre Nahrungsgrundlage. Nach rund 1500 Jahren ver-

In Ammassalik, gut 200 km nördlich des Polarkreises, geht im Sommer die Sonne mehrere Wochen lang nicht unter (oben). Dreizehenmöwen sind die häufigsten Möwen Grönlands (Mitte). In Brattahlid wurde das Wikinger-Langhaus von Erik dem Roten rekonstruiert (unten). Riesige Eisberge auf dem Weg in die Disko-Bucht (rechte Seite).

schwanden sie plötzlich, und an ihre Stelle traten Inuit der Dorset-Kultur, die bis in das Jahr 1000 n. Chr. nachweisbar sind. Sie wiederum wurden von der Thule-Kultur abgelöst, aus der dann in direkter Entwicklung die Inugsuq-Kultur hervorging, deren Nachfahren die heutigen Grönländer sind. Sie blieben jedoch nicht allein. Im Jahr 986 gründete der Wikinger »Erik der Rote« die erste dauerhafte Nordmännersiedlung Brattahlid im Süden Grönlands. Bis 1550 lebten die Nachfahren Eriks dort. Aus bisher ungeklärten Gründen wurden alle Siedlungen verlassen, und voübergehend waren die Angehörigen der Thule-Kultur wieder allein auf der Insel. Erst zu Beginn des 18. Jahrhunderts kamen dänische Walfänger nach Grönland, ohne jedoch dauerhafte Siedlungen anzulegen. Das war protestantischen Missionaren vorbehalten, allen voran Hans Egede, der »Apostel der Grönländer«.

Aber auch Angehörige der aus Böhmen stammenden Herrnhuter Brüdergemeine gründeten mehrere Missionsstationen. 1814 wurde Grönland dänische Kolonie. Inzwischen besitzt Grönland den Status einer »Nation im Königreich Dänemark« mit eigenem Parlament und eigener Verwaltung in der Hauptstadt Nuuk.

Amtssprache ist Grönländisch, Dänisch ist eine rechtlich anerkannte Verkehrssprache. Auf Grönländisch heißt die Insel »Kalaallit Nunaat« – »Land der Menschen«.

Der Norden und Osten im Griff des Eises

An der Nordküste verschwimmen die Grenzen des Inlandeises mit dem Eis des Nordpolarmeeres. Hier im »Nordost-Grönland-Nationalpark«, dem größten Nationalpark der Welt, ist das Reich der Moschusochsen, Rentiere und Lemminge, die in der kargen, im Sommer aber wunderbar bunt blühenden Tundra leben. Auf dem Eis und im Wasser leben Eisbären, Walrosse, Bartrobben, Narwale, Schwertwale und Grönlandwale. An den Klippen brüten Dickschnabellummen, Gryllteisten und Dreizehenmöwen. Polarfüchse leben während des Sommers an Land, im Winter jedoch folgen sie den Eisbären oft weit hinaus aufs Eis und vertilgen die Reste der Eisbärenmahlzeiten. Mit dem aus dem Polarmeer nach Süden strömenden Ostgrönlandstrom gelangen Eisbären und Robben auch im Sommer gelegentlich weit nach Süden, wo sie jedoch selten überleben. Bis weit in den Sommer sind die Jäger mit ihren Hundeschlittengespannen auf dem Eis, denn auch heute noch sind Felle, Klauen und Zähne begehrte Trophäen. Im rauen Klima der Ostküste leben allerdings nur wenige Menschen. Ittoqqorttoormiit und Ammassalik sind die beiden größten Orte, ansonsten gibt es nur wenige Siedlungen, in denen jeweils eine Handvoll Menschen lebt.

Der grüne Süden und Westen

Ganz anders im Süden und Westen. Hier liegen mehrere Städte und Dörfer wie Perlen an der Schnur aufgereiht an der Küste. Schafe und Rinder finden auf den Weiden ihr Auskommen. In manchen Regionen wird wieder Gemüse angebaut und in Zeiten des Klimawandels wird auch wieder über den Anbau von Getreide nachgedacht, das jetzt schon in geringen Mengen als Winterfutter für das Vieh gedeiht. Den Haupterwerbszweig bildet aber traditionell die Fischerei. Schwarzer Heilbutt, Seewolf, Kabeljau, Seesaibling und Grönlandkrabben bilden den Großteil der Fänge, der auch in den Export geht. Es sind tatsächlich die einheimischen Fischer, die mit kleinen Schiffen in den Küstengewässern fischen. Die großen schwimmenden Fischfabriken sieht man hier nicht. Für den Eigenbedarf werden Robben gejagt, ebenso einige von der Internationalen Walfangkommission freigegebene Wale.

Wirtschaftszweig Tourismus

Neben dem Fischfang hat der Tourismus in den letzten Jahren enorm an Bedeutung gewonnen. Im Sommer sind etliche Kreuzfahrtschiffe vor allem entlang der Westküste unterwegs. Eines der bevorzugten Ziele ist die Stadt Nuuk. Sie wurde von den dänischen Missionaren »Gothåb«, »Gute Hoffnung«, genannt. Nuuk ist nicht nur Hauptstadt und Regierungssitz, sondern auch Universitätsstadt, Fischereizentrum und touristischer Mittelpunkt. Ein weiteres Ziel ist die nördlich gelegene Disko-Bucht, in der riesige Eisberge schwimmen, die vom Gletscher Sermeq Kujalleq abbrechen. Gelegentlich fährt auch eines der Schiffe weit in den Norden bis nach Thule, immer mit der atemberaubenden Kulisse Grönlands auf der Steuerbordseite. Die Ostküste ist nicht weniger reizvoll, wird jedoch wegen der auch im Sommer unsicheren Eisverhältnisse nur relativ selten besucht.

EISBERGE UND WIKINGER

Der Höhepunkt jeder Grönlandreise ist ein Besuch in der Disko-Bucht. Dort lohnt sich ein Besuch des Dorfes Qeqertarsuaq auf der Disko-Insel. Mit Hubschraubern werden Touristen auf den Inselgletscher geflogen und können dort mit Hundeschlitten übers Eis fahren. Südlich der Disko-Bucht liegt der Ort Aasiaat, bekannt für die Kunstwerke, die von Bildhauern aus den Felsen herausgearbeitet wurden. Walbeobachter kommen in der Bucht vor Aasiaat auf ihre Kosten. Auf den Spuren der Wikinger ist ein Besuch von Brattahlid unverzichtbar. Neben den Fundamenten der alten Siedlung wurde ein Nachbau des historischen Langhauses errichtet. In Nuuk steht das Nationalmuseum mit den Mumien aus der Thule-Kultur auf dem Programm.

WEITERE INFORMATIONEN

www.greenland.com
www.groenland-tourismus.de
www.greenland-guide.gl

In Schloss Christiansborg befindet sich neben dem Parlament, dem Folketing, auch das Oberste Gericht und der Sitz des Ministerpräsidenten (oben). Wachablösung vor Schloss Amalienborg (unten). Eine echte Skyline hat Kopenhagen nicht zu bieten, in den Straßen und auf dem Wasser erlebt man die typische dänische Gelassenheit (rechte Seite).

31 Kopenhagen – Geschichte trifft Moderne

Eine Stadt, die in sich ruht

Kopenhagen erlebt man am besten zu Fuß oder mit dem sogenannten Bycykel, dem City-Fahrrad, das man sich überall in der Stadt leihen kann. Alles Sehenswerte liegt nah beieinander und ist durch ein perfekt ausgebautes Radwegenetz bestens zu erreichen. Man sollte sich treiben lassen und das Gefühl genießen, dass hier alles ein wenig langsamer geht – in dänischer Gelassenheit eben.

Kopenhagen (dänisch København) nimmt mit seiner Randlage auf der Ostseeinsel Seeland eine ziemliche Außenstellung ein – das könnte man jedenfalls meinen. Aber tatsächlich ist in Dänemark alles auf die Hauptstadt zugeschnitten: Hier ist neben der Monarchie die Exekutive zu Hause. 1,2 Millionen Menschen im Großraum Kopenhagen vermitteln fast das Flair einer Weltstadt, und mit der Øresundregion im Rücken lebt es sich gut im wirtschaftsstarken Kopenhagen.

Stadt des Handels

Schon der Name ist Programm. »Hafen der Kaufleute« heißt Kopenhagen übersetzt, und dies belegt, dass der Handel hier immer schon eine wichtige Rolle spielte. Kein Wunder, schließlich verfügt die Stadt über einen florierenden und raumgreifenden Hafen, und sie liegt strategisch günstig an der Schnittstelle zwischen europäischem Festland und skandinavischer Halbinsel. Bis 2000 waren es die Fähren, die zwischen dem dänischen Helsingør und dem schwedischen Helsingborg die nur fünf Kilometer breite Verbindung übers Wasser zwischen Nord- und »Süd«-Europa aufrechterhielten. Die 16 Kilometer lange Øresundbrücke ist längst zum Symbol einer neuen Zeitrechnung avanciert, die im Jahr 2000 begann und seither Menschen und Märkte zusammenbringt. Kopenhagen hier, Malmö und Lund dort. Die Meerenge zwischen Dänemark und Schweden ist das »Tor zur Ostsee«, das Menschen anlockt; hüben wie drüben wachsen Wohnhäuser, und Unternehmen profitieren vom nahen Flughafen. Lange mussten die Kopenhagener auf Metroverbindungen warten, die sich nun, da sie fertiggestellt sind, schöner und moderner als irgendwo anders auf der Welt präsentieren. Gläserne Dächer bringen Tageslicht in die U-Bahnhöfe, und durch hell erleuchtete Tunnel fahren – wie von Geisterhand gesteuert – führerlos die Züge. Kopenhagen ist ganz auf Zukunft ausgerichtet, und mit dem ökonomischen Zusammenschluss zur sogenannten Øresundregion haben Dänemark und Schweden eine der wichtigsten Wirtschaftsregionen im gesamten Ostseeraum geschaffen.

Kongens Nytorv liegt mitten in Kopenhagen und wird von historischen Gebäuden eingerahmt (oben). Die kleine Meerjungfrau, das Wahrzeichen der Stadt, ist nur 125 cm (unten). Nyhavn zieht viele Touristen an (Mitte oben). Der Stroget ist Europas längste Fußgängerpassage (rechts unten). Der Besuch des Tivoli ist ein Muss (rechte Seite oben).

Lebendige Geschichte rund um die Schlösser

Kaufleute, Seefahrer und Fischer erkannten diese vielversprechende und wirtschaftlich aussichtsreiche Lage an dem schmalen Ostseesund schon im 12. Jahrhundert. Bald darauf erhielt die Siedlung Stadtrechte, und noch einmal 100 Jahre später wurde sie zur Königsresidenz. Wie so viele strategisch wichtige Orte wurde auch Kopenhagen mal von den Schweden, mal von Engländern und dann von den Deutschen angegriffen und schwer beschädigt. Die ältesten Häuser in der hübschen Altstadt stammen aus der Zeit des ausgehenden und frühen 19. Jahrhunderts. Wirkliche Geschichte atmet die Stadt rund um ihre Schlösser, allen voran im Schloss Amalienborg, das im Rokokostil gebaut wurde. Es ist der Wohnsitz der Königsfamilie, aber auf dem ehrwürdigen Gemäuer weht die dänische Flagge nur, wenn die allseits beliebte Königin Margrethe II. zu Hause weilt. Und nur dann gibt es ein sehenswertes Ritual, das um 12 Uhr viele Kopenhagen-Besucher anlockt: die königliche Wachablösung. Aber auch ohne dieses Schauspiel lohnt sich ein Spaziergang durch den wunderschön angelegten Garten Ameliehavn zwischen dem Schloss und dem Hafen. Dies ist einer der vielen Parks, die zusammen mit den Seen, die von den einstigen Wallanlagen übrig geblieben sind, die grüne Lunge der Stadt bilden. Und dann sind da noch die Ostseewellen, sie sanft an die Kaimauern schwappen und so sauber sind, dass man auf der Islands Brygge im südlichen Hafengebiet ein Freiluftbad gebaut hat. In diesem maritimen Ambiente einer Hafenstadt ist die Luft irgendwie frischer und anregender.

Vom Leben in den Quartieren

Nyhavn, Kopenhagens malerische Flaniermeile rechts und links eines Hafenbeckens, ist ein wunderbarer Ort, um in diese besondere Stimmung einzutauchen. Cafés, Galerien und Kunsthandlungen reihen sich in den alten Häusern aneinander. Und wer die aufstrebende und variantenreiche Gastronomie der Stadt erforschen will, der hat in einem der vielen Restaurants zu Land und auch in den Gourmetbooten auf dem Wasser beste Gelegenheit. Nyhavn ist das Schmuckstück der Stadt, immer belebt, und doch unaufdringlich, ein Kleinod, das sich über die Jahre kaum verändert hat. Ganz im Gegenteil zu anderen typischen Quartieren Kopenhagens, wie Vesterbro, Nørrebro und Østerbro, den sogenannten Brückenvierteln. Sie sind Mitte des 19. Jahrhunderts entstanden, als die Stadt nach einer Cholera-Epidemie über die Wallanlagen hinauswachsen musste, und galten bis weit ins vergangene Jahrhundert als wenig attraktive, problembeladene multikulturelle Arbeiterviertel. Sie haben jedoch die Wende geschafft: Aus Rotlicht- wurden Szeneviertel, aus verfallenden Wohnhäusern bezahlbare Unterkünfte auch für Studenten, und aus leer stehenden Läden alternative Kunstgalerien. Ein toleranter Geist ist geblieben. Davon zeugt auch Christiania, seit 1971 das »soziale Experiment« im Hafen. Damals verwirklichten einige junge Leute ihren Traum vom freien Leben mitten in einer Großstadt. Der Freistaat Christiania war geboren, der jedoch seit einigen Jahren auf der Kippe steht, denn konservative Kräfte wollen die Andersdenkenden und -lebenden in das Stadtgefüge eingliedern. Schwer vorzustellen, dass sie eines Tages über den Strøget bummeln, die weitläufige Shoppingmeile, wie man sie auch aus anderen Citys kennt. Auf dem lebendigen Amagertorv, dem Platz mit dem ehemaligen Fischmarkt, sollte man einen Kaffee trinken, dann die Domkirche mit den Skulpturen des Bildhauers Berthel Thorvaldsen besuchen und schließlich auf dem königlichen Platz Kongens Nytorv beeindruckende alte Gemäuer wie das Theater, das Tott'ske Palæ und das bekannte Hotel d'Angleterre bewundern, bevor man eintaucht in eines der Wahrzeichen der Stadt, den Vergnügungspark Tivoli.

VERGNÜGEN FÜR GROSS UND KLEIN

Es ist fast so etwas wie eine dänische Tradition: Im Sommer laden Großeltern ihre Enkelkinder zu einem Erlebnistag in den Tivoli ein. Auch wenn der Park sich ständig wandelt und neue Attraktionen hervorbringt, lebt er auch von der Nostalgie, denn er hält die Erinnerungen der Großeltern wach, wie sie als Kinder hier herumtollten. Dann mögen sie sich an die unzähligen Lichter an langen Abenden erinnern oder an die rasante Fahrt auf dem 80 Meter hohen Kettenkarussell, einem von vielen Fahrgeschäften. 1843 als kleiner Erholungspark zwischen dem Rathausplatz und dem Hauptbahnhof eröffnet, zählt der Tivoli heute fast vier Millionen Besucher jährlich. Ob internationale Musikstars auf der Open-Air-Bühne, klassische Musik in der Konzerthalle oder ein Besuch im Pantomimen- oder Glaspalasttheater – der Tivoli ist längst eine Institution der Stadt, wo jeder nach seiner Gemütslage einige glückliche Stunden verbringen kann.

WEITERE INFORMATIONEN

Vergnügungspark Tivoli
www.tivoli.dk/
www.visitcopenghagen.de/
Sehen-und-Erleben/Tivoli/382

Das markante Hochhaus am Hafen nennen die Göteborger »Lippenstift« (oben). Am 30. Juni gehen die Abiturienten auf die Straßen – wie hier diese drei Damen aus Göteborg (unten). Am Rand des Zentrums der Hafenmetropole liegt das gemütliche Stadtviertel Haga mit vielen kleinen Geschäften (rechte Seite unten).

32 Göteborg – Die maritime Schönheit

Schwedens größte Hafenstadt

Weltoffen gibt man sich in der zweitgrößten Stadt Schwedens. Schließlich hat man mit den Fremden viel Erfahrung. Der Seehandel brachte der Stadt Reichtum und viele Einflüsse aus fernen Ländern. Das spiegelt sich beim Besuch der Stadt und ihrer Sehenswürdigkeiten wider.

Und jetzt: Ducken! So eine Göteborg-Stadtrundfahrt kann eine sportliche Veranstaltung werden, wenn man mit einem der sogenannten Paddan-Boote unterwegs ist. Wie einen Organismus die Blutgefäße, so durchziehen Kanäle das Herz der Hafenstadt an der schwedischen Westküste. Einst dienten sie dazu, die auf Sumpfland gebaute Stadt zu entwässern. Heute sind sie ein angenehmer Anblick im Stadtbild. Und ihre Zickzackform ist kein Zufall. Der Wassergraben schützte einst die dahinter liegende Bastion vor Angriffen.

Paddan, das heißt Schildkröte. Und ähnlich flach wie diese Reptilien müssen Boote sein, die unter den Brücken der Stadt hindurchfahren möchten. Manchmal eben so flach, dass man sich in aufrechter Haltung den Kopf an der Brücke anschlagen würde. Dafür bekommt man vom Wasser aus ungewohnte Einblicke in die Stadt, die wie kaum eine andere mit dem Meer verbunden ist.

Fahrt mit der Schildkröte

Die Fahrt beginnt am blendend weiß gestrichenen Gebäude des großen Theaters, das kurz darauf wieder hinter dem Brückenpfeiler der Kungsportsavenyn verschwindet. Die Straße, die hier jeder nur kurz »Avenyn« nennt, ist der Prachtboulevard Göteborgs und führt aus dem Zentrum hinaus an Geschäften und Cafés vorbei direkt zum kulturellen Herz der Stadt mit Konzerthalle, Stadttheater und Bibliothek. Eine scharfe Linkskurve, dann gleitet das Boot über den Hauptkanal: Etliche prächtige Gebäude reihen sich hier zu beiden Seiten auf und symbolisieren den Reichtum, den der Handel der Seefahrerstadt gebracht hat. Auf dem Gustav-Adolf-Platz erinnert ein Denkmal an den Stadtgründer, und sobald die Schildkröte die Kristine-Kirche und das Stadtmuseum passiert hat, fährt sie auf den Göta-Fluss hinaus. Und der ist die eigentliche Lebensader der Stadt. Hier im Freihafen legten schon Schiffe an, als es das heutige Göteborg noch gar nicht gab. Schließlich war zur Zeit der dänischen Herrschaft in Südschweden der Göta-Fluss für die Schweden der einzige Zugang zum Meer. Der Hafen ist der Schlüssel zur Weltoffenheit der Stadt. Es gab Zeiten, da waren Schwedisch,

Deutsch und Holländisch die offiziellen Sprachen in der Stadt. Die Segelschiffe der Ostindien-Kompanie legten hier genauso an wie die Boote der Hanse. Auch Schiffe wurden hier gebaut. Früher. Denn keine einzige Werft ist mehr in Betrieb. Stattdessen werden Wohnungen und Büros gebaut.

Shoppen im Arbeiterviertel

Zu Fuß oder mit der für Göteborg charakteristischen Straßenbahn erreicht man den Stadtteil Haga südlich des Wassergrabens, der sich zu einem der beliebtesten Viertel der Stadt gemausert hat. Früher wohnten hier die Arbeiter, heute flaniert man zwischen Ziegelhäusern über Kopfsteinpflaster, trifft sich zum Cappuccino oder Shoppen. Kleine Boutiquen prägen hier das Straßenbild und nicht die Filialen der Weltkonzerne. Die findet man eher rund um den oben erwähnten Gustav-Adolfs-Platz, dem eigentlichen Stadtzentrum Göteborgs. Und wer sich einen Überblick über die Stadt verschaffen will, der erklimmt den Hügel der Masthugget-Kirche im Westen Göteborgs. In Richtung Meer sind es die Silhouetten der riesigen Kräne, mit denen die Schiffe entladen werden, welche die Aufmerksamkeit auf sich ziehen. In Richtung Stadt sind es die vielen alten Gebäude, die auf dem Göta-Fluss verkehrenden Schiffe und ein auffälliges, rot-weiß gestrichenes Hochhaus direkt am Fluss. Die Göteborger nennen es aufgrund seiner Form und Farbgebung einfach läppstift: Lippenstift.

FISCH IN DER KIRCHE

Die Fischkirche. Ein Gotteshaus? Weit gefehlt! In einer der beliebtesten Sehenswürdigkeiten Göteborgs holen sich nicht die Fischer ihren Segen, bevor sie auf große Fahrt gehen. In dem 1874 im gotischen Stil erbauten Gebäude kann man schlicht und einfach frischen Fisch kaufen. Restaurants und Händler bieten an ihren Ständen die verschiedensten Meeresdelikatessen an. Dorsch und Langfisch, Hummer und Schellfisch. Und natürlich weitere nordische Spezialitäten wie Elch- oder Rentierfleisch. Der Namen der Feskekôrka geht übrigens auf die schöne Architektur mit Spitzgiebeln und der Dachkonstruktion zurück.

WEITERE INFORMATIONEN

www.feskekörka.se

Das Rathaus, ein Wahrzeichen Oslos (oben). Vigeland, berühmter Sohn der Stadt, errichtete zwischen 1924 und 1943 einen Skulpturenpark. Die Rechte an seinem Lebenswerk hatte er bereits lange vor seinem Tod 1943 an den Magistrat verkauft – dafür kam die Stadt für sein Schaffen und Leben auf (unten und rechts).

33 Oslo – Eine Stadt mit vielen Namen und Gesichtern

Von der »Ebene der Götter« zur »Tigerstaden« Oslo

»Ebene der Götter« bedeutet der Name Oslo ursprünglich. Doch das ist nur einer der Namen, den die Stadt in ihrer tausendjährigen Geschichte getragen hat: Oslo, Christiania, Kristiania und heute wieder Oslo. 1870 kam ein weiterer Name dazu: Tigerstaden. Der norwegische Dichter und Literaturnobelpreisträger Bjørnstjerne Bjørnson (1832–1910) besingt Oslo in seinem Gedicht »Sidste Sang« als unbarmherzige und gefährliche Tigerstadt, inzwischen nennen die Bürger Oslos ihre Stadt ebenfalls liebevoll »Tigerstaden«.

Oslo verdankt seine inzwischen tausendjährige Existenz einerseits der geschützten Lage am Nordende des 100 Kilometer langen Oslofjordes, andererseits den guten Landverbindungen in den Osten Norwegens. Der Sage nach wurde die Stadt im Jahr 1048 von König Harald III. gegründet. Allerdings hat es dort auch vorher schon eine Siedlung und eine Kirche gegeben. Man nahm das zum Anlass, 1950 das 900-jährige Bestehen der Stadt zu feiern. In den Jahren danach durchgeführte archäologische Untersuchungen brachten christliche Gräber zutage, die auf das Jahr 1000 datiert wurden. Es musste also schon früher eine Siedlung gegeben haben. Ganz pragmatisch wurde die Geschichte Oslos den Befunden angepasst und im Jahr 2000 das 1000-jährige Bestehen der Stadt begangen.

Von Oslo zu Oslo

In diesen tausend Jahren hat sich einiges ereignet. Bereits 1299 hatte Oslo eine so hohe wirtschaftliche und politische Bedeutung, dass König Håkon V. (1270–1319) mitsamt seinem gesamten Hofstaat von Bergen nach Oslo umsiedelte und die Stadt zu Norwegens Hauptstadt machte. Zu dieser Zeit hatte Oslo etwa 3000 Einwohner. Um standesgemäß und vor allem sicher zu wohnen, ließ Håkon V. die Festung Akershus bauen, die mit etlichen Um- und Erweiterungsbauten bis heute erhalten ist. Heute ist in der Festung Akershus unter anderem das Widerstandsmuseum untergebracht, das an die norwegische Auflehnung gegen die deutsche Besetzung des Landes im Zweiten Weltkrieg erinnert.

Oslo wurde in den folgenden Jahrhunderten mehrfach geplündert und nieder-

Akers Brygge: Die Flanier- und Shoppingmeile Oslos gegenüber der Festung Akershus entstand auf einem ehemaligen Werftgelände (alle Bilder oben). Hier trifft sich, was Rang und Namen hat oder dazugehören möchte. Vom schwimmenden Café (rechte Seite) über Gourmet-Tempel bis zur chicen Bar ist alles da.

gebrannt, ist aber immer wieder am selben Ort errichtet worden. Bis zum Jahr 1624. Nachdem die typischen norwegischen Holzhäuser wieder einmal Feuer gefangen hatten und die Stadt weitgehend zerstört wurde, ließ König Christian IV. (1577–1648) die Stadt näher an die Festung Akershus legen. Sie erhielt nun den Namen Christiania, den sie bis 1877 behalten sollte. Die wieder aufgebaute Stadt wurde nach dem Idealbild der Renaissance mit rechteckigen Quartieren und breiten Straßen errichtet und erhielt eine Festungsanlage mit Bastionen. Der Stadtteil zwischen Schloss Akershus, dem Dom, der Øvre Vollgate und Skippergate heißt Kvadraturen und entspricht immer noch dem damals angelegten Straßennetz. Hier sind viele Gebäude aus dem 17. Jahrhundert gut erhalten, denn um die Entstehung und Ausbreitung von Bränden zu verhindern, wurden die Häuser von nun an aus Steinen gebaut. Das alte, abgebrannte Oslo, das sich nun außerhalb der Stadtmauern befand, sollte nicht wiederbesiedelt werden, aber diejenigen, die sich das teure Leben in der neuen Stadt nicht leisten konnten, widersetzten sich dem Verbot des Königs und bauten das »Gamle Oslo« wieder auf.

Nach den Napoleonischen Kriegen musste Dänemark, das bis dahin in Personalunion mit Norwegen verbunden war, Norwegen an Schweden abtreten. Unter dem schwedischen König Oscar II. (1829–1907) wurde die Schreibweise Christiania 1877 offiziell in Kristiania geändert. Erst zwanzig Jahre nach der Unabhängigkeit Norwegens von Schweden erhielt die Stadt 1925 ihren Namen Oslo zurück.

Weltstadt mit Tradition

Heute ist Oslo eine Metropole mit 550000 Einwohnern und erstreckt sich über eine Fläche von mehr als 450 Quadratkilometern. Längst sind nicht mehr nur die Ufer des Fjordes besiedelt. Über vierzig Inseln gehören zur Stadt, und »Gamle Oslo«, das 1624 abgebrannte Alt-Oslo, liegt wieder im Zentrum der Stadt. Überhaupt begegnet man der Geschichte auf Schritt und Tritt. Das beginnt schon mit dem Stadtwappen, das den heiligen Hallvard, den Schutzpatron Oslos zeigt. Es weist auf eine Begebenheit hin, die sich vor 900 Jahren ereignet haben soll. Der Sage zufolge wollte Hallvard im Jahre 1043 in einem Boot über den Drammensfjord rudern, als eine Frau ihn bat, sie mitzunehmen. Sie sei unschuldig des Diebstahls bezichtigt und nun vor drei Männern auf der Flucht. Hallvard glaubte ihr. Als die Verfolger das Boot erreichten, weigerte er sich, die Frau auszuliefern. Daraufhin töteten sie ihn mit einem Pfeilschuss in den Hals. Danach erschlugen sie die Frau und versenkten Hallvard mit einem an den Hals gebundenen Mühlstein im Fjord. Nach kurzer Zeit geschah jedoch ein Wunder: Hallvard trieb mit dem Stein wieder an die Wasseroberfläche, was zu seiner Heiligsprechung führte.

Traditionell ist auch die Staatsform Norwegens, die Monarchie, auch wenn die gegenwärtige Dynastie noch relativ jung ist. Ein physisch sehr konkret fassbarer Ausdruck dieses Traditionsbewusstseins ist der 1848 fertiggestellte Königspalast, der in Teilen der Öffentlichkeit zugänglich ist. Inbegriff neuen Selbstbewusstseins nach der Unabhängigkeit von Schweden ist das Rathaus

der Stadt. Es hat lange gedauert, bis es errichtet war. Erst der achte Entwurf der Architekten von 1930 wurde für gut genug befunden. Der Grundstein wurde im Herbst 1931 gelegt, die endgültige Fertigstellung des Gebäudes verzögerte sich jedoch durch den Zweiten Weltkrieg, sodass die Einweihung erst 1950 stattfand. Hier wird jedes Jahr am 10. Dezember, dem Todestag Alfred Nobels, der Friedensnobelpreis verliehen.

Kulturangebote im Weltformat

Kaum eine Stadt verfügt über so viele Museen, Galerien, Theater und Konzertsäle wie Oslo. Vom Museum für Kulturgeschichte über das Naturhistorische Museum, die Nationalgalerie und das Edvard-Munch-Museum bis hin zum Vigeland-Skulpturenpark sind alle musealen und künstlerischen Fachbereiche vertreten. Die Halbinsel Bygdøy beherbergt allein sechs Museen, die sich vor allem mit der Schifffahrt – von den Wikingern bis Thor Heyerdahl – beschäftigen. Davon soll aber an anderer Stelle die Rede sein. Der Kulturkalender liest sich wie das »Who's who« der norwegischen und internationalen Künstlerelite. Das Norwegian Wood Rock Festival hat in Oslo ebenso seinen Platz wie das Ultima-Festival für zeitgenössische Musik oder das Oslo-Weltmusik-Festival. Speziell für Kinder findet alljährlich das Kinder-Kultur-Festival statt.

Sport im Land der Erfinder des Skilaufs

Auch der Sport hat seine Traditionen. Nur wenige Kilometer vom Zentrum Oslos entfernt befindet sich mit dem Holmenkollen das Mekka des Skisports. Hier steht die älteste Skisprungschanze der Welt. Jedes Jahr werden hier das Holmenkollen-Ski-Festival und der Ski-Welt-Cup veranstaltet. Abfahrtsläufer und Skiwanderer kommen ebenfalls auf ihre Kosten. In jedem Winter werden mehr als 2600 Kilometer Langlaufloipen gespurt, allein im Trygvan-Winter-Park sind es 14 Loipen, und mit sechs Skiliften kann man sich zu den Abfahrtspisten bringen lassen. Aber auch im Sommer gibt es ein großes Sportangebot. Aus der Fülle der Veranstaltungen soll hier nur der Norwegen-Cup, das weltgrößte Fußballturnier für Kinder, erwähnt werden.

OSLO FÜR GOURMETS

Vier Restaurants in Oslo können sich prestigeträchtiger Michelin-Sterne rühmen. Zur Auswahl stehen die Restaurants »Bagatelle« mit zwei, »Le Canard«, »Statholdergaarden« und »Feinschmecker« mit je einem Stern. Das »Bagatelle« ist für seine exzellente französische Küche bekannt, es werden aber auch norwegischer Hummer und Steinbutt serviert.
Hier ein besonderer Tipp: Das »Restaurant Eik« im »Hotel Savoy« im Zentrum ist weit über die Grenzen Oslos bekannt. Die hier arbeitenden norwegischen Köche haben Weltklasse. Der Gast hat die Wahl zwischen traditioneller Hausmannskost, ausgezeichneten Fisch-, Elch- und Rentiergerichten oder interessanten Kreationen aus allen Teilen der Welt. Sämtliche Gerichte werden frisch zubereitet.

WEITERE INFORMATIONEN

Restaurant Bagatelle
Mo–Sa 18–23 Uhr, Bygdøy Allé 3
N-0257 Oslo, www.bagatelle.no

Restaurant Eik im Hotel Savoy
Di–Sa 18–23 Uhr, Universitetsgata 11
N-0164 Oslo, www.restauranteik.no

Schon in kurzer Entfernung von der Trollstigen Fjellstue auf der Passhöhe herrscht wieder Ruhe (oben). An windgeschützten Stellen blüht der rote Mohn (unten). Der Trollveggen sieht nicht nur abweisend aus, er ist es auch (rechte Seite). Der Stigfossen überzieht den Trollstigen mit einem Sprühnebel (rechte Seite außen).

34 Trollstigen und Trollwand – Wo die Trolle lauern

Über den Trollpfad hoch über dem Meer

Mehr als eine halbe Million Besucher pro Saison lassen sich den wirklich spektakulären Ausblick vom 850 Meter hoch gelegenen Aussichtspunkt auf der Passhöhe des Trollstigen, des Trollpfads, nicht entgehen. Doch vor den Erfolg haben die Trolle den Schweiß gesetzt – den Angstschweiß, der ausbrechen kann, wenn man mit dem Auto auf dem schmalen, bis zu 12 Prozent steilen Trollstigen die halsbrecherischen elf Haarnadelkurven durchfährt und plötzlich Gegenverkehr auftaucht.

Dann bleibt nichts anderes übrig, als entweder selbst bis zur nächsten Ausweichstelle zurückzufahren oder den Entgegenkommenden dazu zu bewegen. In der Regel funktioniert das jedoch problemlos. Vor dem Ausbau des Trollstigen zu einer von Fahrzeugen passierbaren Straße im Jahre 1936 gab es an dieser Stelle nur einen schmalen Saumpfad, der zum Teil noch erhalten ist und von vielen Wanderern genutzt wird, um ohne Motorunterstützung die Trollsleiter hinauf- oder hinunterzusteigen. Acht Jahre Bauzeit waren nötig, um die Straße in den Fels zu schlagen. Seit seiner Eröffnung gehört der Trollstigen zu den schönsten und bekanntesten Straßen Norwegens. Er ist Teil der »Goldenen Route«, die von Åndalsnes bis zum Geirangerfjord führt. Auch heute noch ist sie sehr schmal und überdies durch Steinschlag gefährdet. Allerdings sind in den letzten Jahren erhebliche Anstrengungen zur Entschärfung sowohl einiger der engsten Kurven als auch zur Vermeidung von Steinschlag getroffen worden. Zuletzt flossen im Jahr 2005 umgerechnet zwei Millionen Euro in die Unterhaltungs- und Umbauarbeiten. Trotzdem ist der Trollstigen weiterhin nur in den Sommermonaten je nach den Witterungsbedingungen von Mitte Mai bis Ende August geöffnet.

Anhalten lohnt sich

Gleichgültig, ob man aus dem Isterdal kommend den Trollstigen hinauffährt oder in Gegenrichtung unterwegs ist, es lohnt sich, an den wenigen Ausweichstellen anzuhalten und den Blick zu genießen, denn es sind immer andere Perspektiven, aus denen man das Tal und natürlich den Trollstigen sieht. Ein Muss ist der Stopp an der Brücke über den

Wasserfall Stigfossen, der in wunderschönen Kaskaden 320 Meter über die Felsen rauscht. Die größte Fallhöhe beträgt 40 Meter. Er wird aus dem Alnesvatnet und dem Bispetvatnet gespeist, zwei Seen, die auf 744 Meter beziehungsweise 1002 Meter Höhe liegen. Bei etwas stärkerem Wind, der hier nicht gerade selten ist, weht der Sprühnebel des Stigfossen auch über die Straße und durchnässt Besucher, die sich zu nahe herangewagt haben.

Fernsicht vom Pass

Auf der Passhöhe blüht der Tourismus in Reinkultur. Souvenirhütten und ein Restaurant, die »Trollstigen Fjellstue«, sind auf die großen Besucherzahlen zwar eingerichtet, doch in der Hochsaison drängeln sich hier trotzdem die Menschen. Dem ist aber leicht zu entgehen, denn nur wenige hundert Meter vom Parkplatz und dem Trubel entfernt gehört vom Aussichtspunkt Utsikten der Blick auf den Trollstigen und die bis zu 1700 Meter hohen Berge König, Königin und Bischof zum Schönsten, was Norwegen zu bieten hat. Wer ein Gespür für die kleinen Dinge am Wegesrand hat, wird sich über die wunderbar bunten Flechten und grünen Moose auf den sonst kahlen Felsen freuen.

Vom Trollstigen zum Trollveggen

Nicht weit vom Trollstigen entfernt liegt im Romsdal die Trollwand im Gebirgszug Trolltinden, dessen höchster Gipfel der Breitinden mit 1797 Metern ist. Vom Trollstigen ist die Trollwand oder Trollveggen, wie sie auf Norwegisch heißt, leicht über die Reichsstraße 63 bis Åndalsnes und von dort über die E 136 Richtung Süden zu erreichen. Schon die Fahrt durch das enge Tal, in dem sich die Straße den Platz mit dem Fluss Rauma teilen muss, ist ein Erlebnis. Bis fast 1800 Meter ragen beidseits die Felswände auf. Während die Passhöhe des Trollstigen für jedermann besteig- oder befahrbar ist, kann das von der Trollwand nicht behauptet werden. 1000 Meter ragt sie nahezu senkrecht in die Höhe und besitzt dazu noch einen Überhang von 50 Metern. Damit ist sie die höchste freistehende Felswand Europas. Sie liegt an der Ostflanke des 1788 Meter hohen Store Trolltind. Eine Herausforderung für Bergsteiger: Erst 1965 gelang es zwei Teams, die Wand zu durchklettern.

EIN MUSEUM FÜR GIPFELSTÜRMER

Åndalsnes hat als Stadt nicht viel zu bieten, denn sie wurde 1940 bei einem Bombenangriff völlig zerstört. Wenn Sie aber wissen wollen, wer Arne Randers Heen und Ralph Høibakk waren oder was der Finne Jorma Öster gemacht hat, dann müssen Sie nach Åndalsnes fahren. Im dortigen Gipfelmuseum erfahren Sie es! Hier wird die abenteuerliche Geschichte des Bergsteigens in der Region nachgezeichnet. Legendäre Bergsteiger wie Heen und Høibakk, die 1958 erstmals den Trollrücken, die mit über 40 Seillängen längste Kletterführe Norwegens, bezwungen haben, werden ebenso vorgestellt wie Jorma Öster, der 1980 als erster Gleitschirmflieger von der Trollwand gestartet ist. Dazu gibt es ein Fülle von Informationen zu den einzelnen Gebirgszügen und Gipfeln. Prädikat: Sehenswert.

WEITERE INFORMATIONEN

Norsk Tindemuseum
Frydenlund
6300 Åndalsnes
info@tindemuseet.no

Fisch, überall. Jeder Fleck wird zum Trocknen genutzt, denn Platz ist knapp in Nusfjord (oben und unten). Die Hütten sind zum Teil weit in den Fjord hinein auf Stelzen gebaut (rechte Seite links). Tiedemannns Tobak und Frydenlund-Bier waren gängige Artikel im Kaufmannsladen von Nusfjord (rechte Seite außen).

35 Nusfjord – Das schönste Fischerdorf der Lofoten

Ausflug in das 19. Jahrhundert

Der Nusfjord auf der Westseite der Insel Flakstadøy ist eher eine schmale Bucht als ein Fjord, denn er zieht sich bei einer Breite von ca. 300 Metern gerade einmal zwei Kilometer weit in die Insel hinein. Aber diese zwei Kilometer sind an landschaftlicher Schönheit kaum zu übertreffen. Steile Klippen ragen auf beiden Seiten des Fjordes bis zu 900 Meter in die Höhe. Auf der Westseite umschließen die bunten Holzhäuser des Dorfes Nusfjord einen winzigen Naturhafen.

Der Nusfjord ist auch von der Seeseite erreichbar, allerdings gibt es keine feste Fährverbindung. Man muss entweder mit dem eigenen Boot kommen oder ein Boot mieten. Einfacher ist es aber, die Fähre von Bodø nach Svolvær, Stamsund oder Moskenes zu nehmen und von dort mit dem Wagen in den Nusfjord zu fahren. Die Einfahrt in den Fjord, ob von der Seeseite im Süden oder über die Straße von Norden, ist in jedem Fall ein Erlebnis. Nach zwei Kilometern erreicht man auf der schmalen, am Fuße der Felswände verlaufenden Straße das Dorf Nusfjord. Es nimmt für sich in Anspruch, nicht nur Norwegens ältestes, sondern auch das besterhaltene Fischerdorf zu sein. Diese Attribute machen ihm vielleicht andere Fischerdörfer streitig, unzweifelhaft ist es eines der schönsten. Nusfjords Bebauung stammt im Wesentlichen aus dem späten 18. und frühen 19. Jahrhundert. Der Ort blieb von großen, verheerenden Bränden verschont und präsentiert sich einheitlich, ohne Einflüsse neuerer Stilrichtungen. Neben der liebevollen Pflege der alten historischen Häuser ist es vor allem die malerische Bergkulisse, die dazu beiträgt, dass Nusfjord sich in die Reihe der meistfotografierten Motive Norwegens stellen kann. Es kommt hinzu, dass die Bewohner neben dem Tourismus, der ihnen jedes Jahr einige Tausend Besucher beschert, weiterhin den Fischfang als Einnahmequelle nutzen. Das macht das Dorf, das fast wie ein Freilichtmuseum wirkt, sehr authentisch.

Jahrtausendealte Fischereitradition

Die ältesten Spuren der Besiedlung des Nusfjordes sind mehr als 2400 Jahre alt. Fischerhütten aus der Zeit um 400 v. Chr. wurden vor einigen Jahren hier gefunden. Damit konnte belegt werden, dass schon in der Eisenzeit im Nusfjord

ein Fischhandelsplatz lag. Über die Jahrhunderte kamen die Fischer jedes Jahr, um Kabeljau zu fangen und an Ort und Stelle zu verarbeiten. Der getrocknete und damit haltbar gemachte Fisch wurde dann meist über Bergen bis in den Mittelmeerraum exportiert. Bis zum Anfang des 19. Jahrhunderts war Nusfjord Krongut unter den wechselnden Herrschern aus Dänemark und Schweden. In den Jahren 1823 und 1843 wurde das Dorf dann in zwei Raten mit allen damit verbundenen Rechten verkauft.

Abhängig vom Væreier

Hans Grøn Dahl war der Käufer. Er erwarb aber nicht nur das Dorf selbst, sondern auch 1750 Hektar Land, vorwiegend »nutzloses« Bergland, aber auch fünf fischreiche Seen. Er wurde der Begründer einer Familiendynastie, die über vier Generationen bis zum Jahr 1989 das Schicksal des Dorfes bestimmte. Es heißt, dass Hans Dahl nicht lesen und schreiben konnte, er hatte aber ein Gespür dafür, wie man Geld verdient. Unter seiner Ägide stieg Nusfjord zum führenden Fischverarbeitungs- und -handelsplatz auf den Lofoten auf. Er und seine Nachfolger waren die Væreier, die Dorfbesitzer, und hielten die Fischer, die hierher kamen, in völliger Abhängigkeit. Andererseits wurde auch viel investiert. So gehörte Nusfjord 1905 zu den ersten Orten in Nordnorwegen, die ein Wasserkraftwerk erhielten. Es hatte eine Leistung von 15 Kilowatt, was ausreichte, um den Kai zu beleuchten, eine elektrische Seilwinde zu betreiben und die Wohnung des Besitzers mit Elektrizität zu versorgen. Mit dem Niedergang der Lofotenfischerei in den 1980er-Jahren kam auch das Aus für die Væreier, die 1989 Konkurs anmelden mussten.

Wiederbelebung und Neuanfang

Heute wird Nusfjord von einer Aktiengesellschaft unterhalten, die es sich zum Ziel gesetzt hat, die historischen Gebäude und Einrichtungen zu erhalten und der Öffentlichkeit zugänglich zu machen. Dass eine Aktiengesellschaft Geld verdienen will, versteht sich dabei von selbst. Besucher können einen Nusfjord-Pass erwerben, der sie berechtigt, die Einrichtungen zu besichtigen. Der Laden, eine Bäckerei, die Schmiede, das Sägewerk und natürlich das Kraftwerk sind nur einige Stationen der historischen Rundtour, die durch das Dorf führt.

FISCHER FÜR EINEN TAG

Der Besuch in einem Fischerdorf, zumal in einem so liebevoll restaurierten wie Nusfjord, ist schon ein besonderes Erlebnis. Wer zur Kabeljau-Zeit im Januar und Februar kommt, kann unmittelbar miterleben, wie die Fische angelandet, ausgenommen und getrocknet werden. Aber auch wer den Ort zu anderen Zeiten besucht, gewinnt einen hautnahen Einblick in das Leben der Fischer. Vom 1. Juni bis zum 30. August kann man täglich um 12 Uhr vom Hafen aus mit den Berufs-fischern auf der »MS Vibeke« hinausfahren und zusehen und manchmal mithelfen, wie professionell gefischt wird. Wenn der Fang eingebracht ist, geht es nach drei Stunden zurück nach Nusfjord. Die Preise sind moderat, Kinder unter 12 Jahren erhalten 50 Prozent Ermäßigung.

WEITERE INFORMATIONEN

Nusfjord AS
N–8380 Ramberg
Tel. +47/76 09 30 20
E-Mail: booking@nusfjord.no
Internet: www.nusfjord.no

Der kleine Skipsfjord liegt im Osten der Insel Magerøy, weitab vom Trubel am Nordkap (oben). Der beginnt schon am Hafen Honningsvåg, wo Hurtigruten-schiffe ihre Passagierladung für den Besuch des Nordkaps löschen (unten). Hier am Nordkap ist der Kontinent zu Ende (rechte Seite).

Europa

36 Das Nordkap – Am Ende des europäischen Kontinents

Mehr als ein Felsen mit Denkmal und Souvenirshop

Niemand kann sich der Faszination diese Ortes entziehen. Das ist er also, der nördlichste Punkt des Kontinents: am besten im Schein der Mitternachtssonne, die bezeichnenderweise im Norden steht. 2100 Kilometer sind es von hier bis zum Nordpol, dazwischen nur das Meer, die Inseln von Spitzbergen und das Polareis. Ein Gefühl unendlicher Weite überkommt den Besucher. Da stört es nicht, dass die benachbarte Landzunge Knivskjellodden exakt 1380 Meter weiter nördlich liegt.

Genau wie das Kap Hoorn in Chile nicht auf dem Festland liegt, sondern auf der Insel Isla Hornos, liegt das Nordkap auf einer vorgelagerten Insel, Magerøya, durch den an der schmalsten Stelle nur 1,2 Kilometer breiten Magerøysundet vom Festland getrennt.
71° 10′ 21″ Nord heißt die magische Koordinate des zweitnördlichsten Punktes Europas, der sich aber als der nördlichste ausgibt. Das sich gut 300 Meter über dem Meer erhebende Schieferplateau lässt sich als Touristenattraktion einfach besser vermarkten als der Knivskjellodden, der zwar auf 71° 11′ 08″ Nord liegt, aber nur flach in das Meer hineinragt, oder der tatsächlich nördlichste Punkt des Festlandes, der Kinnarodden auf der Halbinsel Nordkyn. Wenn nicht der nördlichste Punkt, so ist das Nordkap doch zweifelsfrei der nördlichste Außenposten der Zivilisation auf dem Kontinent.

Folgen eines Irrtums

Die Bezeichnung Nordkap stammt von dem englischen Seefahrer Richard Chancellor – und sie beruht auf einem Irrtum. Er versuchte 1553 von England aus die Nordostpassage nach China zu finden. Auf dem Weg nach Osten passierte er den Felsen, der bei den Einheimischen Knyskanes, steile Klippe, hieß und gab ihm den Namen Nordkap in der fälschlichen Annahme, es handele sich um Festland. Dabei ist es dann geblieben, und der Erfolg gibt Chancellor im Nachhinein Recht. Jedes Jahr zieht es bis zu 265 000 Touristen zu diesem faszinierenden Punkt. Von Beginn an zur Legende erhoben, zog das Nordkap schon früh die ersten Reisenden an. Immer wieder gern erzählt wird die Geschichte des italienischen Priesters Francesco Negri, der bereits 1664 das Nordkap besuchte. Er gilt als erster Tourist und soll gesagt ha-

Im Winter ist Magerøy tief verschneit (oben). Das Fenster im Fels ist ein altes Heiligtum der Sami (Mitte). Auch an anderen Stellen hat die Erosion bizarre Felsgebilde modelliert (unten). Im Winter fällt die Landschaft auf Magerøy in den Winterschlaf. Selbst die Fischkutter bleiben dann oft im Hafen (rechte Seite).

ben: »Hier stehe ich nun am Nordkap – am letzten Außenposten der Zivilisation – und kann sagen, dass meine Wissbegier nun befriedigt ist. Ich reise nun zufrieden heim – so Gott will.« So ganz zufrieden war er aber wohl doch nicht, denn einige Jahre später zog es ihn noch einmal zum Nordkap, er fand jedoch keinen Gönner, der die Fahrt bezahlt hätte. Zu der Zeit war es eine beschwerliche Reise zu Pferde, mit Skiern und auf Fischerbooten. 181 Jahre später war es der Norweger B. Keilhau, der von der Seeseite aus den Felsen erkletterte. Das war aber nur der letzte Teil eines mühseligen Trips, der auf das Kap führte. Um in die östlich des Kaps gelegene Bucht von Hornvika zu kommen, wo der Aufstieg begann, musste er von Gjesvær etwa 24 Kilometer rudern. Andere taten es ihm nach, viele brachen aber den beschwerlichen Aufstieg vorzeitig ab – wegen plötzlich einsetzenden schlechten Wetters oder einfach nur mangels Kondition.

Faszination des Nordens

Trotz aller Widrigkeiten entwickelte sich das Nordkap zu einem der bevorzugten Ziele von Nordlandreisenden. 1875 organisierte die Reiseagentur Cook in London die erste Gruppenreise für 24 Teilnehmer, größere Besucherzahlen wurden erst 1893 nach dem Beginn des regelmäßigen Verkehrs auf der Hurtigrutenlinie gezählt. Honningsvåg, ein kleiner Ort im Südosten der Insel Magerøy, wurde Haltepunkt der Schiffe und damit Ausgangspunkt für Wanderungen zum nördlichsten Punkt. Es dauerte dann noch fünf Jahre, bis 1898 das erste Gebäude errichtet wurde. Dort wurde Champagner ausgeschenkt, eine Tradition, die dem Deutschen Karl Vogt zugeschrieben wird, der angeblich bereits 1861 beschlossen hatte, die Ankunft am Nordkap ordentlich zu begießen. Der Touristenstrom nahm im Laufe der Zeit immer mehr zu. 1927 wurde die Nordkapps Vel AS, die Gesellschaft zum Wohl des Nordkaps, mit dem Ziel gegründet, den Fremdenverkehr in geregelten Bahnen zu halten und die Umwelt der Insel zu schützen. Nachdem 1956 die neue Straße von Honningsvåg zum Nordkap-Plateau eröffnet wurde, steigerte sich der Fremdenverkehr noch einmal, konnte man doch jetzt Wanderschuhe und Rucksack durch Busse und Pkw ersetzen. Die Besucherzahlen stiegen von 7000 im Jahr 1956 auf 265000 im Rekordjahr 1994. Als Reaktion wurde die erste Nordkaphalle errichtet, die inzwischen mehrfach aus- und umgebaut wurde. Heute ist sie ein modernes Informationszentrum mit Ausstellungen, Kino, Postamt, Souvenirshop und einem Restaurant. Durch einen unterirdischen Tunnel gelangt man in die Aussichtshalle, eine in den Felsen gesprengte verglaste Aussichtsplattform, von der aus man einen fantastischen Blick auf die tief unten liegenden Klippen und das Meer hat. Die letzten Dämme gegen den ausufernden Tourismus brachen, als König Harald 1999 den Nordkaptunnel eröffnete. Die fast 7 Kilometer lange Unterquerung des Magerøysundes verbindet die Insel mit dem Festland. An seiner tiefsten Stelle liegt der Tunnel 212 Meter unter der Oberfläche. Seitdem sind die Fähren überflüssig geworden. Doch auch auf den neuen Besucheransturm war die Nordkapps Vel AS

vorbereitet. Ausreichend Park- und Campingplätze stehen in unmittelbarer Nähe der Nordkaphalle zur Verfügung.

Magerøya – vielfältiges Leben trotz karger Landschaft

Wer das Nordkap besucht, sollte nicht nur den riesigen Globus, das Wahrzeichen des Kaps, und die Nordkaphalle besuchen, sondern sich auch einmal auf der Insel umsehen. Die Insel heißt zwar Magerøya, kahle Insel, und macht ihrem Namen auch alle Ehre, doch bei genauerem Hinsehen wird eine erstaunliche Vielfalt sichtbar. Mehr als 200 verschiedene Pflanzenarten, darunter einige hochalpine Arten, sind hier zu finden. Die Zwergstendel, eine kleine Orchidee, gehört ebenso dazu wie das Niederliegende Sandkraut. Dichte Matten aus niedrigen Preiselbeer-, Krähenbeer- und Blaubeersträuchern überziehen die Felsen. Selbst die in Norwegen ebenso seltenen wie begehrten Moltebeeren wachsen hier noch in großer Zahl. Sie waren schon vor 10000 Jahren wichtige Vitaminspender für die ersten Jäger und Fischer der Komsa-Kultur, die sich nach dem Ende der Eiszeit hier angesiedelt haben. Die Jäger kamen in erster Linie wegen der Seevögel, die an den steilen Felsen brüteten oder im Meer Nahrung suchten. Heute sind Hobbyornithologen auf der optischen Jagd nach Dreizehenmöwen, Papageitauchern, Kormoranen, Basstölpeln, Tordalken und Gryllteisten. Der Vogelreichtum kommt nicht von ungefähr. Die Gewässer um das Nordkap sind überaus fischreich und bieten nicht nur vielen Vogelarten, sondern auch Schwertwalen, Kegelrobben und Fischottern Nahrung, die man mit ein wenig Glück auch beobachten kann. Alles in allem: Das Nordkap ist eine Reise wert.

BLICK HINTER DIE KULISSEN

Im Zentrum von Honningsvåg, nur wenige Minuten zu Fuß vom Hurtigruten- und Kreuzschiffahrtskai, liegt das kleine, aber feine Nordkap-Museum. Es dokumentiert und präsentiert seit 1982 die ältere und jüngere Geschichte der Küstenbewohner in der Finnmark. Mindestens fünf wechselnde Ausstellungen werden in jedem Jahr präsentiert. Der Eintrittspreis schließt eine Führung durch das Museum ein. Die Führungen werden nicht nur in Norwegisch und Englisch, sondern auch in Deutsch und Französisch durchgeführt. Wer sich allein im Museum bewegen will, ist dennoch nicht verloren. Alle Ausstellungstexte sind auf Norwegisch, Englisch, Deutsch, Französisch, Italienisch, Spanisch, Finnisch und selbst Japanisch gehalten. Durchschnittlich 10 000 Besucher zählt das Museum im Jahr.

WEITERE INFORMATIONEN

Nordkappmuseet
N–9751 Honningsvåg
Fiskeriveien 4
www.nordkappmuseet.no
Öffnungszeiten: Sommer: Mo–Sa 10–19 Uhr; So 12–19 Uhr; Winter (16.8.–31.5.): Mo–Fr 12–16 Uhr

Rentiere sind in Lappland allgegenwärtig (oben). Die Tracht der Sami verrät die Herkunft (unten). Im Langboot auf dem Lemmenjoki durch den Lemmenjoki-Nationalpark, den größten Nationalpark von Finnland (rechte Seite).

37 Lappland – Reich der Samen und Rentiere

Natur pur am Polarkreis

Finnisch-Lappland ist eine Region ganz im Norden Finnlands mit Wäldern und Mooren, Seen und Flüssen, kargen, *tunturi* genannten Kuppen sowie kleineren Städten und abgelegenen Siedlungen. Hier hat die Natur ganz klar die Oberhand. Im Durchschnitt leben lediglich zwei Menschen auf einem Quadratkilometer. Ein Teil der Bevölkerung – etwa 10 000 Menschen – ist samischer Herkunft.

Finnisch-Lappland? Wo genau liegt denn das Land der Lappen, die im heutigen Sprachgebrauch Sámi (Samen) genannt werden? Gemeinhin wird damit das Gebiet nördlich einer Linie, die mit einigem Zickzack von Simo am Bottnischen Meerbusen bis hinüber zur russischen Grenze bei Hautajärvi verläuft, bezeichnet. Vereinfacht könnte man auch sagen: Lappland ist die Landschaft nördlich des Polarkreises.

Heimat des Weihnachtsmanns

Lappland ist neben der politischen vor allem eine geografische Region, die sich über Norwegen, Schweden, Finnland und Russland erstreckt und das Land definiert, in dem die heute rund 100 000 Samen leben. Wobei nach Jahrhunderten der Durchmischung bisweilen schwierig zu sagen ist, inwieweit man sich überhaupt noch zu diesem Volk zählen kann – und will. Die Angaben schwanken nicht zuletzt aus diesem Grund sehr stark. In Finnland beziehen sich immerhin rund 10 000 Menschen auf ihre samische Herkunft. Der Versuch, die samische Kultur auszumerzen, ist in Skandinavien glücklicherweise gescheitert. Einige der samischen Sprachen, obwohl mancherorts verboten, leben weiter. Genauso wie ihre Musik und Kultur, wie zahlreiche Beispiele zeigen. Die Tradition wird seit einigen Jahren wieder hochgehalten – natürlich auch mithilfe des Tourismus.

Die Rentierzucht ist so etwas wie ein Symbol für die Samen. Die sicherte früher vielen Samen im Binnenland das Überleben und wird noch von etwa 15 Prozent betrieben. Allerdings wird es immer schwieriger, von den halb domestizierten Tieren zu leben, weshalb sich viele Samen inzwischen dem Tourismus geöffnet haben. So haben Besucher eine hervorragende Möglichkeit, etwas mehr über das Leben und die Kultur der Ureinwohner Nordeuropas zu erfahren. Der Alltag der Rentierzüchter hat jedoch längst nichts mehr von der – ohnehin zweifelhaften – Romantik vergangener Zeiten. Man ist heute mit dem Hub-

Rauschender Bach bei Inari (oben). In Rovaniemi ist der finnische Weihnachtsmann zu Hause (Mitte). Hundeschlittentouren sind bei Touristen sehr beliebt (unten). Blick auf das Inselgewirr des Inaris-Sees: Über 3000 Inseln verteilen sich auf den drittgrößten See Finnlands (rechte Seite).

schrauber oder dem Quad, im Winter mit dem Schneemobil unterwegs, um nach seinen Tieren zu schauen. Man lebt in ganz normalen Häusern und nutzt die Vor- und auch die Nachteile moderner Technik.

Hauptstadt von Finnisch-Lappland ist Rovaniemi. Niemand Geringerer als der bekannte finnische Architekt Alvar Aalto ist für die heutige Stadtansicht und das Lappiahaus (1975) verantwortlich. Sehenswert ist das Arktikum, ein Museum über Leben und Kultur indigener Völker des Nordens. Auf einem Hügel bei Rovaniemi ist auch – zumindest nach Ansicht der geschäftstüchtigen Finnen – der Weihnachtsmann zu Hause. Er kann im Santapark ein paar Kilometer außerhalb der Stadt das ganze Jahr über besucht werden. Geduldig hört er im Sessel sitzend den Kindern zu und notiert sich deren Wünsche. Die kann man übrigens auch per Post äußern, was in jedem Jahr vieltausendfach genutzt wird. Zu dieser Touristenattraktion gehören auch das Werkstattdorf des Weihnachtsmanns sowie der Tierpark Ranua mit Tieren der Arktis.

Werk der Gletscher

Lappland ist der Überrest eines alten Gebirges, das sich vor rund 300 Millionen Jahren gebildet hat. Während der jüngsten Eiszeit, die erst vor einigen Tausend Jahren endete, lag ein bis zu 2000 Meter mächtiger Eispanzer auf dem Land. Und dieses Eis hat die Landschaft geformt, aus schroffen Gipfeln runde Kuppen gemacht, beim Auftauen entstanden aus kleinen Bächen breite Täler und aus Niederungen weite Seen und große Moore.

Genau diese Eiszeitlandschaft ist es, weswegen sich eine Fahrt zum nördlichsten Zipfel Finnlands lohnt. Der Inarisee ganz im Norden Lapplands steht wie ein Symbol für die Hinterlassenschaften der Eiszeit. Er ist mit 1084 Quadratkilometern der drittgrößte See Finnlands und bis zu 92 Meter tief. Prägend sind für ihn die rund 3000 Inseln, die dem See bisweilen den Charakter eines Labyrinths verleihen. Fantastisch ist der Ausblick von der Insel Ukko, die man mit dem Boot von Inari aus erreicht und für die Samen ein wichtiges Heiligtum ist. Inari ist ohnehin ein guter Platz, um die Region zu erkunden. Weiter im Norden hat sich der Tana-Fluss tief in das Gestein eingegraben, die Landschaft erinnert stellenweise an einen Canyon. Bekannt ist der Grenzfluss vor allem für seinen Lachsreichtum.

Nationalparks als Wandergebiete

Rund um den Fluss Lemmenjoki südöstlich des Inarisees erstreckt sich ein grandioser Nationalpark – der mit 2850 Quadratkilometern Fläche der größte des Landes. Hier tummeln sich Braunbären und Elche, und Steinadler kreisen am Himmel. Seit rund 200 Jahren schürfen Goldsucher im Lemmenjoki und in seinen Nebenflüssen nach dem glänzenden Edelmetall. Wanderer finden hier ein weit verzweigtes Wegenetz mit einer guten Infrastruktur. Das gilt auch für den Nationalpark Pallas-Yllästunturi ein Stück weiter im Norden. Wie an einer Perlenkette aufgereiht erheben sich die kahlen Kuppen im Park über die Wälder der Umgebung. Der höchste Gipfel im Park, der Taivaskero, liegt immerhin 807 Meter über dem Meer. Im Park leben neben diversen Vogelarten und kleinen Säuge-

tieren auch Bären, Vielfraße und Wölfe. Als Wanderer wird man jedoch kaum das Glück haben, eines dieser scheuen Tiere zu beobachten. Häufig stößt man hingegen auf Schutzhütten, die in regelmäßigen Abständen an den gut markierten Wegen stehen und ein Obdach für die Nacht bieten – einige wenige sogar mit Sauna am See!

Edelsteine zum Selberklopfen

Bei Touristen sehr beliebt ist der Ferienort Saariselkä etwas südlich von Ivalo. Das Dorf schließt sich direkt an den Nationalpark Urho-Kekkonen an und ist ein idealer Ausgangspunkt für Wanderungen in das einsame, riesige Nationalparkgebiet. Vom Hausberg Kaunispää, von dessen Gipfel im Winter zahlreiche Pisten ins Tal führen, genießt man eine prächtige Aussicht auf die hügelige Landschaft mit ihren dichten Wäldern, klaren Seen und weiten Mooren. Etwas südlich von Saariselkä liegt das Goldsucherzentrum Tankavaara, in dem man ein wenig Westernatmosphäre schnuppern und selbst Gold waschen kann. Die Goldgräbergeschichte der Region – und der ganzen Welt – wird im interessanten Museum erläutert.

Mit etwas ganz Besonderem wartet der Nationalpark Pyhä-Luosto weiter im Süden auf. Hier gibt es auf einem der Tunturis eine Amethystmine, in der man sich selbst mit einem Hammer bewaffnet auf die Suche nach den edlen Steinen machen kann. Der Nationalpark Pyhä-Luosto bietet außerdem beste Möglichkeiten zum Wandern und für andere Freiluftaktivitäten – im Sommer, aber auch im Herbst, wenn sich Birken und Blaubeersträucher bunt färben. Im Winter und Frühling scheint die Sonne auf den meterhohen Schnee, und nachts gibt das Nordlicht am Firmament seine Vorstellung.

DIE WELT DER SÁMI

Zu den zweifellos schönsten Museen in Finnland gehört das Siida in Inari, das als finnisches Nationalmuseum der Samen gilt. Überaus anschaulich wird hier das frühere und heutige Leben der samischen Bevölkerung dargestellt. Sprache, Religion und Kultur, aber auch der Alltag der Menschen werden thematisiert. Auf spannende Art und Weise wird zudem der Gang der Natur im Lauf der acht samischen Jahreszeiten erläutert. Es gibt vieles zu erfahren über Tiere und Pflanzen und die Kunst, unter den extremen Bedingungen so weit im Norden zu überleben. Im großzügigen Freigelände des Museums sind alte Gebäude zu sehen, und es werden die verschiedenen Fischfang- und Jagdmethoden der Samen gezeigt. Hinzu kommen immer wieder wechselnde Ausstellungen zu verschiedenen Themen. Im Museumsshop kann man Literatur und Souvenirs kaufen. Auch ein Restaurant gibt es.

WEITERE INFORMATIONEN

Siida
Inarintie 46
FIN-99870 Inari
Tel. +358 (0)400 898 212
www.siida.fi

Vom Rathausturm schweift der Blick über Stockholm (rechte Seite oben). In Sichtweite des markanten Gebäudes legen die Schiffe zum Mälaren ab (rechte Seite unten). Der Eingang zum Schlosspark Drottningholm gibt einen Vorgeschmack auf die prunkvolle Anlage (oben). Stockholm lässt sich bestens in einer Kutsche erfahren (unten).

38 Stockholm – Grüne Metropole, verteilt auf 14 Inseln

Das wahre »Venedig des Nordens«

Eine hervorragend erhaltene Altstadt, ein ungemein facettenreiches Kulturleben und eine faszinierende Landschaft, die sich mit dem internationalen Flair einer Großstadt und südländischer Lebendigkeit vermischen: Das ist Stockholm, die schwedische Hauptstadt.

Ein weiter Schwung mit den Armen, dann fliegt die Schnur in hohem Bogen ins Wasser. Wenige Minuten vergehen, der Köder zuckt – und ein Fisch zappelt am Haken. Scheint ein guter Platz zum Angeln zu sein. Und ein exklusiver dazu – mitten im Herzen von Stockholm zwischen dem Königlichen Schloss und der Oper! Als »Venedig des Nordens« wurden schon einige Städte bezeichnet, aber kaum eine mit so viel Berechtigung wie Stockholm. Denn genau wie ihr südliches Pendant wird die schwedische Hauptstadt von einem geprägt: dem Wasser. Stockholm liegt auf 14 Inseln und hat 52 Brücken. Ein Drittel der Fläche besteht aus Wasser! Das ist auch ein Grund, warum das Boot ein ideales Transportmittel ist, um zwischen den Inseln zu pendeln. Im Zentrum Stockholms ist man am besten zu Fuß unterwegs oder – bei weiteren Strecken – mit der U-Bahn, der sogenannten »Tunnelbana«. Denn schon allein aufgrund der künstlerischen Ausgestaltung vieler U-Bahn-Stationen ist eine solche Fahrt einen eigenen Programmpunkt wert. Erstmals urkundlich erwähnt wurde die Stadt 1252. Sie soll von Birger Jarl gegründet worden sein, der dort, wo heute das Schloss steht, einen Turm bauen ließ und einen weiteren an der gegenüberliegenden Stelle der Insel. Dazwischen wurden Mauern errichtet und in deren Schutz dann die Häuser. Damals war Stockholm noch ein unbedeutender Flecken an der schwedischen Ostseeküste. Doch das änderte sich aufgrund der strategisch günstigen Lage zwischen der Ostsee und dem Mälaren rasch. Denn wer mit dem Schiff ins schwedische Kernland wollte, der musste an den Türmen der Stadt vorbei.

Flammen über »Tre Kronor«

Handwerker strömten in die Stadt, Händler kamen, auch das Militär. Ende des 17. Jahrhunderts lebten bereits 45000 Menschen unterhalb der Burgmauern Tre Kronor. Für damalige Verhältnisse eine stattliche Zahl. Doch dann geschah die Katastrophe. Am 7. Mai 1697 ging die Burg in Flammen auf, und dicke Rauchschwaden verdunkelten

RIDDARFJÄRDEN

Schloss Drottningholm gehört zum Weltkulturerbe (oben) und wird von Gardesoldaten bewacht (Mitte). Das Treppenhaus des Schlosses ist prächtig ausgeschmückt (unten). Von diesem Geschäft in der Altstadt wurde früher der königliche Hof mit Schmuck beliefert (rechte Seite unten).

den Stockholmer Frühlingshimmel. Zu retten gab es nichts. Binnen Stunden wurde aus dem stolzen Gebäude ein Haufen Schutt und Asche. Nur der Nordflügel blieb stehen. Überreste dieser alten Festung sieht man heute noch im Museum des Königlichen Schlosses, das auf den Grundmauern der abgebrannten Burg errichtet wurde. Denn der mitten in der Pubertät steckende Karl XII., kurze Zeit davor König geworden, wollte das royale Domizil umgehend wieder aufbauen lassen. Und es sollte, so sein Wunsch, das größte bis dahin errichtete Gebäude Schwedens werden. Anstelle der mit vielen Türmen und Erkern ausgestalteten Burg entstand ein monumentaler Bau, der jedoch erst rund 70 Jahre später fertig wurde – und heute eine der wichtigsten Sehenswürdigkeiten Stockholms ist. Der heutige König wohnt zwar nicht mehr in seinem Schloss, nutzt es aber als täglichen Arbeitsplatz sowie für repräsentative Zwecke. Auch Staatsempfänge finden hier statt. Dann weht die schwedische Flagge über dem Gebäude, gesellen sich weitere altmodisch-schick gekleidete Soldaten zu ihren Kollegen, die im Hof des Schlosses zur Freude der Touristen den Wachwechsel aufführen.

In den Gassen der Altstadt

Neben dem Schloss sind die schmalen und verwinkelten Gassen der Altstadt, »Gamla Stan« genannt, ein Muss für den Stockholm-Besuch. Im Schatten der prächtigen Handelshäuser der Västerlångstraße spielt sich das Leben ab, buhlen unzählige Cafés, Restaurants und Boutiquen um die Gunst der Gäste. Zentrum der Altstadt ist der Platz Stortorget, der von prächtigen, dicht an dicht stehenden mittelalterlichen Häusern umgeben ist. Nur ein paar Schritte sind es vom Stortorget zur Storkyrkan, mit deren Bau im 13. Jahrhundert begonnen wurde. Die Fassade der Kirche ist im Barockstil gehalten, während im Inneren der Domkirche die Gotik prägend ist. Lange Zeit spielten deutsche Kaufleute eine wichtige Rolle im Wirtschaftsleben der Stadt. Mit der Tyska Kyrka, der »Deutschen Kirche«, bekamen sie im 17. Jahrhundert sogar ihr eigenes Gotteshaus. Über eine Brücke gelangt man auf die Nachbarinsel Riddarholmen, die für die jeweiligen Herrscher eine besondere Rolle spielte. Hier fanden im Riddarhuset die Zusammenkünfte des Adels statt, und im Boden der Riddarholmskirche sind die schwedischen Könige bestattet. Vom Platz Nybroplan mit dem Dramatischen Theater führt der Boulevard Strand-vägen am Wasser entlang zur Museums-insel Djurgården. Ein Muss ist hier das Vasamuseum mit dem Regalschiff »Vasa«, das im Jahre 1628 bei seiner Jungfernfahrt vor dem Stockholmer Hafen sank. Nachdem es 333 Jahre lang in 32 Metern Tiefe auf Grund gelegen hatte, wurde es 1961 gehoben und bekam nach jahrelanger Restaurierung sein eigenes Museum.

Ein paar Schritte weiter steht man am Eingang zum Skansen, dem ältesten Freilichtmuseum der Welt, das 1891 eröffnet wurde. Im Sommer wird musiziert und getanzt, in der Adventszeit ein stimmungsvoller Weihnachtsmarkt mit vielen Buden aufgebaut, aus denen es verführerisch nach leckeren Pfefferkuchen und heißem Glühwein duftet.

Das moderne Stockholm

Stockholm besteht jedoch nicht nur aus historischen Häusern. Moderner wird es auf Norrmalm, dem Zentrum der Stadt mit den großen Geschäftsstraßen und der Fußgängerzone, auf der man zum Platz Sergels Torg mit dem 37 Meter hohen Glasobelisk bummelt. Ausspannen nach ein paar Stunden in der Stadt kann man hervorragend in den Straßencafés am Park Kungsträdgården – wie in vielen anderen Parkanlagen der Stadt auch. Immerhin beherbergt Stockholm den weltweit ersten Stadt-Nationalpark. Weithin sichtbar ist das auf Kungsholmen liegende Stadshus. Von seinem Turm hat man den besten Blick über die Häuser der Stadt und die Schiffe, die auf dem Riddarfjärden in Richtung Mälaren fahren. In einem großen Saal des Backsteingebäudes findet alljährlich das Nobelpreisbankett statt. Ein wenig abseits der üblichen Touristenpfade liegt die Insel Södermalm, ein ehemaliges Arbeiterviertel, das heute alternativ und multikulturell geprägt ist. Hier liegen die Geschäftsstraßen Hornsgatan und Götgatan. Zahlreiche Kneipen reihen sich rund um die Götgatan und das legendäre »Mosebacke«-Etablissement am Platz Mosebacke Torg aneinander, in dem Live-Musik, Shows, Tanz, diverse Clubs und eine große Außenterrasse geboten werden. Vom gegenüberliegenden Ufer in der Nähe des Stadshus legen die Schiffe zum Schloss Drottningholm ab, das auch als »schwedisches Versailles« gilt. Die prächtige Anlage mit ihrem berühmten Theater ist nicht nur von der UNESCO zum Weltkulturerbe erklärt worden, sondern hier wohnt auch die Königsfamilie. Und der Adel weiß ja bekanntlich schon seit langem, wo es schön ist.

ÜBERNACHTEN AUF EINEM DREIMASTER

Direkt vor der Insel Skeppsholmen liegt das Segelschiff »af Chapman«. Man könnte mit dem Dreimaster noch fahren. Doch seit mehr als 50 Jahren ist es eine schwimmende Herberge – die oft wochenlang im Voraus ausgebucht ist. An Bord genießt man nicht nur den Aufenthalt auf dem rund 120 Jahre alten Schiff, sondern auch die Aussicht auf die Altstadt und das Königliche Schloss gegenüber.

Vor wenigen Jahren ist das ehemalige Handelsschiff grundlegend renoviert und modernisiert worden. Dabei ging man äußerst behutsam vor. An Bord des Schiffes herrscht immer noch die Atmosphäre aus der Zeit, als die »af Chapman« auf großer Fahrt war.

Svenska Turistföreningen
Box 17251
S-104 62 Stockholm
Tel.: 08-4 63 21 00
www.svenskaturistforeningen.se

Detailreiche Häuserfronten zieren die Esplanade in Helsinki (oben). Ausflugsboote verbinden Helsinkis Hafen mit der Festungsinsel Suomenlinna (unten). Die Uspenski-Kathedrale steht für das russische Erbe von Helsinki (rechte Seite unten).

39 Helsinki – Die finnische Hauptstadt

Die weiße Tochter der Ostsee

Dom und Hafen, die Esplanade und dann noch Suomenlinna: Diese vier Punkte sind Bestandteil fast jeden Helsinki-Besuchs. Doch viele architektonische Schönheiten der 600 000-Einwohnerstadt liegen im Verborgenen und sind erst auf den zweiten Blick zu erkennen. Das gilt auch für den Design District, in dem sich die junge und umtriebige Stadt von einer ganz modernen Seite zeigt.

Es ist ein beeindruckender Anblick: Eine breite Treppenfront führt in die Höhe, leitet den Blick zu sechs strahlend weißen Säulen und dann weiter, vorbei an einem ebenso blendend weißen Turm zu einer grünen Kuppe, die von einem goldenen Kreuz gekrönt wird. Man steht vor dem Dom, der wichtigsten Sehenswürdigkeit Helsinkis auf dem Senatsplatz, der auch als »Wohnzimmer der Stadt« bezeichnet und von Dom, Universität und Senatsgebäude eingerahmt wird.

Die neue Hauptstadt

Kurios ist, dass das Wohnzimmer der Stadt zur Zeit der russischen Herrschaft von einem Baumeister aus Deutschland eingerichtet wurde. Denn der als finnlandfreundlich geltende Zar Alexander II. holte sich Anfang des 19. Jahrhunderts Carl Ludwig Engel, den Sohn eines Berliner Maurermeisters und studierten Architekten, an den Hof. Und der prägte nicht nur das Gesicht Helsinkis, sondern war im ganzen Land tätig. Für den Zar wurde vor dem Dom ein Denkmal errichtet, das Antlitz Engels prangt etwas versteckt an einer Mauer am Rand des Senatsplatzes.

An die lange schwedische Zeit erinnert nur noch das Sederholm-Haus gegenüber. Das gilt aber immerhin als das älteste Steingebäude im Zentrum. Helsinki ist eine vergleichsweise junge Stadt. Sie wurde 1550 von Gustav Vasa gegründet und befand sich ursprünglich dort, wo der Vantaa-Fluss in den Finnischen Meerbusen mündet. 1640 aber wurde sie an die heutige Stelle verlegt. Nach dem Großbrand 1807 baute man die Stadt wieder auf. 1812 löste Helsinki (mit damals 4000 Einwohnern) Turku als Hauptstadt ab, 1828 wurde auch die Universität hierher verlegt. Helsinkis Aufstieg verlief rasant. 1890 zählte die Stadt 61 000 Einwohner, 25 Jahre später schon 210 000. Und Menschen brauchen Häuser, reiche Menschen repräsentative Wohnungen und Geschäftsräume, und das gern im Stil der aufkeimenden Nationalromantik, die Anfang des 20. Jahrhunderts die Suche nach eigener Identität in dem jungen Staat eine Blüte erlebte. Dabei hat das finnische Nationalepos *Kalevala* eine Rolle gespielt. Dessen Motive mischen sich mit Elementen des Jugendstils, was an zahlreichen Gebäuden im

Zentrum der Stadt deutlich wird. Nur wenige dieser Gebäude sind öffentlich zugänglich. Bewundert werden kann diese Architektur jedoch beispielsweise im Aschan Café Jugend an der Esplanade. Das einstige Geldhaus wurde im Stil einer mittelalterlichen Kirche gestaltet. Die Decke thront auf Säulen, die mit interessanten Reliefs verziert sind, die teilweise etwas schrille Naturwesen darstellen. Auch das mondäne Hotel Kämp – das in den 1960er-Jahren beinahe abgerissen wurde – steht für diesen Baustil, ebenso viele weitere prächtige Gebäude an der Esplanade. An dieser mit Bodenheizung ausgerüsteten Flaniermeile sind viele Grünanlagen und Geschäfte zu finden. Und letztlich gehört auch der Hauptbahnhof ein paar Straßen weiter zu diesem kulturellen und architektonischen Erbe.

Kirchen, Design und Strände

Zur Geschichte Finnlands im Spannungsfeld zwischen Ost und West zählt die auf einem grünen Hügel in Hafennähe thronende prächtige russisch-orthodoxe Uspenski-Kathedrale (1868) mit ihren goldenen Zwiebeltürmen. Auf dem Marktplatz (Kauppatori) am Südhafen kann man an kunterbunten Marktständen einkaufen.

Sehenswert sind auch das Stadthaus und der Präsidentenpalast sowie die schöne Markthalle am Kai mit diversen Spezialitäten. Einen Besuch lohnen außerdem das einige Straßenzüge entfernte Kiasma, das Museum für Gegenwartskunst, sowie der im neoklassizistischen Stil gebaute Reichstag an der Töölöbucht, um die sich ein schöner, gern genutzter Parkstreifen zieht. In der Nähe kann man auch die in den Felsen gesprengte

Die Esplanade ist die Promeniermeile der Helsinkier (oben). Schwert als Symbol für die Auseinandersetzungen auf Suomenlinna (Mitte). Die Temppeliaukio-Felsenkirche wurde in den Berg gesprengt (unten). Nächste Seite: Der Dom von Helsinki (oben) gehört zu den Wahrzeichen der Stadt wie der Bahnhof mit den Steinfiguren von Emil Wikström (unten).

Felsenkirche (Temppeliaukio-Kirche) besuchen. Zunehmend auf Interesse stößt der Design District mit rund 200 Läden, in dessen Mitte, in der Korkeavuorenkatu, das Finnische Design-Museum steht. Hier findet man von ausgefallenen Schuhmodellen bis zu extravaganten Hüten so ziemlich alles, was den Erben Alvar Aaltos – des Vaters des modernen finnischen Designs – in den Sinn kam. Neben all diesen Sehenswürdigkeiten bietet das Zentrum von Helsinki viele Möglichkeiten zum Entspannen. Da sind Parks wie der Kaivopuisto oder Badestrände wie die von Hietaniemi und Munkkiniemi. Und Sonnenanbeter schätzen besonders die Felseninsel Pihlajasaari. Gourmets finden in Helsinki eine ganze Reihe hervorragender Restaurants – auch mit Michelin-Sternen – mit lokalen und internationalen Gerichten.

Mit dem Boot zur Schwedenburg

Finnland gab es im 18. Jahrhundert in seiner heutigen Form noch nicht. Das Sagen im Land hatten die Schweden. König Frederik I. beschloss 1747, auf einer Insel vor Helsinki eine Festung zu bauen und so sein Land vor einem möglichen russischen Angriff zu schützen. Bis zu 7000 Arbeiter schufteten, um das gewaltige Bollwerk gegen die Invasoren zu bauen. Auf den Festungsinseln lebten mehr Menschen als in dem kleinen Ort auf dem Festland – der späteren Hauptstadt. Rund 50 Jahre nach dem Baubeschluss war die als uneinnehmbar geltende Festung fertiggestellt. Ihre Bewährungsprobe hatte sie 1808, als russische Truppen Helsinki einnahmen und Suomenlinna beschossen. Tagelang flogen den etwa 5000 Soldaten die Kanonenkugeln um die Ohren. Die Verluste an Menschen sowie die Schäden an den Gebäuden waren jedoch vergleichsweise gering. Der Kommandant der Festung, Carl Olof Cronstedt, kapitulierte und übergab Suomenlinna mitsamt der schwedischen Schärenflotte an die Besatzer: ein Trauma für die Schweden. Die finnischen Gebiete gingen für rund ein Jahrhundert an die Russen. Erst von 1918 an wehte nach dem Abzug der Russen über Viapori – oder wie man nun sagt: Suomenlinna – die finnische Flagge. Suomenlinna hat im Laufe der Jahrhunderte jedoch nicht nur eine wichtige militärische Rolle gespielt, sondern das Leben der Menschen auf dem Festland nachhaltig beeinflusst. Kaffee und Schokolade beispielsweise kamen über die Festungsinseln nach Finnland. Auch für Kunst und Kultur waren die Tore Suomenlinnas gleichzeitig Einfallstor nach Helsinki und das Hinterland. Suomenlinna gilt heute als eine der wichtigsten Sehenswürdigkeiten der finnischen Hauptstadt. Sieben Museen und die renovierte Festungsanlage haben die sechs Inseln auf die Liste des Weltkulturerbes gebracht. Gleichzeitig ist Suomenlinna ein gewöhnlicher, wenn auch sehr exklusiver Stadtteil der finnischen Hauptstadt mit Kirche, Laden und Schule, der bestens mit Fähren zu erreichen ist. Rund 900 Menschen leben hier – auf überaus geschichtsträchtigem Boden. Ihr Blick geht aufs Meer und zu den vielen Schiffen, die den Hafen der »Tochter der Ostsee« anlaufen.
Lokale Spezialitäten bekommt man zudem in der direkt am Hafen gelegenen Markthalle, die aufgrund ihrer tollen Atmosphäre immer einen Abstecher wert ist.

KLEINSTADTIDYLLE AM MEER

Eine knappe Autostunde östlich von Helsinki liegt das kleine Städtchen **Porvoo**. Die zweitälteste Stadt Finnlands war bereits im 13. Jahrhundert ein bedeutendes Handelszentrum und blickt auf eine wechselvolle Geschichte zurück, in der Russland eine große Rolle spielte. Berühmt ist der idyllisch am Fluss Porvoonjoki gelegene Ort für seine bunten Holzhäuser und Kopfsteinpflastergassen in der unter Denkmalschutz stehenden malerischen Altstadt. Sie sind größtenteils nach einem großen Brand im Jahr 1760 entstanden und bilden ein für Finnland seltenes Ensemble historischer Gebäude. Oben auf dem Hügel thront der mächtige Dom, das Wahrzeichen der Stadt. Er wurde Mitte des 15. Jahrhunderts fertiggestellt und ist Sitz des Bischofs. Porvoo ist aufgrund seines malerischen Stadtbilds heute ein beliebter Touristenort mit zahlreichen Restaurants und Geschäften.

WEITERE INFORMATIONEN

Porvoo:
Porvoo Tourist Office
Läntinen Aleksanterinkatu 1
06100 Porvoo
Tel. +358 (0)40 489 9801
www.porvoo.fi

Blick über die Newa zur Peter-Pauls-Festung während der Weißen Nächte (oben). Grablege der Zaren in der Peter-Pauls-Kathedrale: Marmorsarkophag von Katharina II. (unten). Die Isaaks-Kathedrale, überragendes Bauwerk unweit des Newaufers (rechte Seite unten). Eckbastion und Turm der Peter-Pauls-Festung (rechte Seite oben).

40 St. Petersburg – Weiße Nächte

Rund um die Festung und die Kathedrale

Die Bewohner der Stadt nennen ihre Festung gern »Herz und Wiege« Sankt Petersburgs. Das 1703 unter Peter I. als Bollwerk gegen die Schweden aus Holz errichtete Bauwerk war Feste, Kathedrale, Münze, Begräbnisstätte der Zaren, Gefängnis, Kaserne und 1917 Ort des Aufstandes. Heute ist es Museum, Touristenmagnet und Badestrand der Stadt und ihrer Besucher.

Der Ursprung von Sankt Petersburg lag auf der kleinen Haseninsel, wo heute die Peter-Pauls-Festung, das älteste Wahrzeichen der Stadt, steht. Am 16. Mai 1703 wurde unter Peter I. der Grundstein für eine Festungsanlage, zunächst aus Holz, gelegt. Zar Peter und sein Land befanden sich im Nordischen Krieg gegen Schweden, und gerade erst war die Newa-Mündung für Russland freigekämpft, der strategisch wichtige Zugang zur Ostsee war erreicht. Die Festung sollte gegen Einfälle der Feinde aus dem Norden schützen, aber sie wurde nie belagert. Schon 1706 begann der steinerne Ausbau der Anlage unter dem Schweizer Architekten Trezzini, die Festung erhielt dicke Mauern, Bastionen, Türme und solide Tore.

Berühmte Insassen

Ab 1704 trug sich der junge Zar mit dem Gedanken, in dem sumpfigen Gelände seine neue Hauptstadt zu errichten, nach westlichem Vorbild. So geschah es dann auch im Jahr 1712, als Peter I. die Residenz von Moskau nach Petersburg verlegte. Ab 1720 diente die Festung als Kaserne und zeitgleich (bereits seit 1717) als Gefängnis. Einer der ersten Insassen war Peters eigener Sohn, Alexei, der noch vor der Vollstreckung des vom Vater ausgesprochenen Todesurteils 1718 an den Folgen der Folter starb. In den nächsten zwei Jahrhunderten sollten noch viele Gefangene hier darben, wie etwa Teilnehmer des Dekabristenaufstandes von 1825, auch Fjodor M. Dostojewski, Maxim Gorki, der Bruder Lenins und nach der Februarrevolution von 1917 hohe Beamte des Zaren. Nach der Oktoberrevolution saßen hier die Mitglieder der bürgerlichen Kerenski-Regierung und »Feinde« der Bolschewiki ein.

Die Festung

Die Peter-Pauls-Festung betritt man über die Johannes-Brücke vom Dreifaltigkeitsplatz her, die als erste Stadtbrücke gilt, die älteste Verbindung zwischen der Haseninsel und der Stadt. Durch das Johannes-Tor und das Peters-Tor, das als

Triumphbogen an Peters Sieg über die Schweden erinnert, betritt man die eigentliche Festung. Links steht das Ingenieurshaus, heute ein Museum, ihm gegenüber das Zeughaus der Artillerie. Vor der Hauptwache steht das umstrittene Denkmal für Peter I. von 1972. Das Gebäude der Münze, in dem seit 1798 Münzen, Orden und Medaillen geprägt werden, und das kleine Bootshaus befinden sich hinter der Kathedrale. Letzteres beherbergt ein Segelboot aus der Jugendzeit des Zaren, das als »Urschiff« der russischen Marine gilt und zum Fundus des Kriegsmarinemuseums gehört.
Am südwestlichen, von der Newa umspülten Ende der Festung liegt die Trubezkoj-Bastion, die bis 1924 als Gefängnis diente und für viele Gegner des Zarenregimes zur Endstation wurde. Das Innere der Festung ist heute fest in der Hand von Touristen, das Äußere, entlang der Mauern an der Wasserseite, okkupieren im Sommer Badelustige.

Die Kathedrale

Den Mittelpunkt der Festung bildet die 1712–1733 erbaute Peter-Pauls-Kathedrale mit ihrem 122,50 Meter hohen Glockenturm. Die Spitze mit dem goldenen Engel ist das weithin sichtbare Wahrzeichen der Stadt. Die Kathedrale besticht durch eine prunkvolle Innenausstattung, die im vergoldeten Ikonostas ihren künstlerischen Höhepunkt findet. Sie war von Beginn an als Begräbniskirche für die Zaren konzipiert und so vom Architekten Trezzini ausgeführt worden. Hier befinden sich die weißen Marmorsärge der Romanow-Dynastie. Im Jahr 1998 wurden die sterblichen Überreste von Nikolaus II., dem letzten russischen Zaren, und seiner Familie beigesetzt, die 1918 in Jekaterinburg ermordet worden waren. In der Nähe der Kathedrale befindet sich die von 1896–1908 errichtete Grabkapelle, in der Verwandte verschiedener Zaren beigesetzt sind.

BESUCH DES ARTILLERIEMUSEUMS IN KRONWERK

In unmittelbarer Nähe des Eingangs in die Festung liegt unübersehbar der hufeisenförmige Komplex des Kronwerks, eine Befestigungsanlage, die 1707/08 zum Schutz der Peter-Pauls-Festung errichtet wurde. Nach Umbauten Mitte des 19. Jahrhunderts entstand im Kronwerk das Artilleriearsenal, das aber bereits 1872 zum Artilleriemuseum umgestaltet wurde. In dem markanten Backsteinbau wird die Geschichte der Artillerie vom Mittelalter bis zur Gegenwart gezeigt, zu den Exponaten gehören Kanonen, Mörser und Haubitzen. Auf dem Freigelände vor dem Museum gibt es eine umfangreiche Sammlung von Artilleriewaffen, Panzern, Kanonen und Raketenwaffen des 20. Jahrhunderts.

WEITERE INFORMATIONEN

Artilleriemuseum
Alexandrowski Park 7, Sankt Petersburg
Eingang vonKronwerkskaja Nabereschnaja, gegenüber Peter-Pauls-Festung
Mo./Di. Ruhetag

Goldene Kuppeln, wie am Terempalast des Kreml, beeindrucken von nah und fern (Mitte). Die Uspenskij-Kathedrale im Kreml überwältigt durch reiche Ausstattung und wertvolle Ikonenmalerei (unten). Weißer Glanz mit goldenen Kuppeln, so präsentieren sich die Kreml-Kathedralen in der Wintersonne, im Hintergrund der Spasski-Turm (rechte Seite).

41 Moskau und der Kreml – Schaltzentrale russischer Macht

Im Zentrum von »Mütterchen Russland«

Moskau ist wie ein riesiges Spinnennetz, alle Fäden dieses Netzes laufen auf einen Mittelpunkt zu: den Kreml. Von hier aus wurden die Fäden gesponnen, die Russland zu dem machten, was es heute ist: das größte Land der Erde. Am Anfang war der Kreml, er ist älter als Moskau und älter als Russland! Kreml und der Rote Platz stehen für Macht und Gewalt, aber auch für Kunst und Schönheit in Russland.

Wer schreckte im Westen während des Kalten Krieges nicht zusammen, wenn eine Nachricht mit den Worten begann: »Moskau. Der Kreml meldet …« Bereits im Namen schwang immer etwas Mystisches, Geheimnisvolles, Drohendes mit, die Burganlage im Herzen Moskaus war über Jahrhunderte ein Ort der Macht, der Gewalt und der Intrigen. Aber der Kreml steht auch als Zentrum der Kunst, der Architektur in seiner Pracht und Schönheit als das russische Gesamtkunstwerk – heute schöner und strahlender denn je! Von unzähligen Dichtern und Malern beschrieben, gemalt und besungen, ist er das »Steinerne Herz Russlands«.

Burg für Fürsten, Großfürsten und Zaren

Seine Geschichte begann im Jahr 1156, als die frühe Anlage einer Fürstenburg unter Fürst Jurij Dolgorukij (1090–1157) erstmals erwähnt wurde. Aber bereits 1147 schrieb dieser an einen Freund: »Komm zu mir Bruder, nach Moskau«, es war die Geburtsstunde der Stadt und seiner Burg. 200 Jahre später war um die Palisadenburg eine Vorstadt (Possad) mit Ansiedlungen der Handwerker und Kaufleute entstanden. Aus dem kleinen Fürstentum wurde in geschichtlich kurzer Zeit ein Großfürstentum, ein Zentrum der politischen Macht sowie durch die Verlegung des Metropolitensitzes 1328 von Wladimir nach Moskau auch das Zentrum der kirchlichen Macht des aufstrebenden russischen Reiches.

Unter Großfürst Dmitrij Donskoj (1350 bis 1389) wurde 1367 der erste steinerne Kreml erbaut, umgeben von einer weißen Festungsmauer, die der Stadt Moskau den Beinamen »weiße Stadt« einbrachte. Zwischen 1397 und 1416 entstand mit der Mariä-Verkündigungs-Kathedrale die erste große Kirche des Kreml. Zwischen 1474 und 1530, unter den Großfürsten Iwan III. und Wassilij III., erhielt der Kreml im Wesentlichen seine bis heute erhaltene Größe und Form. Auf dem 40 Meter hohen Hügel über der Stadt, von Süden her durch die Moskwa,

Während der echte Lenin im Mausoleum ruht, posiert sein »Double« am Roten Platz (oben). Die Zarenglocke im Kreml ist die größte und schwerste der Welt, 1730 gegossen, 1737 bei einem Brand zerbrochen (Mitte). Die einstmals größte Kanone der Welt (rechte Seite oben). Blick über die winterliche Kremlmauer im Hintergrund das Außenministerium (rechte Seite).

den Moskau-Fluss, natürlich begrenzt, wurde auf 28 Hektar eine Festungsanlage erbaut, die die Machtfülle Russlands verkörperte.
Zunächst holte man italienische Baumeister und Architekten nach Moskau, um die Burg durch eine höhere, stärkere, aber auch kunstvoll verzierte Mauer nach außen zu sichern. Es wurden insgesamt 20 Türme auf die Mauer gesetzt, jeder Einzelne davon ein Kunstwerk für sich. Die Kremlmauer mit ihrer Länge von 2235 Metern, einer Höhe bis zu 19 Metern und einer Dicke bis zu 6,50 Metern war wesentlicher Teil des Verteidigungssystems des Kreml mit Wällen, Gräben, Bastionen und Türmen. Im Inneren der Burg entstanden an der höchsten Stelle für die Großfürsten und später für die Zaren Paläste, die einen guten Blick auf Moskau, die Moskwa und das Umfeld garantierten.
Ende des 15. Jahrhunderts wurden am heutigen Kathedralenplatz die Uspensky-Kathedrale, die Verkündigungs- und die Erzengel-Kathedrale als Steinkirchen errichtet, zu Beginn des 16. Jahrhunderts folgte mit dem Glockenturm Iwan Weliki das höchste Bauwerk des Kreml und ganz Moskaus. Auch der Facettenpalast, der älteste des Kreml, entstand in dieser Zeit. An den Bauwerken wirkten sowohl norditalienische Baumeister der Mailänder Schule als auch russische Baumeister mit, die ihren eigenen Stil einbrachten.
Nach Bränden 1547 und Verwüstung durch die einfallenden Krimtataren 1571 erbaute man viele Bauwerke auf dem Kremlgelände im 17. Jahrhundert im »Russischen Märchenstil«, darunter der Patriarchenpalast, die Katharinen-Kirche und der Spassky- oder Erlöserturm, eines der markantesten Bauwerke des Roten Platzes.
Peter I. (1672–1725) verlegte die Hauptstadt in sein neues Sankt Petersburg und vernachlässigte die Moskauer Burg. Erst unter Katharina II. (die Große; 1729 bis 1796) sollte sich das wieder ändern. Ab 1773 wurde ein Generalumbau im klassizistischen Stil geplant, der aber nur in Form des Senatsgebäudes, der heutigen Präsidialresidenz, verwirklicht wurde. Unter Napoleon sollte der Kreml 1812 gesprengt werden, was jedoch nur in geringem Umfang gelang.

Der Kreml und die »Roten Zaren«

1918, unmittelbar nach der Oktoberrevolution, verlegte Lenin (1874–1924) seinen Amtssitz vom damaligen Petrograd (Sankt Petersburg) nach Moskau in den Kreml, und es dauerte nicht lange, bis Moskau wieder Hauptstadt und der Kreml Zentrum der Macht, der Bolschewiki, der Kommunisten, und ab 1922 der Sowjetunion wurde.
Nach der Oktoberrevolution fanden auf dem Kremlgelände die größten Veränderungen in seiner Geschichte statt. Die Kirche musste ausziehen, das Tschudow- und das Himmelfahrts-Kloster wurden abgerissen. Gleichzeitig veranlasste Lenin umfassende, dringend notwendige Restaurierungsarbeiten für alle anderen Bauten. Ab 1937 strahlten auf allen Kremltürmen die roten Sterne der Sowjetmacht, gegenwärtig ist nur noch einer auf dem Spasskyturm übrig geblieben. Als markanter Neubau wurde 1960/1961 der neue Kremlpalast als Konzert- und Kongresszentrum, u.a. für die Parteitage der KPdSU, errichtet.

Ein Rundgang durch den Kreml

»Nein, weder den Kreml noch seine starken Mauern, weder die dunklen Gänge noch seine üppigen Paläste lassen sich beschreiben … man muss alles sehen« –, so äußerte sich der russische Dichter Michail Lermontow (1814–1841) über den Kreml.

In den Kreml kommt man als Besucher nur durch den Kutafja-Turm, vom Manege-Platz aus. Über die Dreifaltigkeitsbrücke gelangt man zum Tor des 70 Meter hohen gleichnamigen Turmes. Rechter Hand befindet sich der neue Kongresspalast aus dem 20. Jahrhundert und links der Gebäudekomplex des Arsenals aus dem 18. Jahrhundert. Dem folgen die Residenz des Präsidenten im ehemaligen Senatsgebäude und das im neoklassizistischen Stil erbaute ehemalige Gebäude des Präsidiums des Obersten Sowjet mit dem Kreml-Theater. Zur Moskwa hin begrenzt der Kremlpark das Ensemble.

Wendet man sich nach rechts, gelangt man zum Kathedralenplatz, dem Highlight jeder Kremlbesichtigung. Überragt wird der Platz vom frei stehenden Glockenturm Iwan Weliki, mit 81 Metern das höchste Bauwerk im Kreml und einstmals ganz Moskaus. Den Platz säumen die Maria-Entschlafens-Kathedrale, die größte und bedeutendste Kremlkirche, die als Krönungskirche der Zaren und Inthronisationskirche der Metropoliten und Patriarchen bestimmt war. Daneben stehen die Kirche der Gewandniederlegung Mariä, die Zwölf-Apostel-Kathedrale und dazwischen der Patriarchenpalast. Daran schließen sich die Mariä-Verkündigungs-Kathedale und die Erzengel-Kathedrale an. Als Profanbauten bestechen in ihrer Erhabenheit der Große Kremlpalast (1838–1849), der Terem- und der Facettenpalast. Alle diese Gebäude dienten als Repräsentations- und Wohnräume der Zaren.

DIE STAATLICHE RÜSTKAMMER IM KREML

Das auch als Schatz- und Rüstkammer *(Oruschejnaja palata)* bezeichnete Museum ist das älteste Russlands und gehört mit seinen Exponaten zu einer der größten Schatzkammern der Welt. In dem Gebäude, das zwischen 1844 und 1851 im pseudorussischen Stil erbaut wurde, werden der Zarenschatz, eine Sammlung wertvoller und einzigartiger Juwelen und Diamanten sowie die Krönungsinsignien der Zaren präsentiert. In den Vitrinen befinden sich kostbare Gewänder, Porzellan, Uhren, Ikonen und der berühmte, mit mehr als 800 Edelsteinen verzierte »Diamantenthron«. Zu sehen sind außerdem Geschenke orientalischer und westeuropäischer Könige und Fürsten an das Zarenhaus, eine umfangreiche Waffen- und Rüstungssammlung sowie Kutschen, Staatskarossen und Schlitten.

WEITERE INFORMATIONEN

Staatliche Rüstkammer
Eingang/Kasse über Manege Platz, Kutafja-Turm
www.kreml.ru
Karten unbedingt vorbestellen!

Majestätisch thront der Elbrus über den grünen Ebenen (oben). Im Sommer wie im Winter zieht es Bergsteiger auf seine exponierten Höhen (rechte Seite). Frei umherstreifende Pferdeherden durchziehen die Weiten (unten).

42 Der Elbrus – Götterthron im Kaukasus

Wo Europa auf Asien trifft

Der Elbrus liegt im Kaukasus, dem Grenzgebirge, das Europa von Asien trennt. So steht es in Lehrbüchern und Atlanten. Unterschiedlich wird die Frage beantwortet, ob der gigantische Berg zwischen Schwarzem und Kaspischem Meer mit seinen 5642 Metern nun der höchste Berg Europas ist oder nicht. Fakt ist: Der Elbrus in seiner majestätischen Schönheit und seiner geschichtlichen Dimension ist einzigartig.

Geologie und geographische Lage des Elbrus

Der Kaukasus mit seinen Gipfeln markiert die Kontinentalgrenze zwischen Europa und Asien, auch wenn es für diese Grenze unterschiedliche geographische Definitionen gibt. Das Hochgebirge ist mehr als 1100 Kilometer lang und liegt zwischen dem Schwarzen und dem Kaspischen Meer. Seine Breite beträgt bis zu 180 Kilometer. Anrainerstaaten sind Russland, Georgien, Armenien und Aserbaidschan sowie eine Vielzahl autonomer Republiken und Gebiete, deren Existenz zum Teil auf die willkürliche Grenzziehung zur Zarenzeit und unter Stalin zurückgeht. Teilweise entspricht sie auch den historischen Siedlungs- und Herrschaftsgebieten kaukasischer Völker und kleinerer ethnischer Gruppen.

Das im Wesentlichen aus Granit und Schiefer bestehende Gebirge wurde bis in die jüngere Erd- und Menschheitsgeschichte durch zahlreiche Erdbeben erschüttert, viele vulkanische Aktivitäten sind nachgeweisen. Die höchsten Gipfel wie der Kasbek und der Elbrus sind vulkanischen Ursprungs. Beim Elbrus handelt es sich um einen Schichtvulkan, dessen letzter Ausbruch vermutlich mehr als 2000 Jahre zurückliegt. Dass die Gebirgsbildung auch in der heutigen Zeit nicht abgeschlossen ist, beweisen zahlreiche aktive Thermal- und Mineralquellen sowie gelegentliche Erdbeben unterschiedlichen Ausmaßes. Der Elbrus ist mit seinen 5642 Metern, der höchste Gipfel des Gebirges und zugleich Russlands.

Mythos und Wahrheit, Europa oder Asien?

Bereits in der Mythologie der Antike war der gewaltige, geheimnisvolle Bergriese als »Strobilus« bekannt. Hier soll sich das Gefängnis befunden haben, in das Prometheus gesperrt wurde, nachdem er die Götter betrogen und überlistet hatte. An einer Kette gefesselt hing er über dem Abgrund, jeden Tag fraß ein Adler seine immer wieder nachwachsende Leber auf. Erst Herakles erlöste ihn von diesen Qualen. Bei den Arabern heißt er »Berg der Sprachen«, was auf das Vielvölkergemisch zu seinen Füßen hinweist.

Alle Bezeichnungen wie »König der Geister«, »Ort der Glücklichen«, »Heiliger Berg« oder »Thron der Götter« deuten auf das Gewaltige, für Menschen schier Unerreichbare, Himmlische, Göttliche hin.
Selbst die Arche Noah machte hier kurz einen Zwischenstopp, bevor sie endgültig auf dem Ararat strandete, so will es die Sage! Besteigungen, Eindringen in das »Reich der Götter« waren demzufolge lange Zeit tabu. Erst am 22. Juli 1829 erfolgte die Erstbesteigung des kleineren Ostgipfels (5.621 Meter) durch einen einheimischen Hirten und Träger namens Killar Kashirow, der im Dienst des russischen Militärs stand. Der Westgipfel (5642 Meter) wurde am 28.Juli 1874 durch eine britisch-schweizerische Expedition unter Führung des Schweizers Peter Knubel erstmals erreicht. Die Erstbezwingung auf Skiern erfolgte im Jahre 1929 und im August 1942 besetzten Truppen der Deutschen Wehrmacht bis Januar 1943 den Elbrus. Ost- und Westgipfel sind rund 1500 Meter voneinander entfernt. Über den Westgipfel verläuft heute die Grenze zwischen den kaukasischen Teilrepubliken Karbadino-Balkarien und Karatschai-Tscherkessien, die beide zur Russischen Föderation gehören. Um die Gipfel erstreckt sich ein ca.145 Quadratkilometer großes Gletscherfeld. Das Elbrusgebiet ist als Nationalpark geschützt aber Wintersport und Bergwandern sind erlaubt.

EIN AUSFLUG AUF DEN GIPFEL

Durch das malerische Baksan-Tal erreicht man den Prielbrussje-Nationalpark, in dem auch der Elbrus liegt. Von der Talstation Pojana Asau in 2300 Meter Höhe kann man mit der Seilbahn bis auf 3550 Meter hinauffahren und dort auf einen Sessellift umsteigen. Seit 2009 gibt es eine neue Gondelbahn, die bis auf 3800 Meter hinauf führt. Bis auf 4160 Meter, zur »Prijut«-Hütte, verkehrt ein Sessellift. Von da beginnt ein nicht ganz einfacher aber atemberaubender Aufstieg zum Ostgipfel oder den höheren Westgipfel mit 5642 Metern, der in Bergsteigerkreisen schon als der höchste Berg Europas gezählt wird.
Ein unvergleichliches Bergpanorama bietet sich von hier über zahlreiche Fünftausender auf zwei Kontinente, nach Asien und Europa besonders in der empfehlenswerten Reisezeit von Mai bis Anfang September.

WEITERE INFORMATIONEN

Geführte Exkursionen mit
www.summitclub.de oder
www.hauser-expeditionen.de

Die beeindruckenden Köcherbaumexemplare stehen skulpturengleich im Augrabies Falls National Park (rechts). Elefanten kann man in jeder Region Namibias treffen, hier am Wasserloch im Etosha National Park (oben). Unterwegs auf dem Highway in Südafrika (Mitte). Lebensfrohe und farbige Basarstraße in Kairo (unten).

Afrika

43 Die Pyramiden von Gizeh – Grabmäler für die Ewigkeit

Monumente am Rande der Wüste

Von den sieben Weltwundern haben nur die Pyramiden von Gizeh dem Zahn der Zeit getrotzt. Sie sind weltweit ein Synonym für das Alte Ägypten. Als der griechische Geschichtsschreiber Herodot sie im 5. Jahrhundert v. Chr. besuchte und in seinen »Historien« davon berichtete, standen sie schon 2000 Jahre majestätisch am Rand der Wüste. Damals waren die gewaltigen Grabhügel noch mit polierten weißen Kalksteinplatten verkleidet. Dann wurden diese Bauten als Steinbrüche missbraucht und stillos gefleddert.

Wahrzeichen Ägyptens: die mythische Sphinx, angeblich nach dem Vorbilde des Antlitzes von Pharao Chrephren gestaltet (oben), und die drei Pyramiden des Cheops, Chephren und Mykerinos (rechte Seite).

Bis heute weiß man nicht, wie es den Ägypter gelang, ihre gewaltigen Wunderbauten gen Himmel zu schieben. Die Theorie, dass Millionen tonnenschwere Steinquader auf einer umlaufenden Rampe hochgezogen wurden, ist nicht schlüssig. Denn mindestens drei Seiten der Pyramide mussten zur Messung des Böschungswinkels frei bleiben, ansonsten hätten sich die Schenkel des Bauwerks nicht an der Spitze getroffen.
Die Steine wurden in den Moqattam-Hügeln nahe Kairo gebrochen und mit Nilbarken an den Bauplatz gebracht. Als Napoleon (»Soldaten, 40 Jahrhunderte blicken auf euch herab«) in Ägypten einfiel, hatte er auch Wissenschaftler dabei, die ausrechneten, dass die Quader der Cheops-Pyramide ausreichen würden, eine drei Meter hohe Mauer rund um Frankreich zu ziehen.

Die Kammern der Cheops-Pyramide

Achet Chufu, die Pyramide des in der 4. Dynastie des Alten Reiches regierenden Herrschers Cheops, bedeckt eine Fläche von 5,3 Hektar, war einst rund 147 Meter hoch (heute 139 m) und hatte eine Seitenlänge von 230 Metern (heute 225 m). Sie besteht aus 2,5 Millionen Steinblöcken, von denen die meisten 2,5 Tonnen wiegen. Es heißt, dass diese Pyramide nach der Chinesischen Mauer das größte je von Menschenhand hergestellte Bauwerk ist. Im Inneren befinden sich drei Kammern, eine erste, wahrscheinlich unvollendete tief im natürlichen Felsen, mit der die Erbauer – so eine These – die Unterwelt symbolisieren wollten. Dann folgt im unteren Teil der Pyramide die sogenannte Königinnenkammer, in der die Archäologen früher das Grab der Herrscherin vermuteten,

Reste eines Pyramidentempels (oben). Kamele dienen der Touristenpolizist (Mitte) sowie – prächtig geschmückt – den Besuchern als Reittier (unten). Letztere scheinen den Ausritt ganz offensichtlich zu genießen (rechte Seite unten).

und schließlich im Zentrum die Königskammer, in der ein leerer Sarkophag steht. Wissenschaftler nehmen an, dass die Pläne während des Baus mehrfach geändert wurden. So könnte die untere Kammer zugunsten der Königinnenkammer und diese dann wiederum zugunsten der Königskammer aufgegeben worden sein. Um den Druck auf die Decke zu mindern, haben die Baumeister die 40 Tonnen schweren Granitblöcke wie ein Giebeldach aufgeschichtet und zudem fünf Entlastungskammern eingebaut. Hierin fand man den Namen Cheops sowie Graffiti von Arbeitern, die einzigen schriftlichen Zeugnisse. die es innerhalb der Pyramide gibt.
Mit dem Ende der 6. Dynastie und dem Niedergang des Alten Reiches vor rund 4000 Jahren wurden alle Pyramiden geplündert, und der Besucher gelangt heute durch die von Grabräubern geschaffenen Eingänge ins Innere. Diesen Frevlern müssen die Pläne der Pyramide bekannt gewesen sein, denn sie haben gezielt die besonders gesicherten Stellen umgangen.
An der Südseite der großen Pyramide befindet sich ein Museum mit der Sonnenbarke des Cheops. Das 5000 Jahre alte, 43 Meter lange, bis zu 5,8 Meter breite, elegant anmutende Palastschiff wurde 1954 von Archäologen ausgegraben. Es gehörte zur Grabausstattung des Königs und war in 1200 Einzelteile zerlegt, die sich in hervorragendem Zustand befanden. Es wurde neben dem Grabgebirge in einer gesonderten schmalen, langen Grube entdeckt, die mit passgenauen Steinplatten derart gut abgeschlossen war, dass in fünf Jahrtausenden kein Wasser und keine Holzschädlinge ins Innere dringen und das Zedernholz beschädigen konnten. Die Wissenschaftler benötigten 14 lange Jahre, um das Puzzle wieder zu einem Gesamtkunstwerk zusammenzusetzen.

Die Chephren-Pyramide

Die Pyramide des Chephren wird im Gegensatz zu der des Cheops auf den ersten Blick als die höhere wahrgenommen, was daran liegt, dass sie auf einem erhabeneren Plateau aufragt und zudem mit 53 Grad (Cheops 51 Grad) einen steileren Neigungswinkel aufweist. Sie ist von ihrem Schwesterbau gut daran zu unterscheiden, dass sich oben an der Spitze noch die originalen Verkleidungsplatten aus poliertem Kalkstein befinden. Ihre Höhe beträgt 136 Meter (früher 143 m), ihre Seitenlänge heute 215 Meter. Im Inneren ist die Pyramide weniger ausgearbeitet als die des Cheops. Unterhalb des Baus befindet sich innerhalb des gewachsenen Felsens eine nicht fertiggestellte Grabkammer. Zwei Gänge führen von der Nordseite in den »Grabhügel« hinein. Als sich der italienische Entdeckungsreisende Giovanni Belzoni 1818 gewaltsam Zugang verschaffte, musste er feststellen, dass wohl Grabräuber schon Tausende von Jahren vor ihm da gewesen waren. Er verewigte sich mit seinem Namenszug im Inneren der 5,3 x 14,2 Meter und 6,9 Meter hohen Halle. Der Sarkophag war mit Steinschutt gefüllt, die Deckplatte zerbrochen.

Die mystische Sphinx

Nahe an Chephrens Taltempel liegt die monumentale Sphinx als Wächter des Totenareals, daher lautet ihr arabischer

Name Abu al Hol, Vater des Schreckens. Die Menschen des Neuen Reiches nannten sie Harmachis – Horus am Horizont. Ägyptens berühmteste Figur – ein Löwenkörper mit Menschenkopf, der wahrscheinlich das Abbild des Chephren wiedergibt – ist 73 Meter lang, 6 Meter breit, 20 Meter hoch und wurde aus dem Kalksteinfels gehauen, der bei der Errichtung der Chephren-Pyramide als Steinbruch diente.
Ursprünglich war sie bunt bemalt, wie Farbspuren an einem Ohr zeigen. Zwischen den Pranken ließ der spätere Thutmosis IV. eine Traumstele errichten. Der Legende nach erschien ihm eines Nachts die von Sand umgebene Sphinx; sollte er die königliche Figur aus dem Wüstensand freilegen, so würde er eines Tages Herrscher von Ägypten werden. Der Traum ging dann auch in Erfüllung.

Die kleinste Pyramide auf dem Areal ist die des Mykerinos, die heute eine Höhe von 62 Metern (früher 66,5 m) und eine Seitenlänge von 108,4 Metern aufweist. Wie die des Chephren war auch sie mit polierten Kalkplatten verkleidet. Der Grabbau ist stark beschädigt, da zu Beginn des 19. Jahrhunderts einige ägyptische Herrscher versuchten, ihn abreißen zu lassen, um an die darin vermuteten Schätze zu kommen. 1838 fand der englische Oberst Richard Howard-Vyse, der einen Zugang ins Innere freilegte, einen aufgebrochenen, leeren Basaltsarkophag, der auf allen vier Seiten die Fassade eines Palastes zeigte. Der Deckel war zerbrochen. Vyse wollte den Steinsarg ins Britische Museum schaffen lassen, doch das Unternehmen misslang, da das Frachtschiff »Beatrice« mit dem Sarkophag im Sturm unterging.

SOUND AND LIGHT

Jeden Abend nach Einbruch der Dunkelheit werden an den Pyramiden zwei jeweils einstündige Sound and Light Shows für die Besucher aufgeführt. Die Pyramiden und die Sphinx werden dabei mit wechselnd farbigem Licht angestrahlt, und aus den Lautsprechern schallt die Stimme eines Erzählers, der den Besuchern von den grandiosen Leistungen der alten Ägypter berichtet.
Die Vorführungen finden in verschiedenen Sprachen statt, pro Abend gibt es jedoch mindestens eine Show in Deutsch oder in Englisch.

WEITERE INFORMATIONEN

Sound and Light Company
Abol-Hoal Square
Nazlet El-Semman
info@soundandlight.com.eg
www.soundandlight.com.eg

Beim Tee im Gespräch vertieft (oben); Gewürze en masse auf dem Lebensmittelmarkt (unten). Blick auf den Nil und das Gebirgsmassiv von Theben-West (rechte Seite oben); spielende Kinder vor dem Luxor-Tempel (rechte Seite unten).

44 Luxor – Hauptstadt der Pharaonen

Unter dem Namen Weset die Kapitale des Pharaonenreichs

Für den Besucher des Nillandes stellt Luxor zweifellos den Höhepunkt der Reise dar, denn in diesem wohl größten Freilichtmuseum der Welt konzentrieren sich die Monumente eines 3000-jährigen Reiches wie sonst an keinem anderen Ort in Ägypten. Ist man nicht in Luxor gewesen, hat man das Alte Ägypten nicht erlebt und nimmt nur einen ungenügenden Eindruck mit nach Hause.

Luxor zählt heute rund 70 000 Einwohner, und auf den ersten Blick erscheint das Städtchen wenig spektakulär. 2009 avancierte Luxor zur Verwaltungshauptstadt einer neuen Provinz, doch das hat keine sichtbaren Spuren im Stadtbild hinterlassen. Erst wenn man die Niluferstraße erreicht hat und urplötzlich mitten im Stadtgebiet vor dem mächtigen Luxor-Tempel steht, beginnt man zu erahnen, was der Ort dem Besucher zu bieten hat.

Luxor – das Theben des Homer, das altägyptische Weset

Homer muss bei seinem Besuch von der einstigen Pharaonenmetropole sehr beeindruckt gewesen sein, denn in der Ilias nannte er sie das »hunderttorige Theben«. Die alten Ägypter nannten ihre Kapitale Weset oder einfach nur Nut und Letzteres bedeutet so viel wie »Stadt«. Leicht abgeändert teilt uns auch die Bibel als »No« diese Bezeichnung mit. Schon im Alten Reich, als noch das unterägyptische Memphis die Hauptstadt war, gab es hier bereits eine Ansiedlung. Doch erst mit der Vertreibung der Hyksos und dem Beginn des Neuen Reiches avancierte Weset um das Jahr 1560 v. Chr. für die nächsten Jahrhunderte zur wichtigsten religiösen und politischen Metropole nicht nur von Ägypten, sondern der gesamten antiken Welt. Einige Historiker schätzen ihre Einwohnerzahl in der Glanzzeit des Pharaonenreichs auf rund eine Million Menschen. Weset war damit die mächtigste Weltstadt des Orients. Als bedeutendstes Heiligtum des gesamten Staatswesens diente der Tempel von Karnak, der dem Hauptgott Amun sowie seiner Gefährtin Mut und ihrem Sohn Chons geweiht war. Die Macht von Weset reichte im Norden bis an den Euphrat und nach Kleinasien hinein und erstreckte sich in Richtung Süden bis in das Herz von Afrika. Und so heißt es schon in der Bibel über die Stadt, dass »Nubier und Ägypter ohne Zahl ihre Stärke sind und die Leute von Punt und Libyen ihre Helfershelfer bilden«.

Junge Leute beim Flanieren (oben); das Minarett der Abu-al-Haggas-Moschee neben dem Basar (Mitte); eine wohlgekleidete Nubierin (unten). Das Hauptverkehrsmittel von Luxor ist die Kalesh, die Pferdekutsche (rechte Seite unten); der Blick auf den Pool des Steigenberger Nil Palace (rechte Seite oben).

Am Ostufer standen die Herrscherpaläste und die Verwaltungsbauten. Hier residierte nicht nur der Pharao, sondern hier lebte und arbeitete auch das Heer der Angestellten, die Schreiber und all diejenigen, die ein solch gigantisches Weltreich am Laufen hielten. Auf der gegenüberliegenden Seite des Flusses – die heute als Theben-West bezeichnet wird – befindet sich die Stadt der Toten. Jeder Herrscher, der etwas auf sich hielt, ließ hier seinen Totentempel erbauen und fand seine ewige Ruhe dann im Tal der Könige. Aber auch die Königinnen und die Prinzen sowie die hohen Staatsbeamten wollten nahe der Mächtigen bestattet werden und haben demzufolge hier auch ihre Nekropolen. Hinter denen wollten die Arbeiter, die an den Herrschergräbern schufteten, nicht zurückstehen und gruben in ihrer spärlich bemessenen Freizeit an ihren eigenen Grabstätten, um sich so auf das Leben nach dem Tod vorzubereiten. Und so finden wir am Westufer des Stroms die drei mächtigen Totentempel von Ramses II., Ramses III. und von der Königin Hatschepsut sowie vier ausgedehnte Nekropolen, nämlich das Tal der Könige, das der Königinnen, die Gräber der Noblen sowie auch die der einfachen Leute.

Der Niedergang der glanzvollen Metropole Weset begann in der 21. Dynastie um 1000 v. Chr., als die Kapitale nach Tanis im nördlichen Nildelta verlegt wurde. Den Todesstoß aber versetzten ihr die Assyrer, die um 671 v. Chr. unter ihrem Herrscher Asarhaddon Ägypten eroberten, die Tempel ein erstes Mal schändeten, und die Bewohner in die Sklaverei führten. Während der Herrschaft der Ptolemäer verkam Weset endgültig zu einem Provinzkaff. Nach einem Aufstand der verbliebenen Bewohner gegen die zu hohen römischen Steuern machte der Statthalter Cornelius Gallus mit der Stadt endgültig Tabula rasa. Die frühen Christen zerstörten danach die vermeintlich heidnischen Bildwerke und richteten Kirchen und Klöster hinter den einstigen Tempelmauern ein. Die wenigen noch verbliebenen Bewohner lebten ihr prekäres Leben in den Resten der pharaonischen Heiligtümer und in den höhlenartigen Gräbern.

Luxor und die Wiederentdeckung des Pharaonenreichs

Mitte des 19. Jahrhunderts begann die Wiederentdeckung dieses alten Weltreichs, selbst ernannte Forscher rekonstruierten nicht nur zusammengestürzte Bauten, sondern raubten auch verbliebene Kunstschätze und brachten sie in europäische Museen. Mit der Entdeckung des ungeplünderten Grabes von Tutanchamun 1922 durch Howard Carter schwappte eine Pharaonenwelle auf Europa über, die bis heute das Interesse an dem Land am Nil lebendig erhalten hat. Die meisten Besucher der Stadt interessieren sich heutzutage nur für die Relikte des Alten Ägyptens, flanieren lediglich auf einem Teilstück der Corniche entlang und lassen sich gerade noch einmal in den beiden kurzen Basarstraßen sehen. Es lohnt sich jedoch auch auf jeden Fall, durch die Straßen und Gassen des heutigen Luxor zu streifen, um die aktuelle Lebens-, Arbeits- und Wohnsituation der Ägypter in einer vom Massentourismus geprägten Stadt zu erleben. Während der Saison in den Wintermonaten verdoppelt Luxor seine Ein-

wohnerzahl, und es ist verständlich, dass die Menschen hier auch von den Segnungen der Tourismusindustrie profitieren wollen. So kann ein Spaziergang entlang der Niluferstraße zu einem Spießrutenlauf werden, wenn alle zwei Meter Schuhputzer, Felukenkapitäne, Kutschenfahrer, Zeitungsverkäufer, hupende Taxichauffeure, fliegende Händler und viele mehr von der vermeintlich wohlgefüllten Geldbörse der Besucher profitieren möchten.

Hotels für jeden Geldbeutel

Luxor besitzt eine vollständige touristische Infrastruktur, von der einfachen Traveller-Unterkunft bis hin zu den Fünf-Sterne-Luxusherbergen ist alles reichlich vorhanden. Zudem ankern in dichten Reihen die Schiffe für die Nilkreuzfahrten am Ufer, auf denen die Besucher die Landschaft zwischen Luxor und Assuan bequem vom Sonnendeck erleben können. Über 200 dieser Musikdampfer kreuzen in der Saison auf dem längsten Fluss der Welt. Erst seit wenigen Jahren hat sich auch etwas am Westufer getan, hier ist mittlerweile auch eine Niluferstraße angelegt, und es gibt einfache Hotels und Restaurants. Umgerechnet für zwölf Cent bringt einen die Personenfähre auf die andere Seite, und dort kann man im Nile Valley Hotel von der Dachterrasse die Skyline von Luxor samt Tempel beim Sonnenuntergang und bei einem ägyptischen Essen erleben.

HIER STIMMEN PREIS UND LEISTUNG

Relativ einfach, aber vom Preis-Leistungs-Verhältnis wahrhaft ungeschlagen ist das Nile Valley Hotel, das direkt gegenüber vom Luxor-Tempel auf der anderen Seite des Nil liegt. Vom Ortszentrum in Luxor nimmt man die Personenfähre hinüber nach Theben-West, dort liegt nur 100 Meter von der Anlegestelle entfernt und direkt an der neu gestalteten Corniche das Nile Valley Hotel. Alle 21 Zimmer haben ihr eigenes Bad, und das kleine familiengeführte Hotel besitzt sogar einen Swimmingpool. Von der Dachterrasse, auf der sich das Restaurant befindet, hat man einen unverbauten Blick auf die Skyline von Luxor. Hier ist der schönste Platz, um den Sonnenuntergang zu genießen und um zu sehen, wie sich die roten Strahlen der untergehenden Sonne zwischen den Säulen des Luxor-Tempels verfangen.

WEITERE INFORMATIONEN

Nile Valley Hotel, Theben-West,
Tel. 0020-95-231 14 77, www.nilevalley.nl

Ein Tourismusbüro findet sich am Beginn der Scharia Mahatta, gegenüber des Bahnhofs, Tel. 095-237 22 15

Blick von Luxor hinüber nach Theben-West.

Kein Blick für die Bergschönheit: Elefanten vor der Kulisse des Kilimandscharo (oben). Der Berg sieht besonders bei Sonnenaufgang geradezu mythisch aus (rechte Seite). In den Savannen rund ums Dach Afrikas leben noch traditionsbewusste Massai (unten).

45 Der Kilimandscharo – Das Dach Afrikas

Das Wahrzeichen des schwarzen Kontinents

Seine eisbedeckte Kuppe und die perfekte Kegelform machen ihn zu einem der beeindruckendsten Wahrzeichen des schwarzen Kontinents. Mit 5895 Metern ist der Kilimandscharo die höchste Erhebung Afrikas und gehört zu den »Seven Summits« – das sind die jeweils höchsten Berge der sieben Kontinente. Aus der Ebene steigt er auf 4000 Meter Höhe empor: Damit ist der Kilimandscharo der höchste freistehende Berg der Erde.

Der deutsche Missionar Johannes Rebmann wurde 1849 noch belächelt: Für die Experten der Royal Geographical Society in London war seine Beschreibung eines mit Eis und Schnee bedeckten Berges in Äquatornähe unvorstellbar. Und dennoch begann bald ein reger Ansturm auf den Vulkan, alle wollten den Gipfel »erobern«. In den folgenden Jahren scheiterten jedoch die Besteigungsversuche bereits in einer Höhe von 4000 bis 5000 Metern. Erst in seinem dritten Versuch erreichte 1889 der Leipziger Geograf Dr. Hans Meyer, zusammen mit dem österreichischen Alpinisten Ludwig von Purtscheller und dem Einheimischen Yohani Kinyala Lauwo, den höchsten Punkt. Den gerade 18-jährigen Lauwo hatte Meyer als Führer mitgenommen, weil er wusste, dass er auf Hilfe beim Weg durch dichten Regenwald zum Gipfel angewiesen war. Einzigartig in der Geschichte des Alpinismus: Im stolzen Alter von 118 Jahren nahm Lauwo 1989 an den Feierlichkeiten zum 100-jährigen Jubiläum seiner eigenen Erstbesteigung teil. Die Expedition benötigte 1889 fast sechs Wochen bis zum Gipfel. Heute braucht man dafür meist fünf bis acht Tage.

Kaiser-Wilhelm-Spitze

Hans Meyer benannte den Gipfel nach dem 1888 verstorbenen deutschen Kaiser Wilhelm I. So kam es, dass die »Kaiser-Wilhelm-Spitze« bis zum Ende der deutschen Kolonialzeit in Ostafrika 1918 als höchster Berg des Deutschen Kaiserreiches galt. Zur Erinnerung an Tansanias Unabhängigkeit von Großbritannien heißt der höchste Punkt seit 1963 Uhuru-Peak (Freiheitsspitze).
Genau genommen besteht der Kilimandscharo aus drei Vulkanen: dem Mawenzi (5148 m), dem Shira (3962 m) und dem Hauptgipfel Kibo (5895 m). Während die ersten beiden erloschen sind, »schläft« der Kibo. Schwefelgeruch deutet manchmal darauf hin, dass der Vulkan noch lebt, auch wenn sein letzter großer Ausbruch 360 000 Jahre zurückliegt. Zwischen den Vulkanen Mawenzi und Kibo befindet sich eine trockene Hochebene. Gier plante die Sektion Han-

nover des damaligen DÖAV (Deutscher und Österreichischer Alpenverein) das »Hannoverhaus« als höchstgelegener Alpenvereinshütte auf 4900 Meter zu errichten. Der Erste Weltkrieg vereitelte dieses Vorhaben.

»Pole pole!«

»Langsam, langsam«, rufen die Chagga-Führer den Gipfelanwärtern zu, wenn sie zu schnell gehen. Das Chagga-Volk siedelt an den Hängen des Berges und stellt traditionell Führer und Träger. Bergsteiger sind gut beraten, auf den Führer zu hören: Von jährlich bis zu 30 000 Besuchern erreichen nur 40% den Gipfel.
Auf den Kilimandscharo führen fünf verschiedene Routen: Marangu, Machame, Rongai, Lemosho und Mweka. Die meisten Wanderer gehen den Berg von Südosten über die Marangu Route an. Sie bietet Übernachtungen in festen Hütten statt Zelten. Als leichtester Anstieg wird sie gerne »Coca-Cola-Route« genannt. Auch bei dieser Route muss auf der letzten Etappe ein steiler und langer Geröllhang überwunden werden, bevor der Kraterrand erreicht wird. Egal für welche Route man sich entscheidet: Der Aufstieg darf nur begleitet von einer Mannschaft aus Führern, Trägern und Köchen erfolgen.

Vom Regenwald ins Ewige Eis

Seit 1987 gehört der im Norden Tansanias liegende Kilimandscharo-Nationalpark zum UNESCO-Weltnaturerbe. Das Massiv steht auf einer Grundfläche von 50 mal 80 Kilometern und birgt sämtliche Klimazonen auf engstem Raum. Der Aufstieg führt bis ca. 2800 Meter durch eine feuchtwarme, üppige Regenwaldzone. Zwischen 2800 und 4000 Meter befindet sich die alpine Zone mit Heide- und Moorland. Sie ist von extrem widerstandsfähigen Büschen, Blumen und Gräsern geprägt. Ab 4000 Meter beginnt die Hochwüste. Sand, Staub und Geröll prägen die Landschaft, bevor ab 5000 Meter die arktische Zone beginnt. In den letzten 100 Jahren schrumpfte der Gletscher um 80 Prozent, trotzdem prägt er noch den Gipfelbereich. Klimaforscher befürchten, dass der Kilimandscharo in wenigen Jahren eisfrei sein könnte.

ZUM GIPFEL AUF DER LEMOSHO-ROUTE

Alle gängigen Anstiege sind mittelschwere Wanderrouten, die auch weniger versierte Bergsteiger meistern können. Größte Herausforderung ist die extreme Höhe, denn der Körper braucht Zeit, um sich an sie zu gewöhnen. Ohne ausreichende Akklimatisation sind viele Bergsteiger auf der Schlussetappe zu schwach und müssen umkehren. Im schlimmsten Fall erleiden sie eine schwere Form der Höhenkrankheit, die tödlich enden kann.
Der Aufstieg über die Lemosho-Route gilt als Geheimtipp und ist relativ wenig begangen. Die täglichen Gehzeiten betragen bis zu sieben Stunden, am Gipfeltag sind es 14 Stunden und 1250 Höhenmeter im Aufstieg sowie 2800 im Abstieg. Die Tour umrundet den Berg von West nach Ost und führt anfangs durch abwechslungsreiche und üppige Vegetation. Sie ist von den gängigen Routen die längste.

WEITERE INFORMATIONEN

Achttägige Trekkingtouren mit Flug, Transfer, Verpflegung, Bergteam, Gebühren und Unterkünften bieten Moja Travel (www.moja-travel.net), Elefant Tours (www.elefant-tours.de) oder Chamäleon Reisen (www.chamaeleon-reisen.de).

Nur zehn Minuten Fußweg von der urdeutsch anmutenden Fußgängerzone (rechte Seite unten) entfernt hat man von der Christuskirche aus einen fantastischen Blick über die Stadt (rechte Seite oben). Die erste verfassungsgebende Konferenz in der alten Turnhalle (oben) lenkte auch die Zukunft der Herero-Frau (unten).

46 Windhoek – Namibias Metropole im Hochland

Windige Ecke mitten in Afrika

Namibias wirtschaftliches, kulturelles und politisches Zentrum liegt auf 1650 Metern Höhe und überrascht mit einem angenehm trockenen Klima zwischen 16 und 34 Grad Celsius im Sommer und 6 bis 22 Grad Celsius im Winter. Alle politischen und wirtschaftlichen Fäden sind in der Metropole übersichtlich verknüpft – ohne Windhoek geht nichts, selbst das Bier des riesigen Landes kommt aus der Hauptstadt.

Eine bessere Lage hätte der aus Südafrika eingewanderte Hottentotten-Anführer Jan Jonker Afrikaner kaum finden können, als er zu Beginn der 1840er-Jahre mit seiner Siedlung »Klein Winterhoek« den Grundstein für Namibias Hauptstadt legte: Reiche Wasservorkommen und die geografische Lage waren dafür ideale Voraussetzungen. Was auch die Deutsche Schutztruppe sogleich erkannte, als sie hier zu Beginn der Kolonialzeit ihr Hauptquartier aufschlug. Als Erstes wurde 1890 die »Alte Feste« errichtet, heute das älteste Gebäude der Hauptstadt. Nach dem Bau der Eisenbahnlinie zwischen Swakopmund und Windhoek avancierte die schnell wachsende Kleinstadt zum Verwaltungssitz von Deutsch-Südwestafrika, was einen ordentlichen Entwicklungsschub brachte. Keine andere Ansiedlung erreichte bislang auch nur annähernd eine wirklich urbane Dimension: Windhoeks City hat heute moderne Business-Standorte aus Marmor, Spiegelglas und Edelstahl, Verkehrsknotenpunkte für Schiene, Straße und Luftverkehr sowie eine stetig wachsende Einwohnerzahl. Offiziell ist die mit 300 000 angegeben; manche behaupten, es könnte inzwischen eine halbe Million sein. Mit Regierungs- und Parlamentssitz, der einzigen Universität des Landes sowie – nicht unwichtig – der einzigen Brauerei, spielt sich das wirtschaftliche, politische und kulturelle Leben ausschließlich hier ab.

Kolonialpaläste und waschechte Burgen

Windhoeks architektonische Preziosen ziehen die Besucher magnetisch an. Dazu gehört der Tintenpalast (1913), entworfen von Gottlieb Radecker als Sitz der Hauptverwaltung von Deutsch-Südwestafrika. Seine kuriose Bezeichnung verdankt er dem spöttelnden Volksmund – in den Amtsstuben regierten nur Formulare und Tinte. Wobei die Hauptstädter gern anmerken, dass sich in dieser Hinsicht nur wenig geändert habe.

exact!

Feinsten Jugendstil gibt es zuhauf, sogar richtige Burgen wie die Heinitzburg (rechte Seite oben). Dennoch kann Windhoeks urbane Architektur auch mit Moderne protzen, wie seine Skyline (rechte Seite unten) und das Gebäude des Obersten Gerichts (oben) beweisen. Darunter: die Treppen zur Alten Feste.

Heute residiert dort das namibische Parlament. Nicht zu verpassende Fotostopps sind das Obergericht (1908), das Alte Magistratsgericht (1898), das Offiziershaus (1906), die Kaiserliche Realschule (1909) und das Wahrzeichen der Stadt, die 1910 als Friedenssymbol von Radecker erbaute evangelisch-lutherische Christuskirche. Gleich hinter dem typisch deutsch wirkenden neogotischen Kirchenbau – die kunstvollen Fenster wurden von Kaiser Wilhelm II. gespendet, die Altarbibel von Gemahlin Auguste Viktoria –, der nachts märchenhaft im Flutlicht über der Stadt steht, protzt das umstrittene Reiterdenkmal. Pferd und der deutschkoloniale Schutztruppenreiter sind aus Bronze und stehen selbstherrlich auf einem Granitblock. »Zum ehrenden Angedenken an die tapferen deutschen Krieger« lautet die Inschrift, »welche fuer Kaiser und Reich zur Errettung und Erhaltung dieses Landes waehrend des Herero- und Hottentottenaufstandes 1903–1907 und waehrend der Kalahariexpedition 1908 ihr Leben liessen.« Von den zahllosen Opfern unter den Hottentotten, Ovambos und Hereros ist nichts zu erfahren.

Kaiser Wilhelms Prachtstraße

Zentrum des städtischen Lebens ist Windhoeks Independence Avenue. Die Hauptgeschäftsstraße war bis 1990 berühmt als »Kaiserstraße«. Sie zieht sich vom Ausspannplatz, dem ehemaligen Rastplatz für Ochsenkarren, mitten durchs Zentrum und am Zoopark vorbei bis zur historischen »Turnhalle«, die 1909 von Otto Busch als Übungssaal für den Windhoek Gymnastic Club erbaut wurde. Neben anderen architektonischen Schönheiten stellt die ehemalige wilhelminische Prachtstraße drei ganz besondere Perlen der deutschen Jahrhundertwende aus, die der Südwestafrikaner Wilhelm Sander entworfen hat: Das Erkrath-Haus (1910), gleich daneben das Gathemann-Haus (1913), das der damalige Bürgermeister von Klein-Windhoek in Auftrag gegeben hat, und das Kronprinzen-Haus. Letzteres wurde als Hotel Kronprinz schon seit 1902 genutzt und 1920 im Auftrag des Windhoeker Kaufmanns Gathemann zum Geschäftshaus umgebaut. In der Post Street Mall breitet sich auf Klapptischen und Wolldecken das komplette afrikanische Souvenirsortiment aus: Armreifen aus Elefantenhaar, handgeschnitzte Rhinozerosse, Schachteln aus alten Telefonkabeln, Holzgiraffen und Kochlöffel mit hornverzierten Stielen sowie Silberschmuck und Halsketten aller Art. Die Chancen stehen nicht schlecht, dass sich so ein schwarzafrikanischer Straßenhändler freundlich als Wilhelm, Friedrich oder Gotthold vorstellt. Ganz selbstverständlich werden hier altdeutsche Vornamen mit afrikanischen Familiennamen kombiniert, wie der von Erenfried »Tjivi« Ndjoonduezu beweist. Erenfried hat es in die englischsprachige Tageszeitung »Namibian« geschafft, der Windhoeker Polizist Traugott Ngambe in die »Allgemeine Zeitung«. Unzählige Male schon fand sich ein Matheus Shikongo in beiden Gazetten vertreten, er war lange Zeit der Oberbürgermeister der Stadt.

Die Postille der Großväter

Von den sechs Prozent weißen Namibiern englischer, burischer oder deutscher Abstammung spricht nur noch ein

Drittel Deutsch. Bei zwei Millionen Einwohnern bleiben aber immer noch 40 000 potenzielle Leser der seit beinahe hundert Jahren erscheinenden »Allgemeinen Zeitung«. Und: ausreichend Stammgäste deutscher Restaurants, Liebhaber deutscher Back- und Wurstwaren sowie deutscher Biersorten – und genügend Jecken für den Windhoeker Karneval. Kein Scherz, »et kütt, wo et kütt«, im Ernstfall auch mitten in Afrika. Natürlich wird das Spektakel live vom Deutschen Hörfunkprogramm übertragen und ist am folgenden Tag detailliert in der »Allgemeinen Zeitung« nachzulesen. Die AZ, wie sich die deutschsprachige Tageszeitung in Kurzform nennt, wurde 1916 als Informationsblatt zu den Entwicklungen des Ersten Weltkriegs gegründet und unter der mehrdeutigen Bezeichnung »Der Kriegsbote« verlegt. Drei Jahre später, nachdem Deutsch-Südwest unter südafrikanische Verwaltung gekommen war, erhielt das Blatt seinen heutigen Namen. Inzwischen ist die AZ auch mit einer Online-Ausgabe vertreten.
Die Papierausgabe wird in den meisten deutschsprachigen Haushalten Namibias gelesen. Die deutschen Gründerväter benannten ihre Straßen nach Bismarck, Mozart und Grimm und erbauten Prachtstücke wie die Schwerinsburg, die Sanderburg und die Heinitzburg, die heute als Luxusherberge fungiert.

»ROOMS WITH A VIEW« – ZIMMER MIT AUSSICHT

Zum stilvollsten Domizil der Stadt hat sich die Nobelherberge »Heinitzburg« mit ihren drei Feinschmecker-Restaurants Knight's Room, Felsenkeller und Leo's at the Castle gemausert. Wer es nicht auf die Liste der Reservierungen schafft, kann sich auf der Burgterrasse eines traumhaften Ausblicks über Windhoek erfreuen, bei klassisch europäischer oder typisch afrikanischer Cuisine. Oder einem erlesenen Gläschen Wein vielleicht? Der im urigen Felsenkeller der altdeutschen Burg in 15 000 Flaschen reichlich vorhanden ist, wie die Eigner des Fünf-Sterne-Boutique-Domizils Beate und Jürgen Raith glaubhaft versichern. Das Hotel Heinitzburg in der Heinitzburg Street 22 hat nur 16 Zimmer und ist deshalb rechtzeitig zu buchen (www.heinitzburg.com). Fünf Sterne hat auch das brandneue Hilton Hotel (154 Zimmer), das in der City zusammen mit Casino und Boutiquen residiert.

WEITERE INFORMATIONEN

Windhoek Tourism Information Office
Post St. Mall und Independence Avenue
www.windhoekcc.org.na
Fortwährend aktuelle Berichterstattung in der Allgemeinen Zeitung:
www.az.com.na (Tourismus)

Die Brandberg-Region brennt sich in doppeltem Sinne ins Gedächtnis ein – mit ihrer sengenden Hitze und mit ihren atemberaubenden Naturbildern (oben und rechte Seite). Den Zebras (unten) machen die hohen Temperaturen zum Glück wenig zu schaffen.

47 Brandberg und Spitzkoppe – Namibias Bergwelten

Höchster Berg und namibisches Matterhorn

Auf den ersten Blick erscheinen Namibias Bergwelten als brütend heiße, abweisende, ausgebrannte Geröllwüsten, die bis zu 2500 Meter Höhe in den sengenden Sonnenhimmel ragen. Wer sich auf sie einlassen kann, wird einzigartige Outdoor-Paradiese entdecken, die nicht nur Wanderer und Bergsteiger begeistern.

Wer in einer Cessna in flirrender Hitze das Brandbergmassiv im Damaraland überfliegt, möchte sich auf keinen Fall dort unten wiederfinden. Wer sich auf einer Trekkingtour ebendort aufhält, auf einem Felsvorsprung in luftiger Höhe vielleicht sein Nachtlager aufschlägt, wird das gewaltige Sonnenuntergangsspektakel des hitzeverbackenen Wüstenriesen immer im Kopf behalten. Wer hierher kommt, bekommt einiges zu sehen: außerordentliche Naturräume mit unermesslichen Weiten, aus denen sich gezackte Felsgebirge erheben, aus der Ebene steigende Formationen, platte Tafelberge inmitten kugelrund geschliffener Hügellandschaften. Und wenn nach einer halben Stunde Fahrt sich in der Endlosigkeit von Ocker und Umbra die Silhouette des Brandbergmassivs zeigt mit Namibias höchster Erhebung, dem 2573 Meter hohen Königsstein, dann wird in der abendglühenden Sonne deutlich, warum er zu den großen namibischen Naturwundern zählt. Vielleicht nannten ihn die Herero deshalb den »Berg der Götter«.

White Lady – Messum-Krater

In diesem felsigen Territorium geben sich neben Springböcken, Bergzebras, Oryxantilopen und Straußen auch Leoparden und Nashörner, Klippschiefer und Eidechsen die Ehre. Selbst Löwen verirren sich dann und wann in die Brandberg-Region. Eine Attraktion sind zahlreiche Felsmalereien und Gravuren, deren bekanntestes Motiv »The White Lady« heißt. »Die Weiße Dame« soll vor etwa 15 000 bis 16 000 Jahren entstanden sein und womöglich gar keine Dame darstellen, sondern vielleicht einen Schamanen oder einen Stammeskrieger.
Das Brandberg-Massiv erstreckt sich über eine Länge von 30 und eine Breite von über 20 Kilometern und ist nur knapp 100 Kilometer vom kalten Atlantik entfernt. Der massige Granitbrocken geht auf vulkanische Aktivität zurück und bietet in seinem zerklüfteten Inneren zahlreiche Höhlen und Überhänge, die einst den San als Unterschlupf dienten, weshalb zählfreudige Statistiker bislang rund 50 000 San-Kunstwerke zählten. Auch Damaras Messum-Krater besteht aus

Die skurrilen Felsformationen der Spitzkoppe (oben und unten) gehören zu den unschlagbaren Motiven der namibischen Bergfotografie; aber auch faszinierende Reptilien (Mitte) sowie farbschillernde Papageien (rechte Seite oben). Immer wieder faszinierend: die flimmernden Weiten Namibias (rechte Seite unten).

Granit. Der ehemalige Vulkankrater mit dem stolzen Durchmesser von 22 Kilometern wurde 1848 von dem Briten Captain W. Messum entdeckt.

Hartmanns-, Huns- und Zebraberge

Eine ganze Reihe von Erhebungen wie der Gamsberg (2347 m), der Hohenstein (2319 m) oder die »Fahlen Kuppen« (1723 m) erinnern mit ihren Namen an deutsche Zeiten. Der Hohenstein westlich des Städtchens Karibib, die höchste Erhebung der Erongo Mountains, versammelt um sich ebenfalls zahlreiche Felsmalereien, unter anderem das berühmt gewordene Abbild eines weißen Elefanten. Große Anziehungskraft hat Namibias Spitzkoppe (1728 m), die 1946 erstmals bestiegen wurde und ihrer markanten Form wegen auch als das »Matterhorn Afrikas« bezeichnet wird. Der gern besuchte Inselberg aus Granit, der sein hoch liegendes Umland um rund 700 Meter überragt, ist bis heute ein beliebtes Ziel ausländischer wie einheimischer Kletterer.

Im Eldorado der Geologen

Die zerklüftete Gebirgswelt bietet Geologen ein interessantes Territorium, in dem Erdgeschichte auch visuell erfahrbar ist. Wer sich unter fachkundiger Anleitung eine Exkursion durch Namibias Geologie gönnen möchte, kann mit »Terra Africana Safaris« auf eine zwei- oder dreiwöchige Stein-Reise gehen. Schon die Anreise durch weite Ebenen, auf denen sich sanft im Wind hochgewachsenes Savannengras wiegt, bunt durchpunktet von Wildblumen, ist besonders: Ringsum türmen sich aus dem Flachland riesige Brocken abrupt in den Himmel – als kugelrunde Granitbälle, zackige Bergketten oder in Form kleiner Tafelberge. Hier und dort vervollständigen hochgewachsene Akazien, deren ausladende Kronen Wildtieren in der Mittagshitze wohltuenden Schatten spenden, das malerische Bild.

Open-Air für Rock-Art-Connaisseure

Das Naturreservat Twyfelfontein hütet eine ethnologische Schatzkiste. Rundpfade führen durch beeindruckende Formationen riesiger Steinplatten, die wie beiläufig auf ein paar tragende Felsquader geworfen sind. Eine besondere Energie ist in der felsigen Monumentalanlage zu rspüren. Die zahllosen Gravuren und Felsmalereien, über deren tatsächliches Alter Experten immer noch streiten, zeigen sich vor allem frühmorgens oder nachmittags im schönsten Licht. Manche der feingliedrigen Darstellungen werden auf ein Alter von 6000 Jahren geschätzt, andere Wissenschaftler spekulieren sogar auf einige Hunderttausend Jahre.
Weitgehend einig sind sich die Fachleute darin, dass es sich um die Kunstwerke steinzeitlicher San handeln muss, die »Twyfelfontein«, »die Quelle, die nur unregelmäßig fließt«, an diesem magischen Punkt inmitten der Geröllwüste hielt. Vermutlich wurden sie in früheren Zeiten reichlicher mit kostbarem Nass versorgt, so zahlreich zeigen sich ihre Petroglyphen, die mehrere Millimeter tief in weiche Sandsteinplatten geritzt wurden: Giraffen, Oryxantilopen, Springböcke, Strauße, Zebras, Nashörner und Löwen. Am bekanntesten sind der »Tanzende Kudu« und das Bild eines Löwen mit seltsam langem und geschwungenem Schwanz. Auch Seelöwen sind in dieser Manege vertreten, was

darauf schließen lässt, dass die Künstler Kontakt zur hundert Kilometer entfernten Skelettküste hatten. »Us ais« nannten die Damara das Felswunder, was so viel wie »Platz zwischen gestapelten Steinen« bedeutet. Ende der 1940er-Jahre tauften europäische Siedler den Platz nach der Quelle, die mit einem Kubikmeter pro Tag nur spärlich Wasser abwarf und ihnen ein Überleben an diesem Ort »zweifelhaft« erscheinen ließ. Seit 2007 trägt Twyfelfontein offiziell den Titel »Weltkulturerbe der UNESCO«.

Einen Steinwurf entfernt warten mit den »Orgelpfeifen« und und dem »Versteinerten Wald« zwei Touristenattraktionen, die schon von Weitem durch parkende Reisebusse als solche zu erkennen sind. Die »Orgelpfeifen« bestehen aus circa fünf Meter hohen Basaltsäulen, die an einer Böschung stehen und durch Anordnung unterschiedlicher Größen tatsächlich aussehen wie die Pfeifen einer Orgel. Vollbracht hat das Werk vor rund 150 Millionen Jahren flüssige Lava, die in eine Gesteinsformation aus Schiefer eindrang und erkaltete.

Bäume aus Stein

Im Anschluss an die Sehenwürdigkeit aus Basalt folgt das Nationaldenkmal »Versteinerter Wald«. Ganz sicher findet sich auf dem 60 Hektar großen Gelände kein wirklicher Wald aus versteinerten Bäumen. Doch eine stattliche Menge an liegenden Baumstämmen ist vorhanden: Insgesamt 50 fossile Riesen mit deutlich erkennbaren Jahresringen, die vor etwa 250 bis 300 Millionen Jahren einen Wald bildeten. Manche messen 30 Meter in der Länge und sechs Meter in der Breite! Entstanden sind die seltsamen Steinzeugen durch langsames Eindringen von Kieselsäure in ihre Zellen, wodurch die Holzstruktur über Millionen von Jahren durch Silizium ersetzt wurde, sodass sich nun Kieselstein in der Erscheinungsform eines Baumstammes bewundern lässt.

NATIONALPARKS UND RESERVATE

Obwohl die namibische Verfassung vorschreibt, dass der Staat Ökosysteme und Artenvielfalt als Erbe der Menschheit zu bewahren hat, ist diese Aufgabe im Wechselspiel der Interessen nicht immer leicht zu erfüllen: Allein Fischerei, Diamantenproduktion und Landwirtschaft erbringen einen Großteil des Bruttosozialprodukts. Dazu kommen Bodenschätze wie Zinn, Kupfer, Uran, Blei und Zink. Trotzdem ließen sich die Naturschutzgebiete des Landes auf 15 Prozent der Gesamtfläche ausweiten, was 123 640 Quadratkilometern oder einem Drittel der Fläche Deutschlands entspricht. Insgesamt gibt es rund 20 staatlich geschützte Gebiete inklusive Nationalparks sowie Meeresschutzzonen, Wildparks und Reservate (www.namibia-tourism.com, www.nwr.com.na). Seit 2008 steht die neueste Errungenschaft, der Sperrgebiet National Park südlich von Lüderitz, auf der Liste.

WEITERE INFORMATIONEN

Im Brandberg-Gebiet:
www.brandbergwllodge.com
Trekking: www.hauser-exkursionen.de
Rundreisen: www.diamir.de

Das Formenspiel der Namib fasziniert durch immer neue Entwürfe; nicht nur die höchsten, sondern auch die schönsten Sanddünen der Welt produzieren ein unverwechselbares Design im Namib Naukluft National Park, der mit Sandpaketen (oben und rechte Seite) auf einen eiskalten Atlantik (unten) trifft.

48 Der Namib Naukluft National Park – Die älteste Wüste der Welt

Nichts außer Sand!

Die Namib ist mit 20 Millionen Jahren sowohl die älteste als auch die trockenste Wüste der Welt. Ihr sandiges Terrain regiert die optische Schönheit mit dem darwinistischen Imperativ, was bedeutet: Wer sich nicht anpasst, ist schon im nächsten Moment tot.

In der »Swakopmunder Buchhandlung«, die es schon seit 1900 gibt, finden Reisende nicht nur die »Brigitte«, den »Spiegel«, »Sportbild« oder den »Großen Ravensburger Weltatlas«. Viel verlockender sind hier Publikationen wie »Die ältesten Reiseberichte über Namibia» von Prof. Dr. E. Moritz, »Aus alten Tagen in Südwest« von Pastor Walter Moritz oder »Elf Jahre Gouverneur in Deutsch-Südwestafrika« von Theodor Leutwein, Generalmajor und Gouverneur a.D. Derzeitiger Verkaufsschlager sei »Wenn es Krieg gibt, gehen wir in die Wüste«, erklärt Anton G. von Wietersheim, der heute das Geschäft führt. Der dokumentarische Roman erzählt das abenteuerliche Schicksal zweier Deutscher, die in Namibia vom Zweiten Weltkrieg überrascht werden und sich in der Namib-Wüste vor der drohenden Internierung verstecken – und offenbar überlebten.

Sand, nichts als Sand!

Auf dem Flug ins Herz der Namib zieht Walvis Bay unten vorbei, das nur 30 Kilometer von Swakopmund entfernt liegt. Südlich der Stadt brechen The Falling Dunes, riesige Sandfelder, steil zum Atlantik ab. Dann taucht das Wrack des Fishtrawlers »Shaunee« auf, den die Brandung tief in den Sand getrieben hat. Im Tiefflug geht es dann über die »Edward Bohlen« hinweg, einen Frachter, der 1909 mit Whisky und Trinkwasser beladen von Walvis Bay nach Lüderitz unterwegs war und bei Nebel auf eine Sandbank lief. Weiter im Inland zeigen sich unten Reste von Diamanten-Camps, Häuser und Hütten, halb verschüttet. Verloren steht ein Ochsenkarren dort im Sand.

Was für eine Wüste: Sie erstreckt sich zwischen Angola und Südafrika über zwölf Breitengrade hinweg auf einer Länge von 1500 Kilometern. Mit unendlich weiten, in erdigen Farbtönen leuchtenden Dünenfeldern, deren Sandgipfel mit über 300 Metern zu den höchsten der Welt zählen. Mit Trockenflussläufen, die jahrelang schlafen, aber bei starken Regenfällen zu reißenden Strömen anschwellen. Mit bizarren Felsformationen, mit Sand gefüllten Tälern, Trockenseen und Salzpfannen. Dabei führt auch hier der kalte südatlantische Benguelastrom den Zauberstab, weil er feuchtkühle Nebelschwaden über den Sand schickt und

Der Nebeltrinkerkäfer (Mitte) zählt neben Oryx-Antilope (oben) und Strauß (unten) zu den sehr speziellen Überlebenskünstlern der Namib (rechts). Wie auch die Pilotin Elsa van Rooyen (rechte Seite oben), die ohne Sossusvleis Dead Vlei sowie die Monsterdüne Big Daddy (rechte Seite unten) ihren Traumjob nicht hätte.

so ein komplexes Ökosystem unterhält: Im Wasser bieten die stickstoffhaltigen Fluten einer Fülle von Meerestieren reichlich Plankton, die auf der Speisekarte der Fische stehen und den Seevögeln als Nahrung dienen. Auf die wiederum spekuliert der Wüstenschakal, der sich vor der Zwergpuffotter und noch giftigeren und größeren Verwandten, die in der Namib einen idealen Lebensraum haben, in Acht nehmen muss. Auf diese Weise versorgt der feuchte Nebel auch Springböcke, Zebras, Oryxantilopen, Tüpfelhyänen, Leoparde, Strauße und Paviane. Welch ausgefuchste Überlebensstrategien es hier gibt, zeigt der Tok-Tokkie-Käfer (*Onymacris*) anschaulich: Nachts, wenn die Nebelschwaden heranziehen, steht er mit hochgerecktem Hinterleib da, sodass die vorbeiziehende Feuchtigkeit an seinem Körper zu Wasser kondensiert und tröpfchenweise an ihm entlang und direkt in die Mundöffnung läuft. Ganze Armeen dieser kuriosen Nebeltrinkerkäfer sind in der merkwürdig schrägen Haltung auf den Dünenkämmen zum Durstlöschen angetreten. Bis zu 40 Prozent ihres Körpergewichts können sie an Feuchtigkeit speichern.

Dünenspektakel Sossusvlei

Bereits 1907 erkannte die deutsche Verwaltung die Einzigartigkeit der Namib-Region und stellte die Wüste östlich von Swakopmund und Walvis Bay unter Naturschutz. Später kamen weitere Schutzzonen hinzu durch aufgekaufte Farmgebiete oder dem Naturschutz abgetretene Territorien der Diamantensperrgebiete. Heute ist der Namib Naukluft National Park mit rund 50 000 Quadratkilometern Fläche das größte Wildschutzgebiet Afrikas und das viertgrößte der Welt, in das die Schweiz und 16 Mal der Bodensee

hineinpassen würden. Das touristische Herz der Namib heißt Sossusvlei – mit seinen bis zu 388 Meter hohen Dünengipfeln ist es Namibias beliebtestes Ausflugsziel. Noch rund 70 Kilometer führt die Straße vom Parktor in Sesriem – wo es nicht viel mehr als das Nationalparkbüro, einen kleinen Laden, einen Campingplatz und die Sossusvlei Lodge gibt – zum Trockensee des Tsauchab River und des Aub River. Genug Zeit für Pkw-Reisende, sich der sandigen Märchenwelt langsam zu nähern und dabei die zunehmende Landschaftsdramatik zu spüren. Wobei die letzte Etappe die Spreu vom Weizen trennt: Nur mit Vierradantrieb ausgestattete Offroadfahrzeuge rollen die verbliebenen fünf Kilometer bis zu den Dünentürmen Big Daddy und Big Mama – auch Aircondition ist hier nicht als nachteilig bekannt! –, während gewöhnliche Autos auf einem immerhin nicht sehr gewöhnlichen Parkplatz stehen bleiben.

Von dort machen sich Unerschrockene zu Fuß auf den Weg – die Mehrheit nutzt einen Shuttle-Taxi-Service. Während der Fahrt auf der tief versandeten Piste zeigen sich auf beiden Seiten des Dünenkorridors gewaltige Dünengebilde in vom immer gegenwärtigen Wind gebildeten Mustern, die sich täglich aufs Neue erfinden. Dann ragen sie auf, die ganz Großen des Sossusvlei, an der Endstation mitten im Sandmeer, dem Dead Vlei. Wo sich alle wieder vereinen: die schweißgetränkten Individualisten, die es zu Fuß schaffen wollten, die Four-Wheel-Begünstigten und die Shuttle-Passagiere – inmitten einer einzigartigen Sandlandschaft, deren Foto auf keiner Reisebroschüre Namibias fehlen darf.

NAMIB FÜR ANFÄNGER

Wer nicht selbst durch die Wüste fahren will, kann beispielsweise den Desert Express von Windhoek nach Swakopmund nehmen. Oder einfach den Bus: Zweimal in der Woche verkehrt die Star-Line zwischen Walvis Bay und Mariental auf einer Strecke, die mitten durch den Namib Naukluft National Park führt. Die Krönung ist ein Rundflug über das Dünenmeer der Namib und entlang der Skelettküsten-Areale, was die entspannteste und vor allem schnellste Wüsten-Annäherung ist – zum Beispiel täglich mit Bush Bird (www.bush-bird.de) oder mit Pleasure Flights & Safaris (www.pleasureflights.com.na). Schließlich wäre eine organisierte Tour durch die Wüste zu empfehlen: Wandern, Safari mit Pferden, Offroadfahren sowie Camping-Touren sind beispielsweise bei »Naukluft Experience« im Programm (www.naukluft-experience.com).

WEITERE INFORMATIONEN

Infos zu individuellen Bausteinen einer Namib-Tour inklusive Flug und passende Stopover in Windhoek, Swakopmund und Lüderitzbucht beim Spezialveranstalter **»Abendsonne Afrika«:** www.abendsonneafrika.de

Blick über das sich endlos hinziehende Dünenmeer der Namib.

Die Luxuslodge Onguma (oben) bietet von ihren Safari-Chalets den freien Blick auf ein großzügiges Wasserloch der Wildtiere (unten), was eine Etosha-Safari praktisch von der Terrasse aus möglich macht. Auch Elefanten sind hier allgegenwärtig (rechte Seite).

49 Der Etosha National Park – Das Paradies der Wildtiere

Schutzgebiet für die afrikanische Fauna

Das Motto in der Etosha heißt »warten«. An einem der zahlreichen Wasserlöcher, die während der Trockenzeit auf Wildtiere wie Magneten wirken. Am wichtigsten Lebensquell der Wildtiere läuft das Etosha-Bühnenstück ganz automatisch ab, auch wenn dort tausend Gefahren lauern, wobei mobile Camper die besten Logenplätze schon einnehmen, wenn der Sonnenvorhang sich hebt.

Unten zieht bis zum Horizont trockenes Farmland vorbei. 20 Hektar braucht ein Rind in dürrer Vegetation, erklärt der Pilot. Folgerichtig umfassen Farmen mit Namen wie Hildesheim, Brandenburg oder Friesland unglaublich große Gebiete – und eine viel diskutierte Landreform sowie der Irrwitz von Politik unter Druck rückt in den Fokus. Knapp über 200 Flugkilometer sind es von Windhoek bis zum Etosha National Park. Nach anderthalb Stunden folgt ein Tankstopp in Tsumeb. Nach ungefähr 20 weiteren Flugminuten dreht die Nase der Cessna auf eine winzige Piste am Rande der Etosha, Namibias einzigartigem Tierreservat, das mit 22 270 Quadratkilometern halb so groß ist wie die Schweiz. Der »Ort des trockenen Wassers«, wie die Salzpfanne von den Ovambo genannt wird, lässt sich mit Botswanas Okavango-Delta und Südafrikas Krügerpark in einem Atemzug nennen. Die Luxuslodge Onguma bietet von ihren Safari-Chalets den Blick auf ein großzügiges Wasserloch, das unzählige Wildtiere besuchen.

Ongumas Poesie

Das Onguma Tented Camp an der Parkgrenze produziert ein feinfühliges Karen-Blixen-Ambiente. Mit dem Champagnerglas in der Hand lässt sich vom Pool aus die Tränke von Zebras, Kudus und Schakalen beobachten, von schlanken Palmen umstanden. In der Sprache der Hereros bedeutet Onguma »der Ort, den niemand verlassen will«: »Hör auf die Worte des Windes, auf die Stimmen, die dir erzählen, wie Sand und Sonne verschmelzen«, wirbt Onguma in sanfter Poesie. Am nächsten Morgen wird der Pilot zum Game-Driver. Er lenkt den offenen Geländewagen zu einem schilfbestandenen Wasserteich und stellt den Motor ab. Namibia-Safari, erklärt der fliegende Wildlife-Experte den schnellen Stillstand, bedeute nichts anderes als warten. Am nächstbesten Wasserloch. Nach kurzer Zeit schon tanzen kämpferische Gnu-Bullen um eine Kuh, Giraffen verrenken die Hälse, scheu treten Oryxantilopen ans kostbare Nass, das gleichzeitig von Springböcken, nervös hin-

Vom malerischen Fort Namutoni aus (oben) ist man gleich mitten unter den Wildtieren.Onyxantilopen verschmelzen mit der Umgebung (MItte). An den Wasserlöchern finden sich außerhalb der Regenzeit häufig Giraffen (unten) und Löwenfamilien (rechte Seite) ein.

und herlaufenden Perlhühnern, Schakalen und Zebras besucht wird. Hyänen stören kurzfristig die »friedvolle« Szene, dabei zeigen über 50 aufflatternde Weißrückengeier beachtliche Flügelspannweiten.

Namutoni – exklusive Herberge

Auf der Rückfahrt ins Camp tauchen Burgzinnen wie Gipskitsch aus der Savanne auf: Namutoni, das ehemalige reichsdeutsche Fort der kaiserlichen Schutztruppe, heute eine von drei staatlichen Lodges im Etosha National Park. Eine Gedenktafel an den frisch geweißten Mauern der historischen Wehrburg erinnert: »Am 28. Januar 1904 ueberfielen 500 Ovambo die Station Namutoni. Sieben tapfere deutsche Reiter schlugen den Angriff siegr. ab. Ehre ihren Namen.« Einige Hundert Ovambo hatten den Vorposten der deutschen Kavallerie überraschend angegriffen, nachdem die Hauptbesatzung abgezogen war und nur noch ein Notposten Wache schob. Der konnte die erste Attacke der Ovambo-Krieger zwar abwehren, doch zogen es die Soldaten des Kaisers vor, sich im Schutz der Dunkelheit davonzumachen. Am Folgetag ließ Ovambo-König Nehala die deutsche Wüstenfestung komplett zerstören. Zwangsarbeiter mussten das Fort, das seit 1950 unter Denkmalsschutz steht und heute eine der schönsten staatlichen Lodges im südlichen Afrika ist, originalgetreu wieder aufbauen. Ilse Steinhoff (Deutsche Heimat Afrika, 1939) besuchte das bereits verfallende Fort, das sie als letzte Polizei- und Grenzstation auf der Überlandstraße nach Angola und Ovamboland beschreibt, wo sämtliche Eingeborenen, die nach Südwest einreisten, ihre Waffen abgeben mussten: »Tausende von wilden Tieren, Zebras, Gnus, Springböcke, Löwen und Giraffen äsen dort im paradiesischen Frieden an der großen Salzlecke, die, fast 150 Kilometer breit, sich an der Nordgrenze von Südwest erstreckt, unerschöpfliche Quelle für Büchse und Kamera.«

Walt Disneys Dschungelbuch

Die Nacht in Onguma wird unruhig – was für ein Löwengebrüll. Der »Ort des trockenen Wassers« fängt die Abflüsse des Okavango im Osten und des Ekuma und Oshigambo im Norden als Tränkwasser auf. Wenn es denn welches gibt. Meist ist die 5000 Quadratkilometer große Salzpfanne komplett ausgetrocknet und nur an wenigen Tagen im Jahr eine mit Wasser gefüllte Lagune. Vor allem dann, wenn nach heftigen Regenfällen der Oshigambo River im Norden oder der Ovambo River im Osten Hochwasser führt, verwandelt sich die salzige Ödnis in ein Nahrungsparadies für Flamingos und Pelikane. Die schmalen Vegetationsstreifen am Rande der Etosha – Gras- und Dornsavannen hauptsächlich sowie Buschland und Trockenwald – bilden den Lebensraum einer vielfältigen Tierwelt, die sich aus 340 Vogelarten, 114 Säugetier- und 16 Reptilien- und Amphibienarten zusammensetzt.
Schon 1907 hatte der erste deutsche Zivilgouverneur Friedrich von Lindequist dieses einzigartige Naturphänomen als Heimat von Löwen, Hunderttausenden Flamingos, Elefanten und Spitzmaulnashörnern zum Schutzgebiet erklärt. Seine Sorge um die Dezimierung bestimmter Tierarten war es, die ihn die Etosha-Pfanne samt angrenzen-

der Gebiete zu einem ca. 99 526 Quadratkilometer großen Reservat erklären ließ. Seit 1970 besteht der Etosha National Park in seiner jetzigen Ausdehnung – nur noch gut ein Fünftel der Fläche von Lindequists. Einer letzten Tierzählung zufolge leben zurzeit etwa 300 Löwen im Etosha National Park, 8000 Oryx, 700 schwarze und wenige Hundert weiße Nashörner, 2500 Giraffen, 4000 Gnus, 6000 Zebras, 2000 Elefanten und um die 20 000 Springböcke, die sich dank artesischer Brunnen und von Grundwasser gespeisten oder vom Menschen angelegten Tränken prächtig vermehren.
Zwischen November und April herrscht Regenzeit, dann sind die Wildtiere nicht unbedingt auf die Tränken angewiesen. Deshalb ist die beste Reisezeit für die Etosha die Trockenzeit zwischen Mai und Oktober. Das durch Elektrozäune gesicherte Areal machen 700 Kilometer gut befahrbare Pisten leicht zugänglich. Durchschnittlich 200 000 Besucher kommen pro Jahr. Die Pisten verbinden etwa hundert Wasserlöcher mit exotischen Namen wie »Olifantsbad«, »Gemsbokvlake« oder »Halali«, die im östlichen Teil des Parks mit dem eigenen Pkw angefahren werden können. Die gesamte westliche Parkhälfte ist allerdings nicht frei zu-gänglich. Seinen ganz privaten Game Drive vom Fort Namutoni aus zu starten, das hat etwas: Die historische Eto-sha-Herberge garantiert Wildlife vom Allerfeinsten gleich vor ihren Toren.

JUBILAR SALZPFANNE

Zum hundertjährigen Bestehen der Etosha im Jahr 2007 wurden die drei staatlichen Camps der Namibia Wildlife Resorts »Halali«, »Okaukuejo« und »Namutoni« durch eine Investitionsspritze von 6,5 Millionen Euro herausgeputzt. Das namibische Nationaldenkmal Namutoni beherbergt ein Museum und bietet Unterkünfte vom einfachen Zeltplatz bis zur Luxussuite. Allabendlich versammeln sich Besucher zum spektakulären Sonnenuntergang auf den Burgmauern. Der grandiose Ausblick wird manchen Gedanken auf den 28. Januar 1904 lenken, während der Hornist zum Einholen der namibischen Flagge bläst. Info für Selbstfahrer: Normale Pkws reichen für die meisten Pisten aus; alle drei Camps haben Tankstelle und Lebensmittelladen; zwischen Sonnenuntergang und Sonnenaufgang sind Fahrten untersagt (www.nwr.com.na).

WEITERE INFORMATIONEN

Übernachten
An der Parkgrenze liegen die Safari-Domizile The Fort on Fisher's Pan sowie das Onguma Luxury Safari Tented Camp, www.ongumanamibia.com
www.ExclusiveTravelChoice.com

Die imposante Umgebung Kapstadts entführt Wanderer in die farbenfrohe Welt des Fynbos (oben) rund um den Tafelberg und auf aussichtsreiche Tracks am Lion's Head bei Clifton (unten). Ein Blick auf die Bucht zeigt: Clifton (rechte Seite unten) ist sicher nicht die schlechteste Adresse Cape Towns (rechte Seite oben).

50 Cape Town – Das schönste Ende der Welt:

Südafrika vom Feinsten

Die beeindruckendste Landschaft, die besten Weine, die teuersten Wohnlagen, der frappierendste Jazz, die prächtigste Kolonialarchitektur – am »Kaap die Goeie Hoop« zeigt sich das Südafrika, das von vielen Superlative geprägt ist. Gleichzeitig schlägt hier aber auch das Herz der Geschichte kräftig und klar.

Der Panoramablick vom Aussichtspunkt Signal Hill auf Table Mountain, Lion's Head, den Atlantik und Robben Island gehört zu den ergreifenden Momenten einer Südafrikareise: auf der einen Seite die Gefängnisinsel Nelson Mandelas, auf der anderen die hinreißende Skyline Kapstadts. Vom Wahrzeichen der Stadt aus, dem Tafelberg, ist er sogar noch einen Tick schärfer: Bei klarer Sicht breiten sich tief unten die Wasserflächen des Atlantiks wie glitzernde Spiegel um das Häusermeer von »Metropolitan Cape Town« aus.

Spektakulär: der Meeresberg

Wenn aber der berüchtigte »Cape Doctor« weht, die strenge Brise aus Südost, wird es nichts mit den grandiosen Aussichten auf das schönste Ende der Welt. Dann bläst der kräftige southeaster den Smog aus der Stadt in Richtung Berge – was ihm seinen therapeutischen Spitznamen verschafft – und dem Tafelberg seine Wolkentischdecke weg, die alles verhüllt. Weshalb der Programmpunkt Table Mountain bei stahlblauem Wetter oberste Priorität hat. Hinauf lässt es sich auf einer Reihe gut beschilderter Routen wandern, oder schnell und bequem mit der Drahtseilbahn schweben. Die 1929 installierte Kabinenbahn dreht beim Auf und Ab ihre Made-in-Switzerland-Gondeln zur 360-Grad-Perspektive und schafft in sieben Minuten bis zu 70 Personen auf einen Schlag hinauf. »Hoeri 'kwaggo« nannten ihn die Khoi, die Ureinwohner des Kaps, ihren Meeresberg, diesen mächtigen, abgeflachten, 6000 Hektar großen und 1087 Meter hohen Sandsteinfelsen, der über der Stadt thront. Besucher erwartet oben ein sensationelles Panorama und ein liebliches Naturschutzgebiet mit zahlreichen Wanderwegen durch eine artenreiche Fynbos-Vegetation, die für das Kap typische Flora mit zahlreichen kleinwüchsigen Pflanzen. In der Ferne ragt Robben Island, die legendäre Gefängnisinsel, aus dem Tiefblau des Atlantiks. Das Mahnmal gegen die Apartheid, früher ein Gefängnis, in dem auch Nelson Mandela viele Jahre verbringen musste, ist inzwischen als National Monument ein Besucher-

Sightseeing vom Feinsten: Blick über Cape Towns Waterfront bis zum Tafelberg (oben), auf Kapstadts »City Bowl« (Mitte) sowie auf den viel fotografierten Prachtbau seiner »City Hall« (unten). Das farbenfrohe Bo-Kaap (rechte Seite) mit Lion's Head im Hintergrund ist längst zu einem Szene-Viertel avanciert.

magnet und steht auf der UNESCO-Liste des Weltkulturerbes.

Downtown: Kapstadts »City Bowl«

Mitten im Häusermeer liegt Kapstadts historische Innenstadt, eingebettet zwischen Signal Hill, Lion's Head und dem Tafelberg. Auch wenn 1798 eine Feuersbrunst den größten Teil der alten Hafenstadt niedergewalzt hat, wird die städtebauliche Perle wegen ihres historischen Erbes, ihrer einzigartigen Lage und der traumhaften Umgebung mit Sydney, Rio de Janeiro und San Francisco in einem Atemzug genannt.
Nicht verbrannt ist damals Kapstadts ältestes Gebäude, die Wehrfestung Castle of Good Hope (1666–1679). Sie war einst Sitz des Gouverneurs sowie Militärstützpunkt und ist heute ein imponierendes Zeugnis aus der Zeit der frühen Besiedlung. Hinter ihren Mauern dokumentieren Ausstellungen Kapstadts Vergangenheit: die William Fehr Collection (Möbel, Gemälde, Porzellan, 17. bis 19. Jahrhundert), das Military Museum (alte Waffen und Uniformen) und die Good Hope Gallery (zeitgenössische südafrikanische Kunst). Außerdem residiert hier das Armeekommando der westlichen Kapprovinz, und so ist täglich die Wachablösung zu sehen, in Soldatenkluft von anno dazumal.
Vor der imposanten Kulisse des Tafelbergs ragt Kapstadts City Hall auf, ein Mix aus Kolonialarchitektur und italienischer Renaissance (1905). Auf der Grand Parade, ihrem Vorplatz, wurde Nelson Mandela nach seiner Freilassung begeistert von der Bevölkerung empfangen. Eine Parallelstraße weiter steht die Groote Kerk, das älteste erhaltene Gotteshaus des Landes, mit schönem Interieur; die Rokokokanzel schnitzte 1766 der deutsche Bildhauer Anton Anreith. Beim nächsten Kirchturm werden historische Bischofsgräber und prachtvolle Altäre von der südafrikanischen Neuzeit überholt: In der St. George's Cathedral trat Erzbischof und Friedensnobelpreisträger Desmond Tutu mutig gegen Rassismus und Apartheid ein, als das noch sehr gefährlich war.

Shoppen ohne Ende

Die gewandelte Atmosphäre Kapstadts lässt sich am besten in seiner Fußgängerzone, der St. George's Mall, spüren. In der altehrwürdigen City von einst bevölkern nun Musiker, Straßenhändler, Souvenir- und Blumenverkäufer Plätze und Trottoirs. Besonders lebhaft geht es auf dem Green Market Square zu, das Angebot an Tierminiaturen aus Holz oder Stein, an Masken, Tüchern, Schalen, Schnitzwerk und Schmuck aller Art ist unüberschaubar. Shop'til you drop, lautet das eigentliche Hauptthema der Stadt, denn mit seinen unzähligen Malls (allein Cavendish Square und Canal Walk bieten über 600 Geschäfte) zählt Kapstadt zu den begehrtesten Shopping-Mekkas der Welt!
Rings um den Platz bezaubernde Art-déco-Fassaden, vom Muller & Sons House beispielsweise oder dem Old Mutual Building und den Kaufhäusern Ackermans und Cuthberts. Am tollsten geht es downtown in der ersten Januarhälfte zu, wenn der Cape Minstrels Carnival (auch Coon Carnival genannt) der cape coloureds und Malaien farbenfroh und ausgelassen durch die Straßen der Altstadt zieht.

Kunst, Kultur und buntes Leben

Bei einer historischen Entdeckungsreise ständen noch mindestens ein Dutzend Museen auf der Liste: das South African Museum zum Beispiel oder das Bertram House, das Jewish Museum, die South African National Gallery oder das Cultural History Museum. Adderley Street, die Haupteinkaufsstraße, sowie Long Street mit ihren herrlichen viktorianischen Gebäuden, in denen sich eine Welt aus Antiquariaten, Szenekneipen, Musik- und Coffeeshops ausbreitet, dürfen bei einem Stadtrundgang natürlich genauso wenig fehlen wie das farbenprächtige Bo-Kaap. Dieses muslimisch geprägte Malaienviertel am Fuß des Signal Hill ist mit seinen bunten Häusern und Moscheen, zwischen denen sich der Duft von Curry, Kokosmilch und exotisch gewürzten Soßen ausbreitet, einer der fotogensten Viertel Kapstadts. Ausruhen ließe es sich in Cape Towns Stadtpark The Company's Gardens, den einst Stadtgründer Jan van Riebeeck als Plantage für Gemüse und Obst anlegen ließ. Seit 1909 beobachtet Diamantenkönig Cecil Rhodes, einer der vermögendsten und einflussreichsten weißen Afrikaner, von hier aus Kapstadts neuzeitliche Entwicklungen – als Bronzedenkmal. Zur Fotopflicht gehören das Old Town House (1755), das Präsidentenpalais De Tuynhys (1680) sowie die Houses of Parliament (1885). Außerdem sehenswert ist die berühmteste Kapstädter Luxusherberge, das legendäre Mount Nelson Hotel (1743), sowie eine zeitgenössische Attraktion, die Victoria & Alfred Waterfront: Der quirlige Publikumsmagnet aus Glas und Chrom rund um die beiden Hafenbecken ist Kapstadts größtes Shopping- und Vergnügungsviertel. Malls, Restaurants, Bars, schrille Geschäfte (über 240 Boutiquen und Shops) sowie ein- und auslaufende Schiffe machen die schick restaurierte Hafenanlage zu einer herausragenden Attraktion.

Ruhe von der Riesenstadt

Wer sich vom aufregenden Nachtleben erholen muss, findet auch ruhige Nahziele. Zum Beispiel Kirstenbosch National Botanical Gardens, dessen weitläufiges Areal zu Füßen des Tafelbergs der Diamantenmagnat Cecil Rhodes 1902 dem Staat vermacht hatte. Kirstenbosch zählt mit insgesamt mehr als 6000 Pflanzenarten (blühende Protea, zahllose Farn- und Erikaarten, Fackellilien, Strelizien) zu den schönsten botanischen Gärten weltweit und verschafft den musikvernarrten Capetonians mit seinen »Sommer Sunset Concerts« zwischen Dezember und März herausragende kulturelle Highlights. Natürlich hat die Stadt zwischen den Ozeanen auch noch romantische Küstenabschnitte mit farbenfrohen Fischereihäfen, Steilklippen, verträumten Buchten sowie herrlichen Stränden zu bieten. Nur einer von vielen ist Bloubergstrand, 25 Kilometer von der City entfernt, aber aus speziellem Grund einer der schönsten: Von hier aus lässt sich das am häufigsten fotografierte Bild Cape Towns in natura bewundern, mit dem Tafelberg als imposante Kulisse. Wem dieses Kapstadt auf die Dauer zu schön ist, der sollte zur Vervollständigung seiner Eindrücke eine Exkursion zu den cape flats unternehmen. Die Townships der schwarzen und farbigen Einwohner Kapstadts gehören auch zum »schönsten Ende der Welt« dazu.

MOTHER CITY, RAINBOW NATION

Weitflächig umlagern Wohnquartiere aus Wellblech, Beton, Pappkarton und sonstigen einfallsreichen Baumaterialien Cape Town und beherbergen Millionen ihrer weniger privilegierten »Kinder«. Ein Besuch der sogenannten Townships lohnt sich, die Gastfreundschaft ist mehr als herzlich, hier pulsiert die afrikanische Seele der Stadt. An der Seite einheimischer *guides* erhält das Bild der schönsten Stadt der Welt seine bedeutendste Komplementärfarbe. Die Township Khayelitsha, über eine Million Einwohner, empfängt Touristen mit seinem brandneuen Lookout Hill Tourist Centre und organisiert professionelle Touren. Die umfassendsten Infos bietet www.CapeTownMagazine.com unter »Things to do/Townships«.

WEITERE INFORMATIONEN

Cape Town Tourism (Deutschland):
Zeppelinstr. 8, 61440 Oberursel,
Tel. 06171–5868580, info@akomsa.com
www.tourismcapetown.co.za,
www.capetown.travel

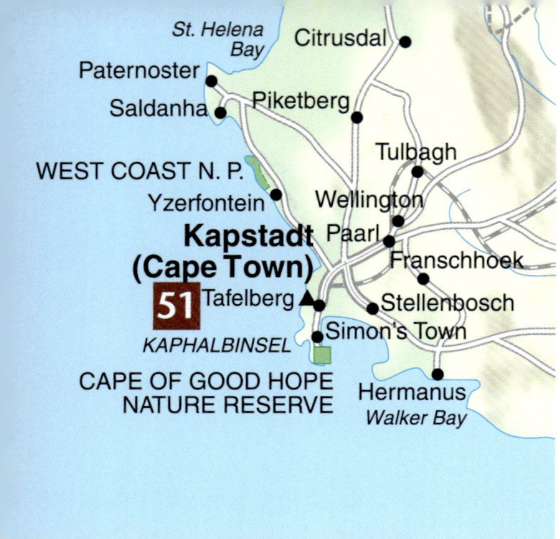

51 Der Tafelberg – Südafrikas Highlight

Wahrzeichen im Süden des schwarzen Kontinents

In einer Höhe von 1087 Metern thront sein Gipfel über der See: Blickt man vom Tafelberg, als Wahrzeichen Kapstadts berühmt, an einem stahlblauen Tag hinunter, so umgibt die See wie ein Spiegel das Häusermeer der Cape Town Metropolitan Area. »Hoeri 'kwaggo«, »Meeresberg«, nannten die Khoi, Ureinwohner des Kaps, den abgeflachten, 6000 Hektar großen Sandsteinfelsen, der monumental über der Stadt thront.

Mit der Kabinenbahn (unten) kann man ganz einfach auf den Tafelberg – oben ein Bild vom wolkenumwogten Gipfel bei Sonnenaufgang – gelangen. Egal ob die Anreise per Flugzeug, Schiff oder über Land erfolgt: Der Tafelberg fällt bei der Ankunft als Erstes ins Auge (rechte Seite unten).

Im Jahr 1487 umsegelte der Portugiese Bartolomeu Dias die strömungsreichen Kapfelsen und nannte die gewaltige Felsenecke das »Kap der Stürme«.1503 lief sein Landsmann Antonio de Saldanha in die Tafelbucht ein und bestieg den Tafelberg, einen monumentalen Sandsteinklotz, als erster Europäer. Im Jahr 1577 äußerte sich sich der englische Admiral Sir Francis Drake begeistert über die Schönheit des Felskaps, 1652 segelte der Holländer Jan van Riebeeck schließlich mit drei Schiffen in die Kapstädter Tafelbucht ein, dies war der Beginn der ersten europäischen Siedlung.

Englische Kolonialgeschichte

Im Jahr 1795 traten die Niederlande die Kolonie mit etwa 3000 Einwohnern an das englische Königreich ab. John Barrow, der Sekretär des ersten britischen Gouverneurs Earl Macartney, schildert 1801 in seinem viel beachteten Bericht »Reisen in das Innere von Südafrika« Land und Leute am Kap – natürlich erwähnte er auch den Tafelberg.

Er ist schlichtweg fasziniert vom bis auf 1086 Meter Höhe ansteigenden Tafelberg, dem letzten Gipfel der Zwölf Apostel. Diese zerklüftete Bergkette erstreckt sich vom Zentrum Kapstadts über ungefähr 50 Kilometer nach Süden bis zum Kap. Flankiert wird der Tafelberg im Westen vom etwas niedrigeren Lion's Head (Löwenkopf), östlich durch den Devil's Peak (Teufelsspitze) sowie den Signal Hill, die sich wie zwei Arme um die Stadt legen. Es ist ein Leichtes, dem Tafelberg »aufs Dach zu steigen«, man hat die Wahl zwischen über 300 Aufstiegsrouten. Oder man kann die 1929 installierte Kabinenbahn nehmen, deren Made-in-Switzerland-Gondeln sich langsam drehen, sodass die Passagiere auch noch eine 360-Grad-Perspektive auf dieses schönste Ende der Welt erleben dürfen. Fast tausend Fahrgäste pro Stunde kann der Götterfahrstuhl hinauf transportieren. Oben warten nicht nur gastronomische und souvenirtechnische Installationen sowie eine fantastische Aussicht bis nach Robben Island hinüber, sondern

auch Rundwanderwege durch eine einzigartige Kap-Flora.Gipfelstürmer erleben den Blick auch heute noch so eindrucksvoll, wie ihn schon John Barrow vor zwei Jahrhunderten schilderte: »Es erscheinen dem Auge des Zuschauers alle Gegenstände unten auf der Ebene klein und unbedeutend. Die plattdächerigen Häuser in der Capstadt, die wie förmliche Klumpen dastehen, gleichen jenen Kartenhäusern, die gewöhnlich Kinder zu bauen pflegen. Die Gesträuche auf der sandigen Landenge sehen wie Punkte aus, und die Pächtereien und ihre Einfassungen als eben so viele Linien und als die vollendeten Teile eines Planes, den man auf dem Papiere entworfen hat.«

Faszination Table Mountain

Der Tafelberg hat immer die Fantasie der Menschen bewegt, die in seinem Dunstkreis lebten. Er ist zu mächtig, zu eindrucksvoll, um nicht die Gemüter zu beschäftigen. Zahlreiche Legenden ranken sich um ihn. Die weißen Kapbewohner haben ihn mit seinen steilen Seitenwänden und mit seinem drei Kilometer breiten Plateau mit einem gewaltigen Tisch verglichen. Esoteriker sehen in ihm gar eines der bedeutenden Energiezentren der Erde. Unterhaltsamer aber ist die Geschichte des alten Piraten van Hunks. Er pflegte eine übelriechende Pfeife auf dem benachbarten Devil's Peak zu schmauchen. Eines Tages forderte er auf dem Berg einen mysteriösen Fremden zum Wettrauchen heraus. Beide qualmten, bis der Tafelberg im dichten Nebel verschwand. So entstand der Legende nach das »Tafeltuch« – so bezeichnen die Kapstädter den Nebel über dem Felsen. Van Hunks wurde nie mehr gesehen; er pafft noch immer mit dem Teufel um die Wette. Kein Wunder also, dass der dichte Nebel so häufig die Sicht mindert!

WANDERN IM TABLE-MOUNTAIN-NATIONALPARK

Table Mountain ist rund 6000 Jahre alt, besteht aus Schiefer und Sandstein, in seinen höheren Regionen wachsen zirka 1400 typische Kap-Pflanzenarten. Es gibt leichtere und schwierigere Routen hinauf, in jedem Fall sollte man aber eine gute physische Kondition haben, wenn man den Aufstieg wagt. Immer bieten sich grandiose Ausblicke auf Kapstadt und das Meer. Die bekanntesten Routen sind Platteklip Gorge (im Norden), Nursery Ravine und Skeleton Gorge (ab Kirstenbosch). Wer den Tafelberg »gepackt« hat, dem sei unbedingt der zweitägige Cape of Good Hope Trail empfohlen, der am Eingang zum Schutzgebiet am Kap der Guten Hoffnung beginnt und über rund 34 Kilometer entlang einsamer Strande und wilder Küste führt.

WEITERE INFORMATIONEN

South African National Parks
P.O. Box 787
Pretoria 0001, South Africa
reservations@sanparks.org
www.sanparks.org.

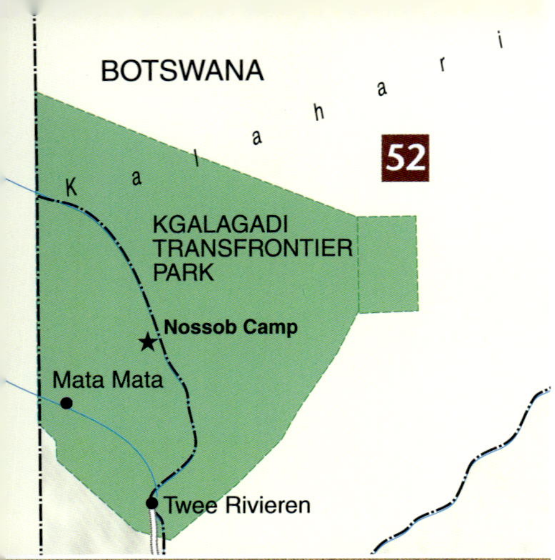

»Bosjemans« nannten die Buren die Ureinwohner, die San, deren Heimat die Kalahari war mit ihren riesigen Sanddünen, den Antilopen, Löwen (oben) und Geparden (unten). Heute leben die südafrikanischen Buschmänner (rechte Seite oben) an den Rändern des Kgalagadi Transfrontier Park (rechte Seite unten).

52 The Song of The Kalahari – Großkatzen und Buschleute

Die Wüste lebt!

Am Abend dämmert die Wüste in blutroten Tönen vor sich hin, während die Sonne langsam versinkt. Als Schattenrisse tauchen Büsche und Bäume aus dem blasser werdenden Pastelllicht auf. Webervögel schwirren wie verrückt um ihre riesigen, klobigen Nester, die dunkel im Gegenlicht von ihren Wirtsbäumen hängen. Eiseskälte breitet sich schnell aus. »The Song of the Kalahari« nennen die Park-Ranger dieses beinahe außerirdische Drama, das sich allabendlich wiederholt.

Die Kalahari-Wüste gilt mit 1,2 Millionen Quadratkilometern als das größte zusammenhängende Sandgebiet der Welt. Sie ist um ein Vielfaches so groß wie Großbritannien und verteilt sich auf die drei aneinander grenzenden Länder Südafrika, Botswana und Namibia. Mit ihren gewaltigen Sanddünen, die je nach Sonnenstand extrem wechselnde Farbspiele vorführen, zählt sie zu den spektakulärsten Erlebnissen des südlichen Afrika. Nicht nur der ungewöhnlichen Stimmungen wegen, die ihre Reize hervorrufen. Sie ist auch die Heimat der San, steinzeitlicher Buschmenschen, die hier ihr Überlebenswunder vollbringen, sowie Tausender Wildtiere: Oryxantilopen, Hyänen, Wüstenluchse und Wüstenfüchse, Streifengnus, Schakale und Löffelhunde. Sogar seltene Geparden zeigen sich dann und wann, und, mit viel Glück, die großkalibrigen Exemplare der besonders massigen Kalahari-Löwen.

Park ohne Grenzen

Die schönsten Gebiete auf südafrikanischer Seite umfasst der ehemalige Kalahari Gemsbok National Park, und auf der botswanischen der Gemsbok National Park, beide existieren schon seit den 1930er Jahren. Zur Jahrtausendwende unterschrieben die Präsidenten Botswanas und Südafrikas ein bis dahin beispielloses grenzüberschreitendes Projekt, was aus den beiden nationalen Schutzgebieten den neuen Kgalagadi Transfrontier Park geschaffen hat. Damit war der erste »Park ohne Grenzen« Realität, der mit 35 000 Quadratkilometern fast doppelt so groß ist wie der Krüger-Park. Die Grundidee der südafrikanischen Peace Parks Foundation war, Tiere freizügiger wandern zu lassen, ohne dass sie durch Stacheldrahtzäune behindert werden, die sie von der natürlichen Migration abhalten. Auch setzte man auf die Vorteile eines gemeinsamen Park-Managements, zum Beispiel in der Bekämpfung der im-

mer noch präsenten Wilderei sowie auf mehr Gemeinsamkeit der beteiligten Staaten. Zum bestehenden Kgalagadi Transfrontier Park könnte eines Tages noch ein namibischer Teil diese grenzenlose thirstland wilderness der Kalahari erweitern, die von Zehntausenden Besuchern jedes Jahr besucht wird.

Safari in der Kalahari

»Ervaar die Wonderwereld van die Kalahari«, lesen Neuankömmlinge über die »dorstige Woestyn«, wenn sie sich in einem der drei Camps »Mata Mata«, »Nossob« und »Twee Rivieren« auf südafrikanischer Seite anmelden, um im eigenen Wagen auf Safari zu gehen: »Plante, diere, voëls en insekte perfek aangepas in'n unieke eko-sisteem.« Auch überlebenswichtige Verhaltensregeln sind für die Wildnisbesucher aufgelistet: Wer hier unvorsichtigerweise aussteigt und sich fototechnisch zwischen einer Puffotter und einem Kalahari-Löwen nicht schnell genug entscheidet, hat die Anpassung ans einzigartige Ökosystem ganz sicher verpasst. Besucher der Kalahari, die über rötlich glühende Sandberge und fotogene San-Frauen hinaus schnell Spektakuläres erwarten, könnten allerdings enttäuscht werden. Eine monotone, vertrocknete Landschaft brütet in großer Hitze erstarrt vor sich hin, es sei denn, ein paar Springböcke oder Antilopen haben Lust zu hüpfen, wenn sie vom Motorenlärm aufgeschreckt von der Fahrpiste flüchten. Entlang der beiden Trockenflüsse Auob und Nossob, die so gut wie nie »flüssig« sind, bieten Wasserbohrlöcher mit sinnfälligen Bezeichnungen wie Lekkerwater und Dankbaar eine Chance, Tiere aus der Nähe zu sehen, aber von Geparden und Löwen findet sich in der Hitze des Tages meist keine Spur. Dafür lassen sich Strauße, Sekretärsvögel und Braunadler blicken. Nachts gehen Weißgesichtohreulen, Schleier- und Zwergohreulen sowie Perlkauze auf die Jagd, und dann auch die sonst nur selten auszumachenden Raubkatzen.

DIE WÜSTE: SNAKE COUNTRY

40 Schlangenarten sind im südlichen Afrika unterwegs, unter ihnen äußerst giftige wie Kobras, Mambas und Vipern. Manche haben sich aufs Spucken spezialisiert und bringen ihr Gift, das schnell auf Nerven, Herz und Gewebe wirkt, bis auf zwei Meter Entfernung zielsicher an ihr Opfer. Die meisten der sehr scheuen Tiere flüchten, bevor es dazu kommt. Mit Ausnahme der Puffotter, die dafür warnend ihre merkwürdigen Geräusche abgibt und deshalb so heißt. Im Ernstfall sollte man sich unbedingt das Aussehen des Tieres einprägen, denn die Identifizierung der Schlangenart ist für die Auswahl des Serums unabdingbar. Ganz ungefährliche Ansichten gibt es im Johannesburger Zoo sowie im Transvaal Snake Park in Halfway House zwischen Johannesburg und Pretoria sowie in Durbans Fitzsimons Snake Park.

WEITERE INFORMATIONEN

Northern Cape Tourism Authority
www.northerncape.org.za

Der Blick vom Olifants Rest Camp (oben) auf diese Flussszene macht deutlich, was die riesige Arche der Wildtiere, die sich weit bis nach Mosambik hineinzieht, tatsächlich bedeutet. Dieser junge Gepard (unten) hat sein Jagdrevier mit Giraffen und Zebras (rechte Seite) unter Kontrolle, was er Ohm Kruger zu verdanken hat.

53 Der Krüger-Park – Die Arche der Wildtiere

Neben Grzimeks Serengeti das bekannteste Tierparadies

Was wäre der Kontinent ohne seine wilden Tiere? Sie sind Afrikas Faustpfand und zugleich ein brillantes Erbstück der Evolutionsgeschichte. Für die hält Südafrika über 20 Nationalparks sowie zahllose Naturparks, Wildreservate und andere Schutzgebiete bereit, auf einer Gesamtfläche so groß wie das Bundesland Bayern. Allerdings weht den staatlichen Nationalparks seit dem Fall der Apartheid ein frischer Wind entgegen. Auch Südafrikas Flaggschiff, dem »Kruger«.

Während früher die Tierenklaven als Hätschelkinder der weißen Afrikaaner-Elite galten, die sich durch Tierschutz international profilierte, bescherte die politische Wende den Nationalparkbehörden kapitale Probleme. Denn mit dem Volkshelden Mandela an der Spitze der ersten freigewählten und schwarzen Regierung tauchten sofort zahlreiche Interessengruppen auf, die an den Parktoren rüttelten: die Urvölker der San und Khoikhoi mit ihren Ansprüchen auf Landrückgabe; schwarze Farmer und Kleinbauern, die abgetretenes Territorium zurückwollten; arme Dorfbewohner an den Parkrändern, die nicht mehr verstanden, warum sie weiterhin darben sollten, während marodierende Wildtiere ihre spärlichen Felder verwüsteten sowie politische Gruppen, denen die Finanzierung der ehemaligen Spielwiesen weißer Großwildjäger und betuchter Fototouristen angesichts der sozialen Verwerfungen Südafrikas zu weit ging. Dazu muss man wissen, dass beispielsweise um die Siedlung Hazyview, direkt vor den Grenzen des Krüger-Parks, in einem 30-Kilometer-Radius über eine halbe Million Menschen leben und diese Gegend damit nach Johannesburg die am dichtesten besiedelte Region ist.

Der frische Wind eines neuen Verständnisses von Tierschutz hieß Wirtschaftlichkeit, was bedeutete, dass die bislang subventionierten staatlichen Parks umdenken und sich auf eigene finanzielle Beine stellen mussten. Aber wie? Im Krügerpark sind Dutzende Camps zu unterhalten, Tausende Kilometer an stattlichen Zäunen (Kudu-Antilopen überspringen eine Höhe von 2,50 Metern), 2500 Kilometer Straßen und Pisten, Verwaltungsgebäude innerhalb und außerhalb des Parks sowie dafür notwendiges Personal, das monatlich auf Bezahlung wartet.

Der Olifants River (rechte Seite) zieht massenhaft Wildtiere an, die es während der Trockenzeit zur Tränke treibt. Relativ unbekümmert dürfen Elefanten Wasser aufnehmen, Beutetiere von Leopard (oben), Löwe (Mitte) und Gepard (unten) müssen dabei hellwach sein. Sonst wird die Labsal schnell zum letzten Schluck.

Ohne Grenzen: Transfrontier-Park

Mit einer Längsausdehnung von 320 Kilometern und einer Fläche von Rheinland-Pfalz ist der Krüger-Park nicht gerade eine kleine Unternehmung. Die Einrichtung des Great Limpopo Transfrontier Park, den Nelson Mandela persönlich eröffnete, machen die Herausforderungen nicht geringer. Der neue Peace-Park ohne Grenzen, der den südafrikanischen Krüger-Park, den Gaza-Park in Mosambik und den Gonarezhou-Nationalpark in Simbabwe vereint, wird mit 35 000 Quadratkilometern so groß wie Baden-Württemberg sein, wenn die Grenzzäune endgültig fallen.

Die Tiermengen, die der Krüger-Park auf seinem Gebiet auflistet, sind gewaltig. Nur konkrete Zahlenbeispiele helfen der Phantasie: 114 Arten von Reptilien und 147 Säugetierarten bringen 3000 Flusspferde, 30 000 Zebras, 25 000 Büffel, 150 000 Impala-Antilopen, 9000 Giraffen, 1000 Leoparden und 300 Geparden in die Statistik.

Vögel zählt niemand. Sie kommen auf 500 Arten, darunter auch die skurrilen Ausputzer, die Geier: Gaukler-, Ohren- und Wollkopfgeier, Weißrücken- und Kappengeier sorgen dafür, dass vom Abgenagten der Raubtiere nichts ungenutzt bleibt. Zu den größeren Reptilien zählen rund 3000 Krokodile, die bis zu sechs Meter lang werden. Kleinere Reptilienarten sind kaum weniger erschreckend. Gemeint sind Südafrikas Schlangen. Wer glaubt, die »Arche Noah Krüger-Park« sei ein Garten Eden, der sich auf paradiesische Weise selbst erhält, irrt. Nicht nur 10 000 Elefanten, 1500 Löwen und die ganz besonders kostbaren Nashörner erfordern eine aufwendige Boden-Luft-Überwachung, damit das fragile ökologische Gleichgewicht keinen Schaden nimmt. Und damit auch die Ökonomie stimmt. Denn was der staatliche Tierschutz zum Wohle der Tiere vor allem braucht, sind gefüllte Kassen.

Ökonomische und andere Regeln

Geld bringen dem Krüger-Park maximal 5000 Tagesbesucher, die hier im eigenen Pkw auf die Pirsch gehen dürfen. Die staatlichen Rest-Camps bieten Elektrizität, Krankenstation, Supermarkt, Waschsalon, Restaurant, Bistro, Telefon und Tankstelle sowie Unterkünfte vom Campingplatz bis zum klimatisierten Safari-Bungalow.

Selbst die einfache Kategorie Safari Tents offeriert einen gewissen Luxus: Die Zeltcamps bieten bis zu vier Schlafplätze, Kühlschrank und einen Ventilator, der die staatlich organisierte Afrika-Atmosphäre verstärkt.

Für Ausflüge auf eigene Faust gelten klare Regeln: Fahrten im offenen Wagen sind nicht erlaubt, unterwegs auszusteigen schon gar nicht (außer an markierten Stellen und offiziellen Rastplätzen), und das strikte Verbot, Körperteile aus dem fahrenden Wagen zu halten, soll verhindern, dass sie en route verschwinden. Geschwindigkeitsbegrenzungen zwischen 30 und 50 Stundenkilometern werden durch Radarmessungen kontrolliert, und wer einen Reifen wechselt, tut dies auf eigene Gefahr.

Über 200 Ranger überwachen die Vorgaben zum Schutz von Mensch und Tier rigide und mit Adleraugen, Regelüberschreitungen haben immer saftige Bußgelder zur Folge.

Ohm Krugers Erbe im Web

Wie alle südafrikanischen Nationalparks ist der Krüger-Park professionell organisiert: Besucher können bei der Planung auf umfangreiches Material zurückgreifen, das auch im Internet steht. Es fehlt weder an detailliertem Kartenmaterial mit genauen Landschaftsbeschreibungen der unterschiedlichen Parkregionen (Flusslandschaften, raue Steppen, Berg- und Schwemmlandschaften) noch an Informationen über die jeweils dort anzutreffende Tierwelt. Entfernungstabellen und Zeitfenster für Selbstfahrer sichern das rechtzeitige Ankommen an den Gates oder in den Camps vor Einbruch der Dunkelheit. Als eines der schönsten Camps gilt das »Olifants Rest Camp« mit über 100 komfortablen cottages oberhalb des Olifants River mit optimalen Tierbeobachtungsmöglichkeiten. Traum-Sonnenuntergänge sind zum obligatorischen Gin-Tonic-Sundowner garantiert. Noch näher ans Wildtierparadies schaffen es Krügers Wilderness Trails, von denen es ein gutes Dutzend gibt: In Kleingruppen wird die Wildnis abseits jeder Zivilisation im Schutz bewaffneter Führer durchwandert. Dazu werden Kleingruppen mit Ranger, Koch und Fährtenleser in abgelegene Buschcamps gebracht.

Wie alles begann

Dass es den Krüger-Park überhaupt gibt, ist seinem Namensspender Paul Kruger zu verdanken, der als Präsident der »Suid-Afrikaanse Republiek« schon 1884 vom »Volksraad« verlangte, für die immer stärker abnehmende Zahl an Wildtieren Schutzzonen zu schaffen. 14 Jahre später wurde zwischen dem Crocodile und dem Sabie River auf 4600 Quadratkilometern ein Anfang gemacht. Im Krieg zwischen Engländern und Krugers Buren ging dieser erste Versuch beinahe unter. Nachdem »Ohm« Kruger sich nach dem Sieg der Briten ins schweizerische Exil begeben musste, übernahm der Offizier Major James Stevenson-Hamilton das Kommando über den Tierpark. Gegen marodierende Soldaten, wildernde Schwarze wie Weiße, gierige Bergwerksgesellschaften und landhungrige Großfarmer setzte er sich erfolgreich durch und stellte die Weichen für das, was heute als eines der größten Tierparadiese der Welt gilt.

THE BIG FIVE

Elefant und Nashorn gelten als gutmütig und friedlich, was sich vom Büffel nicht sagen lässt. Einmal richtig gereizt, gehören die Kraftpakete zu den angriffslustigsten Tieren im Busch. Eine der spannendsten *Big-Five*-Geschichten erzählt, wie einmal ein Rudel Löwen von 200 Büffeln auf die Bäume gejagt wurde, auf denen der König der Tiere samt Anhang stundenlang herumsitzen musste, weil die unten nicht daran dachten zu weichen. *The Big Five* (Elefant, Nashorn, Löwe, Leopard und Büffel), bei der Großwildjagd als Trophäentiere die begehrtesten und deshalb so genannt, zählen auf jeden Fall auch in der heutigen Zeit zu den nachgefragtesten Wildtieren auf jeder Safari.

WEITERE INFORMATIONEN

South African National Parks
www.parks-sa.co.za,
www.limpopo-collection.co.za

Limpopo Tourism
www.limpopotourism.org.za

Machu Picchu, die »Stadt in den Wolken« (oben), gehört zum Weltkulturerbe. Straßenszene aus Kubas Hauptstadt Havanna (Mitte). Frauen in einer der vielen traditionellen Trachten Perus (unten). Ein »Leuchtturm« in der Nacht: das New Yorker Empire State Building, in farbiges Licht getaucht (rechts).

Amerika

Einen Hauch von »altem Europa« hat sich die 2008 ihren 400. Geburtstag feiernde Ville de Québec erhalten. Das Château Frontenac (oben und rechte Seite) und die engen Gassen der Altstadt (unten) belegen dies.

54 Québec City – »Vive le Québec libre!«

Québec, ein Hauch von Europa in Nordamerika

Möchte ein Kanadier oder Amerikaner das »alte Europa« erleben, braucht er gar nicht weit zu reisen: Die Ville de Québec, die Hauptstadt der gleichnamigen frankokanadischen Provinz, gilt völlig zu Recht als die europäischste Stadt auf dem nordamerikanischen Kontinent. Vor 400 Jahren gegründet, hat die Stadt ihr französisch-europäisches Flair über die Jahrhunderte hinweg fast unverändert bewahrt.

Als im Juli 1967 der französische Präsident Charles de Gaulle anlässlich seines Kanadabesuchs den Menschen in Montrèal »Es lebe das freie Québec!« zurief, ging ein Ruck durch die Provinz und ihre gleichnamige Hauptstadt. Endlich war man weltweit auf »La belle Province«, die schöne Provinz, wie die Bewohner Québecs ihre Heimat stolz bezeichnen, auf die »andere« Seite Kanadas aufmerksam geworden.

Im Jahr 1763 war die Kolonie »Neu-Frankreich« – wie Québec damals noch genannt wurde – nach langen Kämpfen zwischen den Kolonialmächten Frankreich und Großbritannien nach dem Friedensschluss von Paris als »Lower Canada« Teil des britischen Kolonialreichs geworden. Seither kämpfen die Frankokanadier um ihre Eigenständigkeit. Sonderrechte, wie die Gültigkeit des alten französischen Code Civil oder das Französische als Hauptamtssprache konnten zwar gegenüber der britischen Oberhoheit durchgesetzt werden, aber dennoch fordern noch heute viele Einwohner die komplette Unabhängigkeit von Kanada, das »OUI« zur Autonomie.

400 Jahre Ville de Québec

Schon in den 1530er-Jahren erforschte Jacques Cartier auf mehreren Fahrten die Atlantikküste. Er war als erster Europäer in die St.-Lorenz-Bucht und weiter auf dem St.-Lorenz-Strom ins Landesinnere gesegelt und hatte das Gebiet für König François I. zum französischen Besitz erklärt. Cartier soll übrigens als Erster auch den Namen Kanada verwendet haben, als er den St. Lawrence River als »Rivière du Canada« bezeichnete.

Doch so recht konnte sich der französische Hof mit diesem Land fernab der Zivilisation, bewohnt von wilden Tieren und »ungebildeten« Indianern, nicht anfreunden. Erst zwischen 1603 und 1615 begann Samuel de Champlain mit der französischen Kolonisation des St.-Lorenz-Tals. Am 3. Juli 1608 legte Champlain an einer strategisch bedeutenden Flussenge den Grundstein für einen Ort, den er »Kebec«, »wo der Fluss

Hilton

Die drei Impressionen aus der Altstadt der Ville de Québec (oben) vermitteln eher das Bild einer französischen Stadt als einer kanadischen Metropole. Auch der Blick auf den Yachthafen untermauert das südfranzösische Flair (rechte Seite).

enger wird«, wie es in der Algonkin-Sprache hieß, nannte. Diese Stadtgründung markierte den Höhepunkt der Karriere des Geografen Champlain, der als erster französischer Gouverneur und »Vater von Neu-Frankreich« in die Annalen einging.
Die Ville de Québec, von anglofonen Kanadiern Québec City genannt, zählt zusammen mit St. John's (Newfoundland), Port Royal (Nova Scotia), St. Augustine (Florida), Santa Fe (New Mexico) und Tadoussac (Québec) zu den ältesten europäischen Siedlungen auf dem nordamerikanischen Kontinent.
Mitten im Einflussgebiet der den europäischen Neuankömmlingen nicht unbedingt freundschaftlich gesonnenen Irokesen-Indianer gelegen – sie hatten das hier gelegene Dorf Stadacona aus unbekannten Gründen aufgegeben – und als Hauptstadt der Kolonie Neu-Frankreich konzipiert, war es von Beginn an nötig, die Stadt zu befestigen.

Das »Gibraltar Nordamerikas«

Beeindruckend ragen noch heute die Türme und Mauern der Befestigungsanlage von Québec in den Himmel empor, und Charles Dickens sprach deswegen vom »Gibraltar Nordamerikas«. Auf Cap Diamant errichtet, einem großen Felsen, der den St.-Lorenz-Strom hoch überragt, erwies sich die Festung als fast uneinnehmbar. Doch das Fort Habitation de Québec stellte nicht nur eine französische Manifestation in der Wildnis dar, sondern fungierte auch als Anlaufpunkt für Pelzhändler und Missionare aus dem Landesinneren sowie als Fluchtburg für französische Siedler. Schon 1690 hatten die Briten vergeblich versucht die Stadt zu erobern. 1759 kam es während des sogenannten siebenjährigen Kriegs erneut zur Belagerung durch britische Truppen, dieses Mal unter dem Kommando von General James Wolfe. Sie endete am 13. September mit der Schlacht auf der Abraham-Ebene bei Québec, bei der die Franzosen unter General Louis-Joseph de Montcalm unterlagen; fünf Tage später kapitulierte die Stadt – und die Briten zogen ein. Nach dem Frieden von Paris von 1763 musste Québec mit ganz Neu-Frankreich von Frankreich an Großbritannien abgetreten werden.
Die Ville de Québec blieb auch nach der Gründung der kanadischen Konföderation, 1867, Hauptstadt der gleichnamigen Provinz. Die Festung überstand die turbulenten Zeiten weitgehend unbeschadet und wurde als die einzige befestigte Stadt nördlich von Mexiko 1985 von der UNESCO zum Weltkulturerbe erklärt.

Québec, »La Charmante«

Gewöhnlich sind es moderne Hochhäuser, die nordamerikanische Metropolen kennzeichnen, anders verhält es sich in der Altstadt der Ville de Québec: Sie wird von der sternförmigen Zitadelle von 1820 mit ihren Mauern und Schutzwällen geprägt. »Wiege der französischen Zivilisation« wird die Stadt zu Recht genannt, hat sich doch in den engen, verschlungenen Gassen der Altstadt viel europäischer Charakter erhalten.
So dominieren die Türme des altehrwürdigen Hotels Château Frontenac, das in Teile der Festung eingezogen ist, die Skyline der Stadt. In der »Basse-Ville«, der Unterstadt, mit der mächtigen Église No-

tre-Dame-des-Victoires, der ältesten Kirche Kanadas von 1688, auf der Place Royale, aber auch während eines Besuchs im Musée de Québec rücken Geschichte und Tradition ins Bewusstsein. Sehenswert ist für Kunstinteressierte das Musée National des Beaux-Arts du Québec, das sich der frankokanadischen Kunst seit dem 17. Jahrhundert widmet, oder auch das Musée de la Civilisation mit seinem vielseitigen Ausstellungsprogramm und dem zugehörigen, interessanten Musée de l'Amérique Française, das über Besiedelung und Bevölkerung von gestern und heute informiert.

Das »amerikanische Lourdes«

Zu den Attraktionen in der Umgebung gehören nicht nur die tosenden Wasserfälle von Montmorency, die mit ihren 83,5 Metern sogar die berühmten Niagarafälle übertreffen, sondern auch die Basilique de Sainte-Anne-de-Beaupré. Ungefähr 30 Kilometer östlich der Stadt am Ufer des St.-Lorenz-Stroms gelegen, gilt der Ort als »amerikanisches Lourdes« und wird seit Jahrhunderten von katholischen Pilgern aufgesucht. Im Jahr 1650 stifteten Seeleute der heiligen Anna eine erste Kirche, nachdem diese sie aus Seenot gerettet hatte.

Analog zu »La Belle« Montréal nennt man Québec gern »La Charmante«, und diesem Charme erliegt man am schnellsten bei einem der zahlreichen Stadtfeste. Beim berühmten Québec City Winter Carnival weht beispielsweise trotz eisiger Temperaturen ein Hauch von Rio de Janeiro durch die Straßen, und erst recht bei den Sommerfesten geht es hoch her mit Konzerten, Buden und vielerlei Veranstaltungen.

DIE GROSSEN SOMMERPARTYS

Am 3. Juli, dem Geburtstag von Québec City, beginnt das größte frankofone Musikfestival auf dem amerikanischen Kontinent, das Festival d'Été de Québec. Elf Tage lang verwandelt sich die Stadt in eine Freiluftbühne, und Künstler aus aller Welt stellen vor ca. 900 000 Festivalbesuchern ihr Talent unter Beweis (www.infofestival.com). Wenig später, fünf Augusttage lang, feiert Québec dann Les Fêtes de la Nouvelle France und erinnert mit verschiedensten Kulturveranstaltungen, Straßenkünstlern und historischen Reenactments an das frankokanadische Erbe (www.nouvelle-france.qc.ca).

WEITERE INFORMATIONEN

Destination Quebec
c/o Lange Touristik-Dienst, Postfach 20 02 47, 63477 Maintal, Tel. (01805) 52 62 32

www.bonjourquebec.com
www.quebecregion.com

Vor der grandiosen Kulisse der Rocky Mountains (oben) schimmert der türkisblaue Lake Louise (unten und rechte Seite) noch beeindruckender. Kein Wunder, dass man den türkisfarbenen See nahe der Stadt Banff auch als »Jewel of the Rockies« bezeichnet.

55 Banff National Park und Lake Louise – Abwechslungsreiche Natur

Region der landschaftlichen Vielfalt

Der Banff National Park mit dem überaus fotogenen, intensiv-türkisfarbenen Lake Louise und dem Icefields Parkway ist einer der ganzjährigen Hauptanziehungspunkte Kanadas. Er ist ein Paradies für Skifahrer und Naturfreunde, gekennzeichnet durch große landschaftliche Vielfalt, dichte Wälder, hohe Berge und mächtige Gletscher, klare Seen und Flüsse sowie eine sehenswerte Flora und Fauna.

Im Jahr 1883, zwei Jahre bevor die Eisenbahn Ost- und West-Kanada endgültig miteinander verband, entdeckten drei Arbeiter eine heiße Quelle am Sulphur Mountain, mitten in den kanadischen Rocky Mountains. Ehe ein Einzelner daraus Nutzen ziehen konnte, gelangte das Areal zum Glück in den Besitz der kanadischen Regierung, und sie war es, die 1887 hier die erste Naturschutzzone Kanadas, den Banff National Park, einrichten ließ. Dennoch eröffnete – mit Genehmigung der Parkverwaltung – der Eisenbahnmagnat William Cornelius van Horne 1888 das damals weltgrößte Hotel: das Banff Springs Hotel mit 250 Zimmern. Heute verfügt es über 800 Zimmer. »Wenn wir schon die Szenerie nicht exportieren können, müssen wir die Touristen importieren«, war seine Ansicht. Lange konnte der Zustrom in geordneten Bahnen gehalten werden. Erst mit dem aufkommenden Massentourismus in den 1950/60ern wuchsen die Probleme, und wie in etlichen US-Nationalparks wird man auch in Alberta in der Hauptferienzeit bald nicht mehr ohne Zugangsbeschränkungen auskommen. Derzeit gehört der Park mit rund vier Millionen Besuchern im Jahr zu den meistbesuchten Naturschutzarealen in ganz Nordamerika. Der 6640 Quadratkilometer große Banff National Park, eine UNESCO World Heritage Site, ist ein Paradies für Wintersportler, wobei speziell die Region Lake Louise im Zentrum des Parks zu den fünf Top-Skigebieten der Welt zählt. Doch das Areal ist auch im Sommer viel besucht, Ziel von Wanderern, Climbern, Radlern und Campern, die die landschaftliche Vielfalt und die abwechslungsreiche Tier- und Pflanzenwelt schätzen.

Banff, das Tor zu den Rockies

Nach der Entdeckung der heißen Quellen und während des Eisenbahnbaus entstand 1886 das Städtchen Banff als Versorgungsstation am östlichen Zugang zum Nationalpark. Auch hier rückte

1886 entstand das Städtchen Banff (oben) als Versorgungsstation am östlichen Zugang zum gleichnamigen Nationalpark. Vor reizvoller Kulisse kann man im Winter (unten) hier Skifahren, Eishockey spielen (Mitte) oder die sagenhafte Natur auf sich wirken lassen (rechte Seite).

rasch der Fremdenverkehr in den Vordergrund; heiße Quellen und das Naturerlebnis in den Rockies lockten Erholungssuchende an. Der eigentliche Geburtsort des Parks ist die Cave & Basin National Historic Site im Südwesten der Stadt, denn hier war es, wo man die erste heiße Schwefelquelle entdeckt hatte. Die Siedlung entwickelte sich rasch zum beliebten Wintersportort und wurde zunächst vom Nationalpark verwaltet, 1990 dann der Selbstverwaltung unterstellt.
Das Stadtzentrum von Banff erstreckt sich nördlich des Bow River und südlich der Eisenbahnlinie. Die Hauptattraktion, das Banff Springs Hotel, thront über dem Südufer des Flusses. 1888 mit 250 Zimmern eröffnet, verfügt es heute über 800. Einst war es eines von insgesamt 26 Canadian-Pacific-Hotels, die alle zusammen über beachtliche 11 250 Zimmer verfügten. Damals kümmerten sich auch noch etwa 10 000 Angestellte um das Wohl der Gäste, die natürlich alle mit der Bahn anreisten.
Zu den Attraktionen der Stadt zählt das Banff Park Museum,das älteste Naturkundemuseum Westkanadas, und das Luxton Museum, das über Geschichte, Kunst, Kultur und Alltag der Indianer in der Region informiert. Über die geologische Entwicklung der Rockies erfährt man mehr im Natural History Museum. Das museale Highlight der Stadt ist jedoch das Whyte Museum of the Canadian Rockies. Dieses größte Privatmuseum Kanadas eröffnete 1968 und umfasst neben Kunstgalerien auch Archive und eine Bibliothek. Das zentrale Interesse gilt der Geschichte und Kultur der Canadian Rockies, basierend auf der eindrucksvollen Sammlung der beiden Künstler Peter und Catharine Whyte. Einen fantastischen Überblick über die ganze Region erhält man im Süden der Stadt während einer Fahrt mit der Sulphur Mountain Gondola, einer Kabinenbergbahn, auf die Spitze des Sulphur Mountains. Auf diesem mit 2270 Metern höchsten Berg der Region gibt es ein Aussichtsplateau, einen Boardwalk und ein Restaurant.

Lake Louise, »Jewel of the Rockies«

Wer am Ufer des türkisfarbenen Lake Louise steht und den Blick auf die schneebedeckten Berge im Hintergrund und auf das schlossartige Château Lake Louise im Vordergrund richtet, versteht, warum man den Bergsee als »Jewel of the Rockies« bezeichnet. Das etwa eine Autostunde nordwestlich von Banff gelegene Gewässer und der gleichnamige Ort am Südende des mächtigen Victoria Glacier, zählen mit Abstand zu den fotogensten Motiven der Welt.
Zahllose Trails winden sich um den See und weiter hinein ins Hinterland, so der rund dreieinhalb Kilometer lange Lake Agnes Trail oder – Minimalprogramm für Besucher – der Ein-Kilometer-Pfad zum Fairview Plateau. Schwimmen im See ist lediglich etwas für Polarbären, denn selbst im Hochsommer steigen die Wassertemperaturen kaum über sechs Grad an, weshalb man lieber aufs Kanu ausweichen sollte.
Wie ein Märchenschloss thront Château Lake Louise, eines der legendären Canadian-Pacific-Hotels, am Seeufer. Es wurde 1890 erbaut und lebt von seiner einmaligen Lage. Doch auch der benachbarte Ort ist für den touristischen

Ansturm gewappnet, hat Unterkünfte, Shops und Restaurants in Hülle und Fülle zu bieten. Mitten im Zentrum bringt der Lake Louise Sightseeing Lift Besucher auf den 2034 Meter hohen Mt. Whitehorn, von dessen Spitze sich ein atemberaubender Blick auf das Bow River Valley und die Rockies eröffnet.

Das Fenster in die Wildnis

»Window to the Wilderness« heißt die wohl schönste Gebirgsstrecke Kanadas, der 230 Kilometer lange Icefields Parkway. Obwohl gut ausgebaut, geht es auf ihm nur langsam voran, da hohe Pässe und zahlreiche Kurven zu bewältigen sind. Im Sommer können Staus und überfüllte Parkplätze das Weiterkommen zusätzlich erschweren, im Winter – gelegentlich bis hinein in den Mai und schon ab September – ist mit schneebedingten Sperrungen zu rechnen. Der Icefields Parkway beginnt als Highway 93 in Lake Louise und verbindet den Banff National Park mit dem Jasper National Park.
Die Straße erschließt das beliebteste Touristenziel des gesamten Westens: die »Canadian Rocky Mountains Region«, die Top-Skiregion mit den Orten Banff und Jasper als Knotenpunkten. Von Unberührtheit und Stille kann in der grandiosen Berglandschaft kaum mehr die Rede sein, zumindest nicht an den Wochenenden und wenn Ferien sind. Meistbesuchte Attraktion ist der Athabasca Glacier, Teil des 300 Quadratkilometer umfassenden Columbia Icefields, von dem verschiedene Flüsse gespeist werden, die kurioserweise in drei verschiedene Ozeane fließen: ins Nordpolarmeer (Norden), den Atlantik (Osten) und den Pazifik (Westen).

DIE FAIRMONT BANFF SPRINGS

Das altehrwürdige Hotel Château Lake Louise besticht vor allem durch seine Lage, doch das Banff Springs Hotel nennt sich zu Recht »Castle of the Rockies«. Es ist ein prächtiges Schloss, 1888 als eines von insgesamt 26 Canadian-Pacific-Hotels & Resorts eröffnet und seither mehrmals erweitert und modernisiert. Heute zur Fairmontkette gehörig, verfügt die Luxusherberge über 800 Zimmer, mehrere Restaurants, rund 50 Shops, ein Mineral-Spa, ein Konferenzzentrum und einen Golfplatz.
Informationen: www.fairmont.com/banffsprings, Tel. 403-762-2211
Hierher auf originelle Reise anreisen kann man beispielsweise mit einer der beeindruckendsten Zugfahrten der Welt, die mit dem »Rocky Mountaineer« von Vancouver über die Rockies nach Calgary führt.
Informationen: www.rockymountaineer.com (auch von Deutschland aus buchbar)

WEITERE INFORMATIONEN

www.canadianrockies.com,
www.icefieldsparkway.ca

Am Times Square tobt rund um die Uhr das Leben (oben und rechte Seite). Hier an den »Crossroads of the World«, wie ihn einmal Jack Kerouac nannte, schlägt das Herz der Stadt. Leuchtreklamen (unten) erhellen die Nacht, Theater laden zum Besuch und der Broadway lockt zum Einkaufsbummel.

56 New York – Die Stadt, die niemals schläft

Stadt ohne Maßstäbe

»Mit Worten werde ich New York nie erfassen. Ich denke auch nicht mehr daran, diese Stadt zu erfassen – ich löse mich in ihr auf …« Wie Simone de Beauvoir in »Amerika Tag und Nacht«, geschrieben im Jahr 1950geht es vielen Besuchern: Sie kommen aus dem Staunen nicht mehr heraus. Und wie die New Yorker, die selbst eine Art Hassliebe zu ihrer Stadt pflegen, sind auch die Reisenden hin und her gerissen. Einerseits stoßen sie Lärm und Hektik, die permanente Reizüberflutung und die extremen Gegensätze ab, andererseits ziehen sie gerade diese Kontraste, Fülle und Andersartigkeit wieder magisch an.

New York ist eine Stadt, die keine Ruhe findet und niemals schläft. Hier ist der Wandel die einzige Konstante und das Extreme ein Markenzeichen. New York gibt sich bunt und schrill, vielgestaltig und pulsierend. New York ist ein ethnischer Mikrokosmos auf engstem Raum, ist seit je Anlaufpunkt für Einwanderer aus aller Welt. Und dennoch, New York ist kein »Melting Pot«, kein Schmelztiegel, wie gerne behauptet wird, sondern ein Mosaik, in dem jedes Steinchen zunächst für sich selbst steht und erst aus der Ferne betrachtet ein harmonisches, farbenfrohes Ganzes ergibt.

»New York ist eine gemeine Stadt, eine schmutzige Stadt. Sein Klima ist ein Skandal, seine Politik lehrt Kindern das Fürchten, sein Verkehr ist Wahnsinn, sein Wettbewerb mörderisch. Aber eins ist klar – wenn du einmal hier gelebt hast und New York deine Heimat geworden ist, gibt es keinen besseren Platz auf der Welt.« Schon John Steinbeck (»The Making of a New Yorker«, 1954) wusste, dass New York mit den meisten anderen amerikanischen Großstädten wenig gemeinsam hat.

Alt und Neu gehen hier eine ungewöhnliche Symbiose ein, in der Architektur verschmelzen Pluralismus und Eklektizismus zu einem grandiosen Stadtbild. Repräsentative, detailreich verzierte historisierende Bauten stehen neben stromlinienförmigen, verspiegelten Glaspalästen, hübsch renovierte Brownstone-Häuschen nicht weit von monotonen Betonblöcken. Seit über einem Jahrhundert gilt New York neben

Prudential
SAMSUNG
SAMSUNG
SUNTORY WHISKY
Chock full o'Nuts
The Heavenly Coffee
1/mod.
A very limited collection.

Alt und Neu gehen in New York eine Symbiose ein. Die Brooklyn Bridge von 1883 (oben), ameisengleiches Gewimmel am modernen Times Square (Mitte), Besucher auf der Aussichtsplattform »Top of the Rock« (unten) und faszinierender Kontrast von Grand Central Terminal und Chrysler Building (rechte Seite).

Chicago als die »Stadt der Wolkenkratzer«, und der Skyscraper ist zum Synonym der New Yorker Gesellschaft geworden: Jeder Bau ist individuell und doch formen alle zusammen ein homogenes Stadtbild.

»Do your own thing«

»Jeder ist sich selbst der Nächste« – diese radikale Ellbogenmentalität war lange Zeit das Lebensmotto der New Yorker. Schon 1774 beklagte der spätere zweite US-Präsident, John Adams, dass es den New Yorkern an Manieren fehle. Für den Rest der USA galten seitdem die New Yorker als unfreundlich, hektisch, zynisch, rücksichtslos und arrogant. Doch das sollte sich an einem sonnigen Herbsttag, dem 11. September 2001 – kurz »9/11« genannt – ändern. Als Terroristen zwei entführte Passagierflugzeuge in die beiden Türme des World Trade Center steuerten und damit nicht nur eine weltberühmte Sehenswürdigkeit zerstörten, sondern gleichzeitig Tausende von Menschen töteten, war der Schock groß.

Dieses katastrophale Ereignis brachte eine ganz andere Seite im Wesen der New Yorker zum Vorschein: Mit eiserner Disziplin, vormals unbekannter Solidarität und selbstloser Hilfsbereitschaft krempelten die New Yorker die Ärmel hoch und packten an. Statt in Apathie, Selbstmitleid und Trauer zu verfallen, ging man aufeinander zu und verbrüderte sich in bis dahin undenkbarer Weise. Die Stadt ist zweifellos an dieser Katastrophe gewachsen, und die ehemals narzisstischen und selbstverliebten New Yorker haben sich nachhaltig zum Positiven verändert.

Symbol für Multikulti

»If I can make it there, I'll make it anywhere« – so besang schon Frank Sinatra die Metropole. Seit Generationen vertrauen Menschen aus aller Welt darauf, ausgerechnet hier ihren Lebenstraum – sinnbildlich den Aufstieg vom Tellerwäscher zum Millionär – verwirklichen zu können. So verweist die Stadt stolz auf eine lange Liste bedeutender Persönlichkeiten aus allen Bereichen, die hier geboren sind oder die Stadt zur Heimat machten: Barbara Streisand, Liza Minelli, Paul Auster, Tom Wolfe, Andy Warhol, Woody Allen, George Gershwin, Henry Miller, Duke Ellington, Count Basie, Josephine Baker, Dizzie Gillespie, Charlie Parker, Miles Davis, Ella Fitzgerald, Ray Charles, James Brown und Aretha Franklin – um nur einige, die es geschafft haben, zu nennen ...

Menschen wie diese und »9/11« haben New York noch stärker zum Symbol für die Welt gemacht. Von jeher prägen kulturelle, ethnische und ökonomische Unterschiede die Stadt. Erst durch sie stieg New York zur einzigen wirklichen Weltmetropole auf. Hier tummelte sich schon immer ein buntes Völkergemisch, das mehr oder weniger tolerant nebeneinander lebt. Glaubt man sich in der einen Straße nach Jerusalem versetzt, taucht man in der nächsten in eine asiatische Metropole ein, duftet in einem Viertel italienische Pizza, wird nebenan Spanisch gesprochen. Die einzelnen Ethnien bilden ihre ganze eigenen Enklaven, in denen sie Sprache, Religion, Kultur sowie Lebens- und Essensgewohnheiten beibehalten und so für das typische Gepräge eines Viertels sorgen.

Manhattan und mehr

Spricht man von New York, denkt man meist nur an Manhattan, einem kleinen Teil der Metropole im gleichnamigen Bundesstaat New York. Bei diesem »Gesicht« New Yorks handelt es sich um eine gut 21 Kilometer lange und knapp vier Kilometer breite Insel. Sie ist im Westen durch den Hudson River vom Festland abgeschnitten; im Norden und Osten begrenzen sie der Harlem River und der East River. Offiziell hat New York City zurzeit mehr als acht Millionen Einwohner, davon lebt aber nur rund ein Fünftel in Manhattan.

Manhattan besteht aus einer Reihe eigenständiger Stadtteile: Downtown, der Südteil der Insel, umfasst das so genannte Lower Manhattan, das gesamte Areal südlich der 14th Street mit dem »Village«. Als Pufferzone fungieren zwischen 14th und 34th Street Gramercy und Chelsea, ehe sich Midtown (34th bis 59th Street) mit dem legendären Theater District und dem Times Square anschließt. »Uptown« heißen die Viertel nördlich der 59th Street beidseitig des Central Park. Und »Upper Manhattan« bezeichnet schließlich die Region nördlich des Central Park bis zur Nordspitze der Insel.

Doch New York ist natürlich nicht nur Manhattan, sondern bildet zusammen mit vier weiteren Stadtteilen eine Megalopolis. Manhattan ist flächenmäßig sogar der kleinste »borough«. Nördlich davon, auf dem Festland, erstreckt sich die Bronx, und auf Long Island, der rund 190 Kilometer langen, dem Festland vorgelagerten Atlantikinsel, befinden sich gleich zwei Stadtteile: Brooklyn und, als größter Teil, Queens. Im Südwesten, jenseits des Hudson River, liegt als letzter »borough« die Insel Staten Island.

NEW YORK KULINARISCH

Susan Rosenbaum ist eine kontaktfreudige junge Dame, Absolventin des French Culinary Institute und Tourguide. Ihre »Enthusiastic Gourmet Touren« führen in die vormals jüdische Lower East Side, in alteingesessene Läden, Delis und Restaurants. Man lernt, was »kosher« und »parve« heißt und probiert jüdische Spezialitäten wie Knishes, Rugelach und Salzgurken. »Katz's Delicatessen« steht ebenso auf dem Programm wie der Feinkostladen »Ross & Daughters«, die »Pickle Guys«, »Yonah Schimmel Knishery«, »Gertel's Bakery«, »Kossar's Bialys« oder »Streit's Matzen-Bäkkerei«. Susan bietet auch einen Chinatown-Rundgang und eine Kombitour, »The Melting Pot«, an.

WEITERE INFORMATIONEN

The Enthusiastic Gourmet
Tel. (646) 2094724,
www.enthusiasticgourmet.com

NYC & Company c/o. Aviareps Tourism GmbH: Tel. (089) 236621-0
www.newyork.de,
www.nycgo.com

Kaum eine andere Stadt zieht Besucher so in ihren Bann wie San Francisco. Hügel mit Ausblicken (oben), Nebelschwaden, Cable Cars und viktorianische Bilderbuchhäuser, aber auch die kulinarische und kulturelle Szene machen die Stadt zu etwas Besonderem. Wahrzeichen ist die 1937 eröffnete Golden Gate Bridge (rechte Seite).

57 San Francisco – »Belle of the Bay«

Auf den Straßen von San Francisco

»San Francisco ist eine verrückte Stadt, bewohnt von Menschen, die größtenteils absolut irrsinnig und deren Frauen von bemerkenswerter Schönheit sind« – so schrieb schon um 1900 der englische Schriftsteller Rudyard Kipling nach einem Besuch in der »City by the Bay«. Und daran hat sich bis heute kaum etwas geändert.

Die San Franciscans gelten als ein bisschen schräg und ausgeflippt, ein wenig dekadent und zynisch, aber auch als lebensfroh, aufgeschlossen und als unendlich tolerant gegenüber verschiedenen Kulturen, Rassen, Religionen und Gesellschaftsgruppen. Die Wurzeln vieler San Franciscans reichen auf den alten Kontinent zurück, nach Italien und Spanien, Irland und Deutschland. Doch das Stadtbild prägen heute vor allem Asiaten und Latinos, die zusammen mehr als die Hälfte der Bewohner ausmachen.

Kaum eine andere Stadt der Welt zieht Besucher derart in ihren Bann wie San Francisco – trotz latenter Erdbebengefahr und omnipräsenter Nebelschwaden. Sicher sind es nicht allein Golden Gate Bridge, Cable Cars und viktorianische Bilderbuchhäuser, die die »Belle of the Bay«, die Schöne an der Bucht, so einzigartig machen. Auch ihre geografische Lage ist ungewöhnlich: Die Halbinsel im Norden Kaliforniens zwischen Meer und Bucht erstickt unkontrolliertes Wachstum im Keim und bewirkt gleichzeitig, dass die Stadt leicht überschaubar und gut zu erkunden ist. Von vielen der insgesamt 43 Hügel bieten sich spektakuläre Ausblicke und die Devise in San Francisco heißt: »Go climb a street« – hügelauf und -ab, zu Fuß oder per Cable Car. Nur so lernt man die Stadt und ihre Bewohner kennen.

Eine verrückte Stadt voller Irrsinniger

Rudyard Kiplings Einschätzung der Stadt und ihrer Bewohner war zweifellos von persönlichen Erlebnissen geprägt. So hat er sicher auch von jener abstrusen Figur des »Emperor« gehört. Joshua A. Norton (1819–1880) hatte sein Geld zunächst als Kaufmann verdient, ging irgendwann bankrott und verarmte. Da es ihm nicht an Ideen fehlte, erklärte er sich kurzerhand zum »Emperor of the US« und »Protector of Mexico«. In jeder anderen Stadt hätte man über dieses Faktotum gelacht, nicht so in San Francisco: Emperor Norton wurde zur stadtbekannten Persönlichkeit und erhielt Geldspenden. Man lud in zu Festen und Bällen ein, und er lebte in gebührendem Prunk – ohne selbst einen Cent zu besitzen. Sein Begräbnis wurde sogar zum Staatsakt, und

Das Cable Car ist das berühmteste Fortbewegungsmittel in der Stadt (oben). Eine Legende in North Beach ist das »Caffe Trieste« (Mitte) und die steilste Straße der Stadt heißt Filbert Street (unten). Ein guter Aussichtspunkt befindet sich am Alamo Square (rechte Seite unten).

bis heute gedenkt man am Todestag, dem 7. Januar, dem »Kaiser«.

San Francisco, »The City«, ist von jeher ein Musterbeispiel für eine multikulturelle und bunte, vielseitige und schillernde Stadt: Hier das Italienerviertel North Beach mit unzähligen Cafés, Restaurants, Bars und Clubs, unvermittelt daneben das wuselige Chinatown und im Süden, im Mission District, das »Barrio Mexicano« – die Enklave der Süd- und Mittelamerikaner. Haight-Ashbury, Geburtsstätte von Flower-Power und Wohnort der Hippies in den 1960er-Jahren, ist noch heute das dynamische Stadtviertel der Künstler und Aussteiger, der Alternativen und Junggebliebenen. Im »Schwulenmekka« Castro zeichnet sich hingegen in den letzten Jahren zunehmend ein Wandel ab: in das klassische Homosexuellen-Viertel wandern immer mehr junge Familien zu.

Als neuere In-Viertel der Stadt gelten: SoMa, das vormalige Industrie- und Hafenviertel südlich der Market Street, das sich zum modisches Kneipen- und Kulturzentrum gemausert hat; Cow Hollow, das Wohnviertel mit Boutiquen, Shops und Cafés um die Union Street; Hayes Valley, die Gegend im Schatten des Rathauses. Die Region um den zentralen Union Square und Fisherman's Wharf gelten hingegen als die rund um die Uhr belebten Touristenzentren der Stadt.

Vom spanischen Fischerdorf zur Boomtown

Spanier waren es, die San Francisco aus der Wiege gehoben haben. 1769 hatte der Seefahrer Don Gaspar de Portolá per Zufall die Halbinsel entdeckt, und 1775 erkundete sie Juan Manuel de Ayala näher. Im darauffolgenden Jahr begann man mit dem Bau eines Militärpostens, dem Presidio, und gründete die Mission San Francisco de Asis, kurz »Mission Dolores«. Nach und nach entwickelte sich dort, wo sich heute die Innenstadt erstreckt, ein kleines Fischerdorf namens »Yerba Buena«, der »Ort mit den guten Kräutern«. 1847 erhielt das 450-Seelen-Dorf nach der Mission den Namen San Francisco. Für einen Boom ungeahnten Ausmaßes sorgte schließlich der Goldrausch von 1849: Innerhalb weniger Jahre stieg die Einwohnerzahl von kaum 1000 auf über 35 000 an – das vormalige Fischerdorf war zur Finanz- und Handelsmetropole geworden.

Dann kam der 18. April 1906: Um 5.12 Uhr bebte die nordkalifornische Küste auf fast 400 Kilometern Länge und 50 Kilometern Breite von San Juan Bautista im Süden bis Fort Bragg im Norden, nach neuesten Untersuchungen mit einer Stärke von 7,8 auf der Richterskala. Das Beben allein wäre nicht so verheerend gewesen, doch der dadurch ausgelöste Großbrand, der drei Tage und drei Nächte wütete, zerstörte vier Fünftel der Stadt. Doch während noch die Ruinen rauchten, machten sich die rund 400 000 Obdachlosen bereits an den Wiederaufbau ihrer Stadt. Dieser Optimismus, der bis heute für die San Franciscans kennzeichnend ist, führte zu einem monumentalen Neubeginn: Ein Bauboom setzte ein, der Hafen wurde vergrößert und die Weltausstellung 1915 feierte die Wiedergeburt der Stadt.

In den 1950ern und vor allem 1960ern geriet San Francisco erneut ins internationale Rampenlicht: Die Beat-Generation um Jack Kerouac und Alan Ginsberg

legte die Basis für Flower Power und Gay Liberal and Free Speech Movement, die ihren Höhepunkt im berühmt-berüchtigten Summer of Love 1967 erlebte. Seitdem gilt San Francisco als liberale und politisch linke Stadt, deren Bewohner immer wieder ihre Stimme erheben, sei es nun gegen Krieg und Umweltverschmutzung oder gegen kleinbürgerliche Verlogenheit. Die San Franciscans genießen das liberal-tolerante Klima in vollen Zügen und beobachten den Rest des Landes oft mit Verwunderung und Erstaunen – und werden selbst von diesem ebenso verwirrt beäugt.

Heimat der Bohemians und Unangepassten

Der Nebel, der beim Zusammentreffen kühler Pazifikwinde und warmer Festlandsluft entsteht, verhalf der Stadt zum Spitznamen »Foggy City« und hatte zur Folge, dass man 26 Nebelhörner in der Bay aufstellte. Das Kuriose ist jedoch, dass sich der Nebel innerhalb von Minuten auflöst und oft lokal begrenzt ist. Andererseits passen die wallenden, mystischen Nebelschwaden gut zu den eigenwilligen Bewohnern. San Francisco ist nämlich bis heute Heimat der Hippies und Beatniks, der Blumenkinder und der Bohemiens, der Unangepassten und Aussteiger, der Desperados und Verzweifelten, der Säufer und Drogensüchtigen, der ums Überleben kämpfenden Armen und der Spekulanten, der politisch Engagierten und Intellektuellen. Und San Francisco ist »das letzte großstädtische Dorf Amerikas«, wie es der Schriftsteller Herbert Gold einmal ausdrückte.

SAN FRANCISCO KULINARISCH

Tom Medin ist Einheimischer, Gourmet, Kochbuchautor und Tourveranstalter. Täglich dreimal geht es mit ihm zu Fuß auf kulinarische Entdeckungstour durch North Beach oder Chinatown, durch das italienische und/oder chinesische Viertel, inklusive Besichtigung typischer Lokale und Produktionsstätten – Feinkostläden, Bäckereien, Kaffeeröstereien, Teeläden oder Dim-Sum-Küchen. Reichliche Proben und die Option auf ein anschließendes Menü sind dabei schon inbegriffen.

WEITERE INFORMATIONEN

California Tourism: Touristikdienst Truber, Stockstadt, Tel. (06027) 401108
Websites: www.sanfrancisco.travel, www.visitcalifornia.com

Local Tastes of the City Tours, Tel. (415) 6650480, www.localtastesofthecitytours.com; täglich um 10, 14 und 18 Uhr, Dauer: 3 bzw. 2 Stunden.

58 Der Yosemite National Park – Das erste Naturschutzgebiet der Welt

Die grandiose Berglandschaft des Yosemite National Park zieht pro Jahr über vier Millionen Besucher an, unter anderem mit dem Merced River Fall (oben). Auch Glacier Point (unten) und Vernal Fall (rechte Seite unten) laden zu Wanderungen ein.

Dem Ansturm kaum gewachsen

Der Yosemite National Park rühmt sich nicht nur einer grandiosen Berglandschaft, er steht auch für die Zukunft der Nationalpark-Idee. Der Besucheransturm hat seit den 1990ern derartige Ausmaße angenommen, dass die Gefahr droht, aus dem Natur- werde ein Vergnügungspark. Über vier Millionen Besucher pro Jahr lassen sich auch durch erhöhte Eintrittsgebühr, obligatorische Vorausbuchungen und zeitweilige Schließung der Zugangstore bei zu starkem Andrang nicht abhalten. Es gibt Überlegungen, den Park ganz für den Individualverkehr zu sperren – um die Natur vor den Naturliebhabern zu schützen.

Während des 18. und 19. Jahrhunderts lebten die Miwok-Indianer im Yosemite-Areal, etwa 250 Kilometer östlich von San Francisco, noch wie im Paradies. Der Goldrausch von 1849 sorgte nur kurz für Unruhe, und danach gehörte das Yosemite Valley wieder ihnen und den Naturfreunden. Es ist US-Präsident Abraham Lincoln zu verdanken, dass die Region unter Schutz gestellt ist: 1864 hatte er den »Yosemite Grant« unterzeichnet, einen Vertrag, der Teile des Yosemite Valley zum ersten State Park und damit zum ersten geschützten Naturareal der Welt erklärte. 1889 beklagte unter anderem der bekannte Naturschützer John Muir öffentlich die Zunahme der Schafzucht und die daraus resultierende Zerstörung der Landschaft im Umkreis des Parks. Mit Hilfe einiger Freunde initiierte er eine groß angelegte Naturschutz-Kampagne, und 1890 hat man das Areal um Yosemite Valley und Mariposa Grove zum Nationalpark ernannt. Als Muir 1903 mit Präsident Theodore Roosevelt zusammentraf, bewirkte er sogar eine Vergrößerung des Gebiets.

Im Yosemite Village lohnt nicht nur das Indian Cultural Center einen Besuch, sondern auch das kleine Museum, das an den international bekannten Fotografen Ansel Adams (1902–1984) erinnert. Er war 1937 ins Yosemite Valley gezogen und hatte grandiose Fotoserien angefertigt. In gestochen scharfen Schwarz-Weiß-Fotos hielt er die Landschaft in ihrer ursprünglichen, vom Menschen unberührten Gestalt, in beeindruckender Stille und Zeitlosigkeit fest. Gleichzeitig setzte er sich aber auch für eine Ausweitung des staatlichen Nationalparksystems und gegen die infrastrukturelle Überentwicklung des Areals ein.

Eindrucksvolle Vielfalt

Die Sierra Nevada, in der der Yosemite Nationalpark liegt, ist erdgeschichtlich mit nur rund zehn Millionen Jahren recht jung. Die Bergkette entstand beim Aufeinandertreffen der pazifischen und der nordamerikanischen Erdplatte. Erosionen und Flüsse schufen Canyons, und das Einwirken von Gletschern formte maßgeblich die Landschaft. Die Berge erreichen knapp 4000 Meter Höhe, wobei 80 Prozent der Region überwiegend mit Tannen und Kiefern sowie majestätischen Giant Sequoias (Mammutbäumen) bewaldet sind.

Allein fünf der sieben in den USA vertretenen Vegetationsstufen sind hier zu finden. Die Vielfalt an Flora und Fauna ist beeindruckend: rund 1400 Blumen- und 37 Baumarten, 247 Vogelarten, 80 verschiedene Säugetiere und 22 Reptilienarten. Häufig sind Schwarzbären zu beobachten, ebenso Murmeltiere, Rotfüchse, Stinktiere und Pfeifhasen. Dagegen sind Berglöwen, Dickhornschafe, Wanderfalken oder die Weißkopfseeadler inzwischen selten. Der Grizzlybär ist in Kalifornien komplett ausgerottet – er ist nur mehr als Wappentier zugegen.

Rund 90 Prozent aller Besucher tummeln sich heute auf etwa einem Prozent der gesamten Parkfläche, nämlich im und um das Yosemite Village, einem rund zwölf mal eineinhalb Kilometer großen, vom Merced River durchflossenen Tal. Besonders beliebt sind die Bergmassive Half Dome und El Capitan, die unter Climbern als Toptipps gelten und stets von Schaulustigen umlagert sind. Zu den Highlights gehören außerdem die Yosemite Falls, bestehend aus den Lower und Upper Falls. Letztere sind mit 740 Metern die höchsten Wasserfälle der USA. Vergleichsweise wenig frequentiert ist hingegen die nur ein paar Monate im Jahr befahrbare Tioga Road, eine traumhafte Passstrecke im Norden, die auf das Sierra-Hochplateau führt.

PARADIES FÜR NATURFREUNDE

Im Yosemite National Park gibt es rund 1350 Kilometer Rad- und Wanderwege, zudem Gelegenheit zum Bergsteigen, Klettern, Fischen, zu Bootsfahrten und River Rafting auf dem Merced River. Informationen bieten die Visitor Centers sowie der Village Store und die Yosemite-Hotels (www.yosemitepark.com/Activities.aspx). Viele organisierte Touren starten an der Yosemite Lodge (Tel. (559) 2524848, www.yosemitepark.com). Außerdem gibt es kostenlose Rangertouren und naturkundliche Veranstaltungen, Vorträge, Filme und Kurse. Als Zentrum für Outdoor-Fans gilt das Curry Village (Teil des Yosemite Village). Dort kann man Fahrräder leihen, Wanderungen planen und Climbing-Touren arrangieren.

WEITERE INFORMATIONEN

California Tourism: Touristikdienst Truber, Stockstadt, Tel. (06027) 401108
Websites: www.nps.gov/yose, www.yosemitepark.com, www.visitcalifornia.com

Kaibab –»umgekehrter Berg« – nannten die Paiute-Indianer den Grand Canyon. Schließlich schaut man von oben, vom North Rim, auf einer Ebene stehend, hinunter in eine tiefe Schlucht. Der Colorado River hat sich im Laufe der Zeit immer tiefer in die Hochebene hineingefressen (rechte Seite).

59 Der Grand Canyon – Unvergleichlicher Einblick in die Erdgeschichte

Schwindelnde Tiefen

Steht man zum ersten Mal am Rande des Grand Canyon, ist man zunächst einmal sprachlos: Welch kleiner Wurm ist der Mensch doch angesichts solch grandioser Landschaft! Das Ungewöhnliche ist, dass man nicht zu einer monumentalen Berglandschaft aufblickt, sondern umgekehrt: Man schaut auf einer Ebene stehend hinunter in eine etwa 1600 Meter tiefe Schlucht.

Ist man schon kaum in der Lage, die Ausmaße des Canyons voll zu erfassen, fällt es noch schwerer, das hohe Alter dieser Schlucht – zwei Milliarden Jahre! – zu begreifen. Mehr als vier Millionen Besucher genießen Jahr für Jahr dieses Naturschauspiel, die meisten vom South Rim aus, in der Zeit zwischen Mai und Oktober. Dann ist ohne Reservierung weder ein Zimmer noch eine Tour zu Pferde hinab in die Schlucht zu bekommen. Die Verkehrssituation an der südlichen Zufahrt gleicht im Sommer manchmal jener in Großstädten während der Rushhour. Versuche, Besucher von der Nutzung von öffentlichen Verkehrsmitteln zu überzeugen, haben nur eingeschränkt Erfolg. Kaibab – »mountain lying down« oder »umgekehrter Berg« – nannten die hier lebenden Paiute-Indianer den Grand Canyon. Am Grund des Canyons fanden sich Besiedelungsspuren, die in die Zeit um 1000 v. Chr. zurückreichen. Doch erst die Anasazi, jenes legendäre Indianervolk, das gegen Ende des 13. Jahrhunderts spurlos verschwand, hinterließ Ruinen wie das Tusayan-Pueblo. Von den später zugewanderten Indianern sind bis heute Hualapais und Havasupais, Paiutes und Navajos in der Region zu Hause.

Wegweisende Expedition

Es waren Spanier, die erstmals vom »Gran Cañon« sprachen. Francisco Vasquez de Coronado erreichte die Region im Jahr 1540 auf der Suche nach den mythischen »Sieben Städten von Cibola«. Er selbst sah den Canyon nicht, schickte aber eine Gesandtschaft mit Garcia Lopez de Cardenas und Hopi-Scouts hin. Die Gold suchenden Spanier ließen sich durch dieses Naturdenkmal kaum beeindrucken – das Land war für sie zunächst nicht mehr als eine öde und lebensfeindliche Wildnis.

Es bedurfte eines ungewöhnlichen Mannes, um das Naturwunder ins angemessene Rampenlicht zu rücken. John Wesley Powell (1834–1902), ein naturbegeisterter Geologieprofessor, ließ sich trotz des Verlustes seines linken Arms im Bürgerkrieg nicht von naturkundlichen

Die Ausmaße des Canyons voll zu erfassen, fällt schwer, und für die Erkundung des Naturwunders sollte man sich genügend Zeit nehmen. Zahlreiche Aussichtspunkte wie der Torroweap Point (oben) verlocken ebenso wie die vielfältige Flora und Fauna (rechte Seite). Besonders grandios ist die Stimmung im Herbst (unten).

Expeditionen abhalten. Am 24. Mai 1869 startete er mit neun Gleichgesinnten das gewagte Unternehmen, den Green und Colorado River zu erforschen. Die Boote der Expedition folgten dem Green River von der gleichnamigen Ortschaft in Wyoming zum Zusammenfluss mit dem Colorado River im Südosten Utahs und weiter zum Grand Canyon. Nach drei Monaten kehrten Powell und fünf Begleiter – die übrigen hatten unterwegs aufgegeben – beim heutigen Lake Mead wieder in die Zivilisation zurück.

Ein Mann mit Visionen

Powell konnte anschließend die Washingtoner Smithsonian Institution dazu überreden, ihm eine weitere, diesmal offizielle Forschungsreise entlang dem Colorado zu finanzieren. 1871 machte er sich erneut auf den Weg, nun mit dem Ziel einer wissenschaftlichen Dokumentation und Kartierungen. Der Fotograf John A. Hillers sollte das Naturwunder bildlich dokumentierten.

1875 publizierte Powell seine Ergebnisse in einem faszinierenden Buch mit dem Titel *The Exploration of the Colorado River and Its Canyons*. Drei Jahre später schrieb er mit *A Report Upon Lands of the Arid Regions of the United States* ein weiteres wegweisendes Werk, dessen Wert jedoch erst in jüngerer Zeit erkannt wurde. Powell äußerte darin deutliche Bedenken gegen eine landwirtschaftliche Nutzung großer Teile des Westens, mit der Begründung, dass die Wüstenlandschaften auf Dauer zu trocken für den Landbau seien. Damals wollte niemand auf ihn hören, heute nimmt man seine geologischen und klimatischen Erkenntnisse hingegen ernst, da sich seine Einschätzung der extremen Bedingungen im Westen bewahrheitet haben.

Unbeschreibliche Dimensionen

Wie ein aufgeschlagenes Buch der Erdgeschichte wirkt die klar erkennbare Schichtenfolge in der Canyonwand, die rund 1600 Meter tief bis zum Colorado River hinabreicht. Der Fluss hat sich im Laufe der Zeit immer tiefer in die Hochebene hineingefressen.

Die oberen Schichten aus Kaibab- und Toroweap-Kalkstein entstanden zum Beispiel beim Austrocknen urzeitlicher Meere, während die unteren Sandsteinschichten auf eine noch ältere Wüste zurückgehen, die vor Jahrmillionen mehr als 50 000 Quadratkilometer des Südwestens bedeckte.

Powell und seine Männer begegneten auf ihren Booten noch einem ungezähmten Colorado River, mittlerweile hat man den Fluss mithilfe von zwei großen Stauseen gebändigt: Flussaufwärts, bei Page (Arizona), liegt der durch den Glen Canyon Dam aufgestaute Lake Powell, und flussabwärts entstand mit dem Hoover Dam südlich von Las Vegas (Nevada) der Lake Mead.

Elfmal soll während der letzten Jahrmillionen beim heutigen Tuweep flüssige Lava den Colorado aufgestaut haben. Der höchste dieser Lava-Dämme maß 165 Meter und staute das Wasser auf fast 300 Kilometer zurück. »Welch ein Kampf zwischen Wasser und Feuer muss sich hier abgespielt haben!«, schrieb Powell. »Man stelle sich eine Flut von flüssigem Gestein vor, die sich in einen Fluss aus Schmelzwasser ergießt. Welch Schäumen und Brodeln, welche gewaltige Wolken, die da zum Himmel steigen!«

Dem Besucheransturm entgehen

Die meisten Besucher nähern sich dem Grand Canyon, der heute als Nationalpark weiträumig unter Schutz steht, vom südlichen Flagstaff aus. Wählt man diesen Weg über das Coconino Plateau mit seinen Goldkiefern-Wäldern, flankiert von den San Francisco Mountains, gibt es kaum Hinweise auf das bevorstehende Ereignis – und wie aus dem Nichts taucht plötzlich vor einem der Abgrund auf. Einen ersten intensiven Eindruck erhält man vom viel frequentierten Mather Point am South Rim. Westlich davon liegt das Grand Canyon Village, das seit 1901 mit dem Bau einer Eisenbahnlinie als touristisches Zentrum dient. Im Dorf befinden sich die Park Headquarters und ein Visitor Center sowie Unterkünfte. Shuttle-Busse und Wandertrails verbinden die einzelnen Aussichtspunkte zwischen Hermits Rest und Desert View miteinander.

Sehenswert am South Rim ist die Tusayan Ruin, Reste einer alten Indianersiedlung. Zu den Höhepunkten eines Besuchs gehört jedoch auf jeden Fall der Bright Angel Trail hinunter in den Canyon.

Mit jedem Schritt hinab wächst die Stille und Grandiosität der Landschaft. Die Tageswanderung führt zu den Indian Gardens, einer grünen Oase 945 Meter unterhalb des Canyonrands (Camping) – doch mancher Besucher steigt weiter zum Colorado River hinab (Campingplatz). Obwohl am nächsten Tag der anstrengende Aufstieg bevorsteht, ist diese Exkursion ein unvergessliches Erlebnis!

EINE RANCH IN DER WÜSTE

Die Grand Canyon Ranch, am Westrand des Grand Canyon, gelegen ist eine »Dude Ranch« und wer möchte, kann per Hubschrauber hierherfliegen um Wildwestflair zu erleben. Es gibt zehn gut ausgestattete Cabins und Tipis, dazu werden Trail Rides oder Planwagenfahrten, Cowboy-Shows und Lagerfeuerromantik mit Countrymusic geboten. Die Ranch liegt in der Mohave-Wüste und bietet willkommene Abwechslung zum nahen Las Vegas.

WEITERE INFORMATIONEN

Grand Canyon Ranch: Meadview/AZ, Tel. (928) 7153196, www.grandcanyonranch.com, www.heliusa.com
Arizona Office of Tourism: Kaus Media Services, Hannover, Tel. (0511) 8998900
Websites: www.nps.gov/grca, www.grandcanyonlodges.com, www.arizonaguide.com

Miami Beach steht für Fun, Strand und Sonne pur (oben). Die Parole heißt hier »Sehen und gesehen werden«. Auch das einzigartige Art-déco-Viertel (unten) und der endlose Strand von Miami Beach (rechte Seite unten) haben der wachsenden Stadt zu Attraktivität und Beliebtheit verholfen.

60 Miami Beach – Die Roaring Twenties

Dolce Vita am Strand

Miami Beach, anfangs idyllischer Rückzugsort für wohlhabende und erholungssuchende Nordstaatler, steht heute synonym für Strand und Sonne, Dolce Vita und Fun. Es erinnert eher an einen südspanischen Ferienort als an eine Strand-Kommune, die in Nordamerika beheimatet ist. Auch wenn der Putz stellenweise etwas abbröckelt und Ramschläden neben Edelboutiquen und Luxushotels in nächster Nähe zu Absteigen stehen – die pastellfarbenen Art-déco-Bauten und der endlose Sandstrand haben ihren Reiz nicht verloren.

Bonbonfarben – pink, hellblau, hellgrün oder dottergelb –, stromlinienförmig oder geschwungene, klare geometrische Formen und schlichtes Dekor: Merkmale des Art déco. Diese Stilrichtung ging vom Europa zwischen den beiden Weltkriegen aus und manifestierte sich in den USA, wo sie in den 1930ern en vogue war. Erst »Modernistic« oder »Style Moderne« genannt, kam für sie in den 1960ern der Begriff »Art déco« auf, die Abkürzung der Pariser Ausstellung »Exposition Internationale des Arts Décoratifs Industriels et Modernes« (1925). Nordöstlich von Miamis Innenstadt liegt Miami Beach. Es ist durch den Intracoastal Waterway von der City getrennt. Im Süden von Miami Beach – auch »South Beach« genannt – befindet sich das berühmteste Bauensemble im Art déco. Das Areal zwischen Ocean Drive, Collins und Washington Avenue bis hinauf zur Lincoln Road gilt mit seinen Bauten aus den 1920er-Jahren und 1930er-Jahren als klassischer Art-déco-District.

Zurück in die Roaring Twenties

Der Art déco ist ein Spiegelbild der Roaring Twenties, einer Zeit des Wandels, der gesellschaftlichen Umbrüche, des Fortschritts, der Industrialisierung und der Technisierung. Die Architekten griffen auf verschiedene frühere Stile zurück, beispielsweise den Jugendstil mit seinen floralen Motiven, Flamingos und Nymphen. Die Arts & Crafts- sowie die Bauhaus-Bewegung fungierten in formaler Hinsicht ebenso als Vorbilder wie etwa die Kunstrichtungen Kubismus, Futurismus und Konstruktivismus, die besonders bezüglich der Schlichtheit und der Geometrie Einfluss ausübten. Dazu erhielt man Anregungen aus dem Fernen und Mittleren Osten, aus Griechenland und Rom, Ägypten und der Maya-Kultur. Als dekorativer Stil kam Art déco, in der Baukunst auch »Streamline Moderne« genannt, besonders an repräsentativen beziehungsweise öffentlichen Gebäuden wie Theatern, Restaurants, Hotels oder auch Ozeankreuzern zum Einsatz. Doch

nicht nur in der Baukunst sorgte er für Akzente. Auch das Kunsthandwerk – Möbel, Skulptur, Kleidung, Schmuck, Grafik – und nicht zuletzt das Industriedesign – Küchengeräte, Fernseher und Autos – griffen den neuen Stil auf.

Sehen und gesehen werden

Auf dem Ocean Drive ist es beinahe zu jeder Tages- und Nachtzeit voll – die Parole heißt »Sehen und Gesehenwerden«. Hier konzentrieren sich Bars, Kneipen, Shops und Vergnügungseinrichtungen aller Art vor der Kulisse öffentlich zugänglicher, künstlich aufgeschütteter Strände. Kioske vermieten Wassersportzubehör, Liegestühle und Sonnenschirme, und Baywatch Tower erinnern an die gleichnamige Serie. Am Ocean Drive wechseln sich pastellfarbene Hotels, wie das »Casa Grande« oder das »Waldorf Towers Hotel«, mit ausgeflippten Poolbars, Cafés und Restaurants ab. Musterbeispiele des Art déco sind das »Breakwater Hotel & Café«,»All Star Café« (im Edison), »Park Central«, »Cardoso«, »Berkley Shore«, »Majestic«, »Cavalier« und das »Netherland«. Hotels, Läden, Apartment-Hochhäuser, Bars, Kneipen und Vergnügungseinrichtungen reihen sich auch entlang der Collins Avenue aneinander, der parallel verlaufenden, endlos scheinenden Hauptachse von Miami Beach. Im Südteil, nahe dem Ocean Drive, wechseln sich teure Designerboutiquen und verrückte Shops, Cafés und Boutiquen ab. Beide Straßen sind hier durch kleine Fußgängerzonen und verkehrsberuhigte Straßen verbunden, ebenfalls gesäumt von Shops, Galerien, Lokalen, Bars und Cafés, zumeist mit Tischen im Freien.

MIAMI BEACH HOTELS

In South Beach (Miami Beach) ist die Palette an attraktiven Boutique-Hotels groß. Ein empfehlenswertes Haus ist beispielsweise das »Hotel of South Beach« (801 Collins Ave., www.thehotelofsouthbeach.com), 1939 erbaut und 2010 nach einer Renovation wieder eröffnet. Ebenfalls etwas Besonderes ist »The Albion Hotel« (1650 James Ave, Tel. (305) 5316588), eines von mehreren empfehlenswerten »Rubell-Hotels« (www.rubellhotels.com). Das renovierte Designer-Art-déco-Hotel verfügt über geschmackvoll eingerichtete Zimmer, einen großen Pool und eine Cafeteria.

WEITERE INFORMATIONEN

Visit Florida, Presse- und Touristikdienst: Schaafheim, Tel. (06073) 88157
Websites: www.miamiandbeaches.com, www.visitflorida.com/de

Stimmung in der Altstadt von Havanna: mit Live-Musik (oben) und einem frisch gezapften Bier (unten). Die heutige Hauptstadt hieß bei ihrer Gründung 1519 San Cristóbal de la Habana, zu Ehren von Christoph Kolumbus und nach einem indianischen Wort, das für »Platz« steht.

61 Havanna – Das spanische Erbe in Kuba

Barockbauten, Oldtimer und Musik überall

La Habana Vieja, wörtlich das alte Havanna, ist einer von 15 Bezirken der mit knapp 2,5 Millionen Einwohnern größten Stadt Kubas und der drittgrößten in der Karibik. In der Altstadt wurde am meisten renoviert im Land, und seit 1982 gehört sie zum Weltkulturerbe. Habana Vieja ist der Treffpunkt von Einheimischen wie Touristen, auch weil es die höchste Dichte an Cafés, Bars und Restaurants aufweist.

Eine »Granma« gefällig? Der Straßenverkäufer an der Plaza de Armas lächelt und hält dem Touristen aus Deutschland die offizielle Staatszeitung, das Zentralorgan des Landes, unter die Nase. Die Zeitung ist in Spanisch verfasst, der Inhalt weitgehend egal. Es geht um ein Stück westkaribische »Ostalgie« und vielleicht auch um ein Stück Mitleid. Der Zeitungsverkäufer verhökert die Polit-Postille für einen CUC an den Touristen, was knapp einen Euro Gewinn für ihn bedeutet. Ein anderer skizziert an der Plaza de la Catedral mit dem Bleistift flink ein Porträt, der Nächste musiziert in der Calle Obispo. Die Altstadt ist wie gemacht für die Verkäufer, Künstler und Urlauber. Dort bummeln die Besucher und lassen sich anstecken von dem aus jedem zweiten Lokal klingenden kubanischen Sound. Sogar einige nette Läden gibt es, auch Bars, Cafés und Gaststätten, zudem zahlreiche Museen, Kunstgalerien, Kirchen und natürlich jede Menge klassischer Sehenswürdigkeiten. Die Altstadt von Havanna bedeutet Urlaub, wie man ihn von anderswo auch kennt – ein Besuch mit Lust und Laune, ohne Entbehrungen. Kaum ein Havanna-Tourist verpasst deshalb das zentrale historische und so vitale Viertel, wo ein erheblicher Teil der wunderbaren Architektur im Kolonialstil, die auf die lange Besatzung der Insel durch die Spanier zurückgeht, bewahrt und seit den 1990er-Jahren hübsch restauriert wurde. In diesem Punkt ist die Altstadt dem Malecón um Längen voraus. Platz für Platz, Straße für Straße und Gasse für Gasse sind gesäumt mit prächtigen Bauten aus der spanischen Kolonialzeit und vereinzelt auch aus anderen Epochen. Marode Bauwerke sind in der Altstadt eher die Ausnahme.

Erbe aus Kolonialzeiten

Jede dieser Epochen hat ihre Spuren hinterlassen. Man kann sie auf drei Zeiträume eingrenzen und sie sind zum Teil auch städtebaulich sichtbar. Von 1519 bis 1898, also fast 400 Jahre lang, drückten die Spanier der Insel ihren Stempel auf. Es folgte im direkten Anschluss die als neokoloniale Zeit bezeichnete Phase der Verwaltung durch die USA, von 1898 bis 1959, bis heute sichtbar am Capitolio (siehe Highlight 3) und im Stadtbezirk Vedado. Und schließlich kam die Revolution gegen den von den USA protegierten Diktator Fulgencio Batista: der große Umbruch und in der Folge die kommunistische Zeitspanne von 1960 bis heute. Sie hat allerdings lediglich einige glanzlose Zweckbauten hervorgebracht.

Havanna – genau genommen Villa San Cristóbal de la Habana – wurde am 16. November 1519 auf Befehl von Diego Velázquez gegründet. Der aus der Provinz Segovia in Spanien stammende und 1524 in Santiago de Cuba verstorbene Eroberer war Gouverneur von Kuba für die spanische Krone. Der natürliche Hafen galt als der ausschlaggebende Grund für die Stadtgründung. Die Bucht schützt bis heute einen der sichersten Häfen der Welt, da der Zugang zum offenen Meer auf einen sehr schmalen Zugang begrenzt ist. Habana Vieja stieg vom Schiffbauplatz zum Sammelhafen aller spanischen Schatzschiffe aus Mittel- und Südamerika auf. Der Hafen wurde von den mit Schätzen beladenen spanischen Galeeren als Zwischenstation auf den Fahrten zwischen der Neuen und der Alten Welt benutzt, und Havanna galt deshalb eine Zeit lang sogar als reichste Stadt Amerikas. 1634 wurde La Habana auf königliche Verfügung sogar der Titel »Schlüssel zur Neuen Welt und Beschützer von Westindien« verliehen.

Plaza de Armas, Zentrum der Stadt

Aus der Anfangszeit Mitte des 16. Jahrhunderts, als die Stadt für das Königreich Spanien von zunehmender strategischer Bedeutung wurde, stammen die Plaza de Armas, das Fort Castillo de Real Fuerza (siehe Highlight 6) sowie die Straßen Los Oficios und Los Mercaderes, die parallel zueinander verlaufen. Dort stehen die Gebäude dicht an dicht. Man sieht barocke und neoklassizistische Elemente, schattige Arkaden und luftige Balkons, schwere gusseiserne Tore und so manchen lauschigen Innenhof. Viele Gebäude verfielen in der zweiten Hälfte des 20. Jahrhunderts langsam zu Ruinen, einige von ihnen konnten jedoch durch aufwendige Restaurationsarbeiten gerettet werden.

Der Grundriss der Stadt war einfach und ist bis heute klar erkennbar: Die Stadt wurde um die zentrale Plaza de Armas, den für die Spanier typischen Exerzierplatz, angeordnet. Dort waren alle politisch, militärisch und verwaltungstechnisch wichtigen Bauten in unmittelbarer Nähe aneinandergereiht: die Festung Castillo de la Real Fuerza, der Regierungspalast Palacio de los Capitanes Generales, die 1776 erbaute Residenz für die Kapitäne Kubas, die bis heute zu den prachtvollsten Bauwerken der Hauptstadt zählt, und die Gouverneurs-Residenz der Kolonie, in dem sich nun das Stadtmuseum befindet. Dazu kam der Palacio del Segundo Cabo, das ehemalige Postamt. Selbstredend war die Plaza auch immer Schauplatz von militärischen Zeremonien und Veranstaltungen.

Gottesverehrung und Revolution

Die Plaza de la Catedral, der Kathedralenplatz, ist nur gut 150 Meter von der Plaza de Armas in westlicher Richtung entfernt und ein zweiter Besuchermagnet in der Altstadt, wenn nicht sogar das

Havannas Altstadt ist eine bunte Mischung. Der Platz vor der Kathedrale ist der Treffpunkt schlechthin (oben). Pferdefuhrwerk und Fahrradkurier stellen alternative Transportmittel dar, die durchaus ihre Berechtigung haben (unten).

Ein Tänzchen in Ehren ... im Café Taberna (oben) und in der Casa de la Música (rechte Seite oben). Bilder einer Ausstellung: coole Straßenkreuzer (Mitte), ein bunt bemalter Tisch im Hotel Inglaterra (unten). Rund um die Plaza Vieja (rechte Seite unten) erstrahlen renovierte Bauten im kolonialen Stil.

heutige Herz von Habana Vieja. Marktstände sind aufgebaut, die Touristen kaufen frisch geflochtene Strohhüte oder suchen in einem der Terrassencafés Rast, etwa im »El Patio« in einem wunderschönen Herrenhaus mit schattigem Innenhof. Auch dort kann man »eine ›Granma‹ gefällig?« immer wieder hören ...

Die Kathedrale von Havanna, offiziell Catedral de la Inmaculada Concepción, also die Kathedrale der Unbefleckten Empfängnis, wurde zwischen 1748 und 1777 erbaut. Trotz ihrer Schlichtheit beherrscht sie den weitläufigen Platz. Besonders auffällig sind die Muschelkalkfassade und ihre beiden asymmetrischen Glockentürme. Wenn man vor dem Haupteingang steht, zeigt sich der linke Turm eher schlank und ist höher, während der rechte massiver und kleiner ist. Von 1796 bis 1898, dem Ende des Kolonialkriegs, sollen in diesem Gotteshaus die sterblichen Überreste von Christoph Kolumbus gelegen haben, ehe sie nach Sevilla in Spanien verschifft wurden.

In Richtung Canal de Entrada zieht sich bis zum Castillo de San Salvador de la Punta (siehe Highlight 6) der weitläufige Parque Céspedes am Ufer entlang, benannt nach Carlos Manuel de Céspedes y López del Castillo, dem berühmten kubanischen Freiheitskämpfer und Begründer der kubanischen Nation. Über die Avenida de las Misiones kommt man am Museo Nacional de la Música – mit einer fantastischen Sammlung afrikanischer Trommeln – und dem Museo de la Revolución, dem Revolutionsmuseum und ehemaligen Präsidentenpalast, vorbei, wo die Jacht »Granma« präsentiert ist. »Granma«, ein englisches Kürzel für Grandma, also Großmutter, hieß das Boot, mit dem Fidel Castro und weitere 81 Revolutionäre der kubanischen Bewegung des 26. Juli von Mexiko nach Kuba übersetzten, um das Batista-Regime zu stürzen. Nach diesem Schiff wurde dann auch die Parteizeitung der Kommunistischen Partei Kubas benannt sowie ebenso eine Provinz in Ostkuba. Das Museum beherbergt umfangreiche Sammlungen zu Themen wie die Ausrottung der Indianer, die Einführung der Sklaverei, die Unabhängigkeitskriege und natürlich die kubanische Revolution. Es folgen das Museo de Bellas Artes und schließlich der Parque Central: Er ist sinnbildlich der Malecón der Innenstadt, wo Menschen aller Altersschichten im Schatten der Palmen Neuigkeiten austauschen.

Kultur und Kaffee

Wichtigstes Gebäude am Platz ist das Gran Teatro de la Habana. Offiziell heißt es Teatro García Lorca, ist die Heimat des kubanischen Nationalballetts und mit gut 2000 Plätzen das größte Theater des Landes. Es stammt aus dem Jahr 1838 und weist neben neoklassizistischen Strukturen auch Art-déco-Elemente auf. Gleich nebenan steht eine Ikone der kubanischen Hotellerie, das »Inglaterra«. Es ist das älteste Hotel auf Kuba und verkörpert als Zeuge der städtebaulichen und kulturellen Geschichte ein Stück weit das koloniale Havanna. Gegründet am 23. Dezember 1875 und seit 1981 als Nationaldenkmal eingestuft, beeindruckt es sowohl mit seiner neoklassizistischen Pracht, aber auch mit seinen unverkennbar maurischen Zügen. Darin befindet sich das elegante Gran Café El Louvre, dessen Tische von zeitgenössischen bildenden Künstlern dekoriert wurden.

Heutzutage gilt das »Inglaterra« nicht nur deshalb als der Treffpunkt kubanischer Künstler, Schriftsteller und Komponisten.

Die »Stadt der Säulen«

Wenn man vom Parque Central nun über die wundervolle Flaniermeile Calle Obispo zurück zur Plaza de Armas schlendert, ist man im Prinzip ein Dreieck gegangen, das in etwa auch den Verlauf der nicht mehr vorhandenen Stadtmauer und die Grenzlinie von Habana Vieja markiert. Der französische Korsar Jacques de Sores war übrigens der Grund für den Bau der Mauer. 1555 griff er das kaum gesicherte Havanna an, plünderte es und steckte es schließlich in Brand, weil er zu dieser Zeit nicht jene Reichtümer fand, die er erwartet hatte. Nach diesem Vorfall brachten die Spanier Soldaten nach Havanna und begannen, Festungen und Mauern zum Schutz der Stadt zu bauen. Die Stadtmauer wurde jedoch 1863 wieder abgerissen, um die Stadterweiterung nicht zu blockieren.

In diesem Dreieck – bestehend aus den Schenkeln Parque Céspedes, Avenida de las Misiones und Calle Obispo – kann man sich bedenkenlos treiben lassen. Gemäß dem Prinzip Zufall könnte man sich mal im Planquadrat D 4 eines Stadtplans rumtreiben oder zwei x-beliebige Straßen mit einer Linie verbinden und diesen Weg ablaufen. So stößt man im Altstadt-Dreieck auch auf weniger bekannte Monumente des Stadtkerns. Deshalb sind diese jedoch nicht weniger beachtenswert, seien es nun palastähnliche Herrenhäuser, schlichte weiße Wohnhäuser mit blauem Balkonen oder Häuser in zarten Pastelltönen sowie Arkadengänge mit Säulen. Nicht von ungefähr wird Habana Vieja häufig auch als »Stadt der Säulen« bezeichnet. Der kubanische Schriftsteller Alejo Carpentier schrieb sogar von einem »Säulenwald« und einer »endlosen Kolonnade«, Havanna sei die letzte Stadt, die Säulen in Überfülle besitze. Und hinter mancher wartet auch ein Straßenverkäufer und fragt: »Granma gefällig?«

VIVA LA MÚSICA!

Es ist zwar nicht so, dass Kubaner von früh bis spät auf ihren geliebten Son tanzen, aber Musik gehört auf der Insel zum Leben wie die Sonne und das Meer. In den Hotels und Bars wird in der Regel nur für Touristen aufgespielt. Wegen seiner Dachterrasse dennoch empfehlenswert ist das »Turquino« im Hotel Habana Libre. Authentischer gibt sich das »Casa de la Música«, wo gute Live-Bands immer für beste Stimmung sorgen. Da fällt es dann auch nicht so auf, wenn man Salsa eigentlich gar nicht tanzen kann und sich nur voller Hingabe von links nach rechts bewegt …
Übrigens: Kuba zählt zu den sichersten Staaten Mittelamerikas, sodass man auch am Abend sorgenfrei ausgehen kann.

WEITERE INFORMATIONEN

»Casa de la Música« in Miramar (Calle 20, No. 330), jeden Abend.
»Casa de la Cultura« in Habana Vieja (Calle Aguiar 509), Konzerte und Tanz.
»Turquino« im Hotel Habana Libre in Vedado (Calle L, No. 23), im 25. Stock mit Blick auf den Sternenhimmel.
Die Eintrittspreise für Live-Musik bewegen sich zwischen drei und 15 Euro.

Alles klar, Amigo? Der Chauffeur dieses schicken Oldtimer-Cabriolets ist sich bewusst, dass er ein Blickfang auf Havannas Straßen ist.

Der Blick über das Weltkulturerbe: Vom Glockenturm San Francisco de Asis hat man eine herrliche Aussicht (oben). Der rothaarigen Frau und ihrem Hund scheint der alltägliche Touristenauflauf egal zu sein (unten).

62 Trinidad – Die Museumsstadt Kubas

Als sei die Kolonialzeit die Gegenwart

Trinidad gehört zu den Flecken, die man auf Kuba neben der Hauptstadt Havanna und einem unvermeidlichen Inselstrand gesehen haben sollte. Die Stadt wirkt wie ein bewohntes Museum, völlig unaufgeregt, so als ob der Weltkulturerbestatus eine Selbstverständlichkeit wäre wie die holprig gepflasterten Gassen, der markante Kirchturm und die vorwiegend benutzte gelbe Farbe für den Häuseranstrich.

Andernorts wäre es eine Zirkusnummer. Der Junge nimmt einen flachen, scharfkantigen Stein, visiert kurz den nahen Mangobaum an, wirft – und trifft. Der Stein durchschneidet den Stiel einer Mango wie ein Messer. Schnell springt er unters Geäst – und fängt die Mango sicher auf, ehe sie am Boden aufprallen würde. Das so geerntete Obst bietet der Junge dem verdutzt dreinschauenden Touristen an, der gar nicht anders kann, als es anzunehmen. Und weil der Junge seine Treffsicherheit beweisen will, wiederholt er den Mangowurf. Trifft, fängt und sagt: »Eine Mango für dich, eine für mich. Ich heiße Juan.« Pause. Natürlich wartet der kleine Juanito jetzt auf einen der begehrten CUC für das gebotene Obst und die passende Show dazu. Doch das Bürschchen will scheinbar mehr: »Darf ich dir meine Stadt zeigen?«, fragt er, und der abermals verdutzte Tourist kann erneut nicht anders, als auch dieses Angebot anzunehmen.
Die Mango ist fantastisch: saftig, süß, ohne Fasern, so wie eine gute Mango sein muss. »Die Saison hat gerade angefangen. Jetzt sind sie am besten«, bestätigt Juanito. Ansonsten ist er eher ein stiller Begleiter. Mit Mangos weiß er Bescheid, auch den Markt kann er zielsicher zeigen, doch bei Fragen zur Geschichte von oder Geschichten aus Trinidad muss der Kleine passen. »Was die Fremden alles so wissen wollen«, wird er sich wohl denken …

Kubas schönstes Welterbe

Trinidad de Cuba ist eine Stadt wie ein Museum, das von Menschen bewohnt wird, die nicht wissen, dass ihre Heimat für Fremde wie ein Museum wirkt. Und dieses Trinidad-Museum dürfte – ohne die anderen ausgewählten Orte in Kuba herabsetzen zu wollen – auch das schönste, bedeutendste und authentischste Weltkulturerbe der Insel sein. Insgesamt gibt es neun kubanische Welterbestätten, angefangen bei Havannas Altstadt (siehe Highlight 2) über den Naturpark Alexander von Humboldt (siehe Highlight 43) bis zum zuletzt, im Jahr 2008, auserwählten historischen

Zentrum von Camagüey (siehe Highlight 35). Und da die UNESCO 2003 auch eine Konvention zum Schutz des immateriellen Welterbes verabschiedet hat, trägt auch der Tanz La Tumba Francesca den weltweit begehrten Status. Aber kein anderes Welterbe auf Kuba ist so beeindruckend und fesselnd wie Trinidad an der südlichen Karibikküste.

Die Stadt beheimatet Paläste und Herrenhäuser, die sich mit umlaufenden Balkonen und Säulengängen schmücken. Dazu kommen auch einfache hölzerne Balustraden und die engen Kopfsteinpflasterstraßen sowie als geeigneter Kontrast dazu die weitläufige Plaza Mayor mit der Dreifaltigkeits-Kathedrale als Blickfang. All diese Bauwerke zeugen von einer großen Epoche und dem ehemaligen Reichtum der Stadt. In diesem Stil zeigt sich das komplette historische Zentrum mit seiner sehr gut erhaltenen Bausubstanz. Das ist die eine Seite.

Farbenfrohes Trinidad

Die andere Seite ist das Leben in dieser Museumsstadt. In den Seitengassen mit ihren bunt gestrichenen Häuschen leben Menschen, schauen aus dem Fenster, stehen vor der Türe, ratschen, lachen. In diesen Gässchen sind die Häuser kleiner, bunter, schlichter und Renovierungsarbeiten häufig noch nicht angekommen. Bessere Eindrücke vom Leben auf Kuba findet man selten, denn der Alltag in Trinidad spielt sich im Freien ab. Die ursprünglichen Häuser haben nicht einmal Glasfenster, sondern häufig filigran vergitterte Öffnungen, sodass die Luft zirkulieren und trotzdem kein Fremder ins Haus kann. Schulkinder auf dem Nachhauseweg kommen vorbei, in sauberer weiß-roter Uniform. In einer anderen Gasse wird Ball gespielt. Am Eck verkauft ein alter Mann ein paar Bananen. Schaut man ihn genau an, kommt einem unweigerlich ein abgedroschenes Motto in den Kopf: In der Ruhe liegt die Kraft. Es scheint in diesem Fall bestens zuzutreffen. Auf dem Markt wiegt der Metzger mit seinem Cowboyhut das bisschen Fleisch, das er hat, noch mit Gewichten. Und ein Junge, kaum älter als Juanito, hat sich daneben ein kleines Tischchen aufgebaut. Darauf liegen fünf Tomaten und etwas Knoblauch … Nach Feierabend sitzen die Frauen oft auf der Eingangstreppe und putzen das Gemüse fürs Abendessen, und wenn man Glück hat, spielt auch schon mal eine Salsa-Band auf offener Straße.

In Trinidad sollte man zumindest eine Weile seinen Reiseführer beiseite legen, den touristischen Tunnelblick ausschalten und sich einfach treiben lassen. Auf einmal lugt Juanito durch eines der vergitterten Fenster und ruft freudig hinein: »Hallo Mama! Ich bin wieder da … Und ein Gringo ist auch dabei!« Ein paar Sekunden später schaut eine Frau mit Lockenwicklern aus diesem Fenster, lacht so breit, wie Julia Roberts es nie schaffen würde und sagt: »Gracias, dass Sie meinen Sohn nach Hause gebracht haben. Kommen Sie, nehmen Sie einen Canchánchara! Er ist hausgemacht.« Das klingt nicht nur gut, die Mischung aus Rum, Limonensaft und Honig schmeckt auch! Und als ob es ein Zufall sei, gehört der Dame eine Privatpension. Juanito ist also ein kleiner, aber netter Schlepper. Und sicher ist, gerade in Trinidad schnuppert man noch mehr Atmosphäre, wenn man in einem der vielen Casas Particula-

Allgegenwärtig ist die heimische Musik, die in Trinidad immer wieder auf offener Straße gespielt wird (oben). Die bunten Häuser (Mitte) geben schöne Motive ab, und auch das eine oder andere Souvenir kann man hier günstig gleich auf der Straße erstehen (unten).

Von der Plaza Mayor (oben) lässt sich Trinidad in alle Richtungen erkunden. Es muss ja nicht mit dem Esel sein (unten) … Besonders in diesem Städtchen bieten sich Casas Particulares (Mitte) als Übernachtungsstätten an, denn große Hotels gibt's im Zentrum nicht. Blick auf die Plaza (rechte Seite unten).

res übernachtet. Zumal sich im Gegensatz zu ähnlich schönen Städten keine Hotels und auch kaum Restaurants oder Läden im gut einen halben Kilometer breiten historischen Zentrum befinden. Eine andere Frau trägt keine Lockenwickler, ist statt kaffeebraun schneeweiß, lacht nicht, sondern steht mit offenem Mund da und scheint verzaubert vom ersten Blick auf die Plaza Mayor zu sein. Dieser Urlauberin ergeht es wie den meisten Erstbesuchern von Trinidad. Umrahmt von bestens erhaltenen Stadtpalästen, Museen, Galerien und der Iglesia de la Santisima Trinidad, der Dreifaltigkeits-Kathedrale, deren Altar aus 18 verschiedenen Hölzern gefertigt wurde, ist diese Plaza die größte Attraktion mit unverwechselbarer Atmosphäre, als sei die Kolonialzeit auch die Gegenwart. Auf den Bänken kann man es sich gemütlich machen, die Welt und Trinidad an sich vorbeiziehen lassen, oder man besucht eines der Museen auf der Plaza. Etwa das Museo Romántico an der nordwestlichen Ecke, welches das grauenhafte Schicksal der Sklaven auf den Zuckerrohrplantagen dokumentiert. Nur ein paar Meter vom Platz entfernt befindet sich in einem ehemaligen Kloster das Museo de la Lucha Contra Bandidos. Ein paar eindrucksvolle Exponate stehen schon im Innenhof, unter anderem ein Lkw und ein Boot, die beide im Kampf gegen Konterrevolutionäre eingesetzt wurden.

Nur der markante Kirchturm macht der Plaza die Pole-Position streitig: Etwas versetzt ragt das Wahrzeichen Trinidads in die Höhe. Über eine Holztreppe gelangt man bis in die Spitze, von wo der Blick natürlich zurück auf die Plaza Mayor geht, aber auch in die Ferne: zum einen zum Karibischen Meer und zum anderen in Richtung Sierra del Escambray (siehe Highlight 32), die bewaldete Hügelkette, die Trinidad nach Norden hin abschirmt.

Die Zuckermetropole

Trinidad wurde 1513 vom Seefahrer Diego Velázquez de Cuéllar gegründet. Er vermutete Goldvorkommen in der Gegend. Velázquez zog aber bald ab. Das Ergebnis war ihm zu mager. Der Anbau von Zuckerrohr folgte erst im 17. Jahrhundert. Wegen der Sierra del Escambray war Trinidad auf dem Landweg aber nur schwer zu erreichen, womit erklärt werden kann, warum der Ort an der spanischen Krone vorbei auch Handelsbeziehungen zu anderen Ländern unterhielt.

Diese offizielle Sprachversion könnte man allerdings auch kurz und knapp mit Schmuggel bezeichnen. Jedenfalls wurde Trinidad durch Zucker und Tabak, Viehwirtschaft, aber auch durch Sklavenhandel bis zum 18. Jahrhundert ein reicher Ort. Im 19. Jahrhundert wuchs er sogar zur bedeutendsten Zuckermetropole Kubas heran, ehe Sklavenaufstände sowie später die Abschaffung der Sklaverei und der gleichzeitige Niedergang der Rohrzuckerproduktion durch den neuen Zuckerrübenanbau in Europa die Blütezeit beendete. Zudem lief ihm das nahe gelegene Cienfuegos langsam den Rang ab. Die Stadt hatte nicht nur einen Hafen, sondern ab dem Jahr 1860 auch deutliche Exportvorteile durch den Anschluss an das kubanische Eisenbahnnetz. Zum Vergleich: Trinidad wurde erst knapp 100 Jahre später an das Straßennetz angebunden, nach Cienfuegos und Sancti Spíritus.

Keine Frage: Trinidad de Cuba ist mit Recht eine der wichtigsten Attraktionen der Insel. Keine Stadt hat so liebevoll restaurierte Kolonialbauten. Und trotz des regen Zulaufs durch den hohen Bekanntheitsgrad aufgrund des Weltkulturerbestatus hat Trinidad seinen verschlafenen Charme bewahrt. Die einmalige Stimmung wird kaum gestört durch die vielen über das Kopfsteinpflaster spazierenden Touristen, die täglich aus anderen Teilen Kubas herangekarrt werden. Schließlich fahren bis heute auch Pferdekutschen durch die Gassen und erzeugen dabei einen unverwechselbaren nostalgischen Klang. Weite Teile der Altstadt sind für Autos gesperrt. Läden sind rar, abgesehen von der Calle Simón Bolivar, schrille Neonlicht-Souvenirshops gibt's nicht. Wer in Trinidad nächtigt, sollte das Städtchen trotzdem morgens und spätnachmittags erkunden, wenn die Busse noch nicht da oder schon fort sind.

Unrühmliche Sklavengeschichte

In der Zwischenzeit kann man sich das attraktive Umland anschauen, zum Baden an den Strand fahren oder in der Sierra del Escambray die Wanderstiefel schnüren. Als Ausflugsziele bieten sich das Zuckerrohrtal Valle de los Ingenios, die Halbinsel Ancón mit dem gleichnamigen, fünf Kilometer langen Strand und der Nationalpark Topes de Collantes an. Im Tal der Zuckermühlen sollte man unbedingt den Aufstieg in den Turm Manaca wagen. Er ist an die 50 Meter hoch und wurde zur Beaufsichtigung der Arbeitssklaven erbaut. Mit welchen Peitschen die armen Menschen gezüchtigt und mit welchen Handschellen sie fixiert wurden, erfährt man dann nachmittags im gar nicht so romantischen Museo Romántico, dem ehemaligen Stadthaus eines Zuckerbarons, an Trinidads Plaza Mayor. Nämlich dann, wenn die Touristenbusse wieder abgefahren sind.

DER DOMINO-EFFEKT

Pedro hat drei Kumpels eingeladen. Der Tisch steht auf der Straße. Im Nu sind auch einige Nachbarn als Kiebitze gekommen. Nach wenigen Minuten, das erste Spiel hat gerade erst begonnen, sind die vier umringt von einem Dutzend Leuten. Die Buben haben kein T-Shirt an, und auch ein alter Mann zeigt sich oben ohne. Sie alle sind fasziniert von Domino. Dabei müssen die zugemischten Spielsteine passend an andere Steine in der Spielmitte angelegt werden. Daraus resultieren bei jedem Spiel neue Steinstrukturen auf dem Spieltisch. Sich dazugesellen, das Spiel, die Spieler und Zuschauer auch zu fotografieren, ist meistens kein Problem. Man sollte nur nicht gleich loslegen, sondern erst ein wenig Interesse am Spiel zeigen. Und wer seine Aufnahmen auf dem Display vorführen kann, der wird gleich integriert. Das versteht man unter dem etwas anderen Domino-Effekt … Zum Mitspielen wird man nicht aufgefordert. Die kubanische und karibische Domino-Variante ist auch vergleichsweise kompliziert und meistens für vier Personen in zwei Partnerschaften ausgelegt.

WEITERE INFORMATIONEN

Domino-Regeln: http://de.domino-games.net/spielregeln.html

Alles, was man fürs Strandleben braucht: ein bisschen Shopping, wie hier eine originelle Ledertaschenboutiqu (oben), viel Erholung, etwa an einer Swim-up-Bar im Hotelpool (unten), sowie Sport und Vergnügen, zum Beispiel mit einem Hobie Cat (rechte Seite). Guardalavaca gehört mit seinen Angeboten zu den besten und schönsten Stränden Kubas.

63 Guardalavaca – Karibische Badefreuden

Pass auf die Beute auf!

Guardalavaca ist das größte Badezentrum im Osten Kubas. Die Strände sind bis zu 50 Meter breit und bis zu eineinhalb Kilometer lang. Das Wasser schimmert hell- bis tintenblau, je nach Tiefe, die Palmen wiegen sich im Wind. So klischeehaft sieht es in Guardalavaca aus. Und wenn man da ist, träumt man weiter: Gibt's das eigentlich? Wer kneift mich? Damit ich weiß, dass alles wahr ist ...

Wörtlich übersetzt bedeutet Guarda la Vaca nichts anderes als »Pass auf die Kuh auf«. Allerdings gibt's in dieser hübschen Küstenregion zwischen Gibara und dem Cabo Lucrecia kaum Kühe. Die Cow- und Cowboy-Zone, der wilde Westen Kubas, liegt gute 200 Kilometer weiter westlich zwischen Las Tunas und Camagüey (siehe Highlight 35). Wer aber die tiefere Bedeutung des Namens entschlüsseln möchte, muss Einblick in den Slang der Piraten im 16. und 17. Jahrhundert haben. Vaca soll bei ihnen nicht nur Kuh, sondern auch Beute geheißen haben, sodass Guarda la Vaca demnach »Pass auf die Beute auf« bedeutet haben muss. Tatsächlich hatten die Freibeuter in dieser Region einen erheblichen Teil ihrer erkämpften Schätze zumindest zwischengelagert. Es gibt jedoch noch eine andere Legende. Sie besagt, dass die Bewohner der Region immer dann »Guarda la Vaca!« gerufen haben, wenn sie am Horizont die Flaggen der Piratenschiffe sahen. Dann war »Hüt' die Kuh« nicht nur ein gut gemeinter, sondern vor allem ein existenzieller Rat …
Vier Jahrhunderte später kommen keine Piraten, sondern Touristen in den Badeort Guardalavaca, der zur Provinz Holguín gehört und stolze 800 Kilometer von der Hauptstadt Havanna entfernt liegt. »La Vaca« – im Sinne der Piraten – sind heutzutage harte Devisen, die nicht erbeutet, sondern getauscht werden mit den Annehmlichkeiten eines internationalen Touristikangebots: schöne Zimmer mit allem Komfort und üppige Buffets.

Karibische Traumstrände

Die wichtigste Gegenleistung für »La Vaca« sind aber mit Guardalavaca, Playa Esmeralda und Playa Pesquero drei der schönsten Strände Kubas, wenn nicht sogar drei der hübschesten Playas in der Karibik. Diese wunderbaren, feinsandigen Strände sind sanft abfallend und somit auch als familientauglich zu bewerten, bis zu 50 Meter breit und jeweils mehr als einen Kilometer lang. Sogar das Hinterland von Guardalavaca kann sich

3237
HOBIE
CAT
MARLIN
HOBIE CAT

Mit dem Tauchboot geht's von Guardalavaca in tiefe Gewässer (oben). In »traute« Gewässer wird dagegen bald ein Pärchen eintauchen. Die Vorbereitungen zur Hochzeit am Strand laufen jedenfalls schon (unten). Das Meerwasser schimmert in Blautönen, der Sand ist pudrig-weiß (rechte Seite unten). Massageraum zum Träumen (rechte Seite oben).

sehen lassen: mit reichlich grüner Vegetation sowie hübschen Lagunen. Und für die Historiker unter den Baderatten sei darauf hingewiesen, dass ganz in der Nähe, in der Bucht von Bariay (siehe Highlight 37), Christoph Kolumbus im Jahr 1492 auf Kuba gelandet ist.

Guardalavaca ist seit Mitte der 1980er-Jahre eine aufstrebende touristische Region ohne eigentlichen Ortskern und hat sich mittlerweile hinter Havanna und Varadero (siehe Highlight 18) zum drittwichtigsten Urlaubszentrum Kubas gemausert. Entlang einer mehr als 40 Kilometer langen, geradezu plakativ schönen Küste findet man insgesamt mehr als 40 Strände, unter denen eben Guardalavaca, Playa Esmeralda und Playa Pesquero als die drei besten gelten, zudem eine Reihe von Drei-, Vier- und Fünf-Sterne-Hotels, häufig mit All-inclusive-Angebot.

Nur etwa 75 Kilometer von Holguín (siehe Highlight 50) und damit vom nächsten internationalen Flughafen entfernt suchen die Urlauber nichts anderes als Erholung, garniert mit etwas sportlicher Aktivität. An den Stränden wird relaxt, karibische Farbe aufgelegt, am Cocktail genuckelt und geschwommen. Aber auch die Schnorchler und Taucher kommen auf ihre Kosten: Hervorragende Unterwasserregionen liegen praktisch vor den Hoteltüren. Auch das Wassersportangebot über dem Meeresspiegel ist gut, ob man nun einen Katamaran segeln und Wind und Wellen lauschen oder mit dem Jetski Lärm machen will.

Trotz seiner inzwischen auch bekannten Schönheit ist es in Guardalavaca weitgehend ruhig und idyllisch geblieben. Wer Ballermann-Atmosphäre sucht, ist hier fehl am Platz und sollte, wenn die Ferien unbedingt auf Kuba verbracht werden sollen, besser auf Varadero umbuchen. Dieser Strand ist optimal für Leute, die keinen großen Rummel und kein breites Kultur- oder Unterhaltungsangebot brauchen. Die zuweilen lästige Zwangsbeglückung, gern auch Animation genannt, hat zwar inzwischen auch in den meisten Hotels von Guardalavaca Einzug gehalten, aber alternativ gibt's als Abendunterhaltung auch immer noch einfach Auftritte von lokalen Bands, die Salsa, Son oder auch nostalgische kubanische Musik im Stil oder Coverstücke von Buena Vista Social Club spielen. Die Gruppe der damals um die 80 Jahre alten kubanischen Musiker wurde durch den gleichnamigen Film 1997 zu Weltstars, was besonders für den Kopf der Band galt, Ibrahim Ferrer.

Friedhof der Taíno-Indianer

Schon weit vor den Touristen und auch lange Zeit vor den Spaniern und Piraten war die Gegend um Guardalavaca von den Taíno-Indianern besiedelt. Die Taíno waren seit 700 v. Chr. fast überall auf den Großen Antillen – also zwischen den heutigen Inselstaaten Kuba und Puerto Rico – zu Hause. Auf Kuba wurden sie jedoch innerhalb nur weniger Jahrzehnte nach Ankunft der Spanier durch Sklaverei und durch eingeschleppte Krankheiten ausgerottet.

Im Ort Chorro de Maíta, an der Straße nach Banes (siehe Highlight 40), entdeckte man den größten Friedhof der Ureinwohner in der gesamten Karibik. Insgesamt 108 Skelette fanden die Archäologen hier. Und Wissenschaftler konnten nachweisen, dass alle eines natürlichen Todes gestorben sind. Anhand der Grabbeigaben – so wurden den Verstorbenen Gold oder Kupfer, aber auch Muscheln und Korallen ins Jenseits mitgegeben – und der verschiedenen Stellungen der Toten ermittelten sie, dass es unterschiedliche Rituale und einhergehend damit auch unterschiedliche Gesellschaftsschichten gegeben haben muss. Die wertvollste Grabbeigabe ist eine goldene Frauenstatue, vermutlich ein Fetisch, die im Museo Arqueológico Indocubano in Banes (siehe Highlight 40) zu bewundern ist. Der Friedhof ist seit 1990 ein Museum. 1998 eröffnete man in der Nähe eine Nachbildung eines Taíno-Dorfs, wo das Leben der Indianer illustriert wird. Man erkennt dort unzweifelhaft die flache Stirn als Schönheitsideal der Urindianer. Und man lernt, dass Gebiete mit natürlichen Kakteenzäunen abgeteilt wurden.

Touren übers Land

Auch ein zweiter Ausflug von Guardalavaca führt in die Vergangenheit. Der Hafen von Gibara, etwa 30 Kilometer in westlicher Richtung, war während der frühen Zeit der Kolonisation der wichtigste Hafen im Nordosten von Kuba. Bis heute kann man das an der eindrucksvollen Architektur ablesen. Nur für den Fall, dass es im Liegestuhl einmal langweilig wird …
Bei Fahrten aufs Land ist es übrigens nie schlecht, ein paar Kleinigkeiten mit sich zu führen. Denn kleine Geschenke sind bei den äußerst bescheiden lebenden und ausgesprochen gastfreundlichen Kubanern immer sehr willkommen. Das kann ein zu klein gewordenes T-Shirt sein, eine alte Jeans, ein gebrauchtes, aber noch funktionierendes Handy, eine Baseballkappe oder auch Seife oder ein Shampoo-Fläschchen aus dem Hotel.

MASSAGE WIE IM FLUG

Wie oft wurde – und wird noch immer – mit dem nicht geschützten und spezifizierten Begriff Spa Etikettenschwindel betrieben? Da baut einer eine Sauna in den Keller – und schon wird das Etikett »& Spa« hinter den Hotelnamen gedruckt. Ein Hotel am Strand gibt die Empfehlung heraus, barfuß im Sand spazieren zu gehen und mausert sich dadurch zum Wellness-Resort. Auch Kubas Spas haben noch längst nicht internationalen Top-Standard erreicht, aber dennoch vereinzelt Fortschritte gemacht. Das Fünf-Sterne-Hotel Paradisus Rio de Oro Resort & Spa am Ende der Playa Esmeralda bietet zum Beispiel neben Sauna und Dampfbad auch Jacuzzis und Massageräume mit Blick aufs Meer. Der schönste dieser Behandlungsräume ist eine einfache Holzhütte, die von der Küste wie frei schwebend über dem hellblau schimmernden Meer hinausragt. Egal, wer einen dort massiert, es ist eine Massage, als würde man schweben …
Das Resort ist all-inclusive – und der Aufenthalt sollte unbedingt vorgebucht werden.

WEITERE INFORMATIONEN

»Paradisus Rio de Oro Resort & Spa«
www.solmeliacuba.com

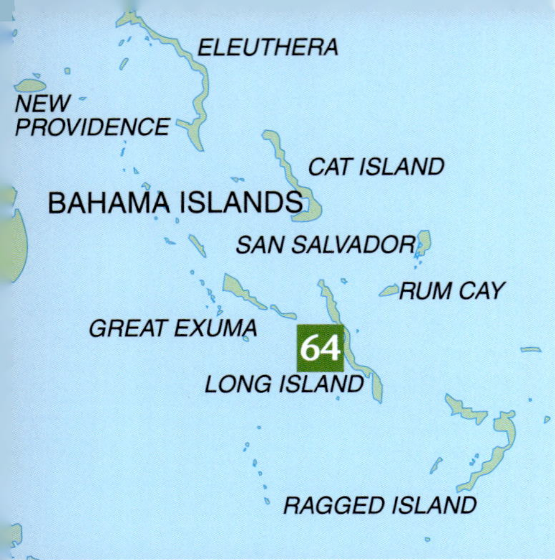

Von der Meeresströmung geformt: Lagunen und Rifflandschaften (oben). Meditativ: Teehäuschen des Stella Maris Resorts vor dem Blau des Himmels (unten). Natur pur: Sandbänke und Korallenriffe am Cape Santa Maria (rechte Seite unten).

64 Long Island – Auf Kolumbus' Spuren

Amerikas Entdecker am Cape Santa Maria

Long Island war nach San Salvador und Rum Cay die dritte Insel der Neuen Welt, auf deren Strand Christoph Kolumbus 1492 seinen Fuß setzte. Der Wendekreis des Krebses durchschneidet die etwa 100 Kilometer lange, maximal fünf Kilometer schmale grüne Insel. Die zahlreichen Riffe vor den herrlichen Stränden bilden nicht nur beste Tauch- und Schnorchelgründe, sondern wurden bereits vielen Schiffen zum Verhängnis.

Einer der schönsten Punkte, die Besucher auf den Bahamas ansteuern können, ist das Cape Santa Maria ganz im Norden. Vom Denkmal, das an Kolumbus' Landung erinnert und mit einer Inschrift die Liebenswürdigkeit der schnell ausgerotteten Indianer preist, bietet sich ein herrlicher Ausblick über die See und die Insel, der für den kurzen, steilen Aufstieg mehr als entschädigt. In der Ferne lassen sich die Ruinen der Adderley Plantation ausmachen. Englische Royalisten, die nach der amerikanischen Revolution auf die Bahamas ausgewandert waren, hatten auch auf Long Island versucht, mit Sklavenarbeit Baumwollplantagen zu betreiben. Nach dem Scheitern ihrer Träume zogen sie weiter und ließen die Sklaven zurück. So überwiegt auf Long Island eine Selbstversorgungswirtschaft mit Gemüse, Süßkartoffeln, Mais und Hülsenfrüchten. Die roten Böden im fruchtbareren Süden werfen Überschüsse ab für den Export von Mangos, Ananas und Bananen nach Nassau. Auch die Garnelenzucht in den alten Salzteichen bei Salt Pond hat die großen Hotelanlagen von New Providence und Grand Bahama im Auge.

Tauchen zu Wracks und Korallenriffen

Das Stella Maris Resorts mit luxuriösen Ferienvillen, eigenem Flugplatz und wenige andere kleinere Hotelanlagen im Norden verschaffen auch einigen hundert der rund 4000 Inselbewohner Jobs. Von hier aus starten Tauchexkursionen in die magische Unterwasserwelt aus Korallenbänken und Unterwasserhöhlen oder zu gesunkenen Wracks. Allein in den Gewässern vor Conception Island, einige Seemeilen nördlich von Long Island, liegen über 30 gesunkene Schiffe, die erkundet werden können. An der raueren Westküste türmen sich Kalksteinklippen, zwischen denen sich einsame Sandbuchten verstecken. An der

ruhigen Ostküste laden kilometerlange, einsame, blassrosa bis weißgelbe Sandstrände und das flache, türkisfarbene Wasser der Bahama Bank zum Baden und Segeln ein. Taucher und Schnorchler sind begeistert von den Korallenriffen.

Kirchen und ein »Blaues Loch«

Salt Pond, etwa in der Mitte zwischen Stella Maris und der Inselmetropole Deadman's Cay gelegen, ist mit der alljährlich im Mai stattfindenden Long Island Regatta für Sloop-Segler ein magischer Anziehungspunkt für Hobbysegler und Profis. In der Nähe lassen sich – mit einheimischen Führern – weit verzweigte Kalksandsteinhöhlen mit indianischen Felszeichnungen erkunden, einige von ihnen sind noch nicht vollständig erschlossen. Im idyllischen Clarence Town stehen kurioserweise gleich zwei Kirchen in unmittelbarer Nähe, beide von John Hawes erbaut. Zunächst errichtete der Kirchenarchitekt und Geistliche die anglikanische St. Paul's Church und nach seinem Glaubenswechsel die katholische St. Peter's Church. Später zog es den auch als Pater Jerome bekannten Geistlichen in eine Einsiedlerklause auf Cat Island.

Zwischen Deadman's Cay und Clarence Town liegt eines der tiefsten Blue Holes der Bahamas, der etwa 70 Meter im Durchmesser messende, über 200 Meter tiefe dunkelblaue Schlund von Dean's Blue Hole, der erst jüngst von Tauchern komplett erkundet wurde. Bei Mortimers entdeckte ein Fischer 1988 in einer versteckt liegenden Höhle drei hölzerne Duhoos, zeremonielle Hocker der längst untergegangenen Lucaya-Indianer.

AUSFLUG ZUM BAHAMISCHEN DRACHEN – DIE RINGELSCHWANZEIDECHSE

Auf Guana Cay bei Long Island leben noch einige Exemplare des Curly Tail Lizard, Leguane, deren Kringelschwanz wie aufgerollt erscheint. Doch wer mehr und größere *Iguanas* sehen will, sollte einen Bootsausflug von Nassau, Long Island oder den Exumas nach Allan's Cay buchen. Auf drei Inseln leben drei Dutzend der kleinen bahamischen Drachen, gefährlich aussehende und bis zu 150 Zentimeter große Felsleguane. Doch Menschen gehören nicht zu ihrem Beutemuster, eher Insekten oder Obst. Wer den scheuen Tieren etwas näher kommen möchte, um sie zu fotografieren, sollte einige Äpfel oder Weintrauben dabei haben. Eine Tour von Nassau dauert je nach Bootstyp zwischen einer und drei Stunden.

Die Tiere sind längst unter Naturschutz gestellt. Wer sie jagt und tötet, riskiert einen bis zu sechs Monate langen Aufenthalt hinter »bahamischen Gardinen«.

WEITERE INFORMATIONEN

www.longislandishere.com,
www.stellamarisresort.com

Erholung versteht sich für den Urlauber im Mockingbird Hill Hotel (oben) anders als für den Jamaikaner (unten). Aber beide genießen solche Aquarelllandschaften wie die Hügelketten der Blue Mountains in den Morgen- oder Abendstunden (rechte Seite).

65 Port Antonio und die Blue Mountains – Geschäftige Hafenstadt

Faszinierend ursprüngliche Landschaft im Nordosten

Üppige tropische Vegetation, bewaldete, bis zum Meer reichende Ausläufer der Inselgebirge, eine dramatische Felsenküste mit sichelförmigen, von Sandstränden gesäumten Buchten, klare Bergbäche, die in Kaskaden über steile Felsklippen stürzen und nach kurzem Lauf in die karibische See münden, dazu vorgelagerte Inseln mit farbenprächtiger Unterwasserwelt – Port Antonio und Umgebung gehören zu den reizvollsten Landschaften der Karibik.

Errol Flynn und die Hollywoodstars in Port Antonio

Der höchste Gebirgszug Jamaikas, die Blue Mountains, zieht sich über den Nordosten der Insel und steigt bis auf eine Höhe von 2256 Metern an. Seine südlichen Ausläufer erreichen die Außenbezirke von Kingston, in denen sich wohlhabende Jamaikaner mit Blick über die Hauptstadt und das Meer niedergelassen haben. Im Norden der blauen Berge erstreckt sich bis zur Mündung des Rio Grande und bis Port Antonio eine der spektakulärsten Regenwaldregionen der Insel. Port Antonio verfügt gleich über zwei Hafenbuchten. Sie sind von Hügeln umsäumt und lediglich durch die Landzunge Titchfield Peninsula voneinander getrennt. An deren nördlicher Spitze liegt das im 18. Jahrhundert errichtete Fort George. Von hier aus hat man einen schönen Blick auf East Harbour und das vorgelagerte Navy Island, das früher die Marine nutzte. Der Hafen war bis in die 1920er-Jahre Bananenumschlagplatz in die USA. Neben Harry Belafonte, der sein berühmtes Day-O, Mr. Tallyman angeblich den Hafenarbeitern widmete, zog es auch den Hollywoodstar Errol Flynn hierher. Der Haudegen in Piratenfilmen wie Unter Piratenflagge und Der Herr der sieben Meere hatte sich bei einem Besuch mit seiner Jacht »Zacca« in die Stadt verliebt. Angeblich waren er und seine Gäste wie Bette Davis und Ginger Rogers nicht nur für feuchtfröhliche Partys bekannt, sondern auch Pioniere für den Floßfahrttourismus auf dem Rio Grande.

Badeträume in verschwiegenen Buchten

Östlich von Port Antonio reihen sich malerische Badebuchten wie die halbkreisförmige Turtle Crawle Bay, der smaragdfarbene Frenchman's Cove, das

weite Rund von San San Beach mit dem Pelew Island sowie die tiefblauen, von dichter Vegetation gesäumten Bilderbuchbuchten von Blue Lagoon und Dragon Bay mit seinem fantastischen Korallenriff aneinander.
An Wochenenden gehören die gebührenfreien Winnifred Beach bei Fairy Hill und Boston Beach zu den großen Anziehungspunkten einheimischer Großfamilien. Letztere ist berühmt für ihre guten Surferwellen und die Stände mit pikantem Jerk-Food beiderseits der Hauptstraße. Schwimmer sollten wegen gefährlicher Strömungen hier besonders vorsichtig sein.
Anders als an den viel besuchten Dunn's River Falls sind am Fuß der John Crow Mountains im Osten nahe des Fischerorts Manchioneal die imposanten Reach-Falls-Wasserfälle frei von Kreuzfahrttouristen. Die Kaskaden und Whirlpools des Drivers River bevölkern vor allem aus Jamaika stammende Besucher.

Artenvielfalt im tropischen Regenwald

Auf dem Rio Grande westlich von Port Antonio werden Fahrten mit Bambusflößen angeboten: Allein rund 70 verschiedene Orchideen, 500 Baumarten, zehn Meter hohe Baumfarne, bis zu 20 Meter hoher Jamaika-Bambus und wilder Kaffee wachsen in dem dichten Regenwald und den Ausläufern der Blue Mountains. Und auf hoch gelegenen Plantagen an den Südhängen wird hier der den Lesern der James-Bond-Romane vertraute vollaromatische Blue Mountain Coffee angebaut, für den Gourmets Fantasiepreise ausgeben. Der Weg durch die dichtbewaldete Bergwelt zum 2256 Meter hohen Blue Mountain Peak ist einer der aufregendsten Pfade, die wanderbegeisterte Urlauber auf der Insel begehen können. Allerdings nur unter kundiger Führung. Angeblich haben Scharfäugige vom höchsten Punkt aus an klaren Tagen schon die Südküste Kubas gesehen.

SCHWARZES GOLD – KAFFEE AUS DEN BLUE MOUNTAINS

Im Schutze der steil aufragenden Gebirgshänge der Blue Mountains liegt die Mavis Bank Coffee Factory. *Master Taster*, Geschmacksprüfer, verliehen ihm das Qualitätssiegel »100 Prozent Blue Mountain«. Unter Gourmets genießt der Kaffee einen legendären Ruf, der sich auch in seinem Preis niederschlägt. Bereits seit mehr als 280 Jahren wird auf der Antilleninsel Kaffee angepflanzt, doch nur die in mindestens 600 Meter Höhe angebauten Bohnen dürfen sich mit dem prestigeträchtigen Etikett schmücken. Auch bei der englischen Queen kommt der Blue-Mountain-Kaffee auf den Frühstückstisch.

WEITERE INFORMATIONEN

Jamaika San Antonio
www.portantoniojamaica.com

Mockingbird Hill
North Coast Hwy.,
Tel. 001/876-993-7267,
www.hotelmockingbirdhill.com
Charmante Herberge 10 km östlich von Port Antonio mit Pool und exzellentem Restaurant. Herrlicher Ausblick.

Östlich von Port Antonio reicht der Regenwald bis an die Küste. Hier reihen sich traumhafte Buchten aneinander. Einige Ferienvillen liegen – wie hier an der Blauen Lagune – direkt am Meer.

Badestrände, zum Niederknien schön (oben), waren nicht der Anlass für Händel zwischen Engländern und Franzosen. Durchstreift man den Regenwald hinter Soufrière, meint man den Atem der Schöpfung zu spüren (unten und rechte Seite). Die kegelförmigen Pitons sind Wahrzeichen von St. Lucia (rechte Seite).

66 St. Lucia – Wilde Inselschönheit

»Helena der Westindischen Inseln«

Sie ist genauso schön wie die griechische Königstochter Helena und war genauso umkämpft. Die zweitgrößte der British Windward Islands wechselte fünfzehn Mal zwischen Frankreich und Großbritannien den Besitzer. Bananenplantagen, tropischer Regenwald im gebirgigen Inselinnern, Badebuchten und ein herrliches Tauch- und Segelrevier machen St. Lucia zum karibischen Traumziel.

Die Inselhauptstadt Castries liegt in einer tief eingeschnittenen Bucht im Nordwesten. Für die Engländer war der Hafen einstmals eine ideale, weil leicht zu verteidigende Bastion und wichtigster Umschlagsplatz vor allem für Bananen. Weil Castries nicht nur heftig umkämpft war, sondern auch noch vier Großbränden zum Opfer fiel, blieb von dem kolonialen Charme nicht viel übrig. Die im Schachbrettmuster wiederaufgebaute Hauptstadt beherbergt rund 80 000 Einwohner. Der nach dem Literaturnobelpreisträger benannte Derek Walcott Square ist der zentrale Platz, an dem die öffentliche Bibliothek in einem wuchtigen viktorianischen Gebäude liegt. Ihr gegenüber erhebt sich die graue neugotische Kathedrale der Unbefleckten Empfängnis mit überraschend farbenprächtigen Bibelillustrationen.

Ein Muss sind für jeden Kreuzfahrtpassagier die zu einem Shoppingdorf angeordneten Duty-free-Shops am Pointe Séraphine nicht unbedingt, gewiss aber an Sonnabenden die große Markthalle beim Elisabeth-II.-Dock, wenn die Frauen der Stadt und der Umgebung Obst, Gemüse, Gewürze und Kunstgewerbliches in einem grellbunten Treiben feilbieten.

Ein schönes Ausflugsziel ist im Norden der Hafen Gros Islet, in dem noch immer die kleinen bunten Boote der Fischer die Atmosphäre ausmachen. Deren Fang wird gleich nach der Rückkehr vom Meer von neugierigen Hausfrauen und Köchen in Augenschein genommen. Das an sonstigen Attraktionen arme Städtchen blüht ganz besonders freitags auf, wenn Hunderte Einheimische und Touristen zum Jump Up zusammenkommen. Dann erschallt Soca- und Reggae-Musik in allen Gassen und Bars, es wird öffentlich gegrillt und getrunken. Am Ende der Bucht bietet der Pigeon Point nicht nur Ruinen britischer Befestigungsanlagen, sondern auch einen fantastischen Ausblick aufs Meer, den schon Mitte des 16. Jahrhunderts der französische Pirat François Le Clerc schätzte.

Soufrière – ein Mythos mit zwei Zuckerhüten

Auf dem Weg von Castries nach Soufrière liegt mit der Marigot Bay eine von drei Seiten mit dichtem Grün eingerahmte märchenhaft schöne Bucht, die zu jeder Zeit einen Besuch lohnt. Hohe Palmen werfen Schatten am dunklen Strand, dunkelgrüne, von üppigem tropischen Regenwald bewachsene Hügel umgeben Soufrière wie ein Amphitheater. Die beiden knapp 800 Meter hohen Gipfel der wie Zuckerhüte geformten Vulkankegel, die Pitons, ragen dramatisch und steil aus dem Karibischen Meer. Sie ergänzen das Bild von der schönsten Bucht St. Lucias, die als ein Wahrzeichen der Karibischen Inseln schlechthin gilt. Von Soufrière starten Minibusse und Ausflugstaxis zu den nahe gelegenen Sulphur Springs, Überresten eines einst aktiven Vulkans, der vor 250 Jahren letztmalig auf sich aufmerksam machte. Auf sorgsam markierten Wegen darf man sich an faulig riechenden Blubbertöpfen und schwefeligen Schlammlöchern vorbeibewegen.

Inmitten des bergigen Südens, im Hinterland von Soufrière, dort, wo keine Straße mehr die Insel durchquert, breitet sich ein 200 Quadratkilometer großes Areal tropischen Regenwalds aus. In den dichten grünen Wäldern, die Besucher im Rahmen einer geführten Wanderung erkunden dürfen, wachsen Mahagoni und riesige Gummibäume, flattern Papageien und gigantische Schmetterlinge durch die Lüfte und trinken Kolibris mit rasend schnellem Flügelschlag den Nektar aus Hibiskus- und Orchideenblüten. Die großartigen Naturschauspiele sind ein Erlebnis.

TRAUMUNTERKÜNFTE

Für einen angenehmen Aufenthalt bietet sich das Ladera Resort an. Dort gibt es weder Telefon noch TV-Gerät in den Zimmern.Dafür grüßen die Pitons über die Jalouie Bay zur Hotelanlage herüber und bieten Entspannung pur. Erstaunlich: Eine Klimaanlage ist wegen des ständigen leichten Windes unnötig. Die Anlage oberhalb der Bucht ist einen 20-minütigen kostenlosen Autoshuttle von Strand und Meer entfernt. Wer in den Wintermonaten das Panorama genießen will, muss lange im Voraus reservieren. Ebenfalls schön: Die Gäste des East Wind Inns wohnen in geschmackvollen Cottages in einer blütenreichen Parkanlage gleich südlich der Rodney Bay. Klare Linien und geschmackvolle Einrichtung dominieren in den Unterkünften, Mahlzeiten gibt es in dem Restaurant direkt an der La Brelotte Bay.

WEITERE INFORMATIONEN

Ladera Resort
Soufrière, Tel. 001/866-2 90-09 78,
www.ladera.com.
27 Zimmer, Suiten und Villen

East Winds Inn
La Brelotte Bay, Gros Islet,
Tel. 001/758-4 52-82 12,
www.eastwinds.com. 30 Wohneinheiten

Larcomar, das Banken- und Geschäftsviertel von Miraflores, liegt direkt an der Steilküste des Pazifik (oben). Barrancó ist das Künstler- und Kneipenviertel von LIma (unten). Abends präsentieren sich Gebäude und Brunnen besonders eindrucksvoll (rechte Seite).

67 Lima – Die Stadt der Könige

Eine Stadt im Nebel

Der Flughafen von Lima ist das Erste, was viele Touristen von Peru sehen. Und so ist der erste Eindruck während der Fahrt in die Stadt, den der Besucher gewinnt, alles andere als erhebend: Weithin erstrecken sich die Elendsviertel der Metropole, verharmlosend pueblos jóvenes (junge Dörfer) genannt. Doch trotz dieser sozialen Brennpunkte wartet die Hauptstadt Perus mit vielen Attraktionen auf.

Dort, wo an der Pazifikküste der Nebel zuerst hinzieht und sich zuletzt auflöst, liegt sie: »La Ciudad de los Reyes« (»Die Stadt der Könige«). Sie wurde von den spanischen Konquistadoren am 18. Januar 1535 gegründet, zeitlich nahe dem Dreikönigstag, wovon sich der ursprüngliche Name ableitet. Einst galt die Metropole als kultivierteste Stadt des Subkontinents – von hier aus regierte der spanische Vizekönig, hier entstanden das erste Theater und die erste Universität Südamerikas.

Mit einem Stock in den Sand, so will es die Überlieferung, skizzierte an einem sonnigen Tag der spanische Eroberer Francisco Pizarro (1478–1541) den Grundplan der Stadt. Damit begann nach Mario Vargas Llosa »für alle Städte, Völker und Kulturen der Anden ein irreversibler Prozess des Verfalls und der Unterjochung durch dieses neue Zentrum des nationalen Lebens, das man an der ungesündesten Stelle der Küste errichtet hatte, von wo aus es in ungebrochener Kontinuität sämtliche Energien des Landes an sich ziehen und für sich nutzbar machen sollte«. Als Pizarro auf diese Weise das heutige Lima gründete, behielt er sich und seinen 13 Kommandeuren das Recht vor, rund um den zentralen Platz die Wohnhäuser zu bauen. So entstand an der Plaza Mayor in der Altstadt ein ganzes Ensemble kolonialer Sehenswürdigkeiten. Auf diesem Platz loderte einst der Scheiterhaufen der Inquisition, hier fanden Feste, Prozessionen und Stierkämpfe statt.

»Lima, die Schreckliche«

Man ist zunächst versucht, die Einschätzung des peruanischen Schriftstellers Sebastián Salazar Bondy (1924 bis 1965) zu teilen, der seine Heimatstadt als »Lima, die Schreckliche, die ich liebe« bezeichnet hat. Auch Alexander von Humboldt meinte ernüchtert nach seiner Südamerikareise im Jahre 1801, Lima sei ganz auf sich fixiert und ignoriere den Rest des Lande. Ob der 1963 geborene, im Juni 2011 gewählte Präsident Ollanta Humala wirklich – wie versprochen – eine bessere Verteilung der Einkommen und eine Stärkung der Rechte sozial benach-

Auf der Plaza San Martin steht auch eine Statue des Befreiers (oben). Im Stadtteil von Miraflores befindet sich das kleine El Patio Hostal (Mitte). Im Kloster von San Francisco sieht man an der Galeriendecke schöne Holztäfelungen (unten). Am Plaza Mayor (rechte Seite) wurde 1821 die Unabhängigkeit Perus erklärt.

teiligter Bevölkerungsgruppen durchsetzen kann, bleibt abzuwarten.
Wie auch immer – die Spuren der kolonialen Vergangenheit sind noch nicht verwischt, doch überall haben Wind, Regen und Sonne ihre Spuren hinterlassen.

Die Plaza Mayor – ehemals Plaza de Armas

In der Altstadt erhebt sich anstelle von Pizarros Palast seit 1938 in schwerer Neoklassik der Palacio de Gobierno, die offizielle Residenz des Präsidenten der Republik . Vor dem Palast patrouilliert eine Ehrengarde in historischen Uniformen – ein beliebtes Fotomotiv.
Die alten Gebäude aus der Kolonialzeit sind 1991 von der UNESCO zum »Weltkulturerbe der Menschheit« erklärt worden. Es lohnt sich also hineinzuschauen, beispielsweise in die links vom Palast gegenüber an der Plaza Mayor sich erhebende Catedral (Kathedrale) mit ihrem prachtvollen Innenleben. Die erste Seitenkapelle rechts soll die sterblichen Überreste Francisco Pizarros enthalten. Links neben der Kathedrale erhebt sich der im gleichen Stil errichtete Palacio de Arzobispo (Erzbischöfliche Palast). Gegenüber, an der Nordwestseite, steht das Municipalidad (Rathaus), 1945 erbaut, ebenfalls mit schönen Holzbalkonen und einer kleinen Gemäldegalerie. Daneben und an der Westseite erstrecken sich harmonisch eingefügte Gebäude mit eleganten Geschäften unter Arkaden.
Kaum ein Reisender lässt sich die Besichtigung des Palacio Torre Tagle entgehen. Dieser Palast wurde 1735 für den Marquis José Bernardo de Torre Tagle, Schatzmeister der spanischen Pazifikflotte, erbaut.

Tausende Tote durch die Inquisition

Einen Eindruck von den grausamen Methoden der Inquisition gewinnt man im Museo del Tribunal de la Inquisición (Inquisitionsmuseum) an der Plaza Bolívar, nicht weit entfernt vom Kongresspalast. Man besichtigt den Saal aus dem Jahr 1569, in dem 250 000 Menschen verurteilt und viele in den Tod geschickt wurden. Durch eine reich geschmückte Tür (»Tor des Geheimnisses«) gelangt man in einen Nebenraum, in dem sich der Ankläger mit seinen Ratgebern beriet. Hier kann man zahlreiche Dokumente lesen, die über die Verurteilungen berichten. Hier wurde gefoltert, in den Löchern des Karzers siechten die Menschen dahin.

Museen in Lima

Mindestens ein oder zwei der Museen in Lima sollte jeder Besucher Perus aufsuchen. Das Museo Nacional de Antropología y Arquelogica e Nacional de Historia etwa bietet einen hervorragenden Überblick über die Kulturen der Vorinkazeit. Das private Museo de Oro del Peru enthält nahezu unvorstellbare Goldschätze der Chimú- und Inkakultur, darunter das Zeremonienmesser (Tumi) aus Lambayeque. Im ebenfalls privaten Museo Rafael Larco Herrera gibt es vornehmlich Keramiken, aber auch Textilien, Stein-Artefakte und Goldgegenstände zu sehen.

San Isidro und Miraflores

In San Isidro erheben sich die Glaspaläste des Geschäftsviertels, das nicht nur politisches, sondern auch wirtschaftliches Zentrum des Landes ist. Das Gartenviertel war monatelang in den Schlagzeilen der Weltpresse, als zum Jahreswechsel 1996/97 eine Gruppe von Terroristen die

japanische Botschaft mit mehr als hundert, zum Teil prominenten Geiseln besetzt hielt. Hier wohnt auch die »Upper Class« Limas zwischen Grünanlagen, Springbrunnen und Palmen.
Gleich daneben liegt Miraflores, das neue Zentrum von Lima, das mit seinen breiten Straßen, hohen Glas- und Betonpalästen sowie Geschäften und Shopping-Meilen eine moderne Urbanität ausstrahlt. Hier gibt es zahlreiche Hotels, Restaurants, Cafés und Klubs. Die Avenida Larco ist die Pracht- und Hauptgeschäftsstraße – das kommerzielle Zentrum der Gegend mit Boutiquen, Galerien und Kasinos.
Am oberen Ende der Avenida Larco befindet sich der Parque Kennedy, wo Künstler am Wochenende unter schattigen Bäumen ihre Bilder den Passanten anbieten. Der Park mit seinen Handwerksmärkten und Imbissständen wird am Wochenende zur Tanzarena, wenn Paare bei Salsaklängen ihr Temperament zeigen. Hier kann man sie beobachten, die Nachkommen der spanischen Herrschaftsschicht, die sich nicht selten mit dem indianischen Inkaadel verbanden. Bei ihnen verschmolzen südländisches Temperament, indianische Gelassenheit und spanische, oftmals französisch beeinflusste Eleganz zu einer aufregenden Mischung.
In den nahen Calle de las Pizzas und San Ramón gibt es unzählige Bars, Cafés und Restaurants, die bis in die Nacht geöffnet sind und sich besonders nach Theaterend füllen.Gemütliche italienische Restaurants bieten Cappuccino und Espresso inklusive. Und auch an der von Wellenreitern bevorzugten Costa Verde mit dem lang gezogenen Strand locken legendäre Restaurants wie das auf einem Pier erbaute »La Rosa Nautica«.

PEÑAS

Barranco hat sich zum Vergnügungszentrum entwickelt. In Bars und Klubs tobt das Nachtleben. Einen Einblick in peruanische Traditionen gewinnt man in Peñas, die landestypische Musik und Folkloretänze mit kulinarischen Spezialitäten verbinden. Peñas entstanden in *callejones* (Wohnhäusern) im Zentrum, wo Immigranten und Armutsflüchtlinge vom Land lebten. Zunächst waren es kleine Klubs für Familien und Freunde, die eine bestimmte Volksmusik pflegten. Die heutigen Klubs mit ihren Tanzshows haben nur wenig mit traditionellen Peñas gemein. In Lima sind die Peñas entweder auf Volksmusik der Küste oder kreolische Musik, *música criolla*, orientiert, einer Mischung aus afrikanischen, spanischen und Andenrhythmen – afrikanische Sklaven steuerten die Schlaginstrumente bei.

WEITERE INFORMATIONEN

Peñas:
El Eslabón: Av. Aviación 3390, Tel. 01-476-2419, www.jaraneros.com
Junius: Jr. Independencia 141, Hotel El Pardo, Tel. 01-617-1000, www.travelmuse.com
Las Brisas del Titicaca: Jr. Héroes de Tarapacá 168, Tel. 01-715-6960-621, www.brisasdeltiticaca.com

68 Machu Picchu – Die verlorene Stadt der Inka

Romantische Geschichten

Die Chronik des 1555 gestorbenen spanischen Konquistadoren Don Antonio Altamirano erzählt von dem spanischen Soldaten Miguel Rufino, der die Inkaprinzessin Accla Gualca aus den Händen mordender Spanier rettete. Er floh mit ihr nach Machu Picchu, beide mussten aber schwören, keinem Fremden von diesem heiligen Ort zu erzählen. Ein Jahr später wurde Rufino der waffentechnische Berater des Inca Manco (Manco Cápac II., regierte 1533–1544), fiel aber bei dem gescheiterten Versuch, Cusco zurückzuerobern.

Das sagenumwobene Machu Picchu thront auf einem Bergvorsprung (rechte Seite oben) und wird an drei Seiten vom Río Urubamba umflossen (oben). Typisch für die Anlage sind die restaurierten Hütten und die zahlreichen Terrassen (rechte Seite unten).

Machu Picchu, die Ruinenstätte inmitten einer überwältigenden Landschaft unter dem Kegel des 2743 Meter hohen Huayna Picchu, thront auf einem Bergvorsprung mit fast 45 Grad steilen Hängen, die an drei Seiten vom Río Urubamba umflossen werden und an der vierten durch den Huayna Picchu geschützt sind.

Die Suche nach Vilcabamba

Der Sage nach wurde den Spaniern 1532 nur ein kleiner Teil des Goldes, das ihnen der Inkaherrscher Atahualpa für seine Freilassung versprechen musste, tatsächlich übergeben – den weitaus größeren Teil sollen die Inka, als sie die Nachricht von der Ermordung ihres Herrschers erhalten hatten, in den Bergen versteckt haben. Vielleicht in dem legendären Zufluchtsort Vilcabamba, nordöstlich von Machu Picchu, der schon durch die Chroniken des Augustinermönchs Antonio de Calancha (1584 –1684) gegeistert war. Denn die Inka sind bekannt dafür, dass sie unliebsame Geschehnisse aus der geschichtlichen Überlieferung streichen ließen. Da sie keine schriftlichen Zeugnisse besaßen, sondern Ereignisse mündlich überliefert wurden, konnte man ärgerliche Begebenheiten auslöschen. Hieraus wurde die Hypothese abgeleitet, dass es in der Geschichte von Machu Picchu irgendetwas gegeben haben muss, das das Missfallen des Inka erregt hat, der daraufhin den Befehl gab, diesen Ort aus dem Gedächtnis des Volkes zu löschen. Damit erklärt sich, warum die verlorene Festung den Spaniern von keinem einzigen Einheimischen verraten werden konnte.

Auf der Basis von vagen mündlichen Überlieferungen begannen einige Hobby-Historiker die Suche nach dem sagenhaften Vilcabamba. Der Franzose Nicolas Wiener kam 1875 bis zur Inkaruine

Der Blick aus dem »Tempel der drei Fenster« gehört zu den großartigsten visuellen Erlebnissen der Anden (oben). Lamas auf dem Gelände von Machu Picchu (Mitte). Der Intihuatana, der Sonnenstein, ist das bedeutendste Heiligtum von Machu Picchu (rechte Seite), er diente zur Bestimmung der Sonnenwenden (unten).

Ollantaytambo, wo er von Einheimischen detaillierte Hinweise auf weitere Ruinen bei Machu Picchu erhielt. Doch er musste seine Suche im undurchdringlichen Urubamba-Tal ergebnislos abbrechen. 16 Jahre später kam eine Expedition, um einen Maultierpfad durch die Schlucht zu bauen. Es war dieser Pfad, der es später Hiram Bingham (1875 bis 1956) ermöglichte, auf der Suche nach dem sagenhaften Vilcabamba dem Hinweis auf die Ruinen von Machu Picchu zu folgen. Doch erst der Viking-Expedition unter Paul Fejos (1897–1963) gelang es 1941, den gesamten Pfad in die freigelegte Inkafestung zu begehen.

Die Entdeckung Machu Picchus

Dieses sagenhafte Vilcabamba wollte der amerikanische Historiker Hiram Bingham finden. Er beschaffte sich die Mittel für eine Expedition und arbeitete sich 1911 von Ollantaytambo aus durch das Urubamba-Tal vor. Dort machte ihn ein Bauer namens Melchor Arteaga auf eine verlassene Stadt über steilen Felswänden aufmerksam. Als Bingham dann am Abend des 24. Juli 1911 tatsächlich vor der grandiosen und vom Dschungel überwucherten, unzerstörten Inkastadt stand, gab er ihr den Namen »Machu Picchu« (»Alte Bergspitze«).
Der Name Machu Picchu taucht als picho schon in den Wirtschaftsbüchern der Augustiner von 1568 auf, als der Orden nördlich von Ollantaytambo eine Hazienda betrieb. Im 19. Jahrhundert bestätigten Forschungsreisende wie der Franzose Charles Wiener (1851–1919) und der Italiener Antonio Raimondi die Existenz dieser Ruinen, allerdings ohne sie gesehen zu haben. So erntete der US-Amerikaner Hiram Bingham den Ruhm, obwohl er eigentlich Vilcabamba gesucht hatte. Der engagierte Forscher legte bei Ausgrabungen von 1912 bis 1915 den gesamten Ruinenkomplex frei und dokumentierte das gigantische Werk anhand von 12 000 Fotos.

Fantastisches Machu Picchu

Die Stadt zeugt nicht nur von der hochentwickelten Städtebaukunst der Inka, sondern auch von der ausgeklügelten Ackerbaukultur dieses Volkes. In mühseliger Arbeit wurden Terrassen aus den steilen Hängen herausgeschlagen und anschließend mit Erde gefüllt, die aus den Tälern heraufgeschleppt werden musste. Sie legten Bewässerungsgräben an und düngten die Felder mit Guano. Um einen Überblick über die gesamte Anlage zu bekommen, ist es empfehlenswert, zunächst den Aussichtspunkt Mirador, ein Wachhäuschen mit Hausbank, aufzusuchen. Vom Eingang erreicht man ihn, vorbei an ein paar Hütten und den Terrassenanlagen, über eine steile gewundene Treppe an der Stadtmauer entlang und den ehemaligen Friedhof hinauf, von wo man die Stätte auf sich wirken lassen kann. Hier endet der »Inca Ñan« bzw. »Cápac Ñan« (»Inka-« bzw. »Königsweg«) oder auch »Ñan Cuna« (»Weg der Zeit«), wie die Inkastraßen in jener Zeit genannt wurden, die das Reich durchzogen.
Die Höhle unter dem Rundturm wird »Mausoleum der Könige« (auch »Königliches Grab«) genannt. Bingham wählte diese Bezeichnung, da er hier zwei vornehm gekleidete Mumien entdeckte, die mit Gold und Silber verziert waren –

Gold- und Silberschmuck wurde aber nur von der Herrscherfamilie getragen.
Auf der östlichen Seite befindet sich der »Tempel der drei Fenster«. Der Blick aus den Tempelfenstern gehört zu den großartigsten visuellen Erlebnissen der Anden – man sieht subtropischen Urwald und darüber die schneegekrönte Gipfelkette der über 5000 Meter hohen Ostkordillere. Unten in der Schlucht schleift sich der Urubamba weiter seinen Lauf in das Granitbett.
Der auf einem kolossalen Felsfundament mit kunstvollen Steinmetzarbeiten zum Intihuatana hin liegende »Carpahuasi« (»Haupttempel«) birgt einen riesigen Altar, einen Monolithblock, und wird deshalb auch »Haus des Altars« genannt. Ins Mauerwerk sind Blockplatten eingefügt. Dieser Tempel hat als einziger einen Nebentempel (Kapitel- oder Ornamentensaal), weil hier wahrscheinlich die Vorbereitung der Priester auf rituelle Handlungen stattgefunden hat.
Vom Haupttempel führen 78 Stufen zu einer felsigen Anhöhe, auf der sich eine kegelförmige Stufenpyramide erhebt. Hier, auf dem höchsten Punkt des sakralen Viertels, steht die »Intihuatana«, der »Ort, an dem die Sonne angebunden wird«. Das steinerne Sonnenobservatorium könnte astronomische Funktion gehabt haben, war aber möglicherweise auch ein Opferaltar.

Impressionen

Man sollte diesen Ort am frühen Morgen besuchen, bevor die Minibusse die Touristenmassen heranka rren. Auf einem der zahlreichen Ausguckplätze kann man seinen Gedanken nachhängen, dem Flügelschlag der Vögel lauschen und seine Augen an den steilen Hängen und tiefen Schluchteinschnitten weiden. Hier kann man den Duft der Gewächse genießen. Was bleiben wird, das ist die Erinnerung an ein Meisterwerk indianischer Baukunst inmitten des tropischen Urwalds, die Ahnung von einer enormen menschlichen Leistung, die dieses Bauwerk höchster Vollendung und sinnhafter Architektur ermöglichte.

VILCABAMBA

Nachdem die Spanier das Inkareich erobert hatten, war Vilcabamba (»Heiliges Gebiet«) das letzte Rückzugsgebiet der Inka. Der von Manco Inca 1539 gegründete Ort erstreckt sich zwischen den Flüssen Apurímac und Vilcanota/Urubamba. Am 24. Juli 1572 wurde Vilcabamba la Viejo (Espíritu Pampa) von den Spaniern eingenommen, Túpac Amarú (1545 bis 1572) wurde gefangen genommen und in Cusco grausam hingerichtet.
Dass Espíritu Pampa tatsächlich das gesuchte sagenhafte Vilcabamba, die »verlorene Stadt der Inkas« war, stellte sich erst durch die Entdeckung des Amerikaners Gene Savoy (1927–2007) heraus, der 1963 erneut diese Stätte mit etwa 60 einfachen Gebäuden dokumentierte. Seine Funde und sein Buch *Antisuyo* erbrachten den Beweis, dass es sich tatsächlich um die untergegangene Stadt Vilcabamba handelte. Im Gebiet des Río Vilcabamba gibt es zahlreiche Ruinen aus der Inkazeit, so beispielsweise den Ort Vilcabamba Nuevo (San Francisco).

WEITERE INFORMATIONEN

www.incatrail-peru.com

69 Das Amazonas-Tiefland – Die Lunge der Erde

Das »Land der Amazonen«

Eine Reise durch die spektakulären tropischen Regenwälder des Amazonas führt in die »Lunge der Erde« mit unzähligen, teilweise noch unerforschten Tieren und Pflanzen. Noch heute leben im Amazonas seltene Fische und Delfine, die sonst nur im Pazifik vorkommen – eine Folge der Faltung des Andengebirges vor vier Millionen Jahren, das die Verbindung zum Ozean unterbrach.

Der Amazonas und seine zahlreichen Nebenarme schlängeln sich durch den Dschungel von Peru (oben). Der bunte Ara ist ein typischer Bewohner des Regenwalds (unten). Ein Kanu auf dem Amazonas (rechte Seite oben). Blick auf den Amazonas bei Iquitos (rechte Seite unten).

Als erster Europäer befuhr der Spanier Francisco de Orellana (1511–1546) mit 57 Söldnern in den Jahren 1541/42 den Amazonas. Das Flusssystem wurde noch eine Zeit lang nach ihm »Río Orellana« genannt. Ihn begleitete der Dominikanerpater Gaspar Fray de Carvajal (1500–1584), dem sich bei der Begegnung mit einem kriegerischen Frauenstamm der Vergleich mit den Amazonen aufdrängte – der Begriff vom »Río Amazonas« war geboren.

Fast neun Monate benötigten die Spanier, um bis zum Atlantik vorzustoßen. Für sie wurde die Amazonasregion zur »grünen Hölle«: Die meisten starben bei dieser Tortur. Für die Touristen von heute ist das Land einfacher zu erkunden. Von den Lodges bei Iquitos, Pucallpa oder Puerto Maldonado aus beginnen die Streifzüge mit Führung durch das »grüne Universum« – und sind nach ein paar Stunden oder Tagen wieder zu Ende.

Heute schützen Reservate die einheimische Flora und Fauna. Insgesamt gibt es in Peru 63 Natur- oder Landschaftsschutzgebiete, die ungefähr 14 Prozent des Staatsgebiets umfassen. Sie unterscheiden sich in ihren Schutz- und Nutzungsmöglichkeiten.

Die »Perle des Amazonas»

Nach fast zwei Stunden Flug ab Lima ist Iquitos erreicht, das peruanische »Tor zum Atlantik« und nur per Schiff oder Flugzeug erreichbar. Bei Iquitos vereinen sich der Río Ucayali und der Maranón zum mächtigen Amazonas, der hier schon rund zwei Kilometer breit ist, obwohl die Mündung 5500 Kilometer entfernt liegt. Die Anfänge der Stadt gehen auf eine einfache Missionsstation der Jesuiten zurück, die zusammen mit den Franziskanern Mitte des 17. Jahrhunderts mehrere Missionen (sogenannte Reducciones) gründeten. Die Reduktion von Santa Pablo de los Napeanos wurde 1757 als erster Flusshafen an der Stelle gegründet, wo damals die Napeano-Indianer lebten. Nach der Vertreibung der Jesuiten im Jahr 1769

Der Bamboo Forest ist bekannt für sein Angebot des Bird Watching (oben). Pirañias (hier nahe Tamishiyaco, Loreto) sind ein Leckerbissen (Mitte). Wäschewaschen an einer Lagune (unten). Typische Häuser in einem Amazonas-Dorf (rechte Seite).

wurde der Ort in Caserio de los Iquitos umbenannt, nach der indianischen Gemeinschaft der Iquitos, die damals am Río Alto Nanay siedelten.
Während des Kautschukbooms Ende des 19. Jahrhunderts entstanden hier prächtige Villen und Paläste. Noch heute kann man diese architektonischen Zeugnisse bewundern – die alten Herrschaftshäuser mit den Azulejos (Wandkacheln) aus Portugal und Italien säumen die Calle Prospero südlich der Plaza de Armas. Doch der Reichtum war nur von kurzer Dauer und fand mit der Erfindung des synthetischen Kautschuks ein jähes Ende.
Es ist die Natur, die im Amazonasgebiet begeistert. Geld wird jedoch nicht nur mit dem Tourismus verdient, sondern vor allem mit dem Erdöl, das im peruanischen Amazonasgebiet gefördert wird. Und dieses bedroht auch die ganze Naturlandschaft. Heute ist die Stadt zudem ein wichtiger Umschlagplatz für Hölzer, Paranüsse und Tabak. Die industrielle Verarbeitung von Früchten des Regenwaldes wie den Camu Camu, der Carambola (Sternapfel) und dem Palmito (Palmherz) hat große Bedeutung für den Exportsektor.
Das Wetter ist hier zwar immer tropisch heiß und feucht, doch kann Iquitos jederzeit besucht werden, denn im Gegensatz zu den meisten peruanischen Dschungelstädten gibt es hier keine eigentliche Regenzeit. Stattdessen ist das Jahr unterteilt in eine Zeit des Hochwassers (Dezember bis Mai) und eine Niedrigwasserphase (Juni bis November). Und so entstand infolge des enormen Höhenunterschieds im Wasserstand zwischen Regen- und Trockenzeit ein typisches Amazonasdorf mit Hausbooten, schwimmenden Hütten-Plattformen und Pfahlbauten – der Stadtteil Belén, die »schwimmende Stadt«. Während der Regenzeit steigen der Amazonas beziehungsweise der Río Itaya bis zu zehn Meter hoch. Hütten wie Hausboote schwimmen dann auf dem Wasser.

Dschungeltouren und Kreuzfahrten

»Im tropischen Regenwald, während des stillen Gehens entlang der schattigen Pfade und während des Bewunderns jeder folgenden Aussicht, wünschte ich eine Sprache zu finden, um meine Ideen auszudrücken. Ein beschreibendes Wort nach dem anderen ward gefunden, zu schwach, um für diejenigen, die die tropischen Regionen nicht besucht haben, dieses Gefühl von Wonne zu beschreiben, welches der Geist erfährt«, schrieb Charles Darwin beim Besuch des Amazonas-Tieflandes. Allerdings: Auf den ersten Blick sieht man den Wald vor lauter Bäumen nicht – die Biodiversität des Regenwaldes erschließt sich einem nur mit Geduld und genauer Beobachtung. Ein besonders interessanter Ausflug führt über ein ausgedehntes Wegesystem in Höhe der Baumkronen. Es besteht aus 14 Plattformen, an denen in 35 Metern Höhe 500 Meter lange Brücken hängen. Diese Hängebrücken-Konstruktion führt zwischen und über Urwaldbäumen durchs Grün, sodass man faszinierende Einblicke in die verschiedenen Stockwerke des Regenwaldes bekommt. Der »Canopy Walkway« des »Amazon Center for Environment Education and Research« ist das einzige Urwaldhänge-Brückensystem Südamerikas und das längste der Welt. In den Morgen- und Abendstunden können zahlreiche Vögel gut beobachtet werden.

Ein besonderes Highlight im Regenwald ist eine mehrtägige Kreuzfahrt auf dem Amazonas. Von Bord aus kann man bei aller Gemütlichkeit sehen, wie der Dschungel an einen vorbeizieht. Man bekommt Einblick in das Leben der Ribereños (Uferbewohner), kann vielleicht die rosa Flussdelfine sehen und mit Beibooten zu Indianerdörfern fahren.

Puerto Maldonado und die Minerallecke der Aras

Nur 30 Flugminuten von Cusco entfernt liegt am Zusammenfluss der Flüsse Madre de Díos und Tambopata die Ortschaft Puerto Maldonado, in der seit den 1970er-Jahren »Wildwest-Stimmung« herrscht. Hier wurde an den Flussufern erstmals Gold gefunden. Ausländische Besucher faszinieren jedoch viel mehr der artenreiche tropische Regenwald und die bunte Vogelwelt.
Als Tipp gilt auch der 1996 gegründete Nationalpark Bahuaja-Sonone, der sich bis zur bolivianischen Grenze erstreckt und dort in den bolivianischen Parque Nacional y Area Natural de Manejo Integrado Madidi übergeht. Der einzige Park der tropischen Feuchtsavanne in Peru ist allerdings neuerdings durch Konzessionen für Erdölfirmen bedroht.

Ausklang am Amazonas

Noch im 16. Jahrhundert wurde in Europa diskutiert, ob die Indianer überhaupt menschliche Wesen seien. Die Goldgier der Spanier, die eingeschleppten Seuchen und der Raubbau an den Naturschätzen dezimierten die 50 ethnische Gruppen umfassenden Ureinwohner. Die Shipibo haben sich allerdings ihre ursprüngliche Kultur weitgehend bewahrt und sind Meister der Keramikproduktion. Die Tonwaren, die sie herstellen, bemalen sie mit Mustern, die jenen aus der Inkazeit ähneln.
Einen Sonnenuntergang am Amazonas zu erleben, das gelblich gleißende, dann knallrote Licht am langsam tiefblau werdenden Himmel auf sich wirken zu lassen – das gehört zu den unvergesslichen Naturschauspielen eines Dschungelerlebnisses an diesem riesigen, geheimnisvollen Strom mit seinen zahlreichen Zuflüssen.

DER GESTRANDETE FLUSSDAMPFER DES FITZCARRALDO

Der Name des Ortes Puerto Maldonado geht auf Faustino Maldonado zurück, der im 19. Jahrhundert als erster Europäer diese Region durchquerte. Ein gestrandeter Flussdampfer, der in der Nähe im Urwald liegt und aus der Zeit der vorigen Jahrhundertwende stammt, wird dem Gummibaron Carlos Fermín-Fitzcarrald (»Fitzcarraldo«) zugeschrieben. Er ließ ein Dampfschiff acht Kilometer quer durch den Urwald zum Río Manú schaffen. Davon handelt Werner Herzogs Spielfilm »Fitzcarraldo« (1977–81). Anders als im Film jedoch schiffte der echte Fitzcarraldo vom Río Ucayali flussaufwärts in den Río Urubamba, dann in den Río Inuya. Erst dort ließ er das Schiff in Teilen über den heute nach ihm benannten Isthmus tragen, wofür er Hunderte Ureinwohner beschäftigte – keineswegs Freiwillige. Das Wrack der »Molly Aida« aus dem Film rostet heute vor Iquitos vor sich hin.

WEITERE INFORMATIONEN

Die für den Naturschutz zuständigen Stellen sind **Sinape** (Sistema Nacional de Areas Naturales Protegidas por el Estado) und **Inrena** (Instituto Nacional de Recursos Naturales), www.inrena.gob.pe

Die Riesenseerose *Victoria amazonica* (rechte Seite) zählt zu den eindrucksvollsten Gewächsen am Amazonas. Die Blätter tragen ein Gewicht von bis zu 60 Kilogramm (unten). Viele Siedlungen bestehen nur aus einfachen Holzhäusern (oben).

70 Das Schutzgebiet Zentralamazonas – Einzigartige Biosphäre

Die grüne Lunge des Planeten

Über sechs Millionen Hektar umfasst das riesige Schutzgebiet des Zentralamazonas. Weltweit leben in kaum einer anderen Region so viele Pflanzen- und Tierarten wie in dieser gigantischen grünen Lunge im Norden Brasiliens. Viele davon sind endemisch oder vom Aussterben bedroht. Im Jahr 2000 wurde das Gebiet von der UNESCO zum Welterbe erklärt.

Das Kernstück des gewaltigen Areals bildet der 1980 errichtete Parque Nacional do Jaú. Er umfasst das komplette Becken des rund 450 Kilometer langen Schwarzwasserflusses Jaú. Mit einer Fläche von über 2,3 Millionen Hektar ist er der größte Nationalpark Brasiliens und zudem weltweit der größte Nationalpark, der intakten Regenwald schützt. Felszeichnungen und andere archäologische Funde zeigen, dass in diesem Gebiet einst prähistorische Siedlungen bestanden.

Der Park liegt zwischen den Kleinstädten Novo Airão und Barcelos und wird im Süden vom Fluss Carabinani, im Norden von den Flüssen Unini und Paunini und im Osten vom Rio Negro begrenzt. Novo Airão liegt knapp 200 Kilometer flussaufwärts von Manaus am Rio Negro. Zum Park selbst muss man von dort noch weitere rund 100 Kilometer flussaufwärts fahren. Wie alle brasilianischen Nationalparks steht auch der Jaú unter der Aufsicht des unabhängigen Institutes für Biodiversität Chico Mendes (ICMBio), das auch für die Erforschung der Biodiversität zuständig ist.

Unberührte Natur

Das Schutzgebiet ist bislang von menschlichen Eingriffen verschont geblieben – seit Jahrmillionen sorgt in diesem Mosaik aus Flüssen, Nebenflüssen, Seen und Regenwald die Natur selbst für ständige Veränderung, Anpassung und Entwicklung. Verschiedene Arten von Regenwäldern prägen das Gesicht der Landschaft. So erstrecken sich die regelmäßig überschwemmten Várzea-Wälder an den Ufern von Weißwasserflüssen, die zeitweise überschwemmten oder sumpfigen Igapó-Wälder hingegen entlang der Schwarzwasserflüsse. Beide unterscheiden sich wiederum komplett vom Terra-Firme-Wald. Er wächst auf höherem Gelände, das nicht von den jahreszeitlichen Überschwemmungen berührt wird, und zeichnet sich durch die höchste Artenvielfalt aus.

Die Natur hat sich in optimaler Weise an die Jahreszeiten angepasst. Diese unter-

Die Amazonas-Region mit ihren unzähligen Neben- und Zuflüssen lässt sich am besten per Boot erkunden (oben und Mitte). Hier sieht man Kaimane in ihrem natürlichen Lebensraum (unten). Mangroven sind Teil der typischen Vegetation (rechte Seite unten).

scheiden sich zwar kaum in der Temperatur, aber in der Niederschlagsmenge. In der Trockenzeit von September bis Januar sind die Regenfälle weniger stark und die Pegelstände der Gewässer niedrig; in der Regenzeit von Februar bis August sorgen starke Niederschläge für große Überschwemmungen. Beide Jahreszeiten sind für den Besuch geeignet. Die Regenzeit ist insofern günstiger, weil auch die Überschwemmungsgebiete per Boot zu erreichen sind. Aber auch die Trockenzeit hat ihren Reiz, wenn Strände und Sandbänke aus den Fluten auftauchen oder sich Stromschnellen und Wasserfälle bilden.

Unerforschte Arten

Der Jaú-Nationalpark schützt eine unglaubliche Vielzahl von Arten, die bis dato noch gar nicht alle entdeckt oder erforscht werden konnten. 400 verschiedene Pflanzenarten sind bisher gelistet, außerdem über 400 Vogel-, 15 Reptilien- und mehr als 300 Fischarten. Einige sind extrem bedroht, so der Amazonas-Manati aus der Familie der Rundschwanzseekühe, der Arapaima, der als größter Süßwasserfisch der Welt gilt, der schwarze Kaiman und sowohl der Rosa als auch der Graue Flussdelfin. Darüber hinaus gibt es Aras, Papageien, Tapire, Jaguare, Anakondas, Riesenottern, Krokodile, Wasserschildkröten, die größte Ansammlung von Elektrofischen, Orchideen, Paranussbäume, bis zu 75 Meter hohe Kapokbäume und vieles mehr. Der Parque Nacional do Jaú bietet einen Querschnitt der unfassbar vielfältigen Pflanzen- und Tierwelt des Amazonas und ist repräsentativ für die Grüne Lunge unseres Planeten.

Geführte Touren

Touren in den Nationalpark sollten mindestens zwei Tage dauern und können nicht auf eigene Faust unternommen werden. Vor Ort wird man immer von kundigen Führern des Chico-Mendes-Instituts begleitet. Die Exkursionen müssen mindestens zwei Tage im Voraus angemeldet werden und werden von diversen Agenturen in Manaus, Novo Airão oder auch Barcelos angeboten. Übernachtet wird auf den Ausflugsschiffen selbst, im Zelt oder bei Einheimischen. Für Essen und Trinken muss selbst gesorgt werden beziehungsweise sorgen die Reiseagenturen. Der anfallende Abfall muss wieder in die Zivilisation mitgenommen werden.
Eine Tour führt per Boot zum Nebenfluss Preto, wobei sich das Programm je nach Jahreszeit unterscheidet. Zwischen März und Juli kann der typische Igapó-Wald betrachtet werden, im September geht es zu einem Wasserfall. Zwischen Oktober und Februar ist der Wasserstand des Flusses jedoch so niedrig, dass er nicht befahren werden kann. Bei den Ausflügen auf dem Preto erhält man einen Überblick über die Vogelarten, erfährt die Gründe für die dunkle Färbung des Wassers und atmet die exotischen Aromen der Igapó-Vegetation ein.
Zu Fuß kann dagegen ganzjährig die Trilha do Itaubal bewältigt werden. Der Weg gehört zur Dorfgemeinschaft Seringalzinho und beginnt am Ufer Jaú. Von dort windet er sich durch ein repräsentatives Gebiet mit regen- und feuchtigkeitsliebenden Pflanzen und Tieren bis zu einem Wasserfall, der zu einem Bad einlädt. Eine weitere Exkursion führt zu den prähistorischen Felszeichnungen und den Ruinen der alten Siedlung von Airão.

Inselarchipel Anavilhanas

Zum zentralen Schutzgebiet des Amazonas gehört auch der 2008 gegründete Nationalpark Anavilhanas mit dem zweitgrößten Flussarchipel Brasiliens, das rund 400 Inseln umfasst. Im Jahresverlauf wechselt diese eindrucksvolle Fluss-, Sumpf- und Regenwaldlandschaft ihr Gesicht. In der Trockenzeit umsäumen weiße Sandstrände die immergrünen Inseln, in der Regenzeit sind die Nebenflüsse, Kanäle und Überflutungswälder die größte Attraktion. Der Park hat bislang keine feste Struktur, und noch wird nach Wegen für einen nachhaltigen Tourismus gesucht. Ausflüge organisieren Anbieter sowohl vom knapp 200 Kilometer entfernten Manaus als auch vom nahegelegenen Novo Airão aus.

Bedrohte Vielfalt

Der Schutz des Amazonas ist ein Anliegen, das weltweit für Aufmerksamkeit sorgt. Zu den größten Gefahren der Natur gehört die illegale Abholzung, um Weideflächen für die Rinderzucht und Anbauflächen für Sojabohnen zu gewinnen. 2012 wurde in Brasilien nach jahrelangem Streit ein neues Waldgesetz beschlossen, das bei Umweltschützern und Wissenschaftlern hoch umstritten ist. Präsidentin Dilma Rousseff legte nicht zuletzt wegen der Proteste gegen etliche Passagen ihr Veto ein. Das Gesetz kommt den Interessen der mächtigen Agrarlobby entgegen und verschafft dieser einer größeren Spielraum – in der Hoffnung, damit die illegale Abholzung einzudämmen.

ANAVILHANAS JUNGLE LODGE

Nicht preiswert, aber seinen Preis wert, so lautet der Tenor derjenigen, die sich bereits einmal in der Anavilhanas Jungle Lodge am Ufer des Rio Preto einquartiert haben. In Sichtweite des Nationalparks bietet die Lodge 16 Zimmer in acht Chalets sowie vier Luxus-Bungalows mit allem Komfort. Klimaanlage, Kühlschrank und Fernseher gehören hier zur Ausstattung. Beim Bau der Lodge wurden lokale Techniken sowie Materialien aus der Region verwendet. Die Luxus-Bungalows haben eine breite Fensterfront, sodass man morgens den Eindruck hat, mitten im Dschungel zu erwachen. Von der Swimmingpool-Terrasse blickt man direkt auf den Rio Negro. Das Restaurant bietet eine üppige, regionale Küche. Großen Wert legt man in der gesamten Anlage auf Nachhaltigkeit: Die Lodge verfügt über eine eigene Kläranlage, der Müll wird getrennt, das Warmwasser mit Sonnenenergie erzeugt. Den Aufenthalt bucht man in mindestens dreitägigen Paketen, bei diesen Pauschalangeboten sind die verschiedensten Boots- und Wandertouren inbegriffen.

WEITERE INFORMATIONEN

Anavilhanas Jungle Lodge: Novo Airão, AM, www.anavilhanaslodge.com/hotel

Naturschönheiten wie der Zuckerhut (oben) und der Strand von Copacabana (rechte Seite) locken nicht nur Liebespaare (unten) an.

71 Rio de Janeiro, Zona Sul – von Copacabana bis Leblon

Entlang der berühmtesten Strandpromenade der Welt

Rio de Janeiro – schon der Name klingt wie Musik in den Ohren, weckt Assoziationen an Sonne, Strand und Samba, an Caipirinha, Copacabana und Karneval. Rio ist die berühmteste und beliebteste Stadt Brasiliens. Als Austragungsort der Fußball-Weltmeisterschaft 2014 und der Olympischen Sommerspiele 2016 ist die »cidade maravilhosa«, die »wunderschöne Stadt«, noch mehr in den Fokus der Öffentlichkeit geraten.

Als die UNESCO im Juli 2012 Rio de Janeiro zum Welterbe erklärte, würdigte sie den gesamten städtischen Raum der Metropole – eine spektakuläre Komposition aus Bergen, Buchten und Bauten – und dessen inspirierende Wirkung auf Künstler, Landschaftsgärtner und Stadtentwickler. Einen »Januarfluss«, so die wörtliche Übersetzung von Rio de Janeiro, sucht man in der ganzen Stadt allerdings vergeblich, denn der Name beruht auf einem Irrtum. Als der portugiesische Seefahrer Gaspar de Lemos am Neujahrstag 1502 in die Bucht von Guanabara einfuhr, hielt er sie für die Mündung eines großen Flusses.

Doch auch so hat Rio de Janeiro reichlich Naturschätze zu bieten sowie Sehenswürdigkeiten, die zu den bekanntesten Ikonen und Postkartenmotiven der Welt gehören: Zuckerhut, Christusstaue, Copacabana, Ipanema … Hinzu kommt die sprichwörtliche Liebenswürdigkeit und Gelassenheit der *cariocas*, wie die Einwohner der Stadt genannt werden. Im Bewusstsein, in einer der schönsten Metropolen auf diesem Planeten zu leben, sind sie Fremden gegenüber aufgeschlossen und hilfsbereit. Diese wiederum besichtigen zwar gerne die bedeutenden historischen Baudenkmäler und Museen im Stadtteil Centro, halten sich aber doch am liebsten in der Zona Sul auf. Die »Süd-Zone« umfasst insgesamt 17 Stadtviertel, darunter die berühmten Bezirke Copacabana und Ipanema mit ihren gleichnamigen Stränden.

Die Copacabana

Wie ein Halbmond elegant geschwungen verläuft der weiße Sandstrand von Copacabana parallel zur breiten Avenida Atlântica vier Kilometer lang vom Hügel Morro de Leme bis zur Festung Forte de Copacabana. Der Strand lockt täglich tausende Menschen aus aller Welt an. an den zahlreichen Strandbars wird mit Vorliebe *água de coco* (Kokosnusswasser), *cerveja* (Bier) oder Caipirinha getrunken. Der Strand bietet Platz für diverse Aktivitäten. Die Sonnen-, Surf- und Badegäste suchen die Nähe zum Wasser, für Volleyballspieler stehen nahe der Promenade Netze zur Verfügung. Dort treffen sich vor allem abends die Footvolley-Spieler. Bei dieser brasilianischen Trendsportart wird der Ball über das Volleyballnetz gespielt, darf aber nicht mit Händen oder Armen berührt werden. Spektakulär! Copacabana ist Rios führendes Touristenviertel, mit allen Begleiterscheinungen: Die Straßenkriminalität gehört sicher zu den negativen Seiten, wird aber durch eine Polizeipräsenz in Schach gehalten. Positiv ist das große Angebot an Bars, Hotels, Restaurants, Theatern und Kinos sowie die Nähe zu den bedeutendsten Attraktionen der Stadt. Wer weite Wege scheut, kann seinen Rio-Aufenthalt nahezu ausschließlich in dem lebhaften Bezirk zwischen den Favelas auf den Granitfelsen und der Atlantikküste verbringen.

Das Mädchen von Ipanema

An der südlichen Spitze und der Festung von Copacabana vorbei gelangt man zu Rios zweitberühmtestem Strand: Ipanema. Er wurde durch den Bossa-Nova-Song *The Girl from Ipanema* (Original: *Garota de Ipanema*) zur Legende. Poetisch beschreibt er die Begegnung mit einem Mädchen, dessen Anmut und Schönheit unerreichbar ist, ein Sorg hat die brasilianische Frau so sehr idealisiert. Als der Song 1962 von Antônio Carlos Jobim komponiert und von Vinícius de Moraes getextet wurde, war Ipanema ein Künstler- und Bohème-Viertel. Heute zählt es zu Rios teuersten Stadtteilen, mit Luxushotels an der Avenida Vieira Souto, schicken Marken-Boutiquen in der Rua Garcia d'Ávila und namhaften Restaurants wie die »Forneria São Sebastião«, das »Fasano al Mare« oder das »Satyricon«. Der Strand gleicht einem Laufsteg, auf dem neue Trends gesetzt und Moden kreiert werden. Die Jeunesse dorée versammelt sich vor dem Country Club, der Posto 9 hat eine linksalternative Geschichte, und der Strandabschnitt vor der Rua Farme de Armoedo wird von Homosexuellen bevorzugt.

Ob Museum für Moderne Kunst (oben), Shopping-Malls (Mitte) oder versteckte Ornamente aus vergangenen Epochen (unten): Rio hat viel zu bieten.

Das Niemeyer-Museum (oben) liegt an der Bucht von Niterói. Sandburgen (Mitte) und Sonnenhungrige (rechts oben) sieht man täglich an der Copacabana. Die Cariocas sind bekannt für ihre Freundlichkeit (unten). Das Teatro Municipal (rechte Seite) zählt zu den schönsten Opernhäusern Brasiliens.

Wenn sonntags die Avenida für den Autoverkehr gesperrt ist, bieten auf dem seit 1968 bestehenden Hippie-Markt hunderte Stände Kunsthandwerk, Klamotten und Kulinarisches an, nutzen Fußgänger, Skateboarder, Radfahrer und Inline-Skater den gewonnenen Freiraum. Zur Faschingszeit veranstaltet das Viertel seinen eigenen Straßenkarneval. Die Banda de Ipanema zieht jedes Jahr hunderttausende Besucher und unzählige Drag Queens an.
Mit Blick auf Ipanema, Leblon und die beiden charakteristischen Felsen Morro Dois Irmãos gilt der zwischen Copacabana und Ipanema gelegene breite Felsvorsprung Pedra de Arpoador als einer der besten Aussichtspunkte, um in Rio de Janeiro den Sonnenuntergang zu beobachten. An der Metro-Station Ipanema/General Osório schießt zudem ein Panoramafahrstuhl in 40 Sekunden 64 Meter hinauf zum Aussichtspunkt Mirante da Paz. Dort öffnet sich eine beeindruckende Aussicht auf die Küste der *cidade maravilhosa*.

Das Herz von Rio de Janeiro

Der Binnensee Lagoa Rodrigo de Freitas nördlich von Ipanema wird wegen seiner Form und Lage auch »Das Herz von Rio de Janeiro« genannt. Internationale Aufmerksamkeit genießt er alljährlich zur Weihnachtszeit, wenn in seiner Mitte ein gigantischer Weihnachtsbaum erleuchtet wird. Das umliegende Stadtviertel Lagoa bietet einen der höchsten Lebensstandards in ganz Brasilien. Seine Uferpromenade lädt zum Joggen, Inline-Skaten oder Radfahren ein, und auf seiner 2,4 Quadratkilometer großen Wasserfläche tummeln sich die Wassersportler. Hier haben einige der bedeutendsten Clubs

der Stadt ihren Sitz: Der Regatta-Club von Flamengo, der Jóquei Clube Brasileiro, der Club de Regatas Vasco da Gama und Botafogo de Futebol e Regatas. Östlich des Sees schließt sich Rio de Janeiros berühmter Botanischer Garten an. Von 200 Jahre alten Königspalmen über Orchideen, Bromelien und fleischfressenden Pflanzen bis hin zur Amazonas-Riesenseerose sind hier über 6000 verschiedene Pflanzenarten zu bestaunen – sowie ein großartiger Blick auf die Christusstatue in der Alameda do Jambeiro. Der 140 Hektar große Park ist eine wunderschöne grüne Oase inmitten des Großstadttrubels. Er beherbergt außerdem die das französische Café »La Bicyclette«, das stilecht mit Café au lait, Croissants und Pains au chocolat erfreut.
Das nach dem Botanischen Garten benannte Viertel Jardim Botânico ist zudem die Heimat dreier ausgezeichneter Restaurants. Das »Roberta Sudbrack« in der Avenida Lineu de Paula Machado 916

heißt nach seiner Chefin. Diese war während der beiden Amtszeiten von Fernando Henrique Cardoso von 1995 bis 2002 im Präsidentenpalast der Hauptstadt Brasília für die Küche verantwortlich. Ihr Name steht für eine moderne, hoch artifizielle brasilianische Küche, welche die Frische ihrer Zutaten in den Mittelpunkt stellt.
Höchste französische Kochkunst mit brasilianischen Zutaten bietet in der Rua Custódio Serrão 62 das diskrete Restaurant »Olympe«. Seine Tür öffnet sich nur für Gäste, die zuvor reserviert haben. Felipe Bronze vom »Oro« in der Rua Frei Leandro 20 wurde von Brasiliens bestem Reise- und Restaurantführer GuiaQuatroRodas zum Küchenchef des Jahres 2013 ernannt. Sein Arbeitsplatz gleiche einem Laboratorium, heißt es dort, in dem regionale Ingredienzien sich in Schaum und Rauch verwandeln, der die Sinne schärft und den Gaumen überrascht.

High-Society in Leblon

Das Nachbarviertel Leblon weist die größte Celebrity-Dichte Brasiliens auf, hier zeigt sich Rio von seiner kosmopolitischen und gleichwohl entspannten Seite. Die Cafés, Bistros, Bars, Vinotheken und Restaurants sind international – für jeden Geschmack ist etwas dabei. Zu den besten Restaurants am Platz zählt das »Antiquarius«, wo portugiesische Gerichte für Gourmets serviert werdem. Intellektueller Treffpunkt ist die »Livraria Argumento«, wo es während der Militärdiktatur die Werke »verbotener« Autoren, gab. Galerien und Designerläden runden das Bild des Viertels ab.

NACHTLEBEN IN LAPA

Ausgehen kann man in allen Vierteln dieser Weltstadt, die beste Auswahl an Bars und Bühnen mit brasilianischen Rhythmen bietet sich aber in Lapa. Das »Rio Scenarium« zählt für die britische Tageszeitung *The Guardian* dank seines abwechslungsreichen Live-Programms mit Samba, MPB und Forró zu den zehn besten Bars der Welt. Samba- und andere Rhythmen locken auch im »Carioca da Gema«, im traditionsreichen »Clube dos Democráticos« und dem »Trapiche Gamboa«. Der »Circo Voador« unterhält mit Live-Musik diverser Genres unter einer runden Zeltkuppel.

WEITERE INFORMATIONEN

Rio Scenarium:
www.rioscenarium.com.br/apresentacao.aspx
Carioca da Gema:
www.barcariocadagema.com.br/bar.htm
Clube dos Democráticos:
www.clubedosdemocraticos.com.br/11.html
Trapiche Gamboa:
www.trapichegamboa.com/index.html
Circo Voador:
www.circovoador.com.br/#/ocirco

Der Perito-Moreno-Gletscher im Wandel des Tageslichts: Oben bei Sonnenaufgang, unten am späten Nachmittag. Mit dem Ausflugsschiff (rechte Seite) kann man ganz nah an seine eisigen Wände heranfahren.

72 Der Perito Moreno – Blau-weiße Eiswelt

König der Gletscher

Dieser eisige Anblick lässt niemanden kalt: Bizarre Wände aus Weiß und Blau, zerfurcht, durchbrochen von Rissen und Spalten. Der Perito Moreno ist der König der Gletscher in Argentiniens Süden, ein Stück Naturgewalt, erstarrt und voller Leben zugleich. Immer wieder zerreißt der Perito Moreno die Stille und kalbt, dann kracht ein tonnenschweres Stück heraus und fällt in den Eisschollenkanal.

Der Perito Moreno ist ein Schauspiel der Natur, ein Gigant der Superlative. 30 Kilometer lang ist der Gletscher und annähernd fünf Kilometer breit, seine Frontwand ragt an manchen Stellen über 60 Meter hoch auf. In Argentiniens Nationalpark Los Glaciares, ein Stück Welterbe der UNESCO, übt er die größte Anziehungskraft aus, vom knapp 80 Kilometer östlich entfernten Städtchen El Calafate ist er einfach erreichbar.

Auf der ruppigen Anfahrt erahnt man erst einmal nichts von der atemberaubenden Szenerie mit Eiswänden, tiefblauen Spalten und Schollen. Man rumpelt durch büschelbesetzte Weiten, sieht Felsbrocken, die Zyklopenhand in die Landschaft geschleudert zu haben scheint. Hier ist ein Gebiet der Großfarmen, der Estancias, ihrer Pferdeherden und der Weidegründe für Schafe, auf die es mitunter Pumas abgesehen haben. Füchse ducken sich im Steppengras, Guanacos und Nandus sprengen davon, Kondore und Caranchos breiten ihre Schwingen aus. Den Bergen zu ändert die Landschaft ihr Gesicht, die patagonische Steppe geht in regenreichere Zonen über, die nahe dem Rio Mitre mit ihrem Mantel aus lichten Wiesen und dunkelgrünen Wäldern fast Schwarzwaldcharakter haben. Zumindest aus der Ferne. Bei näherem Hinsehen ist der Bodenflor trotz der Farbtupfen aus dunkelblauen und roten Beerensträuchern spröde und trocken, die Südbuchen sind sturmgebeugt und mit Flechten behangen. Der Brazo Rico, ein Seitenarm des Lago Argentino, ist oft dramatisch aufgewühlt und stimmt auf Kommendes ein. Wütend treibt der Wind erste kleinere Eisstücke des Perito Moreno heran, plötzlich ist er selber da und macht sich majestätisch breit – ein unvergesslicher Eindruck! Benannt ist der Gletscher nach Francisco Pascasio Moreno (1852–1919), einem Erforscher Patagoniens, der als erster Argentinier bis zum Lago Nahuel Huapi und von der Mündung des Rio Santa Cruz bis zu den Kordilleren vordrang. Wegen seiner profunden Kenntnisse wurde er als Sachverständiger (perito) bei der Frage des historisch immer wieder strittigen Grenzverlaufs mit Chile eingesetzt.

Spektakuläre Durchbrüche

Der Perito Moreno gehört zum gewaltigen Gletschergebiet Patagoniens, dem Südlichen Eisfeld, Campo de Hielo Patagónico Sur, das eine Fläche von 13 000 Quadratkilometern bedeckt. Um weit mehr als das Doppelte übertroffen wird die Fläche des Perito Moreno (250 km^2) von den Gletschern Upsala (595 km^2) und Viedma (575 km^2). Das Besondere am Perito Moreno ist, dass der Gletscher lebt und beständig wächst. Die herausgebrochenen Stücke schichten sich im Laufe von Jahren zu neuen Formationen zwischen den südlichen und nördlichen Armen des Argentino-Sees auf. So entsteht eine Eissperre, auf die von der abflusslosen Südseite her das Wasser drückt und zu spektakulären Gletscherdurchbrüchen führt, bei der die Wasser in den Nordteil schießen. Ein Gletscherbruch tritt im Schnitt alle acht Jahre ein. Danach beginnt der Perito Moreno aufs Neue, sich Richtung Land neues Terrain zu erobern.

Todesgefahr am Eisschollenkanal

Ziel aller Besucher am blauweißen Riesen Perito Moreno sind die Pfade und Panoramapunkte hoch über dem Eisschollenkanal, dem Canal de los Támpanos. Das persönliche Gletschererlebnis erfordert ein Mindestmaß an Vorsicht und Sicherheitsabstand. Wer über die Absperrungen klettert, bringt sich ins Lebensgefahr. Plötzliche Flutwellen, die man leicht unterschätzt, und Eisbrocken, die Dutzende von Metern weit fliegen können, haben schon zahllose Wagemutige und Hazardeure in den Tod gerissen.

TREKKING IM NATIONALPARK

Herrliche Trekkinggebiete liegen im Nordteil des Nationalparks Los Glaciares. Ausgangspunkt für Unternehmungen ist der Ort El Chaltón, der erste Mitte der 1980er Jahre begründet wurde; heute haben sich zahlreiche Unterkünfte auf den Zustrom von Naturfans eingestellt. Für spektakuläre Kulissen und Fotomotive bürgt das nahe Fitz-Roy-Massiv, das aus weiter Ferne wie das Werk eines Zuckerbäckers wirkt. Ganz zentral steht ein grober Klotz, der3405 Meter hohe Hauptberg Fitz Roy. Nicht ganz so hoch, dafür unverwechselbar sticht der Cerro Torre, der »Turmberg«, wie ein gigantischer Felsenfinger in den Himmel. Auch wenn die Wege gut ausgebaut sind, sollte niemand unbedarft ins Gebirge aufbrechen, denn es ist berühmt-berüchtigt für plötzliche Wetterwechsel. Ein populäres Trekkingziel ab El Chaltón ist die Laguna Torre, etwa dreieinhalb Marschstunden entfernt (einfache Strecke).

WEITERE INFORMATIONEN

Das Nationalparkbüro von El Chaltón liegt etwas außerhalb des Ortes; www.elchalten.com, www.losglaciares.com

Eine Sandstraße führt durch eine vergilbte Hügellandschaft direkt zu den schneebedeckten Bergen (unten). Manchmal bekommt man auf dem Weg Guanakos zu Gesicht (unten). Lake Pehoe liegt mitten im Torres del Paine National Park (rechte Seite).

73 Die Torres del Paine – Türme über der Pampa

Im chilenischen Nationalpark

Die Landschaft wirkt wie ein Gemälde: bläulich schimmernde Gletscher, smaragdgrüne Seen, dunkelgraue, drohende Gipfel. Wolkenballen und Regenstürme verändern das Bild oft im Abstand von Stunden. Wie Monumente der Erdgeschichte ragen die Torres del Paine im Süden von Chile aus der Steppe – ein Paradies für Kletterer und Trekker.

Hier waren Urgewalten am Werk, deren Macht sich der Mensch kaum vorstellen kann. 200 Millionen Jahre sind es her, da stieg im Erdinneren glühend heißes Magma auf. Noch ehe es zur Oberfläche gelangte, erstarrte es zu Granit. Epochenlange Erosionen zernagten dann das darüber liegende, weichere Schiefergestein und frästen wilde Zacken in den Fels. Vor 150 Millionen Jahre begannen sich die pazifische Nazca-Platte und die kontinentale Südamerikanische Platte gegen- und übereinander zu schieben. So wölbten sich die Anden empor – und das Massiv an deren südlichem Ende wurde zu einem gigantischen Thron.

Mit 3050 Metern ist der Cerro Paine Grande die höchste Erhebung im Nationalpark. Er ist von sogenannten Eispilzen gekrönt, die feuchte Luft friert in rasendem Windstrom direkt am Felsen fest. Noch spektakulärer sind die Gipfel östlich davon, torres (Türme) und cuernos (Hörner) genannt – dort liegen noch immer schwarze Kuppen aus Schiefer als monströse Kappen über dem harten Kern aus Granit. Der italienische Salesianer-Pater Alberto de Agostini, der Patagonien von 1910 an erforschte, empfand das Paine-Massiv „wie die fantastische Erscheinung eines außerirdischen Königreiches".

Mit Kajaks zum tückischen Eis

Als stummer Zeuge der dramatischen Erdgeschichte zieht sich der Campo de Hielo Sur, Südamerikas größter Gletscher, auf 30 bis 40 Kilometer Breite und mehr als 350 Kilometer Länge von Norden her bis an diese Berge heran. Seine südlichen Zungen ragen in den Nationalpark herein, der jährlich von bis zu 150#000 Menschen besucht wird. Auf dem 17 Kilometer langen Lago Grey, dem schönsten See der Region, schwimmen selbst im Sommer kleine Eisberge – sie sind unter viel Getöse aus dem Grey-Gletscher herausgebrochen. Kajakfahrer nähern sich ihnen, tippen ehrfürchtig mit ihren Fingern an den scharfen Kanten, suchen mit den Augen nach Rillen und Rissen – und machen sich dann schnell wieder aus dem Staub, denn jederzeit

kann noch einmal ein Brocken aus der tückischen Masse herausplatzen.
Die Ureinwohner dieser Gegend, die Aónikenk und Tehuelche, sind längst ausgestorben. Forscher haben Pfeil- und Lanzenspitzen und eine typische Jagdwaffe gefunden: Zwei oder drei Steinkugeln, an einem Lederriemen durch einen gemeinsamen Knoten miteinander verbunden, wurden auf wilde Tiere geschleudert, schlangen sich ihnen um die Beine und brachten sie so zu Fall.

Wenn der Kondor Kreise zieht

Mehr als 170 Insekten, gut 100 Vogel- und 23 Säugetierarten bevölkern die Landschaft bis heute. Der Magellan- und Pampafuchs gehört dazu, der Kap-Hase und der Guanako, der Südandenhirsch und der Patagonische Skunk. Magellangänse und Schwarzhalsschwäne schwimmen auf den Seen, über allen kreist der Kondor mit seiner weißen Halskrause und ungeheuren Flügelspannweite, die 3,25 Meter erreichen kann.
Vom knapp 120 Kilometer entfernten Puerto Natales führen Asphalt- und Schotterstraßen in den Nationalpark hinein. Linienbusse bringen ihre Passagiere zur Guardería Laguna Amarga und Guardería Lago Pehoé, fahren weiter über die Hostería Pehoé und das Hotel Explora bis zum Sitz der Parkverwaltung Conaf. Per Boot kann man sich auf mehreren Seen dem Massiv noch weiter nähern. Ein Netz von 250 Kilometer Wanderwegen führt rund um die erhabenen Türme. Auf diesen Pfaden ist ein Trekker im südlichen Sommer (Dezember-Februar) zwar nicht immer mit sich allein – aber stets der unberechenbaren Natur ausgesetzt. Wenn der erste Sturm ihn beutelt, bekommt er ein Gefühl dafür, welche Kräfte hier seit Urzeiten wirken.

ALTERNATIVE ZUM GIPFELGLÜCK

Die Besteigung der Torres del Paine ist nur etwas für Extremkletterer. Überwältigende Eindrücke bringen auch zwei Trekking-Pfade rund um die spektakulären Türme. Beide Touren beginnen an der Guardería Laguna Amarga. Hütten (refugios) bieten Unterkunft in Stockbetten und Kochmöglichkeiten. 8–10 Tage dauert die Tour von der Laguna Amarga, entlang der Laguna Alejandra und den Lago Paine zum Lago Dickson. Von dort geht es über die Laguna de los Perros und den Paso John Gardner, den höchsten Punkt der Tour, zum Campamento Paso und dann zum Refugio Grey. Über den Lago Skottsberg und den Río Francés gelangt man zum Refugio Los Cuernos und dann zum Ausgangspunkt zurück. Die nur 4–5-tägige zweite Tour führt von der Laguna Amarga zum Refugio Grey oder umgekehrt.

WEITERE INFORMATIONEN

Touren inclusive Unterkunft über www.torres-del-paine.org

Immer wieder lohnt in Istanbuls Hagia Sophia wegen der Mosaike wie oberhalb des Portals »Orea Porta« (oben) der Blick nach oben. Szene am Rand der großen Flüsse im Mekong-Delta: ein Fischer unter seinem Netz (unten). Rikschas sind gängige Verkehrsmittel in Asien (Mitte). Die zeitlose Schönheit des Tadsch Mahal (rechts).

Asien

Während die Hagia Sophia von außen zwar auffällt, aber recht schlicht erscheint (oben), begeistert ihr Innenraum vor allem durch die mystische Atmosphäre (rechte Seite). Kein Wunder, dass sich täglich lange Schlangen vor dem Eingang bilden (unten).

74 Istanbuls Hagia Sophia – Ewig schön

Vollkommen und religionsübergreifend

Reisende aus aller Welt und Angehörige jeglicher Religion lassen sich täglich von der Vollkommenheit der Hagia Sophia beeindrucken. Vor fast 1500 Jahren wurde sie als Kirche errichtet, später in eine Moschee umgewandelt und schließlich als Museum zum UNESCO-Weltkulturerbe ernannt. In der Hagia Sophia haben sich im Laufe der Jahrhunderte christliche und islamische Schätze harmonisch arrangiert.

Das blassrote, wuchtig und wirr erscheinende Gotteshaus aus Stein und Mörtel ist auf den ersten Blick nicht gerade das, was sich die meisten unter einem eindrucksvollen, weltbekannten Bauwerk vorstellen. Auffällig sind von außen die zwei Seitenschiffe, die stützenden Mauern, zahlreiche Kuppeln und die vier Minarette. In dem von den spärlich einfallenden Sonnenstrahlen in mystisches Licht getauchten Innenraum erzeugen Balustraden und Bögen, mächtige und schmale Pfeiler sowie eindrucksvolle byzantinische Mosaiken und osmanische Kalligrafien eine einzigartige Vollkommenheit. Die Kuppelbasilika zeugt wie die ganze Stadt von der jahrtausendealten Geschichte Istanbuls.

Die Errichtung der »Heiligen Weisheit«

Schon bevor die Hagia Sophia (griechisch für »Heilige Weisheit«) in ihrer heutigen Form im 6. Jahrhundert errichtet wurde, ließ Kaiser Konstantin der Große (zwischen 270 und 288–337) an der gleichen Stelle eine große, ebenfalls der Heiligen Weisheit geweihte Kirche errichten. Diese brannte in den folgenden zwei Jahrhunderten jedoch mehrmals ab und musste immer wieder neu erbaut werden. Im Januar 532 wurde die größte Kirche des Byzantinischen Reiches nochmals in Schutt und Asche gelegt, Kaiser Justinian I. (um 482–565) den Grundstein für den heutigen Bau, den er dann am 27. Dezember 537 einweihte. Millionen von Besuchern erkunden noch heute jedes Jahr den prächtigen Sakralbau , welcher zu den wohl grandiosesten Werken der Kunstgeschichte zählt. Nach der Eroberung Konstantinopels durch die Osmanen im Jahr 1453 wurde das christliche Gotteshaus in eine Moschee umgewandelt. In den 481 Jahren, in denen die Hagia Sophia als Moschee diente, wurde das Tragsystem verbessert und die Stützpfeiler verstärkt

Eindrucksvoller erster Eindruck

Schlicht und schmucklos präsentiert sich die bekannte Basilika zunächst in der äußeren Vorhalle, dem Exonarthex. Die durch mehrere verzierte Türen erreichbare innere Vorhalle (Esonarthex) mit

الله جل جلاله

Besucher staunen nicht nur im Inneren der Hagia Sophia (unten und rechte Seite). Außen bietet der in osmanischer Zeit erbaute Reinigungsbrunnen einen prächtigen Blickfang (oben rechts). Ihr Äußeres ist eher schmucklos (oben). Für luxuriöse Entspannung sorgt das luxuriöse Ayasofya Hürrem Sultan Hamam (rechte Seite oben) ganz in der Nähe.

roter, grüner, schwarzer und weißer Marmorverkleidung und dem mit Goldmosaiken und Ornamenten geschmücktem Gewölbe lässt dann schnell auf die Schätze im Hauptraum der Hagia Sophia schließen. Oberhalb der »Kaisertür«, der größten der neun Türen, ist ein wertvolles Mosaik aus dem 10. Jahrhundert erhalten, das den thronenden uns segnenden Christus zeigt. Die in Bronze gefasste Tür war einst den Kaisern vorbehalten und führt ins Mittelschiff.

Im Naos offenbart sich schließlich der ganze Stolz Justinians – die Vollkommenheit der Hagia Sophia. In 56 Metern Höhe schwebt die Kuppel über dem 69,50 mal 73,50 Meter großen Hauptraum. Die imposante, tonnenschwere Rippenkuppel hat einen Durchmesser von 31 Metern. Besonders die 40 lichtdurchlässigen Fenster am unteren Kuppelrand schaffen den Eindruck, die Kuppel würde über dem quadratischen, von vier gewaltigen Pfeilern gebildeten Kuppelquadrat schweben. Die Wuchtigkeit der Pfeiler wird ihnen durch ihre Einbindung in die Seitenschiffe und Säulenarkaden sowie durch ihre Verbindung durch Bögen untereinander genommen. Die riesige Hauptkuppel wird von jeweils zwei Halbkuppeln und diese von jeweils drei Halbkuppeln gestützt.

Auffällig ist der Übergang zwischen dem Runden der Kuppel zum Eckigen der Pfeiler. Dieser wird durch komplexe Zwickel, sogenannte Pendetifs, hergestellt. Erst im 19. Jahrhundert wurden die Gesichter der vier dort abgebildeten Engelswesen, die sechsflügeligen Seraphim, mit Stuck abgedeckt. Einst rahmten die Seraphim die Darstellung von Christus als Pantokrator ein, der im Scheitelpunkt der Kuppel abgebildet war. Da in der islamischen Tradition das Abbilden von Lebewesen, Heiligen und Gott verboten ist, wurden die christlichen Abbildungen

nach Umwandlung der Hagia Sophia zur Moschee mit der Zeit überdeckt. In der Kuppel erstrahlt heute in goldener Kalligrafie der Koranvers »Gold ist das Licht der Himmel und der Erde«. Das einst abgedeckte Mosaik aus dem 9. Jahrhundert ist bis heute gut erhalten. Es wurde kurz nach Ende des byzantinischen Bilderstreits hergestellt und zeigt Maria mit dem segnenden Jesuskind.

Orientalisches Schmuckkästchen

Für sein kolossales Vorhaben hat Kaiser Justinian keine Kosten gescheut. Den Bau der Hagia Sophia ließ er sich 145 Tonnen Gold, nach heutigen Verhältnissen etwa drei Milliarden Euro, kosten. Für das prachtvolle Gotteshaus wurden auch Bauelemente alter Tempel herbeigeschafft. In osmanischer Zeit führte Sultan Murad III. (1574 bis1595) diese Tradition fort. Er stiftete zwei hellenistische Alabastervasen aus Pergamon. Sie dienten als Reinigungsbrunnen und sind neben der Kaisertür positioniert. Im linken Seitenschiff fasziniert auch die »Schwitzende Säule«, die durch das Wasser aus einer Zisterne unterhalb der Hagia Sophia porös geworden ist und sich immer feucht anfühlt. Da dieser Säule schon in byzantinischer Zeit Heilungskräfte gegen Impotenz und Augenleiden zugesprochen wurden, berührten Gläubige die Säule schon vor vielen Jahrhunderten.
Mit der Umwandlung der Hagia Sophia in eine Moschee wurde der Gebetsraum den islamischen Traditionen angepasst. Süleyman der Prächtige (um 1495–1566) stiftete die reich verzierte Gebetsnische, die in der Apsis ihren Platz gefunden hat. Sultan Murad III. sorgte für die Kanzel, die sich rechts der Apsis erhebt. Auf der von Säulen getragenen Tribüne links der Apsis nahm der Sultan Platz. Die acht mächtigen Rundschilde aus Holz ließ Sultan Abdülmecid I. (1823–1861) im 19. Jahrhundert an den Pfeilern anbringen. In Kalligrafien erscheinen dort die Namen der Kalifen Omar, Ali, Hasan, Husein, Othman und Abu Bekr.

SICH WOHLFÜHLEN IN EDLER ATMOSPHÄRE

1556 stiftete die in Europa als Roxelane bekannte Ehefrau Süleymans des Prächtigen, Haseki Hürrem, ein türkisches Bad, Ayasofya Hürrem Sultan Hamamı, das seinen Platz zwischen Hagia Sophia und Blauer Moschee hat. Der berühmte osmanische Baumeister Mimar Sinan wählte für den Aufbau des Hamams eine unkonventionelle Bauweise und reihte den Herren- und Frauentrakt längs anstatt parallel aneinander. Das bis zum Anfang des 20. Jahrhunderts als Bad betriebene 75 Meter lange Bauwerk diente später als Gefängnis, Papier- und Benzinlager und Teppichgeschäft. Als Top-Wohlfühloase der Altstadt wurde es erst im Jahr 2011 nach umfangreicher Restauration wiedereröffnet. Das nunmehr luxuriöse Doppelbad wurde mit neuem Marmor, erstklassigen Badeschürzen und vergoldeten Wasserschalen ausgestattet. Für die Erholung sorgen im Hamam nicht nur das traditionelle türkische Badeerlebnis, sondern auch andere Wellness-Anwendungen und Massagen.

WEITERE INFORMATIONEN

Ayasofya Hürrem Sultan Hamamı: www.ayasofyahamami.com
Hagia Sophia: www.ayasofyamuzesi.gov.tr

75 Jerusalem – Die Stadt der Verheißung

Von den Religionen umkämpft

Was für eine Stadt! Schon der Name ist Programm. Man sagt, Jerusalem heiße übersetzt »Stadt des Friedens«, aber wie vieles in Jerusalem ist auch dies nur eine Legende. Erstmals erwähnt wird die Stadt in altägyptischen Dokumenten aus dem 14. Jahrhundert v. Chr. Dort heißt sie Uruschalim, was auf die kanaanitische Gottheit Shalim hindeutet, die die Stadt gegründet haben soll.

Unter blauen Kacheln liegt der nördliche Eingang zur großen Moschee, auch Felsendom genannt (oben). Blick über die Stadt (rechte Seite).

Archäologische Funde belegen eine erste Besiedlung vor etwa 5000 Jahren. Seit dieser frühen Zeit ist der Ort umkämpft. Schließlich wird Jerusalem von allen drei monotheistischen Religionen, von Juden, Christen und Moslems, als Heilige Stadt verehrt. Für die frommen Juden ist Jerusalem der von Gott bestimmte Ort, an dem dereinst der Tempel mit der Bundeslade errichtet werden soll. Hier standen der (erste) salomonische und der (zweite) von König Herodes erbaute Tempel. Jerusalem war zu biblischen Zeiten das geistige Zentrum der Israeliten.

Stadt der Weltreligionen

Für die Christen ist Jerusalem der Ort, an dem der Jude Jesus Christus wirkte, den Tempel von Geldwechslern und Händlern befreite, verurteilt, gekreuzigt und begraben wurde. Für den Islam gilt Jerusalem nach Mekka und Medina als die drittheiligste Stätte. Von hier aus soll der Prophet Mohammed gen Himmel geritten sein.

Wer hat diese Stadt nicht alles schon beherrscht? Israeliten und die Könige Judäas, die Babylonier und die Assyrer, die Perser und die Griechen, die Römer, die Kalifen und die europäischen Kreuzritter, die Türken und nach dem Ersten Weltkrieg die Briten (mit einem Mandat des Völkerbundes). Ein fleißiger Historiker hat errechnet, das Jerusalem in 3000 Jahren 36 Mal erobert, zerstört und wieder aufgebaut wurde.

Jerusalems Status als Hauptstadt des modernen Staates Israel ist auch 60 Jahre nach der Staatsgründung noch immer umstritten. Der Teilungsplan für Palästina, den die UNO am 29. Oktober 1947 verabschiedete, sah Jerusalem als internationale Zone vor. Daher sind viele Botschaften und Konsulate nicht am Regierungssitz in Jerusalem ansässig, sondern in Tel-Aviv – ein symbolisches Statement mit politischer Tragweite. Denn auch die Palästinenser, die um einen eigenen Staat kämpfen, beanspruchen den Ostteil Jerusalems als ihre künftige Hauptstadt.

Neben dem immerwährenden israelisch-palästinensischen Konflikt darf man einen zweiten, innerisraelischen Konflikt nicht verschweigen: In der für die Juden heiligen Stadt Jerusalem wächst die Zahl der streng orthodoxen Juden schnell an. Aufgrund der sehr unterschiedlichen Lebensweisen kommt es immer wieder zu Konflikten zwischen orthodoxen und säkularen Bevölkerungsgruppen. Neben dem Glauben und ihrem innigen Warten auf den erlösenden Messias pflegen sie ihre eigene Lebensweise und versuchen sie den modernen und säkularen Israelis aufzuzwingen. Folglich wandern viele junge, weltlich orientierte Jerusalemer nach Tel-Aviv oder Haifa ab. Dennoch wird sich der Besucher – ob im modernen, umtriebigen westlichen Zentrum oder in der Altstadt, ob im Regierungsviertel oder in den Vorstadtvierteln auf den Hügeln ringsum – der besonderen Atmosphäre dieses einmaligen Ortes nicht entziehen können.

Stadt des Lichts und der Erleuchtung

Wibke Bruhns, die mehrere Jahre als STERN-Korrespondentin in Jerusalem lebte, schrieb in Mein Jerusalem: »Das Licht in Jerusalem ist besonders durchsichtig. Der Himmel zieht sich zurück in ein blassweißes Blau, ist unendlich hoch und hell. Ich brauche nicht die Mystik der alten Steine Jerusalems. Ich brauche ihr Licht am Morgen.« Für dieses besondere Licht gibt es eine Erklärung: Die Häuser in Jerusalem müssen aus weiß-gelb-rötlich schimmerndem Sandstein, dem sogenannten Jerusalemer Stein, gebaut werden. Erst in den letzten Jahren, als moderne Hochhäuser in den Himmel wuchsen, wurde diese Vorschrift gelockert und Stahl und Glas als Fassaden erlaubt – leider. Aber noch immer spiegeln viele Gebäude dieses strahlende Licht wider. Und weil es in und um Jerusalem wenig Industrie gibt, bleibt die Luft oft staubfrei und klar.

DER ZIONSBERG

Wer die Jerusalemer Altstadt besucht, sollte den Zionsberg, unmittelbar südwestlich der Stadtmauer und oberhalb der David-Stadt, nicht auslassen. Dieser Hügel hat für alle drei großen Religionen Bedeutung. Der gemeinsamen Überlieferung nach, die allerdings erst aus dem 12. Jahrhundert stammt, liegt im Erdgeschoss eines separaten Gebäudes König David begraben. Nach christlicher Überlieferung fand in der oberen Etage das letzte Abendmahl Jesu Christi statt.
Am Hang soll sich auch das Haus des damaligen Hohepriesters Kaiphas befunden haben und hier soll, folgt man dem Neuen Testament, Petrus seinen Herrn drei Mal verleugnet haben.
Ein deutsches katholisches Kloster verwaltet die große Dormitionskirche auf dem Berg, in deren Krypta Maria in ihren ewigen Schlaf gefallen sein soll, sowie ein dazugehörendes Gästehaus. Auf dem Berg befinden sich auch Friedhöfe verschiedener christlicher Konfessionen sowie ein jahrhundertealter jüdischer Friedhof.

WEITERE INFORMATIONEN

www.dormitio.net (dort auf »Dormitio Abtei Jerusalem« klicken)

76 Tel-Aviv – Israels Metropole

Auf dem Frühlingshügel

Tel-Aviv ist mit über 400 000 Einwohnern nicht nur die größte Stadt Israels. Es ist die eigentliche Metropole des Landes, manch einer behauptet sogar, Tel-Aviv sei Israel schlechthin. Industrie und Handel, Medien, Kultur und Unterhaltung – in allem ist Tel-Aviv das Zentrum. Hier versammelt sich alles, was in Israel Rang, Namen, gesellschaftlichen Einfluss und Bedeutung hat.

Das Nationaltheater Habimah (deutsch: die Bühne) hat eine langjährige Tradition und ein modernistisches Gebäude (oben). Im Stadtmuseum wird die Geschichte Tel-Avivs anschaulich dargestellt (unten). Kaffeehausatmosphäre direkt neben den Schienen (rechte Seite).

Die Zahl der jüdischen Einwohner der Stadt Jaffa stieg im 19. Jahrhundert erheblich, als viele Einwanderer aus Nordafrika, aus dem Jemen und aus Osteuropa nach Palästina zogen. 1887 bauten osteuropäische Juden die Wohnsiedlung »Neve Zedek«, 1896 errichteten vorwiegend aus dem Jemen stammende Einwanderer »Machaneh Jehuda«. Wenige Jahre später wurde die Idee einer eigenen Stadt geboren.

Erste Bauten auf dem Frühlingshügel

Es muss eine etwas kuriose Veranstaltung gewesen sein: Am 11. April 1909 trafen sich einige Frauen und Männer auf den Stranddünen nördlich der Stadt Jaffa, verlosten unter sich einige Gründstücke und beschlossen, eine neue Stadt zu gründen. Der Name Tel-Aviv, übersetzt Frühlingshügel, war der hebräische Titel von Theodor Herzls visionärem Buch Altneuland. Darin formulierte Herzl detailliert seine Vorstellungen vom künftigen Staat Israel.

Bis zum Beginn des Ersten Weltkriegs gab es in der neuen Stadt nur 140 Häuser. Die wenigen Einwohner wurden 1917 durch die türkische Zentralregierung ebenso wie die jüdische Bevölkerung Jaffas vertrieben. Als die englische Armee kurz darauf das Land eroberte, durften sie in ihre Häuser zurückkehren. Die eigentliche Entwicklung der Stadt begann in den 1920er-Jahren. Zwischen 1914 und 1925 verzehnfachte sich die Einwohnerzahl von knapp 3500 auf über 34 000, und bis 1936 wuchs diese Zahl noch einmal auf 120 000. Es waren vor allem die vielen Einwanderer, die diese Entwicklung forcierten. Die meisten kamen aus Ost- und Mitteleuropa. Die Juden flüchteten vor den Pogromen in Russland und Polen, später vor der Verfolgung durch den in Deutschland um sich greifenden Nationalsozialismus. Der aus Deutschland flüchtende bürgerliche Mittelstand der jüdischen Gemeinden war ein wesentlicher Motor für die wirtschaftliche und kulturelle Entwicklung Tel-Avivs in dieser Zeit.

Rasantes Wachstum zur Weltmetropole

Heute sind die Grenzen Tel-Avivs nur noch auf Stadtplänen nachvollziehbar. Ähnlich wie im deutschen Ruhrgebiet sind die Übergänge zu den Nachbarorten nicht mehr erkennbar. Es kommt sogar vor, dass manche Leute nicht genau wissen, ob sie noch in Tel-Aviv oder schon im Nachbarort wohnen. In der Metropolregion, nach dem biblischen Gebiet des Stammes Dan auch Gush Dan, Dan-Block, genannt, lebten nach der letzten Zählung im Jahr 2008 bereits 3,2 Millionen Menschen. Es ist das größte urbane Konglomerat des Landes mit über 250 kommunalen Einheiten und einem jährlichen Bevölkerungswachstum von 1,7 Prozent.

Heimliche Hauptstadt Israels

1936 ist Tel-Aviv nicht nur die größte Stadt des Landes und die einzige, die damals mehr als 100 000 Einwohner zählte, sie ist seitdem das absolute Zentrum für nahezu alle Bereiche des öffentlichen Lebens. Hier sind die großen Firmen, die Banken und die Versicherungsgesellschaften angesiedelt. Auch die großen Theater und das weltberühmte Israel Philharmonic Orchestra haben hier ihre Heimat. So ist es kein Zufall, dass David Ben Gurion am 14. Mai 1948 in Tel-Aviv, im Saal des damaligen Stadt-Museums, den neuen Staat Israel durch die Verlesung der Unabhängigkeitserklärung ausrief. Der Saal ist heute eine Erinnerungsstätte und in dem Zustand belassen worden, in dem er während der feierlichen Staatsgründung war.
Die im Süden Tel-Avivs gelegene, frühere arabische Stadt Jaffa, wurde durch Regierungsbeschluss vom 4. Oktober 1949 mit Tel-Aviv vereint. Offiziell heißt die Stadt seitdem Tel-Aviv Jaffo. Im Bewusstsein der Bevölkerung wie auch im normalen Sprachgebrauch blieben es jedoch auch weiterhin zwei getrennte Orte.

EINEN BESUCH WERT

Ein besonders gutes Restaurant ist das »CATIT«. Im alten Teil Tel-Avivs, in einem Gebäude aus dem Jahr 1911, das früher ein kleines Hotel gewesen ist, zaubert der Chef, Meir Adoni, eine anregende Mischung zwischen orientalischer und französischer Küche.
Im Haus 17 am Boulevard, der heute seinen Namen trägt, wohnte David Ben Gurion mit seiner Familie von 1931 bis 1968. Er vermachte das Haus dem Staat. Der israelische Staat hat das Haus so belassen, wie es der erste Ministerpräsident bewohnt hat, und ein Museum daraus gemacht. In beeindruckender Weise spiegelt es die persönliche Bescheidenheit wider, in der dieser bedeutende Staatsmann sein Leben lang lebte. Ursprünglich 1930 als ein Ein-Zimmer-Haus erbaut, wurde es 1946 erweitert und 1960 renoviert und umgestaltet.

WEITERE INFORMATIONEN

CATIT
Heichal Hatalmud Str. 4
www.catit.co.il

Ben Gurion House
www.ben-gurion-house.org.il

77 Am Toten und am Roten Meer – Zwei Welten ganz nah

Zwei unterschiedliche Gewässer

Die so ähnlichen Namen suggerieren Wahlverwandtschaft. Aber unterschiedlicher könnten sie nicht sein. Im Toten Meer gibt es weder Fische noch Pflanzen. Das Rote Meer, eines der beliebtesten Tauchreviere der Welt, ist voll bunter Fische und jahrhundertealter Korallenwände. Das Tote Meer ist ein Binnensee, eingeklemmt zwischen hohen Bergen. Das Rote Meer ist mit dem Indischen Ozean und durch den Suezkanal auch mit dem Mittelmeer verbunden.

Beide Meere werden im Alten Testament erwähnt. Das eine (das Tote) verbunden mit der Geschichte der sündigen Städte Sodom und Gomorrha und der Rettung des Gerechten Lot; das andere (das Rote) wurde von Moses nach rechts und nach links gespalten, damit sein Volk vor den anstürmenden Ägyptern gerettet werden konnte. »... und der HERR ließ das Meer die ganze Nacht durch einen starken Ostwind zurückweichen und machte das Meer zum trockenen Land, und die Wasser teilten sich« (2. Buch Mose, Kap. 14, Vers 21). Über das Tote Meer fahren einige wenige Boote, die vorwiegend den an dessen Ufern auf der israelischen und auf der jordanischen Seite errichteten Industrieanlagen dienen.

Das Rote Meer dagegen ist eine internationale Wasserstraße, welche die großen Hafenstädte der Anliegerstaaten Israel und Jordanien, Ägypten und Saudi-Arabien miteinander verbindet.

Der große afrikanische Grabenbruch

Was die beiden Meere aber verbindet: sie sind wichtige Teile des großen afrikanischen Grabenbruchs, der von Syrien ausgehend bis ins ferne Ostafrika reicht. Dazwischen liegt in nordsüdlicher Richtung ein Tal, eine lang gezogene Senke, eine Wüstensteppe, die nach Osten von den jordanischen Moav-Bergen und nach Westen von den Bergen der israelischen Negev-Wüste begrenzt wird.

Das Tote Meer ist mit seinen knapp 800 Quadratkilometern Fläche nur noch der kleine Rest eines wesentlich größeren Sees, der diese Region einst bedeckte. Der große syrisch-afrikanische Bruch, und damit auch diese beiden Gewässer, sind durch großflächige tektonische Bewegungen entstanden. Diese Bewegungen setzen sich bis heute fort, wodurch das Tote Meer – und übrigens auch der See Genezareth im Norden – weiter sinken. Das ist aber ein sehr langsamer Pro-

Sandspiele am Strand von Eilat (oben). Das Mosaik eines Straußenvogels in der antiken Synagoge von Ein Gedi (unten). Breite Sandstrände am Toten Meer (rechte Seite).

zess, dessen Wirkung nur über Jahrzehnte gemessen werden kann.

Das Rote Meer wächst

Einige Geologen sind der Meinung, dass das tiefe Tal der Jordansenke bis hin zum Roten Meer durch heftige und lang andauernde Erosion entstand ist. Denn in frühester Zeit – vor Millionen von Jahren – war diese Gegend zunächst eine große flache Ebene voller Wasser. Die Veränderungen begannen, als die Berge rechts und links durch die tektonischen Prozesse angehoben wurden.

Auch das Rote Meer ist immer noch geologisch in Bewegung. Es verbreitert sich ständig, und Geologen meinen, es könnte sich irgendwann in ferner Zukunft zu einem eigenen Ozean entwickeln. Im südlichen Teil, kurz vor dem Ausgang in den Indischen Ozean, liegen mehrere kleine Inseln vulkanischen Ursprungs. Die meisten dieser Vulkane sind erloschen. Aber am 30. September 2007 brach auf der Vogelinsel Dschabal al-Tair ein Vulkan aus. Etwa ein Drittel der vier Quadratkilometer kleinen Insel versank daraufhin im Meer.

Strategisch wichtige Verbindungen

Am Toten Meer gab es auch schon vor dem Friedensvertrag zwischen Israel und Jordanien ein stilles Einvernehmen zwischen den beiden Anrainer-Staaten. Man stimmte sich ohne große Publizität über die Nutzung der Naturressourcen ab. In den vergangenen Jahren bemühen sich beide Staaten um eine intensive Kooperation auf dem Gebiet der Ökologie. Die einmalige Natur soll gerettet werden, bevor sie vollständig und unwiederbringlich durch die industrielle Ausbeutung zerstört wird.

Dagegen war die Schifffahrt im Roten Meer lange Jahre konfliktreich. Israelische Schiffe durften den Suezkanal nicht nutzen, und auch die Passage in die Bucht von Akaba wurde immer wieder gestört. Im Juni 1967 sperrte Ägypten unerwartet die Durchfahrt nach Eilat an der Straße von Tiran und kappte damit einen wichtigen Versorgungsweg Israels. Dies war einer der Anlässe für den Ausbruch des Sechs-Tage-Kriegs, der die politische Situation im Nahen Osten in grundlegender Weise verändert hat.

EIN TAMAR UND NEOT HAKIKAR

Der Kibbuz betreibt nicht nur einen gepflegten Badestrand am Toten Meer, sondern auch ein Thermal- und Schwefelbad mit eigenem Gästehaus unmittelbar am Strand: hwww.ein-gedi.co.il

Fährt man von Ein Gedi weiter Richtung Süden am Strand entlang, an den Hotels und an den Salinen vorbei, sollte man nach links in die Straße Nr. 2499 abbiegen und Ein Tamar sowie Neot Hakikar besuchen. Ein Tamar wurde 1982 gegründet, ist eine landwirtschaftliche Kooperative und wird von nur 35 Familien bewohnt. Neot Hakikar, ebenso eine kleine kooperative Siedlung, liegt an einer kleinen Oase mit einer Plantage von Dattelpalmen. Hier fließen vor allem im Winter mehrere kleine Flüsse ins Tote Meer. Endemische Pflanzen und Fische, die sich an das salzhaltige Wasser angepasst haben, gehören zu den Besonderheiten dieser einmaligen Landschaft.

WEITERE INFORMATIONEN

Naturschutzpark Ein Gedi: www.parks.org.il dort »english« auswählen und weiterklicken zu »Ein Gedi Nature Reserve and National Park«

Der gut besuchte Viehmarkt (oben) und die Töpferkunst (unten) kennzeichnen das Stadtbild von Bahla. Die Lehmburg von Bahla gehört zum UNESCO-Weltkulturerbe (rechte Seite unten).

78 Bahla – Die Königsstadt in der Wüste

Weltkulturerbe in der Oase

Das kleine Oasendorf Bahla ist mehreres zugleich: quirliger Viehmarkt, lebendiger Handelsort und natürlich der Standort der imposanten Lehmburg, die von der UNESCO auf die Liste des Weltkulturerbes gesetzt wurde. Auf jeden Fall darf man den Ort nicht verpassen, wenn man im westlichen Landesinneren des Oman unterwegs ist. Außer man ist ausgesprochen abergläubisch.

Zahlreiche Gerüchte ranken sich um die Menschen und die Magie in Bahla, doch im Oman spricht man nicht offen darüber. Das liegt vor allem daran, dass man Magie und Zauberei als Werk des Teufels sieht und als unvereinbar mit dem islamischen Glauben. Dennoch: Hinter vorgehaltener Hand wispert man von magischen Orten und Verwünschungen, die in dieser Gegend von Erfolg gekrönt sein sollen. Wenn etwa eine Frau im Oman befürchtet, dass ihr Mann zu einer Zweitfrau tendiert, soll sie in Bahla an der richtigen Stelle eine Verwünschung anbringen können, um den Mann davon abzubringen. Es geht gar die Rede von verzauberten und geisterhaft verschobenen alten heiligen Gemäuern und überhaupt von Geistern, die – je nachdem – Gutes und Böses bewirken können. Für den Besucher von Bahla bedeutet das aber nur, dass die Atmosphäre noch einmal mehr prickelnd ist, wenn man sich auf dem Viehmarkt unter die Leute mischt oder zwischen den Ruinen der historischen Stadt wandelt.

Mitten im Leben des Handels

Auf dem Viehmarkt bekommt man zuallererst pulsierendes Leben zu sehen. Ziegen und andere Tiere werden von den Männern vorgeführt und feilgeboten. Währenddessen halten sich die Frauen im Hintergrund und beobachten durch ihren Schleier hindurch konzentriert das Treiben. Ganz gleich, wie gehandelt und gefeilscht wird, die Kaufentscheidung treffen die Frauen, die übrigens auch das Geld bei sich haben. Eine alte Tradition, die ein neues Bild auf dieses Land wirft. Doch der Viehmarkt ist nicht der einzige Handelsort in Bahla. In der neueren Stadt zu Füßen der riesigen Lehmburg findet man vom Friseur bis hin zu Kleiderläden und Gewürzständen alles, was das Herz begehrt. Dass ein Eintauchen in diese Handelswelt in Bahla durchaus lohnenswert ist, liegt freilich auch daran, dass die Alternative in dieser Königsstadt, nämlich ein Besuch in der Lehmburg Hisn Tamah, wegen Restaurierungsarbeiten seit Jahren nicht möglich ist. Aber auch von außen ist die An-

lage, die von einer zwölf Kilometer langen und fünf Meter hohen Stadtmauer umgeben ist, beeindruckend. 15 Tore führen in das Innere, und 132 Wehrtürme zeigen, dass man von hier aus das Land in alle Richtungen genau im Auge behalten wollte. Die Wehranlagen geben damit auch Zeugnis von der Bedeutung, die Bahla in der Geschichte hatte. Der Grund dafür liegt lange zurück und hat etwas damit zu tun, dass die Oase Bahla ab dem 12. Jahrhundert Hauptsitz des mächtigen Stammes der Bani Nebhan war und Anfang des 15. Jahrhunderts sogar zur Hauptstadt des Oman wurde.

Die Kunst aus dem Lehm geformt

Immer schon gehört das Töpferhandwerk zu den besonderen Spezialitäten Bahlas. Wer also in seinem Gepäck noch etwas Platz hat, sollte sich überlegen, einer der zahlreichen Töpfereien einen Besuch abzustatten. Die Handwerkskunst hat sich hier über die Jahrhunderte erhalten. Übrigens nicht nur für die Vasen und Amphoren, die man hier erwerben kann. Denn auch die große Lehmburg selbst erweist sich für die Handwerker als große Herausforderung. Darüber hinaus ist die Restaurierung der Festung für den Oman auch eine Sache der Ehre. Denn zwischen 1988 und 2004 stand das Bauwerk vorübergehend auf der Roten Liste des gefährdeten Welterbes, da man durch moderne Sanierungsmethoden den ursprünglichen Charakter des Bauwerkes in Gefahr sah. Durch ein Team internationaler Spezialisten, die traditionelle Bautechniken anwendeten, konnten die Befürchtungen der UNESCO aber zerstreut werden. Nun wird also fleißig und liebevoll restauriert. Mit oder ohne Hilfe aller verfügbaren guten Geister.

TÖPFERWERKSTÄTTEN

Amphoren für kühles Wasser herzustellen, war im Oman schon seit vielen Jahrhunderten eine erstrebenswerte Kunst. Normalerweise werden die Gefäße so gebaut, dass sie nicht auf dem Boden oder auf dem Tisch stehen, sondern an Seilen im Schatten aufgehängt werden können. Und sie haben tatsächlich die Fähigkeit, Flüssigkeiten lange kühl zu halten. Dass Bahla zu einem Zentrum für die Töpferkunst geworden ist, hat aber nicht nur mit der Sehnsucht nach kühlem Wasser zu tun, sondern mit dem Umstand, dass es in dieser Gegend reiche Tonvorkommen gibt. Im Ergebnis findet man in Bahla zahlreiche Werkstätten, in denen mit dem Hintergrund alter Tradition, aber auch mit modernen Geräten und Mitteln zahlreiche verschiedene Tongegenstände geformt und verkauft werden. So werden die Brennöfen heute nicht mehr mit Holz, sondern mit Gas beheizt, aber das Ergebnis ist dasselbe. Die meisten Werkstätten sind am nördlichen Stadtrand von Bahla in der Nähe der Palmgärten.

WEITERE INFORMATIONEN

Omani Heritage Gallery, Oman,
ohgmq@omantel.co.om,
http://omaniheritage.org/potteryi.html

79 Dubai – Wie aus einem orientalischen Märchen

Die 1002. Nacht

Es gibt viele Bilder und Schlagwörter für eine Beschreibung von Dubai. »Zurück in die Zukunft« ist eine der Überschriften, »Das Märchen aus der 1002. Nacht« eine andere. Immer steht dabei ein besonderes Charakteristikum dieses besonderen Emirats im Mittelpunkt: Hier ist in vergleichsweise kurzer Zeit etwas entstanden, was vorher einfach nicht da war.

Verpflichtung zwischen modernem Management (oben) und alter Tradition (unten). Dubai: vom Reißbrett in die Realität. Innerhalb kurzer Zeit entstand mit der Dubai Marina eine hochmoderne Hochhausstadt – hier der Marina Walk mit zahlreichen Restaurants, Cafés und Geschäften (rechte Seite).

Dubai wächst, Dubai blüht, Dubai gedeiht. Dass das alles genauso wenig selbstverständlich wie überraschend ist, ist nur einer der vielen Widersprüche, auf den die Stadt gebaut ist. Auf Widersprüche wohlgemerkt, nicht auf Sand. Denn Dubais Entwicklungsplan mag gewagt gewesen sein, Fundamente hatte die Idee aber von Anfang an, finanzielle natürlich, aber auch konzeptuelle.
Rund 1,8 Millionen Einwohner hat Dubai heute, von denen rund 85 Prozent in der Stadt selbst leben. Das wirtschaftliche, soziale, kulturelle und natürlich das politische Leben spielt sich hauptsächlich in Dubai City ab. Wie viele Menschen aber tatsächlich in Dubai leben, ist schwer zu sagen und verändert sich von Monat zu Monat. Zum einen, weil es rund eine Viertelmillion Arbeitsmigranten gibt, die hier bei Bedarf beschäftigt werden, zum anderen, weil die Fluktuation ausländischer Mitarbeiter internationaler Firmen in Dubai enorm hoch ist. Und das wohlgemerkt in einer Gegend, die vor ein paar wenigen Jahrzehnten international noch gar kein Thema war. Dubai war die längste Zeit seiner Geschichte zuerst eine Siedlung von Perlentauchern, die sich diesseits und jenseits des langen Meeresarms, des Creek, ansiedelten und hier ihr Glück versuchten, dann ein Umschlagplatz für Waren aus aller Welt.

Der Beginn der Gegenwart

Die Herrschaft der heute regierenden Familie Al Maktoum begann im Jahr 1833 – und mit ihr die Unabhängigkeit von Abu Dhabi. Andere Daten sind noch viel erstaunlicher: Erst vor gerade einmal 40 Jahren entließ Großbritannien, das seit 1853 außenpolitisch und militärisch für Dubai verantwortlich war, die Al Maktoums in ihre eigene Verantwortung.
Und was seit dieser Zeit alles passiert ist und trotz aller Schwierigkeiten zwischen Immobilienkrise und Islamisten-Radikalisierung geschaffen wurde, grenzt an ein kleines Wunder.
In diesem Zusammenhang darf man vielleicht nach dem Unterschied zwischen einem Spinner und einem Visionär

SADAF صدف
BEACH WALK ممشى الشاطئ
BAHAR بحر
RIMAL رمال
AMWAJ أمواج
SHAMS شمس

Golfplatz-Luxus (oben) und opulente Einkaufsstraßen, hier der der Suq Madinat Jumeirah, ein originalgetreu nachgebauter Suq, der vor allem Antiquitäten, Kunsthandwerk und Lebensmittel feilbietet (unten). Dubai hat prächtige Unterkünfte, etwas das Millennium Plaza Hotel (rechte Seite unten), zu bieten.

fragen. In Dubai, wo man inzwischen schon fast daran gewöhnt ist, Skigebiete in der Wüste, Restaurants unter Wasser, Büros in der Luft und selbst gemachte Inseln zu haben, kommt diese Frage immer wieder auf. Eines ist sicher: Dubai ist eine Kategorie für sich, und so ziemlich gar nichts von dem, was heute oder auch im Lauf der Geschichte dieses vergleichsweise kleinen Emirats bewegt wurde, kann man mit normalen Maßstäben beurteilen. Der Plan der Tourismusentwickler Dubais war dabei schon immer denkbar einfach: Man wollte und will sich auf dem internationalen Reisemarkt als Destination positionieren, die zu jeder Jahreszeit und für jeden Touristen eine Alternative oder sogar die bessere Wahl ist. Kein Wunder also, dass Dubai schon heute sowohl für Wintersportler, Athleten, Taucher, Wanderer als auch für Technikfreaks ein erstrebenswertes Reiseziel ist und in ein paar Jahren auch für den Opernliebhaber und Kunstfreak etwas zu bieten haben wird.

Zurück in die Zukunft

Ein Blick in die jüngste Vergangenheit: Das 21. Jahrhundert hat gerade begonnen, die Immobilienkrise ist noch weit entfernt, und die Leute des Emirs von Dubai starten eine Informationsoffensive, um die Zukunft Dubais im Bewusstsein der Welt zu verankern. Einer jener Menschen, die mit ebendieser Mission unterwegs waren, war Saif Sultan Al Shamsi. An einem Frühlingstag der Jahrtausendwende positionierte er sich in seinem leuchtend weißen Gewand vor einer Gruppe internationaler Journalisten und klang wie ein professioneller Managementtrainer. »Alles ist möglich, man muss es nur wollen«, sagte er. Kurz davor hatte der Managing Director des größten Bauprojektes in Dubai veranlasst, das damals neueste Megaprojekt Dubais plastisch darzustellen: neues Land, einfach so, ins Meer gebaut, weil die Küstenlinie zu klein für den erwarteten Touristenansturm war.

»The Palm« (Die Palme), so erklärte er damals, sei ein in die Zukunft weisendes Projekt. In Zahlen ausgedrückt handelt es sich dabei um eine eineinhalb Milliarden US-Dollar teure Stadt, die ins Meer gebaut wird und damit die Küste des Emirats um 120 Kilometer verlängert. 3000 neue Wohnungen und Häuser, Villenviertel, Hoteldistrikte, Jachthäfen und Abenteuerparks sollten hier entstehen, und zwar auf einer Fläche in der Form einer Palme. Am Ende sollte das eindrucksvolle Bauwerk wie die Chinesische Mauer vom Weltall aus zu sehen sein. »Es wird das achte Weltwunder werden«, sagte Saif Sultan damals, »und wir wollen drei davon.«

Und tatsächlich: Realität

Sosehr Saif Sultan damals auch überzeugte und beschwichtigte, ein kleiner, leicht spöttischer Zweifel hing irgendwo zwischen dem Lächeln und dem Staunen der internationalen Gäste. Doch – wie sich nur wenige Jahre später herausstellte – völlig zu Unrecht. Die Arbeiten an der ersten Palme sind abgeschlossen, die zweite, »The Palm Deira«, ist schon erkennbar, und ein noch gigantischeres Projekt, »The World«, ist ebenfalls schon als Ware auf dem Markt – wie es scheint, inzwischen sogar wieder einigermaßen erfolgreich. »Wir haben auch schon Dutzende Hotelketten, die Interesse ange-

meldet haben«, berichtete der Managing Director damals, »und mit der Kempinski-Gruppe sind wir im Geschäft.«
Saif Sultan kannte die Bedenken seiner Gäste. Mit funkelnden Augen sagte er damals: »Sie glauben, das alles ist übertrieben? Sie glauben, es ist verrückt, ins Meer zu bauen, wo so viel Wüste um uns herum ist?« Jedes beschwichtigende Dementi kam zu spät, Saif Sultan antwortete schneller: »Es ist nicht übertrieben, es ist nur großartig. Wir haben die Möglichkeit, die Mittel und die Fähigkeit, die besten Köpfe an einen Tisch zu bringen, um ein solches Projekt zu verwirklichen. Warum sollten wir es also nicht tun?«
Kurz gefasst ist das genau der Geist, der das Emirat Dubai besonders kennzeichnet, und natürlich gibt es heute genauso wie damals keinen Anlass, Saif Sultan zu widersprechen. Im Gegenteil: Wer heute nach Dubai kommt, sieht die vor zehn Jahren angekündigten Projekte selbstbewusst im gleißenden Licht der Wüste leuchten. Es fühlt sich ein bisschen an wie New York, was Absicht ist, und ein bisschen wie Las Vegas, was vielleicht nicht geplant war. Aber es ist auf fast unwirkliche Weise real, und das Wandeln zwischen den architektonisch und bautechnisch beeindruckenden Hochhauswäldern ist wie ein Statement der Visionäre. Hat hier jemand nicht daran geglaubt? Nun: Willkommen in der Zukunft, denn die ist in der Philosophie Dubais nichts anderes als die voreilige Schwester Gegenwart des noch jungen Bruders Vergangenheit.

DER DUBAI CREEK IM WASSERTAXI

Den besten ersten, billigsten und schönsten Eindruck von der Skyline Dubais bekommt man während einer Fahrt auf einem Abra, dem typischen Wassertaxi auf dem Creek. Diese kleinen Boote ersetzen im Zentrum Dubais die fehlenden Brücken und bringen einen in kürzester Zeit von der einen Seite, Bar Dubai, wo die Konsulate angesiedelt sind, auf die andere Seite, nach Deira, dem Stadtteil der Skyline und der Märkte. *Bar* bedeutet auf Arabisch übrigens nicht dasselbe wie auf Englisch, sondern eher im Gegenteil: *Bar* heißt Wüste. Das Überqueren des Creek kostet einen Dirham, also umgerechnet 20 Cent. Wenn man das Boot alleine haben will, kostet es 20 Dirham, und eine lohnenswerte Fototour von 30 Minuten kreuz und quer über den Meeresarm kostet 60 Dirham.

WEITERE INFORMATIONEN

www.dubaiabudhabi.com

Die farbenprächtige, mit üppigen floralen Motiven ausgestaltete Lobby des Hotel Atlantis auf »The Palm«.

Das Bootsrennen von Alleppey (oben) ist eine der beliebtesten Touristenattraktionen von Kerala – neben einer Tour durch die Backwaters im Hausboot (unten). Wer einmal einen Sonnenuntergang in den Backwaters (rechte Seite) erlebt hat, weiß, warum jährlich Tausende von Besuchern hier Urlaub machen.

80 Keralas Backwaters – Auf Booten in Südindien unterwegs

Die Tourismusindustrie boomt

Wer Kerala hört, denkt als Erstes an die berühmten Backwaters, jenes 900 Kilometer lange Netz aus Wasserstraßen, das jahrhundertelang die wichtigste Transportroute in diesem Bundesstaat darstellte.

Heute stellen Bootstouren in den Backwaters die größte Tourismusindustrie von Kerala dar, und daher ist nicht alles, was in dieser Branche passiert, so romantisch wie eine Bootstour zu zweit. Nicht wenige Urlauber, die ihren Trip von außerhalb gebucht haben, sind von der Qualität der Hausboote enttäuscht. Wer eine längere Tour plant und begrenzte finanzielle Ressourcen hat, sollte deshalb direkt in den Orten Kollam oder Alappuzha buchen, von wo aus die meisten Schiffe starten. Hier kann man sich mit eigenen Augen davon überzeugen, dass das Boot hält, was der Veranstalter verspricht. Die meisten Hausboote sind umgebaute ehemalige Frachtschiffe oder in der Form einer traditionellen Reis-Transporters (Kettuvallam) gestaltet. Dabei sind die Unterschiede zwischen den Schiffen fast so groß wie die zwischen Hotels: von der einfachen Absteige bis zum 5-Sterne Service ist alles zu haben. Wer es sich leisten kann, mag direkt beim Oberoi-Hotel eine drei- bis viertägige Luxus-Kreuzfahrt buchen – in der Doppelkabine kostet das etwa 1500 Euro.

Die Hauptverkehrsrouten

Tagestrips verkehren während der Saison (August bis März) täglich ab 10.30 Uhr von Kollam nach Alleppey. Trotz zweier Stopps unterwegs (zum Mittagessen und zum Tee) bekommt man auf diesen Touren aber nur relativ wenig von dem zu sehen, was die längeren Ausflüge in die Backwaters so attraktiv macht: einen Einblick in das dörfliche Leben von Kerala, denn diese Boote bewegen sich ausschließlich auf den Hauptverkehrsrouten.

Für spirituell Interessierte besteht unterwegs die Möglichkeit, an der Matha Amrithanandamayi-Mission auszusteigen. Es handelt sich dabei um den Ashram, der weltweit als »hugging mother« (umarmende Mutter) bekannt gewordenen geistigen Lehrerin Amrithanandamayi – einer der wenigen weiblichen Gurus. Wie der Name schon nahelegt, ist sie dadurch bekannt geworden, dass sie ihre Anhänger zu umarmen pflegt. Man kann in dem Ashram, in dem mehr als 2000 Menschen dauerhaft leben, übernachten und dann am nächsten Tag mit dem Boot weiterfahren.

Der Deutsche Karl-Wilhelm Steuernagel war der Erste, der auf die Idee kam, die traditionellen Hausboote in schwimmende Herbergen mit allem Komfort zu verwandeln (alle Bilder dieser Seite). Sein Unternehmen »Indian Flavours« bietet schön mit Rattan-Möbeln gestaltete Hausboote an (rechte Seite).

Auch die meisten längeren Touren verkehren zwischen Kollam und Alleppey. Es gibt aber auch Trips zwischen Alleppey und Kochi, jedoch nur auf größeren Schiffen mit Motor. Romantischer und umweltfreundlicher ist es, sich auf traditionelle Weise mithilfe von Bambusstangen durch die Gewässer manövrieren zu lassen, die bereits vor mehreren Tausend Jahren durch Bodenerosion entstanden sind. Der aus den westlichen Bergregionen angeschwemmte Boden mischte sich mit dem Sand, den die Wellen des Indischen Ozeans nach Kerala hineintrugen, und formte auf diese Weise die Backwaters, die auch als Lagunen bezeichnet werden.

Lagunen sind laut Definition von Geologen flache Gewässer in Ufernähe mit Zugang zur See, die aber vom offenen Meer durch Barrieren, wie etwa Sanddünen oder Korallenriffe, abgetrennt sind. Einige der Backwaters sind aber auch regelrechte Seen, wie etwa der Vembanad-See in der größten Backwater-Region Kumarakom. Die bekannte indische Autorin und Polit-Aktivisten Arundhati Roy (»Der Gott der kleinen Dinge«) wuchs in einem Dorf ganz in der Nähe auf.

Zentrum des Luxus-Tourismus

Der Ort mit zahlreichen 5-Sterne-Unterkünften hat sich in den letzten Jahren zu einem Zentrum des Luxus-Tourismus entwickelt und bietet alles, was Keralas Schönheit ausmacht: palmengesäumte Ufer, Fischer, Boote, eine enorme Vielfalt an Vögeln. Letztere lassen sich am besten im Vogelpark Kumarakom Bird Sancturay oder auf der einsamen Insel Pathiramanal, mitten im Vembanad-See, beobachten. Hier finden sich zur Saison

zahlreiche Zugvögel ein. Die Insel ist für Besucher zugänglich.

Auf dem Vembanad-See findet auch am jeweils zweiten Samstag im August in jedem Jahr ein Bootsrennen namens »Nehru Trophy Snake Boat Race« statt. Das Spektakel lockt jährlich Tausende von Besuchern an. Man kann es gegen Eintritt von einer der Besuchertribünen aus Bambus beobachten. Die etwa 30 Meter langen, flachen »Schlangenboote« (chundan vallam) werden von einer Mannschaft von bis zu 100 Ruderern angetrieben, die sich durch gemeinsame Gesänge anfeuern und von seidenen Schirmen beschattet werden.

Rennen mit »Schlangenbooten«

Ursprünglich handelte es sich bei den »Schlangenbooten« um Schiffe, mit denen die Könige der Region im Mittelalter gegeneinander in den Krieg zogen. Doch seit der Kolonialzeit wurde in Kerala kein Krieg mehr geführt; danach kamen die Boote in erster Linie bei Tem-

pelprozessionen zum Einsatz. Erst 1952 wurde das erste Bootsrennen veranstaltet – als Unterhaltungsprogramm zum Besuch des damaligen indischen Premierministers Jawaharlal Nehru. Der war so begeistert von dem Rennen, dass er kurz danach einen silbernen Pokal in Form eines »Schlangenbootes« stiftete, der seitdem als Wanderpokal fungiert. Wer mehr an der Kultur Keralas interessiert ist, dem sei das Kulturzentrum Vijnana Kala Vedi in Aranmula unweit von Kumarakom empfohlen. Die 1977 von dem französischen Künstler Louba Schild gegründete Institution hat das Ziel, die Kultur Keralas zu erhalten und Ausländern Kunst und Kultur Indiens zu vermitteln. Besucher können hier mehrere Monate lang leben und Kurse zu verschiedenen Themen besuchen, darunter Yoga und Ayurveda, traditionelle Tänze wie Kathakali, die Kriegskunst Kalaripayattu, klassische südindische (karnatische) Musik, südindische Küche und Wandmalerei.

Romantische Bootstouren und mehr

Ein bisschen weiter in Richtung Western Ghats befindet sich das beliebteste Naturschutzgebiet Keralas, das Periyar Wildlife Sanctuary. Der 777 Quadratkilometer große Park umfasst einen künstlich von den Briten angelegten See, auf dem man romantische Bootstouren unternehmen oder – abenteuerlicher – raften kann. Verschiedene Veranstalter bieten Dschungel-Safaris sowie Wanderungen zu einem Stammesdorf, das sich innerhalb des Geländes befindet. Besuche auf den umliegenden Gewürzfarmen und im Santhigiri-Ayurveda-Zentrum runden das Programm ab. Das Zentrum bietet sowohl Massagen als auch längerfristige Behandlungen an.

WOHNEN IM BAUMHAUS

Das wohl ungewöhnlichste Hotel Indiens hat der Deutsche Karl-Wilhelm Steuernagel gegründet. Es handelt sich um eine Reihe von Baumhäusern in Kerala, erbaut in Feigenbäumen auf 30 Metern Höhe – komplett mit Dusche und Toilette. Sein Unternehmen »Indian Flavours« bietet darüber hinaus auch Touren auf Hausbooten, Ayurveda und vieles mehr an.

WEITERE INFORMATIONEN

Indian Flavours
Am Fasanenhof 35
D–34125 Kassel / Germany
info@indien-flavours.com
www.indian-flavours.com

Department of Tourism
Park View, Thiruvananthapuram
Tel. 0471/2321132
Gebührenfreie Rufnummer:
1/800/425/4747
E-Mail: info@keralatourism.org;
deptour@keralatourism.org
www.keralatourism.org;
www.houseboatskerala.co.in;
www.vijnanakalavedi.org

Der prachtvolle Eingang des schönsten Hotels von Agra: das Oberoi Amarvilas (oben). Der Taj Mahal ist bei Sonnenaufgang am schönsten, wenn sich die marmorne Kuppel des Grabmals zartrosa färbt (unten). Der Besucherstrom am Eingangstor des Roten Forts: Souvenirhändler buhlen um Kunden (rechte Seite).

81 Agra – Ein Mausoleum als Liebesbeweis

Ein Höhepunkt der indischen Architektur

Wenn es ein Bauwerk geben soll, das Indien symbolisiert, dann ist es der Tadsch Mahal (Taj Mahal). Kein Staatsbesuch vergeht ohne einen Fototermin vor dem Grabmal, das als größter und schönster Liebesbeweis gilt, den je ein Mann seiner Frau erbracht hat.

Aber auch auf dem Reiseplan jedes »normalen« Indienreisenden sollte Agra stehen, selbst wenn Lästerer hin und wieder behaupten, das Land habe so viel zu bieten, dass man auf den Besuch des Tadsch Mahal verzichten könne. Man kann es nicht. Es ist eines der schönsten Gebäude der Welt! Und es gehört zu den Sehenswürdigkeiten, die man besucht haben sollte, bevor man stirbt.

Das ist hoffentlich genug Werbung. Agra ist von Delhi aus schnell zu erreichen. Mit dem Schnellzug Taj Express dauert es nur zweieinhalb Stunden, etwa halb so lange wie mit dem Bus oder mit dem Auto. Das verführt dazu, den »Taj«, den Tadsch Mahal, in einer Tagestour zu besuchen, aber das wäre schade, denn Agra hat weitaus mehr zu bieten, als man an einem knappen Tag besichtigen kann. Die Stadt, die Mogul-Kaiser Babur 1526 zur Hauptstadt seines Reiches machte, ist heute ein Industriezentrum mit 1,3 Millionen Einwohnern und daher nicht gerade ein erholsamer Aufenthaltsort. Doch die Vielzahl seiner historischen Reichtümer entschädigt für den Stress.

Ein Mausoleum als Liebesbeweis

Wer es sich leisten kann, sollte sich im Hotel Oberoi Amarvilas einquartieren und entspannen. In diesem Luxushotel hat man von jedem Zimmer aus einen unvergleichlichen Blick auf den Tadsch Mahal.

Zum Tadsch Mahal, dem ersten Anlaufpunkt für jeden Agra-Besucher, ist viel geschrieben worden. Aber wie Johann Wolfgang von Goethe einst formulierte: »Alles Gescheite ist schon gedacht worden. Man muss nur versuchen, es noch einmal zu denken.« Mogul-Kaiser Schah Jehan, der als Förderer von Kunst und Kultur bekannt geworden ist, ließ den Tadsch Mahal für seine geliebte Frau Mumtaz Mahal errichten, die 1631 während der Geburt ihres 14. Kindes starb. Die Bauarbeiten begannen kurz nach Mumtaz' Tod und wurden 1648 beendet.

Ein neues Weltwunder

Der Tadsch Mahal gilt als Höhepunkt der Mogul-Architektur in Indien, weist aber auch viele Design-Elemente der persischen Architektur auf. Ebenso wie das Agra Fort ist es seit 1983 von der

AMAR SINGH
GATE
AGRA FORT

Die Mogul-Architektur ist von perfekter Schönheit: ein verschlossenes Tor im Fort von Agra (oben). Besucher erklimmen die alte Festung (Mitte). Blütenmotive zieren die Wände in den Palästen (unten). Die Nachbildungen für Touristen (rechte Seite) sind ein müder Abklatsch des Tadsch Mahal (rechte Seite unten).

UNESCO als Weltkulturerbe anerkannt und wurde 2007 per weltweiter Abstimmung auf eine Liste der »Neuen Sieben Weltwunder« aufgenommen.

Was den Besucher immer wieder überwältigt – und darin unterscheidet sich der Tadsch Mahal von all den anderen, ebenfalls fantastischen Mogul-Bauwerken, ist die Reinheit und Größe, mit der es einer Fata Morgana gleich vor dem Himmel und dem Yamuna-Fluss erscheint. Der strahlend weiße Marmor, aus dem es erbaut ist, reflektiert je nach Tages- und Jahreszeit das Sonnenlicht in immer andersfarbigen Schattierungen. Ein Spektakel, das leider nur noch die wenigsten Besucher erleben können. Denn die indische Regierung hat schon vor Jahren den Eintrittspreis für Ausländer derart angehoben (er liegt inzwischen bei etwa 30 Euro), dass man es sich kaum noch erlauben kann, zu verschiedenen Tageszeiten den Tadsch Mahal zu besuchen. Wer ihn dennoch öfter sehen will, muss sich mit den Terrassen der umliegenden Hotels behelfen.

Damit geht es dem heutigen Besucher kaum anders als seinem Erbauer Schah Jehan selbst. Der nämlich wurde kurz nach Fertigstellung des Gebäudes von seinem Sohn Aurangazeb vom Thron gestürzt und im nahe liegenden Agra Fort für den Rest seines Lebens unter Arrest gestellt. Von dort hatte er zwar einen guten Ausblick auf das Mausoleum, mit seiner geliebten Frau Mumtaz wurde er allerdings erst wieder im Tod 1666 vereint, als er neben ihr begraben wurde. Eine Legende besagt, dass er eigentlich vorhatte, für sich selbst ein identisches Grabmal in schwarzem Marmor gegenüber dem Tadsch Mahal zu errichten; es gibt allerdings keinen überlieferten Beweis für diesen Plan. Tatsache ist allerdings, dass Schah Jehans Grabplatte im Inneren des Tadsch Mahal neben der seiner Frau die Symmetrie der Grabkammer stört und wohl so nicht vorgesehen war. Diese Tragik, die den Tadsch Mahal umgibt, inspirierte Indiens Nationaldichter Rabindranath Tagore vermutlich dazu, das Grabmal als »Träne auf der Wange der Zeit« zu bezeichnen. Auch wenn der Vergleich angesichts der Größe und Zeitlosigkeit dieses Gebäudes nicht sehr passend erscheint.

Palaststadt Agra Fort

Das Agra Fort, dessen Bau von Schah Jehans Großvater Akbar 1565 begonnen wurde, war zunächst vor allem eine militärische Anlage. Es wurde jedoch unter Schah Jehan sukzessive zu einer Palaststadt ausgebaut, noch bevor dieser wusste, dass es später zu einem goldenen Käfig für ihn werden würde. Die Anlage ist so groß und enthält so viele sehenswerte Gebäude aus verschiedenen Zeiten, dass man hier gut einen halben Tag zubringen kann, obwohl viele der Originalgebäude von den britischen Kolonialherren zwischen 1803 und 1862 zerstört wurden, um für ihre Soldaten Unterkünfte zu schaffen. Besonders sehenswert sind der Diwan-i-Am (öffentliche Audienzhalle), der Diwan-i-Khas (private Audienzhalle), das Khas Mahal, das Shish Mahal (Spiegelpalast), die Moti Masjid (die Privatmoschee Schah Jehans) und der originalgetreu wieder hergerichtete Garten Anguri Bagh.

Einen Besuch wert ist auch das Mausoleum von Akbar, das etwa zehn Kilometer vom Agra Fort entfernt ist und leicht

mit einer Autorikscha erreicht werden kann. Akbar, der auch der »Große« genannt wird, gilt als bedeutendster Mogul-Kaiser. Er wuchs im heutigen Afghanistan auf und dehnte sein Reich über ganz Nordindien aus. Akbar war berühmt für seine religiöse Toleranz und zählte auch Hindus und Christinnen zu seinen zahlreichen Frauen. Er vertrat die heute noch in Indien weit verbreitete Auffassung, dass alle Religionen auf derselben Wahrheit beruhen, und ließ zu Ehren des Sufi-Heiligen Scheich Salim Chisti die Stadt Fatepur Sikri vor den Toren Agras errichten. Entsprechend seiner Philosophie enthält sein Grabmahl, dessen Bau noch zu seinen Lebzeiten begonnen wurde, Elemente aus hinduistischer und islamischer Architektur.

Eine Oase der Ruhe

Nicht entgehen lassen sollte man sich in Agra auch ein Gebäude namens Itimad-ud-Daulah, das im Volksmund »Baby Taj« genannt wird. Es handelt sich um das Grabmal des Edelmanns Mizra Ghiyas Beg, der unter Schah Jehan Ministerpräsident war.

Mehr als dem Tadsch Mahal ähnelt es einem kleinen, aber feinen Schmuckkästchen, doch das zwischen 1622 und 1628 erbaute Grabmal weist viele Designelemente auf, die in dem später erbauten Tadsch Mahal wieder auftauchen – vor allem die als »Pietra Dura« bezeichneten Einlegearbeiten von Halbedelsteinen in Marmor. Mit seinem schönen, kleinen Garten ist der »Baby Taj« eine Oase der Ruhe im hektischen Agra.

DER SCHÖNSTE BLICK AUF DEN TADSCH MAHAL

Die stilvollste, wenn auch teuerste Art, in Agra zu übernachten, ist im »Oberoi Amarvilas«. Es gilt als sechstbestes Hotel der Welt und ist nur sensationelle 600 Meter vom Tadsch Mahal entfernt. Wenn man morgens im elegant im Mogul-Stil möblierten Zimmer die Vorhänge aufzieht, kann man vom Bett aus sehen, wie die Sonne malerisch über dem wohl schönsten Gebäude der Welt aufgeht.

WEITERE INFORMATIONEN

Oberoi Amarvilas
Taj East Gate
www.amarvilas.com

UP Tourism Office
Agra Cantonment Train Station, 64 Taj Rd.
rund um die Uhr geöffnet
www.agra-india.net;
www.agranic.in

Imperial ist der Regierungsbezirk in der indischen Hauptstadt mit seinen Prachtboulevards (oben). Er wurde vom britischen Architekten Edwin Lutyens geplant. Der Lotustempel der Bahai-Religion hingegen strahlt meditative Ruhe aus (unten). Immer quirlig geht es in den Basaren Old Delhis zu (rechte Seite).

82 Delhi – Eine der grünsten Städte der Welt

Beeindruckende Sehenswürdigkeiten

Die indische Hauptstadt Delhi ist für die meisten Urlauber die erste Station auf ihrer Reise durch den Subkontinent. Die wenigsten bleiben allerdings länger als einen Tag.

Die Stadt am Yamuna gilt als laut, dreckig und stressig, und viele steigen hier nur aus dem Flugzeug, um sofort an die Strände Goas oder in die luftigen Höhen des Himalaya zu entfliehen. Reisegesellschaften meiden Delhi zudem, weil sich im Zuge des Wirtschaftsbooms die Hotelpreise derart erhöht haben, dass die Veranstalter ihre Pauschalangebote gleich um einige Hundert Euro teurer anbieten müssten, würden sie auch nur eine Nacht in Delhi bleiben.

Das ist schade, denn Delhi gehört zu den interessantesten Städten Indiens und hat viele Sehenswürdigkeiten. Der schlechte Ruf Delhis rührt vermutlich daher, dass die meisten Reisenden frisch aus Europa als Allererstes nach Alt-Delhi fahren und dort sofort einen Kulturschock bekommen. Denn Old Delhi, das einst die prachtvolle Hauptstadt der Mogul-Kaiser war, ist nach der indischen Teilung 1947, als die Mehrzahl der muslimischen Bewohner nach Pakistan floh, zu einem Armenviertel herabgesunken.

Zwar verfügt Old Delhi noch immer über einige der wichtigsten und schönsten Monumente der Mogul-Zeit – das Rote Fort (Lal Qila) und die Große Freitagsmoschee (Jama Masjid), die beide Mitte des 16. Jahrhunderts unter der Herrschaft von Schah Jehan erbaut wurden. Aber besonders Reisende, die zum ersten Mal in Indien sind, sollten ihren Besuch lieber in Neu-Delhi beginnen, das von den britischen Herrschern 1911 zur Hauptstadt ihrer wichtigsten Kolonie gemacht wurde. Dabei waren die Briten nicht die ersten und nicht die letzten Herrscher, die die Stadt quasi ganz neu erbaut haben. Überall in der Stadt finden sich Ruinen, die die verschiedenen Dynastien im Lauf der Jahrhunderte hier hinterlassen haben. Angefangen von der buddhistischen Maurya-Dynastie (3.Jh.v. Chr.) über die muslimischen Herrschergeschlechter der Tuqlak, Lodhi und Moghul bis hin zu den brandneuen Industrievororten Noida und Gurgaon. Delhi hat sich im Lauf seiner Geschichte stets neu zu erfinden gewusst.

Spaziergang durch Neu-Delhi

Mit seinen breiten Alleen, Parks und großzügigen Regierungsbungalows, die

SAREE
डिजाइनर फैंसी साड़ियाँ एवं सूट दुपट्टा

Das Jantar Mantar (Mitte und oben) ist ein beliebter Treffpunkt, nicht nur für Touristen, sondern auch für politische Demonstrationen. Der Lodhi Garden (unten und rechte Seite oben) ist die grüne Lunge der Stadt und lockt viele Menschen zum Frühsport. Rechte Seite unten: das Rote Fort in der Altstadt.

von dem Stararchitekten Edwin Lutyens entworfen wurden, ist Neu-Delhi auch heute noch eine der grünsten Hauptstädte der Welt. Davon kann man sich am besten bei einem Spaziergang durch den Lodhi Garden überzeugen – dem schönsten Park der Stadt. Mit seiner beeindruckenden Vielfalt von tropischen Bäumen und exotischen Vögeln und den romantischen Gräbern aus der Mogul-Zeit, ist der Garten bestens geeignet, den Jetlag zu vertreiben. Nach einer kleinen Stärkung im wunderschönen Lodhi Garden Restaurant kann man sich dann mit einer Motorrikscha auf den Weg ins nahe Regierungsviertel machen. Am Rajpath, dem »Pfad der Könige«, ist zu ermessen, welche Bedeutung Indien – dieses »glänzendste Juwel in der Krone« – für die Briten einst hatte.

Neben dem India Gate, einem indischen Arc de Triomphe, auf dem die Namen von 90 000 indischen Soldaten, die während des Ersten Weltkriegs für die britische Kolonialmacht ihr Leben gaben, eingraviert sind, beeindrucken die imposanten Ministerialbauten und vor allem der Präsidentenpalast (Rashtrapati Bhavan), in dem ehemals der britische Vizekönig residierte.

Wer im Frühling (zwischen Mitte Februar und Mitte März) zu Besuch weilt, sollte unbedingt die Gelegenheit nutzen, den dazugehörenden Mugal-Garten zu besuchen, der sonst für die Öffentlichkeit geschlossen bleibt. Der Garten wurde zu Lebzeiten des letzten britischen Vizekönigs Mountbatten von 418 Gärtnern gepflegt, darunter 50 Jungen, die nichts anderes zu tun hatten, als die Vögel zu verscheuchen.

Das Zentrum Neu-Delhis

Von hier ist es nicht weit zum zentralen Connaught Place – dem Herzen von Neu-Delhi. Der Platz, der architektonisch sehr schön von einem großen Kreis weißer Arkadengebäude umringt ist, war früher arg heruntergekommen. Doch in den letzten Jahren hat die Stadtverwaltung einiges getan, um sein Image wieder aufzupolieren. So wurde etwa der zentrale Park aufwendig restauriert; heute finden dort Ausstellungen und Konzerte statt. Am Connaught Place kann man nicht nur stilechter einkaufen als in den zahlreichen neuen Shopping Malls; hier findet man auch einige der alteingesessenen Restaurants, die noch ein wenig vom Flair des Vor-Wirtschaftswunder-Indien vermitteln, wie beispielsweise das »Volga« und das »United Coffee House«.

Nur ein kurzer Fußweg ist es von hier zum sehenswerten Jantar Mantar, einem astronomischen Observatorium, das 1725 vom Maharadscha Jai Singh II. erbaut wurde; einen ähnlichen Open-Air-Park zur Gestirnstandsbestimmung erbaute er in seiner Heimatstadt Jaipur.

Von hier kann man sich dann endlich nach Old Delhi aufmachen. Dabei sollte man einen Besuch der bereits erwähnten Freitagsmoschee und des Roten Forts nicht versäumen. Beide sind die wichtigsten Attraktionen Delhis und gehören zum Schönsten, was die Mogul-Architektur zu bieten hat.

Die Basare von Old Delhi

Schräg gegenüber dem Hintereingang der Jama Masjid befindet sich eines der traditionsreichsten Restaurants Delhis, das »Karim's«, das sich rühmt, von einem

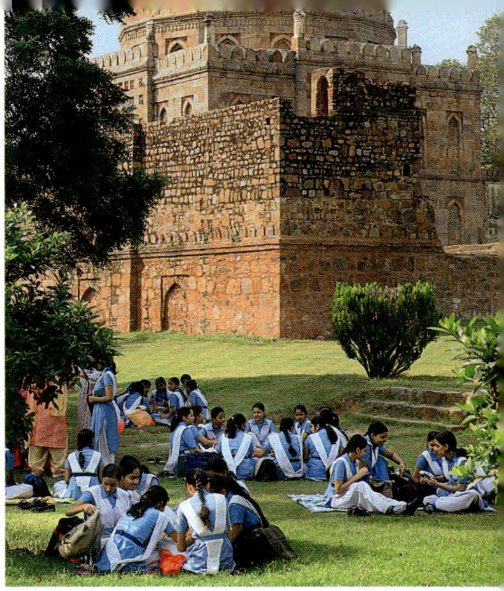

ehemaligen Hofkoch der Mogul-Kaiser gegründet worden zu sein. Derart gestärkt, steht nun einem Spaziergang durch die Basare Old Delhis nichts im Weg. Hier muss man sich zwar arg drängeln, aber es gibt jede Menge zu entdecken und zu kaufen: von Silberwaren über Gewürze bis hin zu Geflügel. Am besten startet man von der Chandni Chowk, der ehemaligen Prachtstraße, in der man einen guten Einblick in die Vielfalt der indischen Religionen gewinnen kann.

Gleich am Anfang der Chandni Chowk, gegenüber dem Roten Fort, befindet sich der Tempel Digambar Jain, an den ein Krankenhaus für Vögel angegliedert ist. Direkt daneben liegt der Tempel Gauri Shankar, einer der wichtigsten Shiva-Tempel Delhis. Und etwa 100 Meter weiter auf derselben Seite befindet sich die Sisganj Gurdwara, ein Sikh-Tempel. An dieser Stelle wurde der neunte der Sikh-Gurus, Guru Tegh Bahadur, durch den für seine Brutalität berüchtigten Mogul-Kaiser Aurangazeb 1675 hingerichtet.

Doch auch das bürgerliche Süd-Delhi hat vieles zu bieten. Ein Paradies für Shopper ist Hauz Khaz Village, ein ehemaliges Dorf mitten in der Stadt, dessen romantische Gassen im Schatten einiger Mogul-Ruinen vor etwa zehn Jahren Künstler für sich entdeckt haben. Inzwischen ist es ein Zentrum für Kreative, von Malern bis zu Modedesignern. Von hier aus ist es nicht weit zum Baha'i Tempel, dem eindrucksvollen Zentrum der vermutlich jüngsten Religion der Welt. Das architektonische Meisterwerk, das 1986 fertiggestellt wurde, ist in Form eines riesigen Lotos erbaut und am Abend besonders sehenswert, wenn es farbig angestrahlt wird.

Auch sollte man sich einen Besuch des Qutab Minar nicht entgehen lassen, das nicht mehr weit ist, wenn man sich in Süd-Delhi befindet. Das schiefe Minarett wurde 1193 von den afghanischen Eroberern errichtet, nachdem der letzte Hindu-König aus Delhi vertrieben war.

WOHNEN WIE ZUR »RAJ«

Mitten im Zentrum Delhis und dennoch eine Oase der Ruhe und des Stils ist das fantastische »Imperial Hotel«. Mit seiner Mischung aus viktorianischem Stil und Art-déco-Elementen kann man auf angenehme Weise die Kolonialzeit – in Indien Raj genannt – wieder aufleben lassen. Ein Frühstück mit Blick in den Garten auf der von Säulen gesäumten Terrasse ist ein ebenso angenehmer Start in den Tag, wie ein Sundowner in der Bar »1911« ein unvergleichlicher Ausklang ist. Das Imperial beherbergt zudem das opulent gestaltete südindische Restaurant »Spice Route«.

WEITERE INFORMATIONEN

Imperial Hotel
Janpath – Tel. 011/23341234
www.theimperialindia.com

India Tourism Delhi
88 Janpath, Connaugth Place
Tel. 011/23320008
Nehmen Sie sich in Acht vor kommerziellen Reisebüros, die sich als Touristeninformation tarnen!
www.india-tourism.com/DE/delhi.html

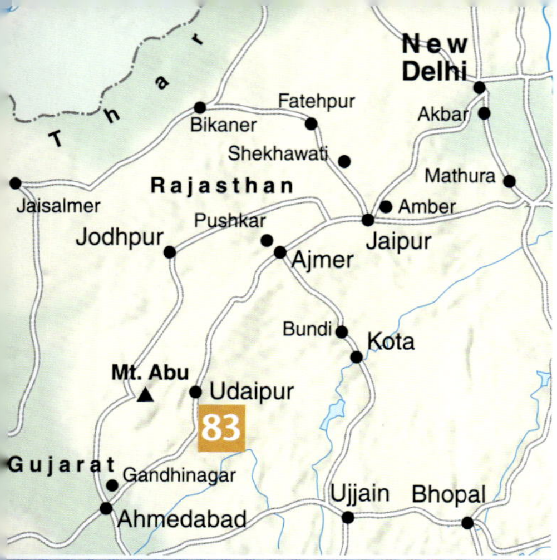

Das »Lake Palace Hotel« in Udaipur (oben) ist Legende, seit hier Roger Moore als James Bond auf Gangsterjagd ging. Dabei lässt es sich auch an anderen Orten schön wohnen, wie etwa im »Mahendra Prakash Hotel« (unten). Majestätisch thront der Jag-Mandir-Palast über dem Pichola-See in Udaipur (rechte Seite).

83 Udaipur – Indischer Drehort zum Träumen

Der Palast Jag Mandir und eine einzigartige Landschaft

Wahrscheinlich hat sie inzwischen jeder gesehen: die Szene in dem James-Bond-Film »Octopussy«, in der der Geheimagent, gespielt von Roger Moore, zum Palast der schönen Gangsterbraut – gespielt von der Schauspielerin Maud Adams – taucht.

Obwohl inzwischen so viele andere Bond-Filme über die Leinwand geflimmert sind, gibt es eine Stadt, in der noch immer jeder von dem 1983 entstandenen Streifen redet: Udaipur, das eines der Drehorte war. Machen Sie sich daher darauf gefasst, dass jeder Taxifahrer und Reiseführer in Udaipur Sie als Erstes zu den James-Bond-Plätzen führen will.

Das stört nicht weiter, denn die Macher der bekanntesten Agentenfilmreihe suchen sich meist die schönsten und interessantesten Plätze der Welt für ihre Aufnahmen aus. So entstand die oben beschriebene Szene im Palast Jag Mandir und viele andere im »Lake Palace Hotel« – dem schönsten und luxuriösesten Hotel der Stadt. Dabei waren die Bond-Macher nicht die Ersten, die Udaipur für die Leinwand entdeckten: Auch die Filme des deutschen Regisseurs Fritz Lang »Der Tiger von Eschnapur« und »Das indische Grabmal« von 1958/59 wurden beide hier gedreht. Uraufführung des ersten Films war am 21. Januar 1959 in Hannover im Palast-Theater.

Das »Venedig des Ostens«

Doch Udaipur ist keineswegs nur für Cineasten ein Muss. Die als »Stadt der Seen« oder »Venedig des Ostens« bekannte Stadt, gilt als eine der schönsten Städte von Rajasthan. Die britische Reiseschriftstellerin Rosita Forbes beschreibt Udaipur gegen Ende der britischen Kolonialzeit als einen Ort »wie kein anderer auf der Welt« –, und die Abenteurerin hat viele Orte gesehen.

Dabei sind es nicht nur die zahlreichen Seen, die Udaipurs Schönheit ausmachen. Die Stadt war wegen ihrer Lage in den Bergen für die schwer bewaffneten Reiterheere der Mogule kaum zugänglich und blieb von Angriffen verschont. Sie verfügt daher über eine ansehnliche Zahl von gut erhaltenen Palästen aus der Zeit der Rajputen. 1568 von Rana Udai Singh gegründet, beherrschte sein Sisodia-Clan die Stadt bis in die Zeit der britischen Kolonialherrschaft hinein und zeichnete sich auch damals noch durch einen eisernen Unabhängigkeitswillen aus. Maharana Fateh Singh war der einzige der indischen Fürsten, der 1911 nicht zu den

Das »Lake Palace Hotel« in Udaipur: Kolonialmöbel zieren die Aufenthaltsräume (oben). Vom Garten aus blickt man auf den Lake Pichola (Mitte und rechte Seite unten). Die Suiten beeindrucken durch Komfort und antike Betten (unten). Livrierte Diener empfangen die Gäste mit einem Sonnenschirm (rechte Seite oben).

Feierlichkeiten zur Krönung von König George V. nach Delhi kam.

Die Herrscher von Udaipur konnten es sich leisten, denn nach einer Legende soll Rana Udai Singh einst bei der Jagd in den Bergen auf einen Eremiten getroffen sein, der ihn segnete und ihm empfahl, an der Stelle des heutigen Udaipur einen Palast zu bauen, in dem er sicher sein würde. Das tat der Fürst, und nachdem Mogul-Kaiser Akbar 1568 seine Hauptstadt Chittor eroberte, verlegte Udai Singh diese an den Ort seines Wohnsitzes – wo sie seitdem unerobert blieb. Am Ostufer des Sees Pichola befindet sich der damals entstandene Stadtpalast, der eigentlich aus einer ganzen Reihe von Palästen besteht, die hier seit 1559 gebaut wurden.

Der Komplex beeindruckt nicht nur durch zahlreiche Terrassen, Gärten und Wandgemälde, sondern auch durch eine Sammlung antiker Möbel und Alltagsgegenstände aus der Zeit der Rajputen. Der Palast Krishna Vilas hat eine besonders interessante Geschichte. Er wurde zu Ehren einer schönen Prinzessin erbaut, die sich mit Gift das Leben nahm, um zu verhindern, dass es zu einer blutigen Schlacht um ihre Hand kommen würde, die von rivalisierenden Prinzessinnen angezettelt worden war.

Romantik pur

Von den Balkonen des Stadtpalastes aus hat man einen Panoramablick auf den berühmten Lake Palace (Jag Niwas), der heute das gleichnamige Hotel beherbergt. Er wurde 1746 unter Maharadscha Jagat Singh II. ausschließlich aus Marmor erbaut. In dem Hotel, das nur mit dem Boot zugänglich ist, kann man sich wirklich wie ein Maharadscha fühlen. Es bietet seinen Gästen unter anderem romantische Dinner zu zweit auf einem Ponton mitten im See an. Wer es sich nicht leisten kann, hier zu wohnen, mag wenigstens zum Abendessen kommen und sich wie James Bond fühlen. Es empfiehlt sich übrigens nicht, in James-Bond-Manier zum Hotel zu schwimmen, da im Pichola-See Krokodile leben. Falls Sie zur falschen Jahreszeit kommen, kann es jedoch sein, dass der See ausgetrocknet ist und gar kein Wasser enthält. Das schadet zwar der Romantik, bietet aber den Vorteil, dass sonst unzugängliche Bereiche zu Fuß zu erkunden sind. Gegenüber von Jag Niwas befindet sich der Palast Jag Mandir, der für seinen wunderschönen Garten bekannt ist. Mogul-Kaiser Schah Jehan (1592–1666) soll hier einst Zuflucht gefunden haben, als er Ärger mit seinem Vater Jahangir hatte. Unterhalb des Stadtpalastes liegt der Jagdhish-Tempel, der 1691 von Maharana Jagat Singh I. erbaut wurde. Er ist ein schönes Beispiel indo-arischer Architektur. Wer Interesse an traditionellem Tanz und Musik hat, sollte versuchen, eine Darbietung im Bagore-ki-Haveli zu besuchen. Der 1878 erbaute Palast beherbergt nicht nur eine Kunstsammlung, sondern bietet auch kulturelle Veranstaltungen mit Blick auf den Pichola-See.

Ein Treffpunkt für junge Liebespaare ist der romantische See Fateh Sagar, nördlich des Pichola-Sees gelegen. Auch dem (kultur-)müden Reisenden verspricht er Entspannung, denn am Fuße der Aravali-Berge gelegen, lädt er zu ausgedehnten Spaziergängen ein. In der Mitte des Sees befindet sich der Nehru-

Park, der zu Ehren des ersten indischen Premierministers Jawaharlal Nehru angelegt wurde. Er ist auf einer erholsamen Bootsfahrt zu erreichen und bietet neben üppiger Flora und Fauna auch einen Blick auf den Perlenhügel (Moti Magri) mit der Bronzestatue des als Helden verehrten Maharana Pratap (1540–1597), der sich stets gegen den Mogul-Kaiser Akbar zur Wehr setzte.

Asiens Sonnen-Observatorium

Ebenfalls auf einer Insel im See Fateh Sagar befindet sich Asiens einziges Sonnen-Observatorium. Wegen der umgebenden Wasserfläche gibt es über dem See weniger Luftturbulenzen, was einen klareren Blick durch die Teleskope ermöglicht. Die Wissenschaftler beobachten hier vor allem die verschiedenen dynamischen Phänomene auf der Oberfläche der Sonne.
Etwa 100 Kilometer außerhalb Udaipurs befindet sich der Nationalpark Kumbhalgarh, der sich über knapp 600 Quadratkilometer erstreckt. Mit etwas Glück kann man hier Wölfe, Leoparden, Bären, Hyänen, Nilgai- und Vierhorn-Antilopen sehen. Der Park ist auch die Heimat für viele seltene Vögel, wie z.B. für die graue Dschungel-Eule. Lokale Veranstalter organisieren Wanderungen und Pferde-Safaris. Viele der hier lebenden Tiere stehen unter Artenschutz.

WOHNEN WIE JAMES BOND

Romantischer als im »Lake Palace Hotel« kann man in Udaipur nicht wohnen. Mitten im Lake Pichola gelegen, inspirierte es nicht nur die Macher der James-Bond-Filme, sondern fasziniert täglich aufs Neue Besucher aus aller Welt. Das zur Taj-Gruppe gehörende Hotel bietet allen zu erwartenden Luxus, Erinnerungen an die große Zeit der Maharadschas und einen herrlichen Ausblick von der Dachterrasse.

WEITERE INFORMATIONEN

Lake Palace Hotel
Lake Pichola
Tel. 0294/2528800
www.tajhotels.com

Tourist Reception Centre
Fateh Memorial Bldg.
Tel. 0294/2411535
www.india-tourism.com/DE/udaipur.html;
www.udaipur.nic.in

Auf den letzten Metern am messerscharfen Grat des Island Peak (oben). Rund um den Everest finden sich zahlreiche Klöster (rechte Seite) und Zeichen der tiefverwurzelten Frömmigkeit (unten).

84 Der Mount Everest – Mutter der Erde

Höher geht es nicht

»Chomolungma« – Mutter des Universums – sagen die Tibeter ehrfurchtsvoll, »Sagarmatha« – Stirn des Himmels – die Nepali. Beide Völker sehen im höchsten Gipfel der Erde einen heiligen Sitz der Götter. Im Westen wird der Mount Everest prosaisch als »dritter Pol« bezeichnet, so kalt und windig ist es dort. Seine Erstbesteigung 1953 kennzeichnet einen der Glanzpunkte des Bergsteigens.

Die Kette des Himalaja trennt die tibetische Hochebene von den südasiatischen Ländern Indien, Nepal und Bhutan. Mehrmals erhebt sich das mächtige Gebirge über 8000 Meter Höhe. Zehn der 14 Achttausender liegen auf relativ engem Raum im Himalaja beieinander, nbestrittener König unter ihnen ist der Mount Everest mit seinen - nach neuesten Messungen – 8850 Metern. Seine unmittelbaren Nachbarn sind der Lhotse mit 8516 Metern, der Makalu mit 8485 Metern und der Cho Oyu mit 8188 Metern.

Zwei Seiten zwei Welten

Das gigantische Gebirgsmassiv ist auch eine Wetterbarriere: An ihm werden die feuchten Monsune aus dem südasiatischen Raum zurückgehalten und regnen sich an den Südhängen des Himalaja ab. Auf der Südseite im Sagarmatha-Nationalpark reicht deshalb die Vegetation in Form von Büschen und Bäumen bis auf 4000 Meter Höhe hinauf. Auch der Anbau von Reis ist bis in hohe Regionen möglich. Der Südhang des Himalaja fällt steil ab: Namche Bazar liegt, obwohl geografisch nah am Everest, nur noch auf 3440 Meter und Kathmandu, die Hauptstadt Nepals sogar nur auf 1355 Meter. Die tibetische Hochebene dagegen liegt durchgehend über 4000 Meter und selbst das hunderte Kilometer entfernte Lhasa noch auf einer Höhe von 3600 Metern. Das Klima in Tibet ist trocken, die Jahresdurchschnittsmengen an Niederschlägen sind minimal. Die Vegetation beschränkt sich auf Gras. Lediglich der Anbau von ein wenig Gerste ist möglich. Die Tibeter bereiten daraus ihr Grundnahrungsmittel, das Tsampa.

Gipfelerfolg – 1953 oder doch schon 1924?

Zu beiden Seiten des Everest fließen enorme Gletscherströme herab. Auf der nepalischen Seite gab der Khumbu-Gletscher der Region den Namen, auf der tibetischen Seite der Rhombuk-Gletscher. Dort, auf über 5000 Meter Höhe, befindet sich das höchste Kloster der Welt, das zudem ganzjährig bewohnt ist.
Die ersten Besteigungsversuche wurden von tibetischer Seite aus unternommen.

Dabei wurden für damalige Zeiten unglaubliche Höhen erreicht: 1924 setzte Edward F. Norton, Teilnehmer der dritten britischen Everest-Expedition den Rekord auf 8570 Meter – ohne Sauerstoff. Mit von der Partie waren auch George Mallory und Andrew Irvine. Sie wurden zum letzten Mal am 8. Juni gegen 12.50 Uhr auf dem Weg zum Gipfel gesehen. Bis heute ist offen, ob sie ihn je erreicht haben. 1999 wurde Mallorys Leichnam auf 8250 Meter entdeckt. Da jedoch Irvines Kamera fehlte, bleibt diese Frage ungeklärt.
Der nachgewiesene Erfolg fand von der nepalischen Seite aus statt. Ein Neuseeländer, Edmund Hillary, und ein Sherpa, Tenzing Norgay, beide Mitglieder einer ebenfalls britischen Expedition, standen am 29.5.1953 auf dem Gipfel. Sie erlangten Weltruhm und Edmund Hillary wurde von der Queen geadelt.
Heute ist die Route der Normalweg und Ziel eines kommerziellen Expeditions-Tourismus, der von vielen Bergsteigern mit Unverständnis wahrgenommen wird. Jedes Jahr kommen Hunderte von Menschen, um eine Besteigung zu versuchen. Viele sind weder körperlich geeignet noch technisch gerüstet. Aber es lässt sich gutes Geld damit verdienen ..

Ohne Sherpas geht nichts

Tenzing Norgay war ein Sherpa. Gemeinhin werden damit die Hochgebirgsträger der Expeditionen und Trekkinggruppen bezeichnet. »Sherpa« ist jedoch keine Berufsbezeichnung, sondern benennt einen Volksstamm, der um das Jahr 1500 aus Tibet in die Khumbu-Region eingewandert ist und sich dort niederließ. Sherpa sind außergewöhnlich gut an die Höhe angepasst und ungemein zäh. Deshalb sind sie ideale Unterstützer bei Expeditionen. Ein bekannter Bergsteiger sagte einmal: Ohne Sherpas geht nix. Aber auch als eigenständige Höhenbergsteiger sind Männer und Frauen aus dem Volk der Sherpa inzwischen erfolgreich und erhalten internationale Anerkennung.
Für das Volk der Sherpa ist der Mount Everest inzwischen Lebensgrundlage und sichert wachsenden Wohlstand und Bildung. Sagarmatha scheint gut über sie zu wachen.

KHUMBU-TREKKING

Eine mittelschwere, 10-13-tägige Trekkingtour führt im Everest-Nationalpark zum Basislager des Mount Everest. Ihr Höhepunkt, die Besteigung des Kala Pattar (5#643 m), bezeichnet man als Aufstieg in das Amphitheater der Giganten. Von hier bieten sich beste Ausblicke auf die gesamte Everest-Region. Die Tour kann durchgehend ohne Zelt mit Lodges bestritten werden, die Zeit zwischen April/Mai sowie September/November eignet sich gut dazu. Bei der Rundtour sind tägliche Trekkingzeiten zwischen vier und acht Stunden zurückzulegen.
Nach dem Flug von Kathmandu nach Lukla geht es nach Namche Bazar. Idealerweise verbringt man dort ein bis zwei Tage, um sich zu akklimatisieren. Über Tengboche und Pangboche geht die Route über Dingboche nach Lobuche am Khumbu-Gletscher. Von hier erfolgt die Besteigung und der Besuch des Base Camp..

WEITERE INFORMATIONEN

Organisierte Touren zum Kala Patar haben verschiedene Organisationen im Angebot, so etwa www.hauser-exkursionen.de oder www.himal.de. Der Deutsche Alpenverein hat den Gipfel unter www.dav-summit-club.de in seinem Programm.

Der Nanga Parbat – einer der anspruchsvollsten Achttausender weltweit (oben). Die Bevölkerung (unten) lebt hier unter schwierigen Umständen, darüber kann auch das prächtige Panorama nicht hinwegtrösten (rechte Seite).

85 Der Nanga Parbat – Der »nackte« Berg

Dramen an den Bergflanken

Der »Deutsche Schicksalsberg« zog Generationen von Bergsteigern in seinen Bann, die nicht nur deutscher, sondern internationaler Herkunft waren. Immer wieder spielten sich in seinem Schatten Dramen ab. Aber es gab auch große Erfolge. Manchmal lag beides sehr nah beieinander. Bei einer Reise zum Nanga Parbat kann man den Spuren der Abenteurer, die hier ihr Glück versuchten, folgen und vieles entdecken.

Er ist mit 8125 m der neunthöchste Berg der Welt. Seine Südwand ist mit 4500 Metern die höchste Gebirgswand. Er gilt als einer der schwierigsten 8000er: Der Nanga Parbat ist ein Berg der Superlativen. Aber er ist noch mehr. Die Menschen leben seit Jahrtausenden mit dem »nackten Berg«, wie sie ihn nennen. Diese Bezeichnung ist ein Hinweis auf das harte Leben, für das er steht. Aber auch »Diamir« wird er genannt, »König der Berge«. Die Menschen haben ein Auge für seine Schönheit. Denn schön ist er unbestritten und ebenso imposant.
In der Gegend von Gilgit, Ausgangspunkt für Expeditionen und Trekkings, kommt der Nanga Parbat erstmals gut in Sicht. Mächtig schieben die Gletscherflanken zu Tale und ein zerbeultes touristisches Hinweisschild fordert auf: »Look to your left - Killer Mountain Nanga Parbat«. Drei große Täler ziehen sich von ihm herunter, jedes wird begrenzt von einer riesigen Fels- und Eiswand. Im Süden ist es die Rupalwand, Schauplatz des Dramas um die Gebrüder Messner und auch heute noch eine sehr große bergsteigerische Herausforderung. Im Norden steht die berühmte Rakhiotwand, wo Hermann Buhl seine legendäre Erstbesteigung vollenden konnte, und im Nordwesten ragt die Diamirwand mit der heutigen Normalroute auf. Alle drei Täler sind relativ gut mit Jeeps und kürzeren Trekkings zu erreichen. Die Königsklasse besteht jedoch darin, den Nanga Parbat bei einem Trekking zu umrunden.

Hartes Leben in einer Erdbebenregion

Wenig hat sich für die Bewohner der Dörfer am Nanga Parbat seit den ersten Expeditionen verändert. Immer noch bewirtschaften sie mühsam von die Täler des Berges und ringen dem Boden etwas Ertrag ab. Auf den Alpen im oberen Rupaltal und auf der Diamirseite weidet das Vieh den Sommer über, ähnlich wie in unseren Alpen. Die Einheimischen haben sich im Laufe der Jahrtausende an die schwierigen Lebensumstände gewöhnt. Sogar an die Tatsache, dass immer wieder furchtbare Erdbeben die Region erschüttern.
Die Menschen hier sind gläubige Muslime. Sowohl Sunniten wie Schiiten leben

teilweise in in Dörfern unmittelbar nebeneinander. Oft gibt es Konflikte, die leider oft lautstark und handfest ausgetragen werden. Uns Westlern treten die Einheimischen aber mit großer Offenheit und Gastfreundschaft entgegen. Der geringe Trekking- und Expeditions-Tourismus, der sich in den letzten Jahren allen politischen Unruhen zum Trotz entwickeln konnte, ist eine kleine aber wichtige Einkommensquelle.
Hilfsprojekte wie beispielsweise das der deutschen Bergsteigerin Barbara Hirschbichler verbessern Wasserversorgung, Hygiene, Schulbildung und Status der Frauen und Mädchen. Ein wichtiger Pfeiler bei der Entwicklung der Region, die die Menschen in einem Land mit einem Anteil von über 50% Analphabeten dringend nötig haben.

Hartes Ringen

Das Ringen um den Gipfel ist eine Geschichte von Dramen und hart erkauften Erfolgen. 1895 startete der Brite Albert. F. Mummery einen Versuch an der Diamirseite. Er erreichte eine Höhe von 6500 m und gilt seitdem als verschollen.

In den 1930er-Jahren belagerten deutsche Expeditionen die Rakhiotflanke. Eine Folge von Tragödien forderte viele Opfer bei der deutschen Himalaja-Elite. 1934 starb Alfred Drexel an einem Lungenödem, Willo Welzenbach, Uli Wieland fielen einem Schneesturm zum Opfer. 1937 verloren gar sieben deutsche Bergsteiger und neun Träger in einer Lawine ihr Leben. Der Begriff »Deutscher Schicksalsberg« war geboren.
Erst 1953 gelang es Hermann Buhl, in einem 41-stündigen Alleingang, den Gipfel über die Rakhiotflanke zu erreichen. 1962 wurde dann die Diamirflanke erstmals von Kinshofer, Löw und Mannhardt durchstiegen, der heutigen Normalroute. Die schwere Rupalwand wurde 1970 von den Gebrüdern Messner bewältigt, wobei sie ungeplant über die Diamirseite abstiegen. Damit gelang auch die erste Überschreitung. Günter Messner bezahlte dieses Wagnis mit dem Leben. Inzwischen wurde eine Vielzahl an weiteren Routen eröffnet, der Allgäuer Luis Stitzinger befuhr 2008 die Diamirflanke erstmals mit Ski. EIn Berg der Superlative wird der Nanga Parbat auch weiterhin bleiben.

RUND UM DEN NANGA PARBAT

Der Nanga Parbat steht relativ isoliert und ist gut geeignet für eine Umrundung. Karge Gletscherlandschaften wechseln dabei mit Blumenwiesen und Zirbenwäldern. Wenige Sommeralpen geben einen Einblick in das harte Leben der Bewohner. Die Menschen begegnen uns in der Regel offen und freundlich. 12 bis 16 Tage dauert so eine Runde, die Trittsicherheit, gute Kondition sowie bergsteigerische Erfahrung und Ausrüstung. Am besten sollte man sie zwischen Mitte Juni und September in Angriff nehmen. Ausgangspunkt der Tour ist Tharshing im Astor Tal, von dort geht es hinauf auf den zu dieser Zeit oft noch schneebedeckten Mazeno-Pass auf 5377 Metern. Täglich sind Etappen von 4–8 Stunden zu bewältigen. Wer sich schon vorher auf die Tour einstimmen will, dem seien die Werke »Die rote Rakete« von Reinhold Messner sowie »Nanga Parbat – Tragödie am Schicksalsberg« von Jörg Stingl und Thomas Treptow empfohlen.

WEITERE INFORMATIONEN

Mehrere Reiseveranstalter haben die Route rund um den Nanga Parbat im Angebot, so etwa www.himalayatreks.de oder www.amical.de

Der Central Business District bildet das moderne Gesicht Pekings (oben), aber in den typischen Gassen, den Hutong, geht das Leben wie hier beim Opfer im Tempel seinen traditionellen Gang (unten).

86 Peking – Nahtstelle von Himmel und Erde

Zentrum der Welt

»Niemand kann bestreiten, dass Peking ein Meisterwerk geheimnisvollen Schaffens ist ... Die Hauptstadt des größten Reiches unter dem Himmel ist um ihrer selbst willen gewollt worden gezeichnet wie ein Schachbrett ganz im Norden der gelben Ebene, umgeben von geometrischen Wällen, durchzogen von breiten Straßen, in rechten Winkeln zerschnitten von Gassen und dann bebaut in einer einzigen monumentalen Anstrengung«, schrieb Victor Ségalen in seinem 1922 erschienenen Roman René Leys.

Peking (Beijing) ist im Laufe seiner langen Geschichte immer wieder von Eroberern zerstört und neu aufgebaut worden. Am schlimmsten wüteten die Mongolen, aber Kublai Khan, der erste Fremdherrscher über das Reich der Mitte, ließ die Stadt prächtiger als je zuvor wieder aufbauen und machte sie erstmals zur Hauptstadt Gesamtchinas. Ab 1406 ordnete der dritte Ming-Kaiser Zhu Di (Yongle, reg. 1403–1424) ein gigantisches Bauprogramm an, in dessen Verlauf die Verbotene Stadt und viele weitere Bauwerke entstanden. 1421 war die Hauptstadt der Ming-Dynastie fertig. Sie blieb bis heute mit einer kurzen Unterbrechung zwischen 1911 bis 1949 die prunkvolle Kapitale Gesamtchinas.
Waren die Zerstörungen der Vergangenheit die Folge von Eroberungen, so fanden Abriss und Neuaufbau seit den 1990er-Jahren gleichzeitig statt. Über viele Jahrhunderte gewachsene Viertel wurden auf einen Schlag abgerissen.Das einst nach kosmischen Vorgaben erbaute Zentrum göttlicher Macht, lang als monströses Dorf verspottet, musste der Moderne weichen und die gemütlichen charakteristischen Hutong, die typischen Pekinger Gassen, den endlos aufgereihten Einkaufszentren, Apartment- und Büroblocks. So wie einst die Kaiser ihre Stadt als Abbild des Universums errichteten, haben sich Chinas Herrscher des 21. Jahrhunderts ihre Hauptstadt als Symbol des neuen, machtvollen China erschaffen. Keine andere Metropole Chinas ist geeigneter, eine Brücke aus der Vergangenheit in die Zukunft zu schlagen. Das macht die Stadt so faszinierend und einen Besuch so aufregend.

Derb, aber herzlich

Ein Sprichwort sagt, »die Pekinger lieben das Land, die Shanghaier verlassen das Land, die Kantonesen verkaufen das

Land«. So waren es die Shanghaier, die nach der kommunistischen Machtergreifung nach Hongkong auswanderten und der bis dato eher unbedeutenden britischen Kronkolonie zu ihrer heutigen Prosperität verhalfen. Die Kantonesen wiederum genießen den Ruf, geschickte Taktiker, kluge Politiker und gewitzte Geschäftsleute zu sein. Die Nordchinesen gelten als hart im Nehmen, ein wenig derb, plump und zurückhaltend, dafür aber herzlich und treu. Ihnen, die sich als Bewahrer der chinesischen Kultur – auch der chinesisch-kommunistischen – fühlen, gelten die Südchinesen als verwestlicht: ein Konflikt, der bis ins 21. Jahrhundert fortbesteht.
Dennoch blicken die Pekinger noch immer ein wenig neidvoll auf ihren großen Konkurrenten Shanghai, mit dem sie, zumindest was Äußerlichkeiten angeht, in ständigem Wettstreit liegen. Doch gibt es in Peking weder die lässige, überhebliche Eleganz der Weltstadt Shanghai noch die schneidige, laute Weltoffenheit der Kantonesen. Peking muss als Nabel der Landesbürokratie mit einem Gewirr von Behörden- und Verwaltungsapparaten leben: Es ist nicht nur der Sitz der Regierung der Volksrepublik China, sondern es beherbergt auch die Organe der weltgrößten politischen Partei.
Diese staatlichen Institutionen generieren eine riesige – direkte oder indirekte – Nachfrage nach Verwaltungspersonal, das sich seinerseits ganz selbstverständlich als nationale Elite begreift. Die Einwohner fühlen sich privilegiert, so nah am Zentrum der Macht. Doch Privilegien wollen erhalten werden, und so muss der Pekinger vorsichtig taktieren. Weltoffenheit nach außen zu demonstrieren ist nicht sein Ding. Deshalb ist es nicht weiter verwunderlich, dass angestaute Frustrationen sich gerne in Ausmaßen historischer Dimension entladen. Zuletzt im Frühjahr 1989 am Platz des Himmlischen Friedens, als die chinesische Armee ihr eigenes Volk niederschoss.

Palast der Himmelssöhne

Der Machtkern von heute befindet sich gleich westlich vom Kaiserpalast in Zhongnanhai, der ehemaligen höfischen Gartenanlage, und hat damit seinen Nukleus seit Kublai Khan kaum verlagert. Der offizielle Name des Palastkomplexes, Purpurne Verbotene Stadt, bezieht sich weniger auf die Purpurfarbe seiner Mauern als vielmehr auf den verborgenen purpurnen Bereich im Himmel, den Sitz des Polarsterns, der für die Chinesen im Zentrum des Himmels steht – so, wie der Kaiserpalast das Zentrum dessen bildet, was unter dem Himmel, also auf der Erde ist. Der konfuzianischen Staatsdoktrin entsprechend war er mehr als bloß Regierungssitz und Residenz, der Kaiserpalast war das irdische Spiegelbild der im Universum waltenden Ordnung.
Der Palast diente 24 Kaisern der Ming- und Qing-Dynastie als Residenz und Regierungssitz. Bis zum Sturz des Kaiserreichs (1911) empfingen die Herrscher hier ihre Minister und Generäle sowie ausländische Gesandte, erledigten die laufenden Staatsgeschäfte und verließen ihre »Stadt« nur wenige Male im Jahr, um z. B. die vorgeschriebenen Zeremonien im Himmelstempel oder im Erdtempel zu vollziehen oder um in ihren Sommerresidenzen Kühlung zu suchen.
Während der südliche Teil des Palasts, der sogenannte Äußere Hof, die Regie-

Die Halle des Erntegebets (Mitte) auf dem Gelände des Himmelstempels (oben) wurde ohne einen Nagel erbaut. Im Inneren betete der Kaiser für eine gute Ernte. Der kaiserliche Thron in der Halle der Höchsten Harmonie (Taihe Dian) im Kaiserpalast (unten).

Xidan (oben) ist eines der großen Einkaufsviertel der Stadt. Die alten Hutong, die Pekinger Gassen, mit ihrem gemächlichen Alltag (Mitte). Auf dem Platz des Himmlischen Friedens steht das Mao-Mausoleum (unten). Jeder Park (hier Tor im Park des Himmelstempels) dient als Freizeitfläche (rechte Seite).

rungsgebäude beherbergte, reihten sich im nördlichen Teil der Anlage, dem Inneren Hof, die Wohnquartiere der kaiserlichen Familie und der unzähligen Konkubinen aneinander.

Nahtstelle zum Kosmos

Der bedeutendste Ort für den Staatskult am Kaiserhof und die Abhaltung der wichtigen konfuzianischen Riten war der Himmelstempel: Er diente der Anbetung des Himmels und dem Erflehen einer reichen Ernte. Weil nach chinesischem Verständnis das soziale Leben der Menschen nichts anderes als ein Abbild der im Mikro- wie im Makrokosmos waltenden Ordnung ist, hatte der Kaiser mithilfe hierarchiegerechter Verhaltensweisen und Rituale die Harmonie im Lauf der Welt zu erhalten. Störte er die Ordnung des Kosmos, kam es zu Naturkatastrophen, sodass ihm das Mandat des Himmels entzogen werden konnte. Meist geschah das durch Bauernaufstände, die so manche Dynastie hinweggefegt haben. Diese spirituelle Kosmosvorstellung schlägt sich in der Gestaltung der gesamten Palastanlage nieder. Den Himmel stellte man sich rund vor, und so sind die drei zentralen Gebäude ebenfalls rund.

Vollendete Harmonie

Wohl kaum ein anderes Bauwerk der Verbotenen Stadt wird häufiger fotografiert als die Halle der Ernteopfer (Qinian Dian), eine architektonisch vollkommen harmonische, in sich ruhende Rundhalle. 28 riesige Holzsäulen sowie viele miteinander verbundene Querbalken und Bohlen tragen das Dach des 38 Meter hohen Baus. Am gewaltigsten sind die vier mittleren Säulen, die mit sich windenden Golddrachen auf buntem Hintergrund verziert sind. Sie stehen für die vier Jahreszeiten. Den zwölf Monaten des Jahres entsprechen die folgenden im Kreis angeordneten zwölf Säulen; zwölf weitere Säulen symbolisieren die zwölf Tageszeiten; alle 24 Säulen zusammen bedeuten die 24 Abschnitte des Solarjahres im chinesischen Bauernkalender – eine durch und durch von Symbolik getragene Konstruktion. Im Zentrum des steinernen Fußbodens befindet sich ein großes Stück gemusterten Marmors, auf dem die Natur selbst Drachen und Phönix, die Symbole für Kaiser und Kaiserin, gezeichnet hat.

Trotz oder vielleicht auch wegen der beeindruckenden Architektur ist der 270 Hektar große Park rund um den Himmelstempel eine beliebte Begegnungsstätte für die Hauptstädter. Hier wird in Gruppen Taiji Quan (Schattenboxen) geübt, Walzer getanzt, Sport getrieben, aus anderen Ecken erklingt Chorgesang oder Musik.

Von Buddha zu Konfuzius

Einblicke in das religiöse Leben der Hauptstadt erlaubt der Lamatempel oder Palast der Harmonie und des Friedens (Yonghe Gong). Er ist der größte und prächtigste Tempel des tibetischen Buddhismus in Peking. Seine zahllosen Gebäude sind um fünf Höfe entlang einer Nord-Süd-Achse gruppiert.

Einen Steinwurf entfernt breitet sich der weitläufige Komplex des Konfuziustempels und der ehemaligen kaiserlichen Akademie aus. China ist nach Jahrzehnten der Leugnung seiner althergebrachten geistigen Werte mit Eifer dabei, dieses Erbe zu erneuern. Seine wichtigsten

Erscheinungsformen sind u.a. Volksreligion einschließlich Magie und Animismus. das Volksgesundheitswesen mit traditioneller Pharmazie und Akupunktur. Berühmt sind die mächtigen Stelen der Anlage: Auf 198 Tafeln sind hier die Namen und Geburtsorte von 51 624 Kandidaten eingemeißelt, die erfolgreich die kaiserlichen Beamtenprüfungen bestanden haben. Diese strengen Prüfungen waren im alten China die Voraussetzung, um eine politische Karriere starten zu können. Im China des 21. Jahrhunderts hat man sich an die alten Regeln erinnert; so müssen sich heutzutage die Bewerber um einen Job im Staatsdienst wieder Auswahlprüfungen unterziehen.

Hauptstadt der Künste

Die Liste der historisch bedeutsamen Bauwerke Pekings ist lang. Dagegen symbolisiert der Platz des Himmlischen Friedens als größter Platz der Erde und ehemalige Aufmarschfläche für Millionen Rotgardisten wohl eher Mao Zedongs Größenwahn. Weniger prominent, aber keinesfalls weniger beeindruckend sind die buddhistischen und daoistischen Tempelanlagen, die weitläufigen Residenzen ehemaliger Prinzen und die typischen quadratischen Vier-Harmonien-Höfe, wo das Leben im traditionellen Rhythmus pulsiert.
Doch Peking wartet nicht bloß mit Zeugnissen aus der Vergangenheit auf. Schleichend haben sich zahlreiche Künstlerviertel entwickelt, die heute die größte Künstlercommunity der Welt bilden.Den Beginn machte in den 1990er-Jahren die berühmte Fabrik 798, ein Werksgelände im Bauhaus-Stil, das die einzigartige Kulisse für eine Hundertschaft an Galerien abgibt. Anfangs hatten hier auch viele Künstler ihre Ateliers, aber mit deren steigender Berühmtheit explodierten die Mieten, sodass viele abwanderten. Zu einem veritablen Künstlerdorf hat sich Songzhuang im Osten Pekings gemausert: Hier haben sich über 3000 Künstler aus aller Welt niedergelassen.

HIER STEPPT DER BÄR

Peking bietet fantastische Möglichkeiten, Kultur und Freizeit zu verbinden, und zwar rund um die Drei Hinteren Seen im Stadtteil Xicheng. Diese Seen wurden früher auch Shicha-Seen genannt, nach den die Ufer säumenden zehn Tempeln. In der Qing-Zeit errichteten hohe Beamte und Adlige hier ihre zum Teil bis heute erhaltenen Residenzen und Sommerfrischen. Zu neuem Leben erwachte die Gegend im Jahr 2000, als mit der No-Name-Bar die erste Kneipe direkt am Ufer des Hou Hai, dem mittleren der drei Seen, eröffnet wurde. Dem Startschuss folgte eine gastronomische Explosion, die das Gesicht der Drei Hinteren Seen vollständig verändert hat. Heute brummt hier das Nachtleben. Ungezählte Bars, Cafés und Restaurants säumen die Uferpromenaden, die sich herrlich zum abendlichen Flanieren eignen. Wer noch Souvenirs benötigt, kann durch die im alten Stil restaurierte Yandai Xiejie mit ihren zahllosen kleinen Geschäften stromern.

WEITERE INFORMATIONEN

Beijing Tourist Information Center:
49 Di'anmen Xidajie am Zugang zum Qian Hai, Tel. (010) 64 03 68 35.
www.ebeijing.gov.cn,
www.btmbeijing.com,
www.thebeijinger.com

Die Lippo Towers in Central werden auch gerne »Koala Towers« genannt, da die Vorbauten an sich an Bäume klammernde Koalabären erinnern (oben). Zu Ehren Hongkonger Filmgrößen wie Bruce Lee wurde ein Teil der Uferpromenade von Kowloon zur Avenue of Stars gestaltet (unten).

87 Hongkong: zwischen Tradition und Innovation

Metropole am Südchinesischen Meer

Hongkong heute, das ist eine Stadt, in der die Vergangenheit dem Abriss preisgegeben ist, mit einer flüchtigen Gegenwart und einer unbedingten Fixierung auf die Zukunft – vielleicht bezieht die Boomstadt gerade daraus ihren Reiz. Doch inmitten der futuristischen Glanzfassade und des Big Business sind die chinesischen Traditionen in allen ihren Facetten allgegenwärtig.

Die Übergabe Hongkongs an China im Jahr 1997 ist längst vergessen, die Sorge um die Zukunft der Stadt ebenfalls. Möglich macht das die Zauberformel »Ein Land, zwei Systeme«: Sie besagt, dass – Verteidigung und Diplomatie ausgenommen – die einstige Kronkolonie für weitere 50 Jahre ihr kapitalistisches System behalten darf. Die Hongkonger weinten den Briten keine Träne nach. Schließlich hatte China die Verträge, die 1842 zur Abtretung Hongkongs geführt hatten, stets als »ungleiche Verträge« betrachtet, da sie dem Reich der Mitte als Folge der Aggressionspolitik Englands aufgezwungen worden waren. Die Wirtschaft der Stadt brummt. Hongkong gilt noch immer als freieste Marktwirtschaft der Welt und das Lebenstempo als eines der schnellsten auf dem Globus.

Eine neue Megalopolis

Die äußerlichen Unterschiede von Städten wie Guangzhou oder Shenzhen zur Turbocity Hongkong beginnen nach und nach zu verschwimmen. Das Perlflussdelta ist in den letzten Jahren zu einer wirtschaftlichen Großregion zusammengewachsen. Neue Planungen sehen vor, die neun Großstädte im Deltagebiet zu einer einzigen 42 Millionen Einwohner zählenden Riesenstadt zu vereinen. Die Vorbereitungen zu dieser Megafusion – unter anderem wird ein effizientes Nahverkehrsnetz gebaut – laufen bereits auf Hochtouren. Nur ein Name für dieses neue Konstrukt ist noch nicht gefunden. Auch wenn Hongkong eines Tages vielleicht nur noch Teilgebiet eines ungeheuren Ballungsraumes sein wird, seine phänomenale Effizienz, diese Mischung aus britischem Understatement und chinesischem Fleiß, wird es sich erhalten: darauf kann man wetten.

Zwischen Kaufrausch und Kultur

Shopping und Sightseeing verschmelzen in Hongkong zu einem einzigartigen Happening. Während die einen im Kaufrausch die Stadt vergessen und gerade dadurch in das Herz dieser auf Kommerz ausgerichteten Metropole vorstoßen, weichen die anderen voller Angst zurück, dem Sog des Konsums zu erliegen und

versagen sich damit den Zugriff auf den Puls der Stadt. Wer wenig Zeit hat, sollte diese genau verplanen, morgen ist dieses Hongkong schon wieder ein anderes. Ein guter Rat: Am Tag der Besichtigungen Kreditkarte im Safe einschließen und erst wieder für den Einkaufsbummel am nächsten Tag hervorholen.
Beginnen sollte man den Bummel auf der Uferpromenade, der Avenue of Stars, mit ihren vielen Handabdrücken berühmter lokaler Filmgrößen. Sie ist eine Hommage an die Filmindustrie der Stadt und hat die beneidenswerte Kulisse Hongkongs sozusagen monopolartig für sich gepachtet, während der neuerbaute Turm des altehrwürdigen Peninsula Hotels sich verzweifelt über die Bauten reckt, die ihm vor die Nase gesetzt wurden. Hier beginnt die nach Norden laufende Nathan Road, eine der Haupteinkaufsmeilen der Stadt. Noch 1904 wurde Gouverneur Nathan ausgelacht, als er die Allee anlegen ließ, damals eine scheinbar überflüssige Straße ins Niemandsland. Fast schon etwas beschämt ob seines hohen Alters duckt sich im Schatten des Kulturzentrums mit dem großartigen Hongkong Museum of Arts der alte, 1916 erbaute Uhrenturm des ehemaligen Bahnhofs der Hongkong-Kanton-Eisenbahn.

Mit der Star Ferry nach Hongkong Island

Gleich hinter dem Uhrenturm begegnet man einem weiteren Relikt der Vergangenheit, der Star Ferry, die seit 1898 unermüdlich die beiden Stadtteile Tsim Sha Tsui und Hongkong Central verbindet. Die alte Fähre bildet einen eigenartigen Kontrast zu dem, was am jenseitigen Ufer steht: himmelstürmende Wolkenkratzer, alle darin wetteifernd, der höchste, schönste, teuerste oder symbolträchtigste Bau zu sein. Hier haben sich Tycoone, Multis und Architekten verwirklicht. Jedes der Bauwerke trumpft mit Imponiergehabe auf, ohne darauf Rücksicht zu nehmen, ob es in die Umgebung passt oder anderen die Sicht nimmt. Gerade in dieser ungebremsten Monomanie liegt Hongkongs ungeheure Dynamik begrün-

Von der Uferpromenade in Kowloon (oben), die am Uhrturm des alten Bahnhofs (Mitte) beginnt, bietet sich ein idealer Ausblick auf das Hongkong and Exhibition Centre in Central (unten). Überwältigend: die Mega-City Hongkong bei Nacht (links).

Seit 1888 zuckelt die Peak Tram (oben) auf den Victoria Peak. Im Westen von Central befinden sich Hunderte Geschäfte für traditionelle Heilmittel (Mitte und unten). In Taipo stehen noch viele Häuser auf Pfählen (rechts unten). Lecker: Dim-Sum, in Bambuskörbchen gedämpfte Teigtaschen (rechte Seite oben).

det. Und jeden Tag aufs Neue ändert sich das Gesicht der Stadt.

Blickt man auf die Hongkonger Skyline, bildet der nach oben hin wie eine Raumkapsel wirkende Turm des Central Plaza einen unwiderstehlichen Blickfang. Davor schiebt sich der elegant geschwungene gläserne Erweiterungsbau des Convention Centre ein Stück ins Meer. Weiter rechts sticht wie eine Speerspitze die High-Tech-Architektur der Bank of China in den Himmel. Während die einen in dem »Sprießenden Spargel« eher das Omen eines düsteren Schicksals der Stadt unter der anbrechenden kommunistischen Ägide erkannten, lasen die anderen aus dem Bauwerk den verschlungenen Weg heraus, den China auf dem Weg zum kapitalistischen Staat zurücklegt. Rund fünf Milliarden Pfund ließ sich die konkurrierende Hongkong and Shanghai Bank ihren 1986 von dem Stararchitekten Norman Foster errichteten Skyscraper kosten. Der in unmittelbarer Nähe befindliche Statue Square ist benannt nach der Statue von Sir Thomas Jackson, einem frühen Boss der Hongkong and Shanghai Bank. Der Fußgeher wird hier, kaum angekommen, schon mitgerissen vom Sog der Menschen und bewegt sich staunend auf den über den Straßen verlaufenden Elevated Walkways. Verwundert fällt sein Blick auf eines der Relikte aus der Kolonialzeit, das Legislative Council, in dem seit 1985 das Parlament tagt.

In den Mid Levels

Am westlichen Ende des Geschäftsbezirks liegt der ehemalige Central Market. Hier beginnt eine weitere Attraktion der Stadt, nämlich die längste Rolltreppe der Welt. 800 Meter ist sie lang und führt hinauf in die Wohngebiete der Mid Levels. Man kann ein Stück hochfahren und die Treppe an der Hollywood Road verlassen, die schon seit Langem als Zentrum für Antiquitäten und Kunsthandwerk gilt. An der Kreuzung zur Ladder Street, die man

über steile Stufen erklimmen muss, steht einer der ältesten Tempel Hongkongs, der Man-Mo-Tempel aus dem Jahr 1848. Er dient der Verehrung zweier Götter, dem Gott der Literatur Man und dem Gott des Krieges Mo.
Gleich südlich vom Tempel verläuft die Cat Street, einst Tummelplatz der Hongkonger Unterwelt, heute ein bunter, geschäftiger Flohmarkt. Noch weiter nach Westen trifft die Hollywood Road auf die Possession Street. An dieser Stelle hissten Kapitän Edward Belcher und seine Soldaten auf Anweisung von Charles Elliot am 26. Januar 1841 die britische Fahne und markierten so die Inbesitznahme der Insel Hongkong. Von hier sollte man hinunter zur Des Vœux Road gehen und in eine der bunt bemalten doppelstöckigen Straßenbahnen steigen. Seit über hundert Jahren rumpeln sie, beharrlich der Modernisierung trotzend, zwischen Kennedy Town im Westen und Shau Kei Wan im Osten hin und her. Am Statue Square steigt man aus und geht nun direkt nach Süden. Vorbei an der 1848 im altenglischen Stil erbauten St. John's Cathedral erreicht man die Peak-Tram-Station.
373 Meter Höhenunterschied überwindet die Bahn, die 1888 erstmals die Mid Levels mit dem 554 Meter hohen Victoria Peak verband. Bei klarem Wetter hat man von hier aus einen fantastischen Blick über Hongkong. Wanderfreunde können auf einem Panoramaweg in einer Stunde den Gipfel umrunden.

Das Zentrum des Kommerz

Wieder unten in den Straßenschluchten kann man mit der effizienten U-Bahn nach Causeway Bay fahren. Modernste Shopping Malls drängen sich in diesem Distrikt. Man sollte sich ziellos durch die Straßen treiben lassen, in jedem Falle aber Jardine's Bazaar und Jardine's Crescent besuchen: In den beiden Gassen herrscht zwar ein unbeschreibliches Gedränge, aber auch eine einzigartige Atmosphäre. Vor allem der Jardine's Bazaar wimmelt von kleinen Läden und Verkaufsständen, an denen man getrocknete Nahrungsmittel, Heilkräuter und allerlei Sojaprodukte erstehen kann.

Durch die New Territories

Wer Hongkong intensiver kennenlernen möchte, sollte nicht nur durch die Geschäftszentren streifen, sondern auch einmal in Richtung New Territories aufbrechen. Mit der U-Bahn gelangt man beispielsweise direkt nach Wong Tai Sin. Hier ist einer der wichtigsten Tempel der Stadt. In ihm wird der daoistische Heilige Wong Tai Sin verehrt, dem nachgesagt wird, dass er aus Zinnober ein Allheilmittel herzustellen vermochte. Im Laufe der Zeit wandelte er sich zu einer Gottheit, die nicht nur für die Leiden der Menschen zuständig war, sondern auch als Ratgeber aufgesucht wurde. Daher befindet sich in der bunten Anlage ein lang gezogenes Gebäude, in dem über 160 Wahrsager ihre kleinen Buden haben.
Wer nicht nur den 1973 im Stil der traditionellen chinesischen Tempel errichteten Nachfolgerbau des ursprünglich 1921 errichteten Tempels sehen will, dem seien noch zwei weitere Abstecher empfohlen. So ist der Distrikt Yuen Long mit dem Sumpfgebiet des Mai-Po-Wetland Revier für Hunderte verschiedener Zugvögel, auch befinden sich hier einige alte Clan-Dörfer, die wie in alten Zeiten von Mauern umschlossen sind.

HONGKONG EXQUISIT

Preiswert ist das Hullett House Hotel in der 2A Canton Rd., Tsim Sha Tsui (Tel. 008 52-39 88 00 00, www.hulletthouse.com, DZ ab 4350 HK-$) nicht, aber dafür ist es eine der außergewöhnlichsten Unterkünfte der Stadt. Das Hotel ist in den oberen Etagen des 1881-Heritage-Komplexes untergebracht. Jedes Zimmer hat seinen eigenen Kunststil: avantgardistisch, modern, altchinesisch.
Nicht weniger außergewöhnlich, wenngleich auf den ersten Blick ganz banal, ist Tim Ho Wan (2–8 Kwong Wah St., Mong Kok, Tel. 008 52-23 32 28 96, tgl. 10 bis 22 Uhr). Die Warteschlange vor dem wie ein Waschsalon aussehenden Lokal verrät es: Hier zaubert Küchenchef Mak Pui Gor die preiswertesten mit einem Michelin-Stern prämierten Gerichte der Welt. Die Dim-Sum kosten nur – kaum zu glauben – zwischen 10 und 15 HK-$.

WEITERE INFORMATIONEN

Hongkong Tourism Board (HKTB):
Humboldtstr. 94, D-60318 Frankfurt/Main, Tel. 069-959 12 90.
Mehrsprachige Infohotline:
Tel. 008 52-25 08 12 34, tgl. 9–18 Uhr.
www.discoverhongkong.com,
www.gohk.gov.hk/eng

Vom Sonnenschein-Gipfel bietet sich der beste Ausblick auf den Sonnenaufgang (oben). Endlos ziehen sich die Treppen der 18 Windungen den Berg hinauf (unten). Lang und schweißtreibend sind die 6000 Stufen (rechte Seite oben) zum Tempel des Jadekaisers auf dem Gipfel (rechte Seite unten).

88 Tai Shan – Dem Himmel so nah

Begegnung mit dem chinesischen Jenseits

Bevor Shandong sich zum Zentrum der chinesischen Zivilisation entwickelte, war die Region des Tai-Gebirges das Zentrum kaiserlich-himmlischer Ahnenverehrung und damit der Mittelpunkt der religiösen Macht. Nirgendwo war der Zugang zum Himmel unmittelbarer als auf dem Gipfel des mythischen Tai Shan, den man über viele Tausend Stufen des alten Pilgerweges besteigen kann.

Der Legende nach geht die Entstehung des Tai Shan unmittelbar auf die Gründung der Welt durch Pan Gu, den mythischen Urahn des Universums, zurück. Nach seinem Tod formten sich aus seinen Gliedmaßen Sonne, Mond und Sterne, aus den Adern bildeten sich die Flüsse, aus den Knochen die Gebirge und Landschaften, und sein Kopf verwandelte sich in den 1532 Meter hohen Tai Shan, der damit zum heiligsten aller heiligen Berge aufrückte. Dieser Bedeutung zollten die meisten chinesischen Kaiser Tribut, indem sie wenigstens einmal in ihrem Leben auf den Gipfel stiegen, um dem Himmel zu opfern.
Am konsequentesten nutzte der Han-Kaiser Wu, der von 141 bis 83 vor Christus regierte, die mit dem Berg verknüpfte Symbolik für seine Zwecke. Es gelang ihm, mit dem Opfer auf dem Tai Shan nicht nur die weltliche Macht zu festigen, sondern auch die religiöse an sich zu reißen, die vorher in den Händen von Priestern und von der Kaiserin gelegen hatte. Mit diesem Schachzug begründete er den allmächtigen Status des Kaisers als Sohn des Himmels und Herr des Kalenders. Seit diesem Zeitpunkt brauchte der Kaiser von China als alleiniger Lebensspender für das gesamte Territorium des Reiches seine Macht mit niemandem mehr zu teilen.

Der Tempel des Berggottes

Neben dem Kaiserpalast in Beijing und dem Konfuziustempel in Qufu ist die gewaltige Tempelanlage des Berggottes (Dai Miao) in Tai'an das bedeutendste Bauwerk der klassischen Architektur in China. Wann der Tempel gegründet wurde, ist unbekannt, aber mindestens seit 200 vor Christus sind hier die ersten Sakralbauten entstanden, deren Anzahl im Lauf der Jahrhunderte auf über 800 anwuchs. Einige Zypressen sollen sogar aus der Frühzeit stammen. Als Ausdruck der kaiserlichen Macht ist das Dach des Hauptgebäudes, die Halle der Himmlischen Gaben (Tiankuang Dian), mit Ziegeln in kaiserlichem Gelb gedeckt; in ihr opferten die Pilger vor Beginn des Auf-

stiegs dem Berggott. Hier ist der eigentliche Ausgangspunkt des Pilgertrecks und für Wanderer auf den Gipfel.

Treppe zum Himmel

Über 6000 Stufen führen durch eine herrliche Landschaft hinauf, anfangs noch sanft, auf dem letzten Drittel aber steil ansteigend und beschwerlich. Der erste Abschnitt der Treppenflucht endet am Zweiten Himmlischen Tor, dem Zhongtian Men. Wen hier die Kräfte verlassen, der kann in die Seilbahn umsteigen, allerdings bringt man sich dann um ein unvergleichliches Stück alten Pilgererlebens. Hinter dem Tor beginnt der steilste, kräftezehrende Wegabschnitt. Man sollte diesen imposanten Steig ehrfürchtig auf sich wirken lassen. Fast in der Falllinie steigen die Stufen zum Tor des Südlichen Himmels (Nantian Men) hinauf. Immer wieder bieten Pavillons Ruhepunkte, von denen man, um Atem ringend, fantastische Ausblicke auf das Bergpanorama genießt. Noch anstrengender ist das Wegstück, das hinter dem großen Felsen »Zehntausend Fuß hohe Stele« beginnt. Es wird euphemistisch Treppe der 18 Windungen genannt. In Wahrheit handelt es sich dabei um 1200 äußerst steil ansteigende Treppenstufen. Das Tor des Südlichen Himmels will und will nicht näher kommen, aber wer es endlich erreicht, soll angeblich unsterblich werden. Noch ist das Ziel aber nicht ganz erreicht. Ein sanft ansteigender Pfad führt zum Tempel der Prinzessin der Azurblauen Wolke (Bixia Ci), den vor allem die Großmütter in spe ansteuern, um für erhoffte Enkelkinder zu opfern. Ziel der Pilger ist der Tempel des Jadekaisers (Yuhuang Dian), der dem höchsten Gott des daoistischen Pantheons geweiht ist. Vor dem Tempel steht die Stele ohne Inschrift. Sie wird auf die Bergbesteigung durch Kaiser Wu zurückgeführt, ein so bedeutsames Ereignis, dass es nicht in Worte zu fassen war.

ALTERNATIVROUTEN AUF DEN BERG

Vom Fuß bis zum Gipfel des Tai Shan sind es ungefähr acht Kilometer. Zwei gebührenpflichtige Hauptwege führen vom Zweiten Himmlischen Tor den Berg hinauf (Eintritt 125 Yuan): die große historische Ostroute und eine ruhigere, landschaftlich ansprechendere Westroute. Vier bis fünf Stunden dauert der Aufstieg über die Ostroute, für den Rückweg benötigt man zwei bis drei Stunden. Viel schöner ist es allerdings, auf dem Gipfel zu übernachten, z.B. im Shenqi Hotel (10 Tian Jie, Tel. 0538-822 38 66, DZ ab 680 Yuan), und am nächsten Tag über die Westroute abzusteigen. Die etwas längere Strecke entschädigt mit unvergleichlich schönen Aussichten. Sie beginnt am Zhongtianmen, windet sich in Schleifen den Berg hinab und stößt an dessen Fuß wieder auf den Hauptweg. Eine dritte, von Touristen wenig benutzte Alternative bietet der Tianzhu-Gipfelweg, der über die Rückseite des Tai Shan durch den Tianzhu-Gipfelpark in etwa 2 Stunden (Aufstieg 4 Std.) hinunter zu einem Parkplatz führt. Von hier fährt ein Bus in 45 Minuten zurück zum Bahnhof von Tai'an.

WEITERE INFORMATIONEN

www.mount-tai.com.cn

Vom State Tower genießt man einen tollen Blick (oben). Wer der Silom Road folgt, findet eine wichtige Einkaufsstraße Bangkoks und in einer Seitengasse die berühmte Patpong mit ihrem Nachtmarkt (unten). Der Suvarnabhumi International Airport besticht mit kühler Modernität (rechte Seite).

89 Bangkok – Die Stadt der Engel

Die Drehscheibe Südostasiens

Bangkok brummt. Fast rund um die Uhr tost dichter Verkehr durch die endlosen Straßen der himmelstürmenden Metropole Thailands. Ununterbrochen starten Flugzeuge vom hochmodernen Suvarnabhumi Airport, der wichtigsten Drehscheibe des Luftverkehrs im südlichen Asien, zu allen Zielen der Welt. Zwischen Tradition und Moderne schwebend stürzt die heißeste Hauptstadt der Welt ihre Besucher in ein Wechselbad der Gefühle.

Krung Theb«, die Stadt der Engel, wie die Thai liebevoll ihre Hauptstadt nennen, wächst seit vielen Jahren in atemberaubendem Tempo. Allein im letzten halben Jahrhundert hat sich die Einwohnerzahl verdreifacht, ist die Stadt auf knapp sieben Millionen Einwohner angewachsen – die angrenzenden Gebiete nicht mitgerechnet. Der Großraum Bangkok kommt sogar auf zwölf Millionen Einwohner und ist damit mit weitem Abstand die bevölkerungsreichs-te Großstadt Thailands. Doch anders als in den meisten Städten der Dritten Welt hat man in Bangkok wie in ganz Thailand viel Geld in die Infrastruktur gepumpt, sodass kein undurchdringlicher Moloch entstanden ist. Die Hauptstadt Thailands präsentiert sich modern. Als Sprungbrett zu den Stränden Thailands, als die Shoppingmetropole Asiens und als Kulturstadt mit alten Tempeln und Palästen zieht Bangkok Reisende aus aller Welt an. Eine Nacht in Bangkok – das ist längst kein Ziel mit schmuddeligem Beigeschmack mehr.

Im Himmelszug in den Einkaufshimmel

Hoch über den ewigen Verkehrsstaus Bangkoks gleitet der Skytrain auf einem Bett aus Stahl und Beton dahin. Fahrtziel: Siam Square. Während die Straßenschlucht der Silom Road zurückfällt, kann man rechts den Blick über das Grün des Lumphini-Parks streifen lassen und links auf den ausgedehnten »Royal Sports Club« blicken. Mit einer scharfen Linkskurve biegt der Skytrain in die Thanon Rama I, die wichtigste Einkaufsstraße Bangkoks, ein. Was man in Silom und rund um den Siam Square nicht findet, wird man auch sonst nirgendwo in Thailand bekommen. Staunenden Auges kommt man am nagelneuen »Paragon Shopping Center« am glitzernden Siam Square an. Zwei Rolltreppen tiefer überquert der Besucher die sechsspurige Straße, ohne dem tosenden Verkehrschaos nahezukommen, und taucht ein in die klimatisierte Glitzerwelt. Dritte Welt? Das ist Thailand schon

ENTRANCE
9
SMILES

Wer sucht, der findet an der Silom so ziemlich alles: von Sushi bis zu mexikanischem Essen, von Souvenirläden bis zu Kaufhäusern (oben, Mitte und unten). Gut und günstig speist man auf dem Essensmarkt im Paragon-Center (rechte Seite oben) – eher erlesen im »Scirocco« hoch über der Stadt (rechte Seite unten).

lange nicht mehr. Selbst Besuchern aus der Ersten Welt verschlägt es angesichts der Neubauten Bangkoks die Sprache. In der Welt der Shoppingcenter erwarten den Besucher Essensmärkte und Kosmetikkurse, Fast Food und Designerlabels – hier die echten, auf den Straßenmärkten die billigen Plagiate – Souvenirstände und Buchläden. Wer es weniger nobel mag, schlendert durch die Gassen, die kleinen Sois, am Siam Square, stöbert dort in den Geschäften und an den unzähligen Straßenständen oder geht ins »Mahboonkrong« am National Stadium, wo sich die thailändischen Teens einkleiden und sich am Wochenende die Zeit vertreiben. Für den asiatischen Stil besucht man am besten die edlen Läden des »Siam Discovery Center«. Shoppen ohne Ende ist die Devise an der Rama I rund um den Siam Square. Die größte Schwierigkeit dabei besteht darin, irgendwie die Kontrolle über Angebot und Geldbeutel zu behalten. Wer den Überblick gänzlich verliert und sich in den Gassen hinter der Rama I verläuft, landet plötzlich am Khlong Saen Saeb, einem der traditionellen Kanäle. Statt prachtvoller Bauten stehen hier Wohnhäuser und kleine Hütten. Kinder spielen unter den Wäsche-leinen, und die Khlong-Taxis schießen über das tiefschwarze Wasser.

Beton im Himmel und kein Ende des Verkehrschaos

Himmel ade: Wer in Bangkoks Straßen nach oben schaut, erblickt vielfach nur noch die Unterseite der Betonkonstruktionen, auf denen sich die Highways winden. Dennoch ist der Skytrain der einzig sichere Weg, dem Verkehrsstillstand zu entkommen. Unter der Woche bricht der Verkehr zweimal täglich weitgehend zusammen. Morgens und abends, im Berufsverkehr, schleichen die Fahrzeuge im Schneckentempo durch die Straßenschluchten. Eine Busfahrt von fünf Kilometern Länge kann dann leicht eine Stunde dauern. Und das ist kein Vergnügen in gedrängt vollen Bussen. Da lohnt es sich auf alle Fälle, nach den etwas teureren klimatisierten Vertretern ihrer Art Ausschau zu halten. Immerhin werden in Bangkok Versuche unternommen, das Chaos in den Griff zu bekommen. Der Bau neuer Hochstraßen und Brücken hat zu einer gewissen Entlas-tung geführt. Doch das Verkehrsaufkommen ist in den letzten Jahrzehnten derart angewachsen, dass schon lange mehr Fahrzeuge existieren als auf den Straßen Platz finden. Und so bleibt manchmal der Eindruck, dass sich eine Rushhour direkt an die nächste anschließt …

Wo die Thai Luft holen …

Eintauchen in thailändisches Wochenendgefühl kann man bestens im Lumphini-Park, der grünen Lunge der Innenstadt. Er gleicht einer weitläufigen Oase mit seinen Grünflächen und Seen. Doch der Eingang, der sich zur Thanon Silom öffnet, wird von Besuchern im Konsumrausch kaum wahrgenommen. Am Sonntag finden in der trockenen Jahreszeit Konzerte im Park statt. Unter der Woche joggen Thai am frühen Morgen durch die weitläufigen Anlagen, und Chinesen führen ihre Tai-Chi-Übungen aus.

… und den Farang die Luft wegbleibt

An der Silom befinden sich nicht nur viele Souvenirläden, die Mitbringsel in

ordentlicher Qualität anbieten, und einige ebenso solide Kaufhäuser, sondern mit der Patpong auch das wohl bekannteste Rotlichtviertel Bangkoks. So bekannt ist die Patpong mittlerweile, dass sich heute mehr durchschnittliche Touristen und Pärchen hier herumtreiben, um einen Blick auf das verruchte Nachtleben zu werfen, als echte Sextouristen. Am Abend stehen zwischen den Go-go-Bars unzählige Stände, die von Jeans über Seidenschals bis zur falschen Rolex alles Mögliche anbieten.

Rund um die alte »Neue Straße«

Am anderen Ende der Innenstadt gruppiert sich rund um das Oriental Hotel das alte Ausländerviertel. Anfang des 19. Jahrhunderts, als Bangkok eine Stadt praktisch ohne Straßen war, ließen sich hier die ersten Händler und Gesandtschaften nieder. Sie lebten in einer Stadt der Kanäle. Ohne Boot war eine Fortbewegung kaum möglich. In der Regenzeit versanken die Pfade zwischen den Kanälen im Schlamm.

Die Charoen Krung, die Hauptstraße des Viertels, war die erste Straße Thailands, die gepflastert wurde. Entlang der »Neuen Straße« ziehen sich heute die Läden von Antiquitätenhändlern, goldglänzende Auslagen von Schmuckwaren, Textil- und Schneiderläden. In den ruhigen Seitengassen finden sich noch kleine Teakhäuser und Kolonialbauten, teure Antiquitätengeschäfte und edle Restaurants. Alles ist gut zu Fuß von den Hotels Shangri La und Oriental sowie von den Piers der Chao-Phraya-Express-Fähren erreichbar. Den besten Überblick bietet der mächtige »Lebua State Tower«. Die Dachterrasse des Restaurants »Scirocco« bietet sich für einen gepflegten Sundowner an – mit Blick auf den Fluss und die moderne Skyline wahrlich der perfekte Ort, um den Abend einzuläuten!

BANGKOK KULINARISCH

Wenn Gott in Frankreich speist, dann speist in Thailand ein ganzes Pantheon. Die Thai-Küche bietet Gaumenkitzel erster Güte. Außerdem gibt es Restaurants und Straßenmärkte, die Gerichte aus allen Teilen Asiens anbieten; chinesisches Essen – vor allem rund um die Nudel – findet man in allen Variationen in den Garküchen der Thanon Yaorowat in Chinatown. Gleich ums Eck liegt der Bezirk der indischen Stoffhändler, wo man in kleinen Restaurants authentische indische Küche serviert be-kommt. Allerorten finden sich Stände, die frisch zubereitete thailändische Spezialitäten anbieten. Wer lieber in edler Atmosphäre speist, hat die Qual der Wahl. Atemberaubend ist die Aussicht von der Terrasse des »Scirocco« aus 220 Metern Höhe. Am schönsten ist es zum Sundowner in der ebenfalls auf dem State Tower befindlichen »Distill Bar«. Das »Celadon« bietet vollendete Perfektion, und royal wird im »China House« im »Oriental« serviert – und wem all diese Adressen immer noch nicht glamourös genug sind, der besuche das »Le Normandie«.

WEITERE INFORMATIONEN

Thailändisches Fremdenverkehrsamt:
Bethmannstr. 58, 60311 Frankfurt,
Tel. 069–138 13 90

Strände mit türkisfarbenem Wasser, das flach und warm wie in der Badewanne ist: So bietet sich der Strand bei Chaweng, dem beliebtesten Strand von Ko Samui, dar (unten und rechte Seite oben). Abends werden die Tische auf den Strand gestellt (rechte Seite unten) und der frische Fang (oben) angeboten.

90 Ko Samui – Palmen und Strände

Wo die Kokosnuss daheim ist

Lange Jahre war Ko Samui ein Insidertipp für Backpacker. Aber es kam, wie es kommen musste: Die Reize der Insel sprachen sich herum, die Ruhe unter Palmen und die Traumstrände zogen immer mehr Menschen in ihren Bann. So ist die Beschaulichkeit nun dahin, Ko Samui jedoch zieht mehr Besucher an als je zuvor.

Seit die Insel einen eigenen Flughafen hat, haben sich auch hochpreisige Unterkünfte auf der Insel etabliert. Doch welch ein niedlicher Flughafen ist das! Auf den ersten Blick könnte man den Flughafen, der von Bangkok, Pattaya, Phuket, Krabi, Chiang Mai, Singapur und Hongkong angeflogen wird, für ein typisches Ko-Samui-Restaurant halten. Er liegt zwischen Palmen versteckt in einem Park und hat nur eine kleine, offene Abfertigungshalle. Da gibt es tatsächlich ein Gepäckband, und davor parken die Maschinen der Bangkok Airways, die diesen Privatflughafen exklusiv anfliegt. Infolge des Tsunami hat sich das Besucheraufkommen auf Ko Samui noch einmal verdoppelt. Weit über eine Million Urlauber schweben mittlerweile in Ko Samui ein – oder nehmen die weniger komfortable alte Lösung: mit dem Bus geht es nach Surat Thani und von dort mit dem Schnellboot auf die 247 Quadratkilometer große Insel. Die Überfahrt kann etwas schaukelig sein. Da die Länge der Fahrt stark variiert – zwischen zweieinhalb und sechs Stunden – sollte man genau darauf achten, nicht auf dem falschen Boot zu landen, sonst kann eine vermeintlich kurze Fahrt sich endlos hinziehen..

Vom Travellereiland zum Familienparadies

Als in den 1970er-Jahren die ersten Rucksackreisenden mit der damals noch höchst einfachen Fähre im Fischerort Nathon anlandeten, war Ko Samui die größte Kokosnussplantage Thailands. Die Rund 35 000 Einwohner lebten vorwiegend von der Nuss. Die Häuser und Dörfer auf der Insel waren zwischen den Kokospalmen so geschickt versteckt, dass die Insel fast unbewohnt wirkte. Das Leben auf der Insel war freudvoll, unbeschwert – und vor allem spottbillig. Man wohnte in einfachsten zeltförmigen Palmblatthütten. Essen konnte man äußerst preiswert all das, was die tropische Natur auf der Insel und im Meer gedeihen ließ. Selbst Marihuana war überall billig zu haben. Als erste Gerüchte über den Bau eines Flughafens aufkamen, sahen vollgekiffte Freaks das Ende ihres Paradieses herannahen. Und so kam es

PEPSI
PEPSI
PEPSI

Ob auf der Veranda oder in den Bungalows – das »Tongsai Bay« lässt keine Wünsche offen (oben, beide Bilder). Genauso das »Sea Fan Hotel« (rechte Seite).

denn auch. Die billigsten Unterkünfte mussten besseren weichen, Rauschgift wurde in Thailand komplett verboten. Der Besitz von Drogen wird in Thailand mittlerweile hart bestraft. Doch das Essen ist immer noch wunderbar und preiswert, wenn auch nicht mehr fast geschenkt. Und ob das tatsächlich das Ende war, lässt sich auch anders beurteilen. Über eine Million Reisende sind da jedes Jahr anderer Meinung. Die Besucher finden Unterkünfte in jeder Preisklasse. Immer noch kann man in einfachen, billigen Unterkünften, hergestellt aus den Materialien, die die Kokosnusspalme abwirft, Quartier beziehen. Einfache Zimmer ohne Aircon gibt es ab 10 Dollar. Für eine luxuriöse Villa wird dann schon das Zehnfache fällig. Wer das Besondere liebt, kann für einen Traumbungalow im Tongsai Bay leicht 250 Dollar und mehr auf den wirklich geschmackvollen Tisch des Hauses blättern. Neben der Preisklasse sollte man bei der Wahl des Hotels die Lage beachten. Wer das Nachtleben sucht, bucht am besten im Zentrum von Chaweng und nimmt vielleicht sogar ein paar Meter zu Fuß zum Strand in Kauf. Umgekehrt verhält es sich für diejenigen, die vor allem Ruhe lieben. Dann sollte man möglichst weit weg von den Bars und Discos im Zentrum suchen. Es muss nicht einmal eine einsame Bucht sein. Die mag wunderschön sein, bietet aber keine große Auswahl an Strandres-taurants – und die sind mindestens der halbe Spaß bei einem Besuch auf Ko Samui. Wer frische Köstlichkeiten aus dem Meer mag, kann sich hier gar bald im Paradies wähnen. Wer also auf die Auswahl an Restaurants nicht verzichten möchte, aber dennoch Ruhe sucht, der könnte sich beispielsweise am nördlichen Chaweng Beach eine Bleibe suchen. Das türkisfarbene Wasser wirkt am blendend weißen Sandstrand wie eine überdimensionale Badewanne. Selbst kleine Kinder können im flachen Wasser gefahrlos plantschen, Liebende wundervolle Spaziergänge Hand in Hand im nur knietiefen Wasser unternehmen. Nur zum Baden muss man ein Stück weit hinauslaufen oder den Strand ein Stück südlich hinabwandern: da klappt es auch mit dem Schwimmen.

Welcher Strand soll es sein?

Die Auswahl an Stränden ist groß auf Ko Samui. Chaweng hat den vielleicht schönsten Strand der Insel sowie das wohl hippste Unterhaltungsangebot. Sechs Kilometer zieht er sich die Ostküste entlang – lang genug für ausdauernde Jogger, um hier ihren morgendlichen Strandlauf zu absolvieren. Lamai ist der zweite Klassiker der Insel. Der Strand steht kaum hinter dem in Chaweng zurück (wenn überhaupt), ist breit und strahlend weiß. Lamai ist nicht ganz so vollgepackt wie Chaweng, bietet aber gleichfalls reichlich Nachtleben in über einhundert Bars, von denen allerdings viele Anmachschuppen sind. Der Strand ist als idealer Partybeach vor allem beim jüngeren Publikum beliebt, nicht zuletzt auch, weil es hier billiger ist. Die Felsen am südlichen Ende des Strandes ziehen mit ihren ungewöhnlichen Formen auch reichlich Thaitouristen an.

Der Süden und der Westen der Insel bieten keine nennenswerten Strände. Dafür hält der Norden weitere Traumstrände bereit. Der Maenam Beach bietet vor allem billige Unterkünfte, daneben auch

einige edle Resorts. Das Wasser ist nicht so klar wie im Osten und zum Schwimmen oft zu flach. Dafür ist er aber ein wirklich ruhiges Fleckchen mit einem traditionellen Fischerdorf mit alten Holzhäusern.
Östlich davon liegt die Bo-Phut-Bucht mit dem wohl reizvollsten Ort der Insel. Der idyllische, zwei Kilometer lange Strand erstreckt sich bis zum Big Buddha. Wie am benachbarten Strand ist das Wasser nicht so klar, dafür liegt er sehr romantisch. In den alten chinesischen Geschäftshäusern des Ortes haben sich zum Teil exklusive Restaurants und Bars angesiedelt, die zu den besten von Ko Samui zählen. Der Ort ist eher etwas für Paare, die einen ruhigen Urlaub ver-bringen wollen, als für Partygänger. Der Hat Bang Rak oder Big Buddha Beach ist schließlich der letzte im Norden. Das Meer ist besonders ruhig, die meisten Unterkünfte eher preiswert, was ihn für Familien besonders attraktiv macht. Im Nordosten liegen schließlich noch kleine Buchten, die vor allem luxuriöse Anlagen beherbergen. Eines der schönsten Hotels der Insel ist sicher das »Tongsai Bay«. In einem gepflegten Park liegen erlesen und unorthodox eingerichtete Bungalows mit traumhafter Aussicht auf das Meer und den kleinen Sandstrand.
Wer genug hat von der gepflegten Langeweile am Strand – was nur schwer vorstellbar ist angesichts des weichen Sandes, der die Zehen umspielt –, der kann sich etwas auf der Insel umsehen. Der Namuang Safari Park bietet tierische Attraktionen mit Affen, Krokodilen und Elefantenausritten. Oder man unternimmt einen Ausflug zu den Nam-Tok-Na-Muang-Wasserfällen. Der untere Teil ist leicht zu erreichen, zum oberen Teil muss man eine halbe Stunde über Felsen und Baumwurzeln aufwärtsklettern. Belohnt wird man oben mit einem natürlichen Schwimmbecken und einer schönen Aussicht bis zum Meer.

DIE KOKOSNUSS

Die Kokosnuss fällt nicht nur vom Baum, um dem durstigen Urlauber ein Getränk zu liefern. Eine ganze Industrie rund um die Nuss verwertet alles, was die Kokospalme liefert. Geerntet wird sie grün. Affen oder geschickte Kletterer erledigen das Geschäft in den Palmenwipfeln. Als Erstes muss der fasrige Mantel der Nuss entfernt werden. Aus den Fasern fertigt man Nützliches, von Matratzenfüllungen bis zu Seilen und Teppichen. Ist die Nuss noch jung genug, enthält sie reichlich Kokoswasser und weiches Fruchtfleisch. Das Fruchtwasser wird gerne getrunken, das Fruchtfleisch ist die Grundlage für allerlei Zutaten, die in der Thai-Küche unverzichtbar sind: Kokosmilch für Soßen, Suppen und Cocktails, Kokosfett für Bratfett, Margarine und sogar für Pralinen, Waffeln etc. Kokosöl wird auch in Kosmetika eingesetzt und kann in Biodiesel verwandelt werden. Auch die harte Nussschale wird als Brennstoff verwendet. Der Stamm der Palme liefert Bauholz, die Blätter werden geflochten, als Körbe, Hüte und für Hütten verwendet.

WEITERE INFORMATIONEN

The Tongsai Bay:
84 Moo 5, Bo Phut, Ko Samui,
Surat Thani 84320
Tel. 0066 (0) 7724-548,
Hotels im Internet:
www.agoda.de/asia/thailand/samui.html

Drachenköpfe und andere Fabelwesen schmücken viele Boote in der Bucht (oben). Kinder aus den »Schwimmenden Dörfern«, die es auch hier im Norden gibt, winken den Touristen zu (unten). Zwar drängen sich die Ausflugsschiffe zwischen die Felsen, aber noch wirkt der Zauber von Halong (rechte Seite).

91 Die Halong-Bucht – Ein vietnamesisches Wunder

Allein ist man nie in dieser Postkarten-Idylle

Mehr als 2000 Inseln, Inselchen und Felsen, die im Dunst des frühen Morgens wie seltsame Fabelwesen aus dem Südchinesischen Meer ragen: Die »Drachenbucht«, wie sie auf Deutsch heißt, gehört zu den großen Naturwundern der Erde. Das hat sich inzwischen herumgesprochen, und immer mehr Dschunken mit immer mehr Besuchern sind hier unterwegs. Den viel beschworenen Zauber spürt man zuweilen nur mit Fantasie.

Weltwunder«, »Wunderwelt«, »traumhaft«, »unwirklich«, »magisch«. Mit diesen und anderen lobenden Begriffen wird die Halong-Bucht seit den frühen 1990er-Jahren in nahezu jedem Reiseführer und Bildband belegt. Die Etiketten stimmen alle, und es darf nach wie vor geschwärmt werden. Nur sollte der Besucher von heute, fast 25 Jahre nach dem Beginn des Booms in Vietnam, wissen, dass er diese Landschaft wohl zu keiner Stunde und so gut wie nirgendwo zwischen den Karst- und Kalkfelsen für sich allein haben wird. Besonders in den klimatisch günstigsten Monaten Oktober und November sind ganze Flotillen von Dschunken und anderen Ausflugs- und kleinen Kreuzfahrtschiffen unterwegs. Auch das UNESCO-Prädikat »Welterbe« hat seit 1994 die Anziehungskraft dieser grandiosen Kulisse zusätzlich verstärkt. Die Bucht, unbestritten ein Höhepunkt jeder Vietnam-Rundreise, hat einen sagenhaften Aufschwung genommen.

Und immer siegt der Drache

Es gibt Legenden in mehreren Versionen, und immer sind Drachen, die beliebtesten Fabeltiere des chinesisch geprägten Kulturraums, beteiligt. Vietnamesen verklären die Glück bringenden Wesen in ihren Sagen und Märchen stets zu heldenhaften Beschützern, die mit der Kraft ihrer Schwänze oder Feuer speiend Feinde aller Art vertreiben.

Eine Legende etwa erzählt, dass in uralten Zeiten ein Drache von den Bergen herabgestiegen sei, um bedrängten Menschen zu helfen. Mit heftigen Schwanzbewegungen habe er um sich geschlagen, Felsen gespalten und anschließend das Meer so aufgewühlt, dass große Landflächen überflutet wurden. Aus diesem Wasser ragen nun die Karstkegel heraus. Eine andere Geschichte handelt von einer Drachenmutter und ihren Kindern, die ihren Schutzbefohlenen, den Fischern der Region, im Kampf gegen Eroberer geholfen

CÁNH BUỒM TOURIST Co.,LTD
PHUONG ĐÔNG

Wer mit kleinen Booten hier unterwegs ist, kann flexibler auf die unvermittelt auftauchenden Sehenswürdigkeiten reagieren (oben) und vor Hausbooten anlegen (Mitte). Romantischer sind mehrtägige Fahrten mit Kabinendschunken (unten). Erfrischungen werden unterwegs angeboten (rechte Seite unten).

habe. Sie haben Feuerbälle gespuckt, aus denen infolgedessen jene Inselbarrikaden entstanden, die uns heute noch wie verwunschen vorkommen.

Aus Muschelkalk gewachsen

Selbst die naturwissenschaftlichen Erklärungen zum Ursprung der Drachenbucht klingen fantastisch: Die Erhebungen entstanden aus Ablagerungen von Muschelkalk, mit denen an dieser Stelle der Boden des sogenannten Urmeeres bedeckt war. Vor einigen zigmillionen Jahren wurde dieser Meeresboden durch Auffaltung freigelegt; aus dem Muschelkalk wuchsen durch Verkarstung und Verwitterung jene Inseln, die nach einer Anhebung des Wasserspiegels vor etwa 35 000 Jahren sichtbar wurden und heutigen Betrachtern so märchenhaft und unwirklich vorkommen wie auch ihre Geschichte.

Die sagenumwobene Bucht umschließt eine Fläche von gut 1500 Quadratkilometern. Ein knappes Drittel, 434 Quadratkilometer, wurde 1994 von der UNESCO als Welterbe ausgewiesen. Wie viele Inseln man der Halong-Bucht zusprechen mag – die Schätzungen reichen von 1700 bis über 3000 –, hängt davon ob, ob jede Felsspitze, jedes Inselchen mitgezählt wird. Immerhin sollen knapp tausend einen Namen tragen, viele davon sind so poetisch, wie es die Vietnamesen lieben.

Hong Gaoi ist noch beschaulich

Die Stadt Halong, genauer: der Ortsteil Bai Chay, 160 Kilometer östlich von Hanoi gelegen und wichtigster Ausgangspunkt der Rund- und mehrtägigen Kreuzfahrten, bietet wenig Reize, so als wolle die zu schnell gewachsene Gemeinde alle Schönheit der Bucht überlassen. Wo noch um 1990 die ersten Fischer private Zimmer für ein paar entdeckungsfreudige Besucher räumten, drängen sich heute Hunderte Hotels, Pensionen, Karaoke-Bars und sogar Spielhöllen (in denen fast nur Ausflügler und Touristen aus dem nahen China ihr Glück versuchen).

Im benachbarten Kohlehafen Hong Gaoi hingegen, durch eine überbrückte Meerenge von Bai Chay getrennt, hat sich noch viel ursprüngliches Vietnam erhalten: ein netter Markt, ein buddhistischer Tempel am Fuße eines Hügels, der Nui Bai Tho heißt, Berg der Poesie. Ein König soll hier, angesichts der berauschenden Schönheit vor Augen, vor vielen Jahren zum Dichten angeregt worden sein. Generell aber gilt: Wer die Bucht und ihre be- und zersiedelten Ränder nicht auch noch mit Busladungen voller einheimischer und chinesischer Tagestouristen teilen will, sollte sein Halong-Abenteuer nicht am Wochenende planen.

Fischzucht unterm Bambushaus

Manche Boote steuern Fischerorte am Rand der Bucht an: »schwimmende Dörfer« mit Bambus- und Holzhütten auf Pontons, darunter Netze und Tanks für die Fischzucht. Zuweilen rudern Kinder aus diesen Dörfern an die Dschunken und Ausflugsdampfer heran, um ein paar Früchte zu verkaufen. Abstecher in solche Siedlungen oder in Lagunen, die sich die Fischer als Schutzhäfen vor den subtropischen Wirbelstürmen eingerichtet haben – Taifungefahr droht vor allem im Spätsommer –, werden von den Touristen eher als buntes »Beiwerk« zur

wesentlichen Attraktion wahrgenommen: der weltweit einmaligen Natur, in erster Linie der Felsen, die hier kahl und dort mit grünem Klettergewächs bedeckt sind, und der Tropfsteinhöhlen, die – mehr oder weniger illuminiert – zum märchenhaften Charakter der Bucht beitragen.

Grottenschöne Tropfsteinhöhlen

Die Grotten auf der Insel Dau Go, deren schönste wohl die »Höhle des Himmlischen Palastes« (Dong Thieb Cung) ist, auf Bo Hon, wo Hong Sung Sot bestaunt werden muss, die riesige »Höhle der Überraschung«, oder Me Cung, eine Höhle auf Lom Bo, gehören zu den spektakulären Naturwundern in der Bucht, die die Fantasie der meisten Besucher in Bewegung bringen. So wie sie den bizarren Felsen im Wasser allerlei Ähnlichkeiten mit Tieren, Menschen und Türmen zusprechen, so regt sie auch die Formenvielfalt der Stalagmiten (wachsen von unten) und Stalaktiten (von oben) zu erstaunlichen Vergleichen an.

Entdeckernaturen mit Sportgeist entgehen den Besucherströmen und Dschunken-Armadas, indem sie sich mit dem Kajak oder dem Kanu der Welt der Drachenfelsen nähern. Wer auf diese Weise und in Kleinstgruppen »schwimmende Dörfer« besucht, wird sehr viel schneller mal in eine Schule oder auf einen Tee ins Haus gebeten als die Teilnehmer großer Gruppen.

Mit den wendigen Booten sind sogar Einfahrten in Höhlen und Lagunen möglich, die keines der größeren Schiffe direkt ansteuern kann. Solche Touren können und sollten schon in Hanoi geplant und gebucht werden. Wer es komfortabler liebt, wird mit Schaufelraddampfern, Luxusdschunken, Kabinenkreuzern oder Ausflugsbooten, die nur für Tagestouren eingerichtet sind, in die Halong-Bucht vorstoßen (Beispiel in der rechten Spalte auf dieser Seite).

AUF DIE FEINE TOUR

Bei den Standardtouren mit nur einer Übernachtung an Bord fahren nicht selten bis zu 60 Dschunken und andere Boote dieselbe Höhle an oder nehmen sich gegenseitig die Sicht auf die schönsten Karstfelsen. Es lohnt sich, mindestens zwei Übernachtungen einzuplanen und einen Veranstalter zu wählen, der sich nicht in die Armada einreiht. Eine solche Tour plant mehr Zeit ein für Sehenswürdigkeiten und integriert auf Hin- oder Rückfahrt (Privattransfers) Stopps bei schönen Pagoden und Kunsthandwerkerdörfern. Erste Anlaufstelle auf der komfortablen Dschunkenfahrt – mit Balkon vor der Kabine – ist meist die Insel Go mit ihren zwei großen Tropfsteinhöhlen. Weiter geht es zu einem hohen Felsen, der Aufstieg ist steil, aber wenn das Wetter mitspielt, wird die Anstrengung vielleicht mit einem imposanten Sonnenuntergang belohnt.

WEITERE INFORMATIONEN

Prince-Dschunken: 24 Hang Buom, Hoan Kiem, Hanoi, Tel. (04) 39 26 40 85, www.indochina-junk.com

Paradise-Dschunken: 01 Vuon Dao, Bai Chay, Halong, Quang Ninh, Tel. (04) 3844538, www.halongparadise-cruises.com

92 Hanoi – Tradition und Tempo

Die Hauptstadt gibt Gas und hütet doch ihre Werte

Keine andere Stadt bietet eine solche Vielfalt: Hier das alte Asien mit dem wuseligen Leben und Treiben in engen Gassen – dort das junge Vietnam mit dem Handy am Ohr. Hier die Tradition einer Kultur, die seit tausend Jahren ins ganze Land ausstrahlt – dort die neue Welt experimentierfreudiger Künstler und Galerien – und daneben die liebevoll renovierten Relikte aus der Kolonialzeit.

Zur Ein-Säulen-Pagode, einem winzigen Heiligtum in der Nähe des Ho-Chi-Minh-Wohnhauses, pilgern unter anderem junge Frauen mit Kinderwunsch (oben). In Pagoden opfern Gläubige ihren Ahnen und Göttern (unten). In vielen Altstadthäusern bieten Boutiquen geschmackvolles Kunsthandwerk an (rechte Seite).

Am Anfang war der Drache. So beginnen in Fernost viele Legenden, auch die Geschichte von Hanoi. Im Jahre 1010, so geht die Sage, sah ein König auf der Durchreise einen Drachen aus dem Roten Fluss steigen. Zusätzlich erschien ihm ein weißes Pferd an der Biegung des großen Stromes im Norden Vietnams. Wunder genug, um an dieser Stelle eine Stadt zu gründen. Noch immer gilt dieser Fluss als die Lebensader der vietnamesischen Hauptstadt, die ihren Charme aus ihren Gegensätzen bezieht, heftiger und sympathischer als jede andere Stadt des Landes.

Bühne des Lebens

Zusammen mit unseren einheimischen Freunden schauen wir zur Einstimmung vom Balkon des »Café Nhan«, im Herzen der Altstadt, hinunter auf das pralle Leben. Da unten rollen und schieben sich Mopeds, Autos und Fahrräder über die Kreuzung. Die Lastenvelos transportieren auf ihren Gepäckträgern, was der Mensch in Hanoi braucht: mannshohe Vasen im China-Dekor, Kühlschränke, schwarze Schweine und Blumengebinde, die den Radler quasi unsichtbar machen, so groß und bunt sind sie.
Vier Straßen münden in dieses Chaos, das aber doch zu funktionieren scheint, nach Regeln, die wir auch nach ein paar Tagen nicht wirklich durchschauen.

Blick in die Zukunft

Alles geht, und alles geht gleichzeitig: das Waschen von Motorrädern auf dem Fußweg, der eigentlich keiner ist, so üppig ist er mit Stühlen, Tischen, mit Mopeds und schweren Kawasakis vollgestellt. Das Zähneziehen und das Haareschneiden am Straßenrand, Zentimeter nur vom brodelnden Verkehr getrennt, gehören zum Betrieb wie der Blick in die Zukunft, den der Wahrsager an der Ecke anbietet und wie die Nudelsuppe, die an jeder Ecke vor sich hin köchelt. Es wird gehandelt, gestritten und dicht daneben geschlafen, zum Beispiel auf einem angelehnten Motorrad, die Füße auf dem Lenker abgelegt.

In Cafés mit Weitblick kommen Touristen oft mit jungen Vietnamesen ins Gespräch (oben). In den Handwerkergassen lassen sich Grabsteingraveure über die Schulter schauen (Mitte). Fahrrad-Spediteure wie dieser Hutverkäufer sind bewundernswerte Akrobaten des Alltags (unten). Straßenszene in der Altstadt (rechte Seite).

Jedem Handwerk eine Gasse

Mehr als tausend Jahre alt und kein bisschen leise: Das Herz von Hanoi schlägt noch immer in den 36 Gassen, die den historischen Kern der Stadt bilden und einst den verschiedenen Gewerken gehörten. Vor über 600 Jahren ließen sich hier Handwerker nieder: Schreiner in der einen Straße, Gerber in der anderen, da die Seidenhändler, dort die Papiermacher. Vieles hat sich verwischt, seit Boutiquen und Bars, Trödler und Souvenirhändler in viele Häuser der ehemaligen Zünfte eingezogen sind. Aber noch ritzt ein gutes Dutzend Steinmetze in der Hang Bac die Namen der Verstorbenen in die Grabsteine. Wie früher ist auch die Gasse der Schneider bis heute vom Sirren der Nähmaschinen erfüllt, und in der Hang Tre beherrscht wie früher Kunsthandwerk aus Bambus das Angebot. Nicht nur Touristen lieben das alte Viertel. Es wirkt so authentisch, weil es auch nach wie vor eine Einkaufsquelle für die traditionsbewussten Hauptstädter ist. Hier bekommen sie, was in den Supermärkten und Shopping Malls, die es natürlich längst in vielen Teilen der Metropole gibt, nicht mehr angeboten wird: Schrauben, Nägel, Handwerkszeug in kleinen Mengen und alten Formen. Nach wie vor hockt man auf winzigen Stühlen vor den Garküchen, schlürft eine Schale Pho, die typische Nudelsuppe, und lächelt in die Kameras der Besucher. Es ist ein friedlich-geschäftiges und sehr freundliches Miteinander. 1001 Geschichten scheinen hier zu wohnen, für jedes Jahr Hanoi-Vergangenheit eine. Charakteristisch für die am besten erhaltenen Teile der Altstadt sind die sogenannten Röhrenhäuser. Sie verdanken ihren besonderen Zuschnitt mit den hinter dem Laden oder der Werkstatt tief ins Hintere des Hauses reichenden Wohnräume einer Steuerregel, die es auch bei uns früher in manchen Gegenden gab: Die Abgaben wurden nach den Ausmaßen der Vorderfront berechnet. Da sparte man eine Menge Steuern, indem man einfach bis zu 70 Meter nach hinten ausbaute.

Unterhalb der Balkone in den oft mit Pflanzen zugestellten oder überwucherten Häusern hängen Vogelkäfige, aus denen es munter zwitschert. Oft aber übertönen Motorräder den Gesang der exotischen Vögel. Und auch die Hondas und Kawasakis sind schon auf dem Rückzug, zugunsten kleiner Autos aus Korea und Japan, die inzwischen nahezu alle Straßen der Sieben-Millionen-Stadt verstopfen. Fahrradrikschas, über ein gutes Jahrhundert überall im Fernen Osten die Taxis der kleinen Leute, sind fast nur noch mit Touristengruppen unterwegs. Der Hoan-Kiem-See schließt dieses Gewirr der alten Gassen nach Süden zu ab. Er ist ein malerisches Gewässer, sagenumwoben wie so viele Orte in der tausendjährigen Stadt. Die Rote Brücke der Aufgehenden Sonne führt auf ein Insel-

chen, das besonders verliebten Pärchen ein romantisches Ambiente bietet.
Hanoi ist eine alte Stadt mit einer für europäische Verhältnisse ungewöhnlich jungen Bevölkerung. Drei Viertel der Hauptstädter sind noch keine 30 Jahre alt. Sie lieben Hip-Hop und drängen abends in Karaoke-Bars und Diskotheken wie ihre Altersgenossen überall auf der Welt. Aber sie verbinden ihren modernen Lebensstil häufig und sehr bewusst mit den Riten ihrer Vorfahren. Sie halten Ideale hoch, wie sie Konfuzius schon 1500 Jahre vor der Gründung Hanois gelehrt hat. Seiner Meinung nach gilt der Mensch erst als edel, wenn er sich in Eintracht mit dem Weltganzen befindet: Einen Weg hierzu sah er vor allem in klassischer Bildung, die erworben und nachgewiesen werden muss.

Konfuzius als Trauzeuge

Brautleute lassen sich, wie vor dem Krieg, der 1975 endete, vor einer Statue des großen Lehrmeisters fotografieren. Nicht wenige junge Leute, vor allem aber die Eltern und Großeltern ziehen zu diesen und anderen festlichen Ereignissen die alten Trachten an, die sie in Truhen und Schränken über die düsteren Jahre hinweg aufbewahrt haben. In den Devotionalienläden der Altstadt finden die Figuren des Maitreya-Buddhas wieder guten Absatz. Diese im Mahayana-Reformbuddhismus »Buddha der Zukunft« genannte Figur mit ihrem dicken Bauch, bei uns als »lachender Buddha« bekannt, steht für Liebe, Güte und Freundschaft.
Im Hanoi zwischen Gestern und Morgen liegen Oasen der Ruhe wie zum Beispiel besonders stilvoll der Innenhof des Grandhotels »Metropole«, neben der Oper wohl das schönste Gebäude aus der französischen Kolonialzeit (siehe Seite 32–35). Hanoi-Stammgäste verabschieden sich dort gern mit einem »Graham Greene« von der Stadt. Er wird noch heute so gemixt wie seinerzeit für den Autor des »Stillen Amerikaners«: mit einem ordentlichen Schuss Havanna Light Rum, Lime Juice und ein paar Tropfen Zuckersirup.

KOCHKURSUS BEI MADAME TUYET

Pham Thi Tuyet ist eine resolute, herzliche Frau: rauchige Stimme, liebevolle Umarmung zur Begrüßung. Und dann werden auch schon die Schürzen umgebunden. Sie gibt eine kleine Einführung: Die Familie ist in sechster Generation in der Altstadt ansässig, die Rezepte stammen von Großmutter, Mutter und ihr (verfeinert), zum Beispiel Schlangenkopffisch. Mit dem Schnippeln fängt alles an, auch die Zubereitung des Fisches, der merkwürdig heißt, aber, wie sich herausstellt, wunderbar schmeckt. Madame Tuyet, die gut eine Rolle in einem Film übernehmen könnte, der im alten Indochina spielt, fragt: Wie schneidet man Kurkuma-Knollen, wie klein müssen Dill, getrocknete Pilze und Ingwer gehackt werden, wie groß darf der Tropfen Öl sein, der über den Fisch geträufelt wird? Das alles köchelt fünf Minuten im Dampftopf vor sich hin. Später geht es zum dritten Gang an die Glasnudeln, mit Kohlrabi, Karotten und Schweinehack.

WEITERE INFORMATIONEN

Restaurant und Kochschule Pam Tuyet:
25 Ma May Street, Hanoi Old Town,
Tel. (04) 825 87 05,
www.phamanhtuyet.blogspot.com

Năm Mới

Drachenfrüchte werden am Straßenrand angeboten (oben). Reispapier, in das später Frühlingsrollen eingelegt werden, trocknet auf Bambusgestellen (unten). Vor allem Obst und Gemüse wechseln vom Erzeuger bis hin zum Verbraucher auf den schwimmenden Märkten den Besitzer (rechte Seite).

93 Das Mekong-Delta – Vietnams Reiskammer

Im Labyrinth der neun Drachen

Eine amphibische Landschaft, so groß wie die Schweiz. Schwimmende Dörfer und Märkte. Pralles Leben auf dem Wasser. Gemüse-, Obstgarten und Reisschüssel der Nation. Cham- und Khmer-Siedlungen. Tempel, Pagoden und Moscheen. Vogelschutzgebiete und nette Strände an der Grenze zu Kambodscha. Das Delta ist ein Reiseziel, das alle Sinne reizt.

Vom tibetischen Hochland bis zu den Vororten von Saigon. Vom »Wilden Fluss« in Südchinas Bergen über die »Mutter aller Wasser« im Goldenen Dreieck bis zum »Delta der Neun Drachen«: Der Mekong trägt viele Namen, verbindet viele Völker, fließt durch sechs Länder und gehört mit etwa 4300 Kilometern zu den zehn längsten Strömen der Welt. Er ist die Hauptschlagader Südostasiens – und er ist ein Mythos, für Reisende auch ein Strom, der alles »transportiert«, was zum Zauber Asiens gehört.
Der Mekong und sein Einzugsbereich, mehr als doppelt so groß wie Deutschland, ist zudem nach dem Amazonas der artenreichste Fluss der Erde. Sein Fischreichtum ernährt noch über 60 Millionen Menschen. Arme Staaten wie Kambodscha und Laos sind von seinem Wasser nahezu vollständig abhängig. Aber mit den jüngsten Folgen des Fortschritts in der gesamten Region werden auch alle Probleme, vor allem aus China und Thailand, in den Süden geschwemmt. Seit Chinas Wirtschaft immer stärker wächst, seit der Energiebedarf auch in Thailand immer größer wird, müssen sich die Länder im mittleren und unteren Lauf Sorgen um ihren Lebensstrom machen. Das Ökosystem droht durch Staudämme im Oberlauf aus den Fugen zu geraten.
Das Mündungsdelta in Vietnam, größer als Nordrhein-Westfalen, beliefert aber nach wie vor das halbe Land mit Reis, Gemüse, Obst und Fischen. Geerntet werden kann mehrmals im Jahr. Weil Land und Wasser ineinander übergehen, weil die acht breiten Arme des Mekong durch ein dichtes Netz von Kanälen und Nebenflüssen verknüpft sind, war es für die Menschen im Delta selbstverständlich, sich auf dem Wasser anzusiedeln.
Handel und Wandel, Fischzucht und Transport, Feste, Gebete und Schulunterricht, kurz: der gesamte Alltag im Delta spielt sich weitgehend auf und am Wasser ab. Dieses bunte Leben und auch die Naturschutzgebiete, die inmitten dieser amphibischen Welt angelegt wurden, sowie die Mangrovensümpfe in der Provinz Ca Mau ganz im Süden des Deltas machen den Besuch in dieser einzigartigen Flussregion schlicht unvergesslich.

In der amphibischen Landschaft des Deltas gehören Pagoden und buddhistische Tempel und Statuen zur Szenerie (oben und rechte Seite). Schnaps oder Medizin? Jedenfalls schwimmen Skorpione und Schlangen in der Flüssigkeit (Mitte). Ruderin in modernem Outfit (unten), Alltagsleben in Can Tho (oben rechts).

Mit den Franzosen kam der Reisanbau in großem Stil

Anders als das Delta des Roten Flusses im Norden, die Wiege der vietnamesischen Kultur, hat das Mekong-Delta keine lange Geschichte. Es war ein schwach besiedelter Teil des alten Khmer-Reiches, die Vietnamesen waren bis zum Beginn der französischen Okkupation nur von den Khmer-Königen geduldet. Es waren übrigens die Franzosen, die als Erste hier für großflächigen Reisanbau sorgten.
Längst ist aus der Reiskammer auch ein Touristenmagnet geworden. Mit Booten aller Art, mit dem Fahrrad, im Einbaum durch die Sümpfe, mit Bussen über Land entdecken jedes Jahr mehr Urlauber die Vielfalt des Mekong-Deltas. Aufgefächert in acht breite Arme ergießt sich der Fluss dann ins Südchinesische Meer.

Die Wassergöttin bietet Schutz

Noch immer bitten die Händler und Fischer auf ihren Booten die Wassergöttin um Schutz, bevor sie in aller Frühe den Außenbordmotor anwerfen. Sie holen hier Wassermelonen und Kokosnüsse, um sie dort zu verkaufen. Sie transportieren Ziegelsteine und Wasserbüffel, sie bringen die Kinder zur Schule und die Mönche zum nächsten Kloster. Und sie lachen viel, winken den fremden Besuchern zu.

My Tho nennt sich Tor zum Delta. Es ist nur 70 Kilometer von Saigon entfernt und leicht zu erreichen. Dem Alltag des Deltas kommt man nur auf einer mehrtägigen Tour näher. Zum Beispiel von Cai Be und Vinh Long über Can Tho nach Bac Lieu und Ca Mau im Süden. Oder über Sa Dec nach Long Xuyen oder von Rach Gia nach Chau Doc und schließlich zu den Tempeln und Stränden von Ha Tien an der Grenze Kambodschas.

Teppich aus Wasserhyazinthen

Etwas weiter südlich, in Vinh Long, fächert sich der Tien Giang, der nördliche der »starken Arme«, in mehrere Finger auf, zwischen denen reizvolle Inseln – schwimmende Obstgärten – liegen. Wasserhyazinthen bedecken wie ein Teppich die Kanäle zwischen Vinh Long und den kleinen Inseln. Dort und auch in der Stadt bieten Einheimische ordentliche Privatunterkünfte mit Familienanschluss an.
Völlig neue Eindrücke gewinnt man etwa 70 Kilometer weiter östlich in Tra Vinh. Nicht nur in dieser netten Stadt, die sich noch eine sehr gelassene Atmosphäre aus der Kolonialzeit bewahrt hat, sondern in der gesamten gleichnamigen Provinz prägen ganz andere Tempel als die bisher gewohnten das Bild der Städtchen und Dörfer. In der Region leben fast eine halbe Million Khmer, die dem Theravada-Buddhismus anhängen, der »alten Lehre«. Im Zentrum der Verehrung steht Siddharta Gautama, der historische Buddha, der mit seiner »Erleuchtung« die

friedliche Weltreligion vor über 2500 Jahren adurch fast ganz Asien schickte. Zurück ins Herz des Deltas, nach Can Tho, in die inoffizielle Hauptstadt der Region. Die Metropole am Hau Giang, dem »Unteren Fluss«, beeindruckt trotz ihrer Größe (750 000 Einwohner) durch eine entspannte Atmosphäre und mehrere Klöster im Khmer-Stil. Neben Chau Doc und Cai Be entwickelt sich auch Can Tho zu einem neuen Fremdenverkehrsort.

Die Schwärmereien der Marguerite Duras

Gut 40 Kilometer nördlich von Can Tho, in Sa Dec, lässt sich in aller Ruhe den Spuren der französischen Schriftstellerin Marguerite Duras folgen. Mag sein, dass auch mancher Delta-Reisende unserer Tage empfindet wie sie: »Nie mehr im Leben würde ich so schöne Flüsse sehen wie diese hier, so wild wie der Mekong und seine Nebenarme ...«

So viele Ziele noch, so viele Motive für fünf, sechs Tage, für zwei Wochen und mehr: Auf halbem Weg zwischen Long Xuyen im Norden und Rach Gia am Golf von Thailand liegen die Ruinen von Oc Eo, vor fast 2000 Jahren eine blühende Handelsstadt und Zentrum des alten Khmer-Reiches Funan. In den Cham-Siedlungen weiter südlich leben Muslime in Stelzenhäusern, Moscheen und Koranschulen bestimmen das religiöse Leben, Seide und andere feine Stoffe werden hier gewebt und verkauft.
Ein Besuch der Vogelschutzgebiete Tra Su bei Chau Doc oder Bac Lieu in den Mangrovensümpfen runden für Naturfreunde die Reise an die Mekong-Mündung ab. Und schließlich die Strände von Ha Tien an der Grenze zu Kambodscha: Sie sind nicht so traumhaft wie die in Mui Ne oder auf Phu Quoc, dafür aber ein passender Schlussakkord nach Tagen im heißen, feuchten und großartigen Delta.

DER BASAR VON CON TIEN

In Con Tien gibt es traumhafte Seidenstoffe zu bewundern (und zu kaufen), eine Moschee mit Minaretten, aus denen fünf Mal am Tag zum Gebet gerufen wird, eine Koranschule, eine Dorfstraße mit ein paar Läden. Con Tien ist eines der schwimmenden Dörfer der muslimischen Cham-Gemeinschaft im Mekong-Delta. Das Touristenboot macht irgendwo am Dorfrand fest; man balanciert über wacklige Stege, »Affenbrücken« genannt, von einer Stelzenhütte zur anderen, schaut hier fleißigen Weberinnen zu und dort, auf dem Festlandbereich, Jungen beim Fußballspiel. Während die kleinen Cham-Gemeinden rund um Danang und bei Nha Trang ihren Hindugöttern treu geblieben sind und sich allenfalls ein paar Schritte auf die Götterwelt der Vietnamesen zubewegt haben, sind die Cham hier schon vor Jahrhunderten zum Islam übergetreten. Am Ende wird man Con Tien wohl mit einem Seidentuch verlassen und sich gern an die friedlich-freundliche Atmosphäre in Hassan erinnern.

WEITERE INFORMATIONEN

www.vietnamtourism.com

Oft von Dunst umhüllt ist der dichte Wald am Schrein von Hakone (oben). Ein beliebtes Motiv war der Fuji schon zur goldenen Zeit des japanischen Holzschnitts (unten). Ein wenig aus der Rolle fällt der Nachbau eines amerikanischen Schaufelraddampfers auf dem Ashi-See (rechte Seite).

94 Der Fuji – Weltkulturerbe in luftiger Höhe

Der Inbegriff eines Vulkans

An klaren Wintertagen kann man ihn schon von weither sehen, den schneebedeckten Gipfel des Fuji, der über einem breiten Hochplateau aufragt. Mit seiner fast makellosen Kegelform ist er einer der bekanntesten Berge der Welt. In seinem Umfeld dampfen heiße Quellen, an Seen und Hängen warten Thermalhotels und traditionelle Gasthäuser jeder Preislage auf die Besucher.

In Japan kennt man den Fuji, mit 3776 Metern Höhe der höchste Berg des Landes, nur unter dem Namen Fuji-san. Die bei uns oft gebrauchte Bezeichnung Fujiyama ist ein phonetisches Missverständnis, denn das chinesische Schriftzeichen für »Berg« kann man zwar entweder »yama« oder »san« aussprechen, doch freie Wahl hat man dabei nicht. Die Konvention legt fest, welche Aussprache bei welchem Berg verwendet wird, und beim Fuji ist das eben san. Der Fuji ist ein Schichtvulkan, der sich über mehrere Hunderttausend Jahre hinweg gebildet hat. Er ist noch aktiv und kann theoretisch jederzeit ausbrechen – der letzte Ausbruch liegt jedoch schon über dreihundert Jahre zurück.

Bahnreise in jeder Form

Nähern kann man sich dem Fuji von mehreren Seiten. Wer in Tokyo startet, nimmt am besten einen Zug der Odakyu-Linie vom Bahnhof Shinjuku. Der Express trägt den reizenden Namen »Romancecar«, ist aber durchaus nicht nur für verliebte junge Paare geeignet. Wie der wesentlich teurere Shinkansen hält er am Bahnhof der einstigen Burgstadt Odawara, wo es mit der Hakone-Tozan-Linie weiter nach Hakone-Yumoto geht, einen beliebten Thermalbadeort in einem tief eingeschnittenen Bergtal. Hier besteigt man die rot lackierten Wagen einer Bergbahn, die sich in mehreren Spitzkehren den steilen Hang hinaufwindet. Endstation ist Gora, wieder ein Badeort, dessen Unterkünfte sich über die bewaldeten Hügel verteilen. Nächstes Beförderungsmittel ist eine in der Schweiz fabrizierte Standseilbahn, mit der man das letzte Stück bis zur »Hakone Ropeway« zurücklegt. Die auf zwei Seilen laufende Gondelbahn ist mit vier Kilometern die längste der Welt.
Erwähnenswert ist die Fahrt aber nicht wegen ihres Platzes in der Weltrangliste, sondern wegen des Panoramas. Unten steigen Schwefeldämpfe aus den aufgebrochenen Flanken eines breiten Vulkankraters, am nahen Horizont zeichnet sich der Kegel des Fuji ab. Auf der anderen

Äußerlich kohlschwarz sind die im geothermal erhitzten Wasser von Owakudani gekochten Eier (oben und links).

Seite kann man durch einen Hang mit Fumarolen spazieren, bevor man die nächste Seilbahn hinab zum Ashi-See nimmt, wo als Piratenfregatten getarnte Ausflugsschiffe warten. Mit solchen Geschmacksverirrungen muss man in Japan jederzeit rechnen, weshalb man sie am besten gelassen hinnimmt, statt sich Gedanken darüber zu machen, dass so etwas eigentlich nicht recht in einen Nationalpark hineinpasst. Die Fahrt über den lang gestreckten Ashi-See, vorbei am malerisch im Wasser stehenden, leuchtend rot lackierten Tor eines Schreins, ist jedenfalls ein Genuss und zu empfehlen. Am anderen Ufer angekommen, gelangt man mit dem Bus zurück zur Bahnstation.

Der Weg zum Gipfel

Ebenfalls gut erreichbar ist der Kawaguchi-ko, einer der fünf Fuji-Seen (Fuji go-ko), die sich in einem weiten Bogen um die Nordflanke des Fuji gruppieren. Er ist auch gut als Ausgangspunkt für eine Besteigung des Vulkans geeignet, die gefahrlos allerdings nur im Juli und August erfolgen kann, wenn der Gipfel schneefrei ist. Eine einsame Bergtour ist das keineswegs, denn von den Bushaltestellen der sogenannten fünften Station, die sich auf 1400 bis 2400 Metern befinden, klettern jährlich etwa 200 000 Menschen gen Himmel, davon sind dreißig Prozent Ausländer. Nach einer kurzen Nacht in einer der vielen Berghütten brechen die meisten schon um zwei Uhr morgens auf, um am Gipfel den Sonnenaufgang zu erleben. Wenn der gewaltige Schatten des Berges dann auf die Landschaft fällt, kann man die Scharen in seiner Umgebung glatt vergessen.

MODERN, ABER MIT STIL

Es ist nicht jedermanns Sache, sich auf die Gepflogenheiten eines traditionellen japanischen Ryokan einzulassen. Wer stilvoll übernachten möchte, ist im örtlichen Ableger der noblen Hyatt-Gruppe bestens aufgehoben. Durch die großen Fenster fällt der Blick direkt in die Natur; in den Thermalbecken kann man wunderbar entspannen. Dem gelungenen Mix aus japanischen und westlichen Elementen entsprechend besteht die Wahl zwischen französischer Küche und Sushi-Spezialitäten. Ein Shuttlebus holt die Gäste direkt vom Bahnhof Odawara ab.

WEITERE INFORMATIONEN

Hyatt Regency Hakone Resort and Spa
Gora, Hakone-machi
Tel. (0460) 82 2000,
www.hakone.regency.hyatt.com
www.hakonenavi.jp
www.live-fuji.jp/fuji/livee.htm
www.mountfujiguide.com
www.hakone.or.jp

Starke Konstraste: die Neon-Show von Shibuya (oben) und die einem Urwald gleichende Idylle am Meiji-Schrein, in die der Weg durch dieses schlichte, aber gewaltige Torii führt (unten). Vor allem bei jungen Leuten beliebt ist Harajuku mit der Omote-sando, Tokyos einzigem echtem Boulevard (rechte Seite).

95 Shibuya und Harajuku – Hippe Schwestern

Shopping und grüne Lunge von Japan

Während sich im Vergnügungsviertel Kabukicho von Shinjuku die Schar der Anzug tragenden Büroarbeiter tummelt, zieht es die Jugend nach Shibuya und Harajuku, den zwei angesagtesten Ausgehmeilen der Metropole. Nördlich davon steht inmitten eines dichten Waldes der Meiji-Schrein, Symbol für die fundamentale Umwälzung, die Japan nach über zweieinhalb Jahrhunderten der Isolation im 19. Jahrhundert erlebte.

Wer in Tokyo nach der Stadtmitte fragt, erntet verwunderte Blicke. Ein solches Zentrum im europäischen Sinn gibt es nämlich nicht, nur eine Reihe von Subzentren, die entlang der Yamanote-Linie angeordnet sind, einer leidlich ovalen Ringbahn rund um die historische Mitte der Stadt, die einstige Festung der Tokugawa-Shogune. Wo sich diese Linie gleich mit mehreren S- und U-Bahnen kreuzt, sind in den letzten Jahrzehnten konkurrierende Ausgeh- und Einkaufsviertel entstanden, in denen die großstädtische Bevölkerung ihre hart verdiente Freizeit genießt. Entgegen manchem Klischee arbeitet man nämlich in Japan nicht nur lange und engagiert, man feiert auch gern. Shopping und Gastronomie stehen hoch im Kurs, dabei hat jedes Subzentrum eine individuelle Ausrichtung: In Kabukicho am Bahnhof Shinjuku trifft man vor allem Geschäftsleute und Angestellte an, Ueno ist eher volkstümlich ausgerichtet, in Akihabara befindet sich das wohl größte Elektronikmekka der Welt. Die Ginza östlich des Bahnhofs Yurakucho lockt mit noblen Kaufhäusern und Boutiquen, in Ebisu gibt es viele Pubs und Kneipen.

Die quirligste Kreuzung der Welt

Shibuya und Harajuku, im Südwesten des Yamanote-Rings gelegen, haben sich in den letzten Jahrzehnten zu einem Magnet für die Jugend der Metropole entwickelt.
Hier regiert der jeweils aktuelle Style und treibt seine buntesten Blüten. Wenn man den mehrstöckigen Bahnhof verlässt – ausgerechnet die Züge der U-Bahn-Linie »Ginza« kommen im Obergeschoss an, nachdem sie eine Brücke überquert haben –, steht man an einer Kreuzung mehrerer Straßen, die Thema Dutzender Youtube-Videos ist. Dort firmiert sie schlicht als »Shibuya Crossing«. Wenn sämtliche Autoampeln gleichzeitig auf Rot schalten, ergießt sich von allen Seiten ein Fußgängerstrom über die frei gewordene Fläche. Das scheinbar chaotisch wirkende Gewimmel, das natürlich ein

FIRE HYDRANT
消火栓
不動産は信頼の
KEN
www.kencorp.co.jp

Tagsüber geht es auf der Kreuzung am Bahnhof Shibuya relativ zivil zu (unten); am Abend warten Tausende auf das Signal zum Überqueren (rechte Seite unten). Rundum breitet sich ein urbanes Shopping- und Ausgehmekka aus, teils bunt und kitschig (oben und Mitte), teils elegant (rechte Seite oben).

bestimmtes Ziel im Auge hat, ist ein unvergesslicher Anblick.

Um dieses Schauspiel auf seinem Höhepunkt zu erleben, empfiehlt sich ein Besuch am frühen Abend. Dann kommen auch die ringsum angebrachten Neonreklamen zur Geltung, darunter eine Reihe riesiger Videobildschirme, auf denen mit jedem Jahr noch perfekter inszenierte Werbespots flimmern. Die Überflutung mit audiovisuellen Reizen, die viele Orte in Tokyo prägt, ist nirgendwo so krass wie hier.

Die Geschichte von Hachiko

Nicht leicht zu finden ist im Gewimmel die Bronzestatue des Hundes Hachiko, eine sentimentale Erinnerung an entschieden ruhigere Zeiten. Seine wahre Geschichte rührte in den 1930er-Jahren die Herzen der Nation. Brav hatte der weiße Akita sein Herrchen, einen Universitätsprofessor, jeden Tag vom Bahnhof abgeholt. Nachdem der Professor gestorben war, kam Hachiko weitere neun Jahre zum Bahnhof – bis zu seinem eigenen Tod. Noch zu Lebzeiten hat man ihm 1934 vor dem Bahnhofseingang eine Statue errichtet, die im Krieg zwar eingeschmolzen, später in neuer Form aber wieder aufgestellt wurde. Ausgestopft ist Hachiko im Tokyoter Nationalmuseum der Naturwissenschaften zu bewundern, und 2009 widmete ihm Hollywood einen Film, der die Story allerdings in die USA transponierte. Für die Figur des Universitätsprofessors wurde Richard Gere verpflichtet.

Beim Bummel durch die Straßen von Shibuya sollte man einen Blick ins Bunkamura werfen, ein schickes Kulturzentrum mit Konzerthalle, Kino, Museum und einer Nachschöpfung des Pariser Kult-Cafés »Les Deux Magots«. Auf dem Weg dorthin kommt man am 109 Building vorbei, erkennbar an seiner runden Fassade. Ursprünglich war es ein normales Kaufhaus, heute ist es ganz den Konsumwünschen junger Damen gewidmet.

Am Bahnhof von Harajuku gleich nördlich von Shibuya beginnt in östlicher Richtung die Omotesando, Tokyos einziger Boulevard, der mit seinen eleganten Cafés und Nobelboutiquen diesen Namen verdient. Im Westen breitet sich der Yoyogi-Park aus. Am Sonntagnachmittag trifft sich hier die Jugendszene in allen Schattierungen – von den schmollmundigen Vertreterinnen der Lolita Fashion bis zu recht zahm wirkenden Mode-Punks. Es kümmert sie kein bisschen, dass hinter ihnen das Tor zu einem der wichtigsten Heiligtümer Japans steht, dem Meiji-Schrein.

Symbol für Japans Sprung in die Moderne

Wenn die in ihrer Pracht überladen wirkenden Schreine von Nikko der ultimative Ausdruck der Edo-Zeit sind, so ist die elegante, fast minimalistische Architektur des Meiji-Schreins ein Symbol der Ära, in der Japan innerhalb weniger Jahrzehnte aus dem Mittelalter in die Moderne sprang. »Meiji« – strahlende Herrschaft – war das Motto von Kaiser Mutsuhito (1852 bis 1912), der 1867 in Kyoto den Thron bestieg. Das Motto eines Kaisers wird in Japan anstelle des Eigennamens verwendet, und die Regierungszeiten dienen der traditionellen Jahresrechnung. Deshalb spricht man nur vom Meiji-Tenno. Die nach ihm benannte Ära umfasst die Jahre 1868 bis

1912 – das Jahr 2010 unseres gregorianischen Kalenders entspricht dem Jahr »Heisei 22« nach dem Motto des derzeitigen Tenno, was auf Deutsch »Frieden überall« heißt.
Die Meiji-Zeit beginnt mit der Meiji-Restauration – eine reichlich irreführende Bezeichnung, weil sie sich auf die damals propagierte Wiederherstellung alter Werte bezieht, darunter die Einsetzung des Tenno in seine ursprünglichen Rechte. Tatsächlich war der Meiji-Tenno nur eine Marionette in den Händen einer Gruppe von Adligen, die erfolgreich den Sturz des Tokugawa-Shogunats betrieb. Dieses hatte seit 1600 unangefochten geherrscht und eine strikte Abschließung Japans von äußeren Entwicklungen betrieben, durch die das Land gesellschaftlich wie technologisch in einem Dornröschenschlaf versunken war. Als die USA mit militärischem Druck die Öffnung japanischer Häfen für ausländische Schiffe erzwangen, brach das anachronistische System rasch in sich zusammen.
Als namengebendes Symbol der ebenso raschen wie erfolgreichen Modernisierung, die nun einsetzte, nahm die Gestalt des an sich völlig machtlosen Meiji-Tennos eine wichtige Rolle im öffentlichen Bewusstsein ein.
Die Schreinanlage, die man in den 1920er-Jahren zu seinem Gedenken errichtet hat, beeindruckt durch ihre schlichte und doch monumentale Klarheit. Der dichte, völlig natürlich wirkende Wald, den man um sie herum angepflanzt hat, ist eine üppige grüne Insel mitten im Beton- und Asphaltmeer der Metropole von Tokyo.

BUMMEL AUF DER OMOTE-SANDO

Angenehm geräumig ist dieser von Bäumen gesäumte Boulevard, der vom Bahnhof Harajuku zum noblen Wohnviertel Aoyama führt. Der von dem international renommierten Architekten Tadao Ando entworfene Shopping-Komplex Omotesando Hills ist ein Treffpunkt für Leute, die Geld und Stil haben. Direkt gegenüber befinden sich die Niederlassungen von Louis Vuitton und Dior. In Kiddy Land kann man die neusten Gadgets für die lieben Kleinen bestaunen. Nicht gerade ein Geheimtipp, aber ein guter Ort, um nach preiswerten Souvenirs jeder Art Ausschau zu halten, ist der Oriental Bazaar, der seinem Namen alle Ehre macht.

WEITERE INFORMATIONEN

Shibuya City Office:
www.city.shibuya.tokyo.jp/eng
Kulturzentrum Bunkamura:
www.bunkamura.co.jp/english
Meiji-Schrein:
www.meijijingu.or.jp/english
Omotesando Hills:
www.omotesandohills.com
Shopping in Harajuku:
www.tokyo-bazaar.com

Eines der Wahrzeichen der alten Hauptstadt ist das Ensemble des Kiyomizu-dera, das auf einem Hang der östlichen Hügel thront (oben). Ende März erblühen hier die Kirschblüten (unten). So kunstvoll wie ihre Seidengewänder ist das feine Lächeln der *Maiko*, wie die Geisha in ihren Ausbildungsjahren genannt wird (rechte Seite).

96 Kyoto – Kulturelle Schatzkiste im Westen Japans

Geishas und Spaziergang in der Kaiserstadt

Kyoto ist eine Stadt mit vielen Gesichtern: zum einen moderne City, zum anderen ein Schatzhaus alter japanischer Kultur. Seine Bürger sind lebenslustig, modebewusst und stolz auf diese Tradition. Das urbane Leben Kyotos spielt sich hauptsächlich im Westen des Kamo-gawa ab, eines breiten, flachen Flusses, der die Stadt in nordsüdlicher Richtung durchströmt.

Überquert man den Fluss in östlicher Richtung, ändert sich die Atmosphäre. Von der leicht kitschig wirkenden Fassade des Kabuki-Theaters Minami-za am anderen Ufer sollte man sich nicht abschrecken lassen – nicht nur für ausgesprochene Theaterliebhaber ist der Besuch einer Vorstellung ein Genuss. Im Gegensatz zur elitären Kunst des No-Theaters, für die man viel Geduld ausgeben muss, ist Kabuki ein farbenfreudig-grelles Spektakel, das Spaß macht, selbst wenn man nichts davon versteht. Für eine Übersetzung per Kopfhörer ist allerdings gesorgt. Gleich hinter dem Minami-za beginnt Gion – Inbegriff des Vergnügungsviertels der Edo-Zeit und berühmt für seine Geishas. Die gibt es heute noch, aber bei den jungen, in auffällige Kimonos gekleideten Damen, die man in Gion und Umgebung antrifft – und gern fotografieren darf –, handelt es sich um Maikos, offizielle Geisha-Auszubildende, von denen nach Beendigung der harten, sechsjährigen Ausbildung allerdings nicht alle als Geisha arbeiten. Eine der dortigen Straßen, die Hanami-koji, hat man im Stil der Edo-Zeit restauriert. An ihrem südlichen Ende steht das Gion Kaburenjo, ein Theater, dessen Bühne im April ganz für die Maikos reserviert ist. Begleitet von Musikern mit traditionellen Instrumenten, führen sie Miyako-Odori auf – wörtlich »Tanz der Hauptstadt« –, bestehend aus Tänzen, Liedern und schauspielerischen Darbietungen. Wer zu dieser Zeit hier ist, sollte sich die Gelegenheit nicht entgehen lassen.

Schmuckstück zu Ehren des Kammu-Tenno

Eine Extravaganz in Scharlachrot ist der Heian-jingu, Kyotos größter Shinto-Schrein. Erbaut hat man ihn erst 1895 zu Ehren von Kaiser Kammu, dem Gründer Kyotos. Damit ist er Ausdruck des Nationalismus, der in der Meiji-Zeit von staatlicher Seite propagiert wurde. Weithin sichtbarer Ausdruck dessen ist das 24 Meter hohe, leuchtend rot lackierte Torii aus Stahlbeton, das die zum

Einer Staatshalle der Heian-Zeit nachempfunden sind die leuchtend roten Bauten des Heian-Schreins mit ihren grünen Ziegeldächern (oben und unten). Die Lampions wurden früher aus Seide gefertigt (oben rechts). Die *Maiko* sind geübte Fotomodelle (Mitte). Spaziergang am Philosophenweg (rechte Seite unten).

Schrein führende Straße überspannt. Der eigentliche Schrein mit seinen beiden Seitenflügen, zwischen denen sich eine riesige weiße Kiesfläche erstreckt, verbreitet eine deutlich zurückhaltendere, dennoch glanzvolle Atmosphäre. Zum architektonischen Vorbild hat man den um das Jahr 800 erbauten Palast des Kammu-Tenno genommen, genauer gesagt die Staatshalle, in der Zeremonien stattfanden und Gesandte empfangen wurden. Sie wurde im Zwei-Drittel-Maßstab reproduziert.

Die Inszenierung der elegant-schlichten Bauten verfehlt ihre Wirkung nicht. Wer Glück hat, kann vor dem Gebäude rechter Hand das Foto-Shooting eines frisch getrauten Ehepaars im traditionellen Gewand beobachten – und selbst ein Bild machen, was mit Sicherheit nicht auf Ablehnung stößt. Vor allem zur Kirschblütenzeit unbedingt lohnend ist ein Spaziergang im weitläufigen Garten des Schreins, der sich durch viele wunderschön gestaltete Ecken mit kleinen Wasserläufen und Teichen auszeichnet. Über einen großen See spannt sich eine lange, überdachte Brücke, deren dunkle Dächer sich im Wasser spiegeln.

Der Mondkegel am Silberpavillon

Wie sein vergoldetes Gegenstück auf der anderen Seite des Flusses war der Ginkaku-ji, wörtlich »Tempel des Silbernen Pavillons«, ursprünglich der Ruhesitz eines Shoguns aus der Familie Ashikaga. Yoshimasa, sein Erbauer, war Enkel von Yoshimitsu, Schöpfer des Goldenen Pavillons. Statt seinen Großvater zu übertrumpfen, gab er sich mit einem wesentlich bescheideneren Bau zufrieden – wahrscheinlich nicht ganz freiwillig, denn inzwischen hatte der Onin-Krieg das Land verwüstet. Deshalb wurde der Plan, den Pavillon mit Silber zu überziehen, auch nie ausgeführt. Als Symbol einer verfeinerten aristokratischen Kultur, deren Protagonisten Gedichte schrieben, Tuschbilder malten und die Teezeremonie pflegten, ist er weltberühmt. Umso erstaunter ist man, sobald man den Pavillon erblickt, denn wenn es perfektes Understatement gibt, findet man es hier. Der von Bäumen umstandene zwei-

stöckige Pavillon tritt ganz hinter seine Hauptfunktion als Warte für die Betrachtung des Gartens zurück. Letzterer ist spektakulär: Über sorgfältig gestuften Wellen aus weißem Sand erhebt sich ein völlig symmetrischer Kegel, der aussieht, als hätte ein Riesenkind seinen Sandeimer umgestülpt. Eigentlich ist das Ensemble dazu gedacht, bei Mondschein betrachtet zu werden, es wirkt jedoch durchaus auch bei Tageslicht.

Über den Philosophenweg zur Zeit der Kirschblüte

Am Ginkaku-ji beginnt ein äußerst beliebter, dennoch zauberhafter Spaziergang an einem in Stein gefassten Bächlein, das sich am Hang entlangschlängelt. Benannt ist dieser Weg nach dem Philosophen Kitaro Nishida (1870 bis 1945), der sich erfolgreich um eine Synthese östlichen und westlichen Denkens bemühte. Er wohnte in der Gegend und unternahm, wie es heißt, täglich einen Spaziergang am Bach, um seine Gedanken zu ordnen. Am schönsten ist der Philosophenweg zur Zeit der Kirschblüte und im Herbst – dann sollte man unbedingt am frühen Morgen hierher kommen, um die leuchtenden Farben in Ruhe zu genießen.

Ein ganzes Stück weiter südlich steht am Hang der Kiyomizu-dera. In den Läden der steilen Gassen, die zu ihm hinaufführen, kann man wunderbar stöbern, denn das Kyotoer Handwerk bringt viele hübsche Dinge hervor. Oben wartet eine Gruppe eindrucksvoller Bauten, die großteils aus dem 16. Jahrhundert stammt. Wahrzeichen des Tempels ist die gewaltige hölzerne Balkenkonstruktion, auf der sich die Haupthalle erhebt. Am Geländer der dadurch gebildeten Veranda stehend, kann man ganz Kyoto überblicken. Weiter hinten führen Stufen hinab zu einer Quelle, aus der einer alten Überlieferung zufolge heilkräftiges Wasser sprudeln soll.

RADELN AM FLUSS

Auf dem Land kann man sich in Japan vielerorts Fahrräder ausleihen, um die Gegend zu erkunden, während die meisten japanischen Großstädte dazu herzlich ungeeignet sind. Kyoto ist eine Ausnahme. Am Ostufer des Flusses führt ein Weg entlang, von dem man Abstecher zu Sehenswürdigkeiten wie dem Heian-Schrein und dem Ginkaku-ji machen kann. Beim »Kyoto Cycling Tour Project« gibt es geführte Touren in englischer Sprache und Leihräder, die man bei verschiedenen Stationen abholen und abgeben kann. Wer es gemütlicher mag, mietet bei »Kyo no Raku Chari« ein Elektrorad. Achtung: Radwege gibt es kaum, deshalb bewegen sich japanische Radfahrer bei verkehrsreichen Straßen auf dem Gehsteig vorwärts, was man als Tourist unbedingt nachahmen sollte.

WEITERE INFORMATIONEN

Cycling Tour Project (KCTP)
Tel. (075) 354 3636
www.kctp.net/en

Kyo no Raku Chari
Tel. (075) 761 5828,
www.eng.rentacycle.jp

Der Koala ist zu einem Symbol für Down Under geworden (oben). Furchterregende Krieger auf Neuseelands Nordinsel (Mitte). Sydneys Opera House gehört zu den bekanntesten und größten Opernhäusern weltweit (unten). Ozeanien ist eingebettet in die Weiten des Pazifiks (rechte Seite).

Ozeanien

Tag und Nacht ein Highlight: Sydneys Facetten reichen vom Queen Victoria Building (oben) über die lebhafte George Street bis zu lockeren Straßen-musikanten, hier vor der »MS Europa« (rechte Seite). Auch nachts ist hier immer etwas los (unten).

97 Sydney – Stadt mit Sonnengarantie

Eine der schönsten Metropolen der Welt

Im Herzen von Australien pulsiert das Leben, es repräsentiert das Land und dort werden Trends gesetzt. Die Heimatstadt von vier Millionen Sydneysidern ist Australiens Antwort auf San Francisco, Rio de Janeiro oder Hongkong, allesamt kosmopolitische Hafenstädte in Premiumlage, die zu den bezauberndsten der Welt gehören. Und Attraktionen bietet Sydney mehr als alle anderen australischen Städte zusammen.

Eine beeindruckende Skyline, ein riesiges, von der Natur mit Hunderten von Buchten geformtes Hafenbecken, in dem sich nicht nur Jollen, Jachten und Kreuzfahrtschiffe tummeln, sondern auch rund 750 Fischarten. Überspannt (seit 1932) von der berühmten Hafenbrücke aus 52000 Tonnen Stahl, geschmückt vom noch berühmteren Opernhaus mit seinen markanten neun Hauben und überragt vom 305 Meter hohen Fernsehturm. In nur 40 Sekunden katapultiert einen der Lift ins sogenannte Aussichtskörbchen des höchsten Gebäudes auf dem Fünften Kontinent. Von oben sieht man, wie klein das Zentrum der Metropole eigentlich ist, und schaut bis zum Horizont auf die ewige Weite des Pazifischen Ozeans und in entgegengesetzter Richtung auf ein Meer von Vorstädten. Sydney hat zwar keine quadratische Form, in seiner maximalen Ausdehnung aber eine Breite und Länge von jeweils etwa 75 Kilometern – und wird nicht umsonst auch Town of Suburbs genannt: Eine Armada von Rasenmähern lärmt in kleinen Vorgärten, Autos werden vor der Garage auf Hochglanz poliert, und der unwiderstehliche Geruch von Holzkohle deutet auf den intensiven Gebrauch der Barbecue-Grills hin. Hier ist Sydney brav, bürgerlich, vielleicht sogar ein wenig bieder.

Ganz anders das Zentrum: Dort leben und arbeiten Leute, die ihren Job selten mehrere Jahre am Stück ausüben, die schon mal kündigen, wenn eine längere Reise ansteht. Und wer kein Handy bei sich hat, wird sich fragen lassen müssen, ob er denn zu Hause wenigstens fließend Wasser habe. In der City stellt die Moderne alles in den Schatten, auch die Historie. Zu Füßen des Fernsehturms treffen Glaspaläste auf viktorianische Bauten, die sich zu ducken scheinen, während die Backstein-Lagerhäuser vom Gründerzeit-Stadtteil The Rocks selbstbewusst wie Darling Harbour wirken, dem futuristisch gestalteten Viertel mit der Hochbahn Monorail.

Auch architektonisch kann Sydney überzeugen, ob mit der Art Gallery of New South Wales (oben), dem Elisabeth Bay House (Mitte), dem Rathaus (unten) oder dem Aborigine Cultural Centre (rechte Seite).

Auch die Manager der nationalen und internationalen Wirtschaft, Banken und Versicherungen thronen in Sydneys Höhen, in kühnen Wolkenkratzern, die Arbeitsplätze für Tausende bieten. Es scheint, als kämpfen selbst die Hochhäuser um die besten Plätze an der Sonne – oder um einen Blick auf den Circular Quay, dem kleinsten, aber wichtigsten Teil des Hafenbeckens. Hier machen am Kreuzfahrtterminal die Passagierschiffe der Welt Halt, hier legen die meisten Fähren an. Und hier sollte man auf jeden Fall eine Hafenrundfahrt buchen – oder doch wenigstens eine kurze Fährpassage nach Manly, bei der man wunderbare Blicke auf Stadt und Sehenswürdigkeiten genießen kann.

Selbstverständlich schlägt auch das kulturelle Herz Australiens in Sydney: ob im Opera House, in den Künstlervierteln Glebe oder Woolloomooloo, in den Clubs von Kings Cross oder in der gediegenen Art Gallery of New South Wales. Der Kunsttempel wurde schon Ende des 19. Jahrhunderts errichtet und bietet seinen Besuchern eine selten anzutreffende Symbiose. Der von acht mächtigen Säulen getragene, klassizistische Bau beherbergt neben weißer Malerei auch eine Aboriginal-Kunstsammlung.

Von einem weißen Mann wurde das heutige Sydney erstmals am 26. Januar 1788 betreten, als Kapitän Arthur Phillip mit einer Flotte von elf Schiffen und rund 1300 britischen Gefangenen im damaligen Port Jackson landete. Es war die »First Fleet«, der viele weitere Schiffe folgen sollten. Was viele nicht wissen: Die Segler nach Phillip hatten zunächst ausschließlich Strafgefangene an Bord. Und das moderne Australien basiert letztlich auf einer Sträflingskolonie. Erst 1868 fand der letzte Sträflingstransport nach Australien statt.

Kapitän James Cook hatte 1770 die Ostküste für die britische Krone in Besitz genommen. Und da England im nordamerikanischen Unabhängigkeitskrieg seine dortigen Kolonien verlor, bot sich der neue Kontinent an, um dorthin Verbrecher aus den überfüllten Gefängnissen in England abzuschieben. Sträflinge in Ketten oder der harte Strafvollzug waren die Regel. Ein Mann wurde schon an einen Pfahl gefesselt und mit zwölf Peitschenhieben abgestraft, wenn er zum Beispiel den Gouverneur einen Lump genannt hatte …

Nach Verbüßung ihrer Strafe konnten die Freigelassenen jedoch als Handwerker oder Bauern neue Existenzen aufbauen. Aber auch das war nicht einfach. In der Hitze Australiens das Land zu bestellen, war schweißtreibende Arbeit. Aber trotzdem: Die ehemaligen Strafgefangenen gründeten Siedlungen – darunter auch als erste Siedlung Sydney Cove – die Keimzelle der jetzigen Traumstadt Sydney.

Heute ähnelt Australiens Vorzeigestadt einem Fotomodell: ein wenig exotisch, ein bisschen romantisch, sehr charmant und unglaublich schön. Nicht umsonst erobert die Stadt bei Umfragen zu den schönsten, lebenswertesten und sichersten Metropolen der Welt regelmäßig Spitzenplätze. Das liegt sicherlich auch ein wenig an der Umgebung, den Ausflugszielen wie den Blue Mountains, den zahlreichen Stränden, der Weinregion Hunter Valley mit rund 80 Weingütern, die zu den Besten des Kontinents zählen, und einigen Nationalparks. Dazu gehört

Australiens ältester, der Royal National Park, rund 35 Kilometer südlich der Stadtgrenze von Sydney gelegen. Bereits 1879 wurde das Sandsteinplateau als schützenswertes Areal ausgewiesen und erhielt 1955 anlässlich eines Besuchs von Königin Elisabeth II. seinen jetzigen Namen.

Egal aus welchem Blickwinkel man das Stadt-Modell betrachtet, Sydney scheint nur Schokoladenseiten zu besitzen. Erstaunlicherweise hat die »Schöne« doch in einem Punkt auch mit einem schlechten Ruf zu leben: dem Image, die Sydneysider seien die unfreundlichen New Yorker Australiens. Um das zu beurteilen, muss man die Leute verstehen können. Aber da wird es selbst für Muttersprachler schwierig. Ein Trost, dass auch ein Engländer große Augen macht und der echte New Yorker gleich abwinkt, während der Deutsche nur an seinen Englisch-Kenntnissen zweifelt: Die Einreisebeamtin bringt die Zähne nicht auseinander. Der Taxifahrer verschluckt gekonnt sämtliche, doch scheinbar notwendige Silben, und der Obsthändler weigert sich standhaft, die Wortendungen der Preise auszusprechen. An Aussie-English muss man sich erst gewöhnen. Das gilt fürs ganze Land, aber es fällt beim größten Eingangstor Australiens am meisten auf – vor allem nach einem 20-Stunden-Flug und einem Zeitunterschied von neun Stunden.

AUF DEM KLEIDERBÜGEL

»Wenn du morgens um sechs über die Harbour Bridge schlenderst, siehst du die ganze Stadt im warmen Morgenlicht«, sagt Ron. Er arbeitete auf der Harbour Bridge – zusammen mit »Crocodile Dundee«-Darsteller Paul Hogan: »Auf dem Kleiderbügel« – wie die Sydneysider sagen – »hatten Paul und ich jede Menge Spaß. Wir waren Anstreicher in luftiger Höhe, bevor Paul zum Höhenflug als Schauspieler ansetzte.« Auch Touristen dürfen beim Bridge Climb auf den Bügel: Schwindelfreie Besucher kommen beim Brückenaufstieg bis zum höchsten Bogen. Alles liegt einem zu Füßen: Opernhaus, Meer, selbst die Skyline. Es ist zum Luftanhalten …

WEITERE INFORMATIONEN

Bridge Climb Sydney
Tel. +61 (0)2 8274 7777
www.bridgeclimb.com

Tourism New South Wales
c/o News Plus, München
Tel. (089) 2366 2139
www.sydney.com,
www.sydneyaustralia.com

Ein Reef Walk (oben) oder der Blick aus dem Glasbodenboot (unten) geben einen guten Eindruck von der Wasserwelt. Am schönsten ist das Barrier Reef aber, wenn man es mit der Jacht und Tauchflaschen erkundet (rechte Seite).

98 Das Great Barrier Reef – Sagenhafte Unterwasserwelten

Das berühmteste und älteste Korallenriff der Erde

Wale, Delfine, Seekühe und Haie, 2000 Fisch-, 400 Korallen- und 10 000 Schwamm-Arten haben ihr Zuhause am Great Barrier Reef: zu bewundern auf 350 000 Quadratkilometern bei einer Rifflänge von beinahe 2500 Kilometern. Das Fundament wird auf ein Alter von 20 Millionen Jahren geschätzt. Später verschmolzen viele kleine Riffe zum heutigen Giganten. Natürlich gehört auch das Great Barrier Reef zum Weltnaturerbe.

G'day, mate!«, begrüßt der Skipper der schneeweißen Segeljacht den Gast an Bord, ob dieser nun Banklehrling oder Direktor, Männlein oder Weiblein ist. Der Sunshine State gibt sich locker, und der Skipper macht so manchem seiner Gäste gehörig Angst vor dem Schnorchel- und Tauchtrip am Riff: »Ihr werdet einen sehen«, tönt er, »denn Haie haben wir hier draußen genügend!« Dann lenkt er ein: »Keine Angst! Es sind die harmlosesten Haie. Die Riffhaie, die ihr sehen werdet, haben mehr Angst vor euch, als ihr denkt. Also hauen sie schnell ab und suchen nach leichterer Beute.« Es versteht sich von selbst, dass beim Ausflug an die schroff abfallende Außenkante des Riffs auch mit Mantas, Clown-, Doktor- und Napoleonfischen Bekanntschaft gemacht werden kann. Auf der vom Festland abgewandten Seite, dem Outer Reef, fällt das Riff teils bis zu 2000 Meter Tiefe zum Meeresboden steil ab. Schwärme blaugelber Füsiliere schießen im Zickzack umher, farbenfrohe Pfauen-Zackenbarsche, Regenbogen-Makrelen und Papageifische gleiten vorüber. Seeschlangen winden sich dem Sonnenlicht entgegen. Und eine Schildkröte treibt scheinbar träumerisch im türkisfarbenen Wasser. Sechs der insgesamt sieben weltweit vorkommenden Arten von Meeresschildkröten leben am Barrier Reef, darunter auch die vom Aussterben bedrohten unechten Karettschildkröten und die pazifischen Suppenschildkröten.

Alles passiert vor einer Kulisse aus Korallen, die in allen Farben und Formen schillern. Fächerkorallen strecken ihre Finger in die See, Weichkorallen wiegen sich in der Strömung, Fische ziehen daran. Die menschlichen Besucher in ihren schwarzen Neoprenanzügen werden nicht beachtet. Wer in Australien ist und nicht wenigstens einen Teil von dieser gigantischen Fauna unter Wasser erlebt, bei einem Ausflug zum Tauchen oder auch

Die Vielfalt an Meeresfauna (oben) ist so einzigartig wie das süße Herzriff (Mitte). Ebenso abwechslungsreich ist das touristische Angebot. Wer trocken bleiben will, besucht das Townsville-Aquarium (unten und rechte Seite)..

Schnorcheln, der hat wirklich etwas verpasst.

Das Great Barrier Reef erstreckt sich über eine Fläche, die größer ist als die von Großbritannien, den Niederlanden und der Schweiz zusammen. Es beginnt im Norden vor Papua-Neuguinea auf dem 10. Breitengrad und endet im Süden mit Lady Elliot Island auf Höhe von Bundaberg auf dem 24. Breitengrad. Am 11. Juni 1770 entdeckte James Cook das große Riff auf schmerzhafte Weise: Seine »Endeavour« lief auf Grund.

Vor etwa 20 Millionen Jahren war das Riff nicht geschlossen. Es bestand aus einer Vielzahl von Einzelriffen. Und Teile des Riffs gehörten früher sogar zum Festland. Sie wurden überflutet, und die meisten der heute zum Riff gehörenden Inseln sind nichts anderes als die Spitzen versunkener Berge – auf denen übrigens auch an die 240 Vogelarten leben. Die heute sichtbaren Teile der farbenprächtigen Korallenriffe sind etwa 10 000 Jahre alt. Auch in der Zukunft wird das Riff Aussehen und Ausdehnung verändern, da es sich ja um einen lebenden Organismus handelt, der aufgrund vieler verschiedener Einflüsse einem ständigen Wandel unterliegt.

In Zeiten globaler Veränderungen stellt man nun auch down under immer häufiger die Frage: Steht das flächenmäßig größte Weltnaturerbe der Erde, bereits 1983 in die Unesco-Liste aufgenommen, vor dem Exitus? Für das größte lebende Ökosystem der Welt und den einzigen lebenden Organismus der Erde, der mit bloßem Auge vom Weltraum aus zu sehen ist, hat der Wettlauf mit der Zeit längst begonnen. Das Riff muss schließlich vor allem vor dem Menschen geschützt werden. Seit die ersten Europäer vor rund 200 Jahren nach Australien kamen, ist die Menge der vom Land ins Meer strömenden Nährstoffe ums Fünffache und die der Sandablagerungen sogar ums 15-fache gestiegen. Die Zahl der nistenden Karettschildkröten sank sogar um die Hälfte.

Von den gewaltigen Seekühen, den Dugongs, sind an der Küste Queenslands nur noch drei Prozent des Bestandes übrig. Auch Coral Bleaching ist am Great Barrier Reef kein Fremdwort mehr. Fachleute sehen steigende Wassertemperaturen als Ursache. Schon ein Grad über dem jährlichen Temperaturdurchschnitt reicht aus, dass Korallen ihre Farbe einbüßen. Und nach zwei Bleicheschüben in den letzten zehn Jahren erkannte man: Fünf Prozent aller Korallen, die ja Tiere sind und keine Pflanzen, benötigen zur vollständigen Erholung Jahrzehnte.

Ein Riffkomplex hat ein mittleres Wachstum von nur wenigen Zentimetern in einem Jahr. Man kann zwar sicher nicht von einem Exitus des Riffs sprechen, aber die alarmierenden Zeichen sind deutlicher geworden. Auch wenn gilt: Sieht es in einem Teil schlecht aus, heißt das nicht, dass es in anderen Teilen des Riffs genauso ist. Und getan wurde auch schon einiges. Die Ausweitung der extrem geschützten Zonen des Riffs von einst fünf Prozent auf nun rund ein Drittel ist ein wichtiger Schritt. Wer in diesen geschützten Zonen kommerziell oder privat fischt, riskiert empfindliche Strafen.

Gut zwei Milliarden Euro spült der Tourismus an der Küstenlinie entlang des Riffs pro Jahr ins Land. Etwa acht Millionen Touristen besuchen das Riff jährlich.

Mehr als 800 Anbieter mit fast doppelt so vielen Booten, Hubschraubern und Kleinflugzeugen bieten Fahrten zum Riff an. Es gibt Tagestouren, mehrwöchige Segeltörns und praktisch zeitlich auch alles andere dazwischen. Und für jeden Gast müssen die Betreiber etwas mehr als zwei Euro an die Marinepark-Verwaltung abführen, um die Forschung mitzufinanzieren. Außerdem hat die Verwaltung das Recht, Betreibern ihre Lizenzen bei Verstößen gegen den Naturschutz auch wieder zu entziehen, was von einer saftigen Geldbuße begleitet wird. Der Skipper der schneeweißen Segeljacht gehört nicht zu den schwarzen Schafen. Genau erklärt der Sunnyboy jeden Tag, was erlaubt ist und was nicht. Sein Ton ist ernst, die Gäste hören interessiert und aufmerksam zu. So muss es auch sein. Vor allem, wenn sich die Besucher später im Meer auch nach dem Gesagten und Erklärten richten.

Cairns, wo der Riffsaum nur 30 Kilometer entfernt ist, und Mission Beach im Norden, Townsville und Shute Harbour im zentralen Bereich sowie Rockhampton und Hervey Bay im Süden, wo man schon mindestens 300 Kilometer zum Riff schippern muss, sind die wichtigsten und meist frequentierten Ausgangsorte für Schiffsausflüge. Meiden sollte man die großen Katamarane, die 400 Plätze und mehr an Bord haben. Auch Glasbodenboot-Fahrten sind meist höchst unspektakulär, selbst wenn bei wasserscheuen Menschen der Reiz groß ist, sozusagen trockenen Fußes einzutauchen.

KLEINER, ABER FEIN

Es soll ja wirklich wasserscheue und ängstliche Zeitgenossen geben, die zwar gern mal einen Blick aufs Great Barrier Reef werfen möchten, den Schritt aber letztlich doch nicht wagen. Für diese Leute ist Townsville ein Muss. Denn dort steht mit dem Reef HQ das größte lebende Land-Korallenriff weltweit. Im Townsville-Aquarium leben mehr als 400 verschiedene Tierarten in einem Becken, das fast 40 Meter lang und sieben Meter tief ist. Die sensiblen Korallen benötigen wie draußen am Riff ein exaktes Gleichgewicht aus Salz, Temperatur, Sonneneinstrahlung und Nährstoffen.

WEITERE INFORMATIONEN

Reef HQ Townsville
Tel. +61 (7) 4750 0800,
www.reefhq.com.au

Tourism Queensland
c/o News Plus, München
Tel. (089) 2366 2139,
www.australien-info.de/great_barrier.html,
www.queensland.de

Umrunden statt besteigen lautet die Devise, um dem Uluru (oben und rechte Seite) die Ehre zu erweisen. Dabei spricht nichts dagegen, das erfolgreiche Unterfangen mit einem trockenen Weißen (unten) zu krönen.

99 Der Ayers Rock – Heiliger Berg der Aborigines

Mitten in Australien: der bekannteste Monolith der Welt

Im Zentrum des Fünften Kontinents ragt er seit Urzeiten aus einer baumlosen Ebene hervor. Für die Aborigines ist er heilig, für Touristen eine Attraktion der Weltklassekategorie. Sein Farbenspektrum im untergehenden Sonnenlicht ist unbeschreiblich, die Felszeichnungen zeugen von einer sehr langen Besiedlung: der Ayers Rock, seit 1987 ein Teil des Weltnaturerbes Uluru and Kata Tjuta National Park.

Für mehr als 80 Prozent der deutschen Gäste ist der Ayers Rock die Top-Sehenswürdigkeit im Northern Territory. Und viele von ihnen wollen den Berg nicht nur sehen, sondern auch erklimmen. Mingas – Ameisen – werden die Touristen genannt, die den heiligen Berg der Aborigines besteigen. Die Ureinwohner Australiens nennen nicht nur die Deutschen, sondern die Urlauber aus aller Welt so, weil sie von unten gesehen wie Ameisen wirken, wenn sie den Ayers Rock hinaufkrabbeln. Der Riesenmonolith ragt 348 Meter hoch aus einer weiten Ebene hervor und ist schon lange zu sehen, wenn man vom Lasseter Highway, also von Alice Springs, heranfährt. Aber Achtung: Zuvor kommt der beinahe ebenso imposante Mount Connor, den viele Reisende irrtümlich zunächst als Ziel ihrer Reise erachten.
Der Ayers Rock liegt nicht nur inmitten des 126000 Hektar großen Uluru and Kata Tjuta National Park, sondern auch im roten Herzen, dem geografischen Zentrum des Fünften Kontinents. Er ist ein Symbol für Australien, wie das Känguru oder das Opernhaus von Sydney. Von Weitem sieht der Ayers Rock ganz glatt aus. Beim Näherkommen erkennt man jedoch tiefe Furchen, durch die bei starkem Regen ganze Sturzbäche fließen. Die Aborigines sagen dann, der heilige Berg weine. Mit einer Länge von etwas mehr als dreieinhalb und einer Breite von knapp zweieinhalb Kilometern bringt es der Ayers Rock auf einen Gesamtumfang von 8,8 Kilometern. Geologen schätzen, dass seine Felsmasse noch um die drei Kilometer in die Tiefe der Erde hineinreicht. Aus der Luft, etwa beim Anflug von Alice Springs kommend, sieht der Monolith auch aus wie ein Riesenmeteorit, der sich ins Herz des Outback gebohrt hat. Der rote Berg wurde von Weißen erst 1873 entdeckt – von den Forschern William Glosse und Ernest Giles – und nach Henry Ayers benannt, dem damaligen Premierminister von Südaustralien. Bis 1948 kam ein Besuch

Der Uluru and Kata Tjuta National Park (Mitte und unten), in dessen Zentrum der Ayers Rock steht, zieht die verschiedensten Menschen an, vom Motorradfan (oben) bis zum Gourmet (rechte Seite unten). Die kleine Metropole Alice Springs ist auch die Basisstation der Royal Flying Doctors (rechte Seite oben).

des Ayers Rock einer Expedition gleich, erst dann wurde das Gebiet durch Pisten erschlossen. 1984 baute man die Resortanlage »Yulara« und einen eigenen Flugplatz.

Der Reiz ist groß, wie eine Ameise den 600 Millionen Jahre alten Ayers Rock zu meistern. »Wir sehen es zwar nicht gerne, wenn die Fremden unseren Berg besteigen, aber wir tolerieren es«, meint ein Anangu, der als Ranger für die Verwaltung des Uluru Kata Tjuta National-Park arbeitet. Der Stamm der Anangu hat sein Heiligtum 1985 nach langem Rechtsstreit als Eigentum zurückbekommen, ihn aber an den Staat zurückverpachtet, um den Urlaubern nicht ein Highlight im Wortsinn zu entziehen. Das Tourismusministerium sieht das gerne. Man will schließlich die Besucher im Northern Territory zufriedenstellen.

So bleibt es letztlich jedem selbst überlassen, den Uluru, wie der Berg in der Sprache der Aborigines heißt, zu erklimmen und sich den Sticker »I climbed Ayers Rock« ans Revers zu heften. Der zu den größten Monolithen der Erde zählende Berg besteht aus rotem Sandstein, der bei ungenügendem Profil an den Sohlen auch ganz schön glatt sein kann. Gerade der Beginn ist sehr steil. Aufstiegshilfen wie fest verankerte Ketten helfen. Der weitere Weg ist mit weißen Strichen markiert. Den offiziellen Pfad zu verlassen, ist streng verboten.

Und wer sich für den Aufstieg entschließt, sollte unter keinen Umständen eine Wasserflasche vergessen. Ist man einmal oben, überwältigt der Blick auf die endlose Weite und gen Westen auf die Olgas und den Kata Tjuta National Park.

Die Alternative wäre, das Heiligtum der Aborigines und Weltnaturerbe der Menschheit mit respektvollem Abstand zu umwandern, dabei 20000 bis 40000 Jahre alte Höhlenzeichnungen bestaunen, um sich stolz das T-Shirt mit der Aufschrift »I didn't climb Ayers Rock« überzustreifen. In der Regel werden diese Wanderungen von Aborigines begleitet, die Traumzeit-Geschichten erzählen.

Rund 300000 Touristen besuchen jedes Jahr den Rock. Jeder Dritte geht nach oben. Und jedes Jahr passieren beim Auf- oder Abstieg zahlreiche Unfälle, manchmal sogar tödliche. Jeder Unfall beim sogenannten Climb ist auch ein Unfall für die Anangu. Denn als Wächter des Urgesteins fühlen sie sich für das Wohl seiner Besucher verantwortlich. Ein Grund, warum der Berg im Sommer bei Temperaturen ab 38 Grad gesperrt wird. Der Auf- und Abstieg erfordert zwei bis drei Stunden, was selbst im australischen Winter – im Zentrum mit milden 20 Grad – nicht ohne Mühen ist. Der (sinnlose) Rauf-Runter-Rekord liegt freilich bei unglaublichen 24 Minuten …

Aber der Berg lässt sich auch ohne schlechtes Gewissen – beim Aufstieg – oder kräfteraubende Energieleistung – bei der Umrundung – genießen. Bei Sonnenauf- oder Sonnenuntergang beeindruckt der Ayers Rock mit seinem Farbenspiel von Hellgelb bis Purpurrot alle: Bergsteiger, Wanderer, Aborigines. Es gibt sicherlich nur sehr wenige Plätze auf der Welt, an denen die Frühaufsteher der Sonne den Rücken zukehren. Der Ayers Rock ist so ein Ort, denn alle wollen das Licht der Sonne auf dem Berg sehen. Und viele wünschen sich dabei eine meditative Stille, um den Beginn eines

neuen Tages an einem ganz besonderen Ort zu erleben, um Kraft und Energie zu tanken – so man an Kraftorte, Energiequellen und Mythen glaubt. Das kann klappen. Aber es kann auch schiefgehen, nämlich dann, wenn Gruppen zum Sektfrühstück auffahren, Klappstühle aufstellen und lautstark Campingplatzatmosphäre verbreiten. Oder wenn man bei einer improvisierten Didgeridoo-Vorstellung erfährt, dass man dieses uralte Instrument der Aborigines heutzutage auch problemlos durch ein Stück PVC-Rohr ersetzen kann. Wer das Didgeridoo beherrscht, entlockt auch dem Baumarktteil die gleichen Töne.

Der Ayers Rock und der umgebende Nationalpark werden oft mit dem Northern Territory und dem Outback gleichgesetzt, sie stellen aber trotz ihrer Größe nur einen winzigen Teil davon dar. Das Northern Territory ist eines der letzten großen Natur- und Wildnisgebiete der Erde mit einzigartigen Landschaften, großartigen Naturschönheiten und vielfältiger Fauna. Das Land zwischen tropischer Vegetation an der Nordküste sowie Busch und Wüste im Zentrum ist mit einer Fläche von 1,35 Millionen Quadratkilometern das drittgrößte Bundesland Australiens – und immerhin viermal so groß wie Deutschland.

ALICE IM WUNDERLAND

Alice Springs, die einzige Stadt im Zentrum, die dieser Bezeichnung annähernd gerecht wird, erscheint nach ausgiebigen Outback-Touren in der Einsamkeit fast wie eine kleine Metropole, die in die Wüste gepflanzt wurde. Sie ist für die meisten nur der Ausgangspunkt zum Ayers Rock, aber ein Aufenthalt lohnt durchaus. Zu den Sehenswürdigkeiten gehören die Basis der Royal Flying Doctors und die School of Air, das größte Klassenzimmer der Welt. Schließlich werden die Kinder ob der immensen Entfernungen in vielen Fällen noch heute über Funk unterrichtet.

WEITERE INFORMATIONEN

Tourist Information Alice Springs
Tel. +61 (0)8 8952 5800,
www.alicesprings.net.au

Tourism Northern Territory,
Frankfurt/Main
Tel. (069) 2740 0618,
www.australiannationalparks.com
www.ayersrockresort.com.au

Australiens Outback: ein faszinierender
Ort der Extreme.

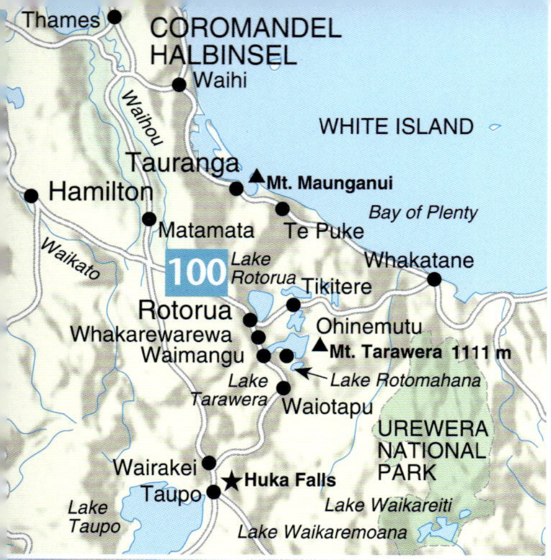

In Rotorua hat Neuseelands Tourismusindustrie mit Staatshilfe begonnen. Deshalb heißt der Kurpark heute noch Government Gardens, Staatsgärten. Man findet hier ein historisches Badehaus (oben) und Boulespieler (unten). Der Geysir Pohutu im Maorikulturzentrum Te Puia bricht mehrmals am Tag aus (rechte Seite).

100 Rotorua – Zentrum der Maori

Die faszinierende Naturbaustelle

Rotorua ist ein Zentrum der Maori-Kultur und ein einzigartiges Labor der Natur: Eine Blase flüssigen Gesteins im Erdinneren sorgt dafür, dass hier Geysire fauchen, Schlammtümpel kochen und heiße Thermalquellen sprudeln wie sonst nirgendwo im Land. In die Hügellandschaft der Umgebung sind zehn teils völlig unberührte Seen und Naturparks mit herrlichen Spazierwegen eingebettet. Diese fantastische Kombination hat das Städtchen am See zum touristischen Zentrum der Nordinsel gemacht.

Das Städtchen Rotorua liegt am gleichnamigen See, eingefasst von dunklen Wäldern. Im Westen breitet sich die Flusslandschaft des Waikato aus. Die fruchtbaren Weiden werden für Milchwirtschaft im industriellen Stil genutzt. Im Osten findet man die reichen Obstgärten der Bay of Plenty. Rotorua möchte sich gerne als Heilbad und Konferenzstadt sehen und strengt sich dafür an: Die städtischen Gartenanlagen sind gepflegt wie in einem europäischen Schloss. Gut zahlende Gäste werden mit Luxuslodges verwöhnt und haben fantastische Gelegenheiten zum Golfspielen und Angeln von Forellen.

In einem Paralleluniversum bewegt sich das Leben der lokalen Maori – mit 30000 immerhin die Hälfte der Bevölkerung. Sie werden vom Tourismus nur gestreift – meist durch Jobs in Hotels und auf den Bühnen der Volkstanzgruppen. Ihren Alltag prägen kleine Wohnhäuser, Spitals-, Forst- und Baustellenjobs, wenig Geld und oft harte Disziplin – viele Familienväter sind Berufssoldaten in der neuseeländischen Armee. Das macht das Lächeln der singenden Mädchen auf den Bühnen der Hotels nicht unecht, aber beunruhigend. Und es macht Rotorua nicht unangenehm, aber unausgeglichen. Wer will, der hört den Sand im Getriebe der Maschine.

Vom Stammesgebiet zum Kurort

Die ersten Siedler kamen vor etwa 650 Jahren in diesen einzigartigen Landstrich, polynesische Seefahrer, die an der Küste der nahen Bay of Plenty landeten – und bis heute geblieben sind. Der Name ihres Doppelrumpfkanus, Te Arawa, der Hai, hat sich auf den Stamm übertragen.

Te Arawa haben unter den anderen Maori-Stämmen wenig Freunde, sie haben in den Landkriegen zwischen 1845 und 1883 stets auf Seiten der Weißen gekämpft. Als Frieden einkehrte, begann die Kolonialregierung, das attraktive Stammesgebiet als Kurort zu erschließen.

Um Rotorua zu erforschen, braucht man ein Auto. Im Umkreis von 60 Kilometern warten die Vulkanruine Tarawera und faszinierende thermische Gärten wie Waiotapu, wo Hitze und Mineralstoffe zusammenwirken wie Künstler (oben, Mitte und unten). Zum Bad laden mehr als ein Dutzend sauberer Seen (rechte Seite).

Auch die englische Königin Viktoria zeigte sich dankbar für die Hilfe der Te Arawa und schenkte ihnen eine Büste von sich selbst als Zeichen der Wertschätzung. Sie war lange öffentlich ausgestellt. Nun, da die Te Arawa nicht mehr ganz so stolz auf ihre Königstreue sind, hat man sie diskret eingelagert.
Ohinemutu ist der alte Kern der Siedlung Rotorua. Hier findet man ein sehr schönes Versammlungshaus der Maori und, direkt am See, die kleine anglikanische Kirche St. Faiths. Von hier aus hat der erste Missionar, der Amerikaner Spence, ab 1841 mehr als 50 Jahre geduldig auf skeptische Eingeborene eingewirkt – sein mit Rosen geschmücktes Grab vor der Kirche bestätigt das: »He waited patiently« heißt es da – er wartete geduldig. In der Kirche hat ihm seine Gemeinde ein Denkmal gesetzt. Ein Glasfenster zeigt den geistlichen Herrn, der seine wenigen weit verstreuten Schafe meist zu Fuß besuchen musste, wie er durchs Leben ging – mit einem großen Regenschirm.
Vor der Kirche liegen erhöhte Gräber – man hat sie wegen der thermischen Aktivität so gebaut. Wasserdampf erhitzt den Boden hier so sehr, dass normal Bestattete langsam gekocht würden. Anderswo im Dorf ist die Erdenergie nützlich: Im Winter leiten Rohre heißen Wasserdampf aus dem Erdinneren unter den Häusern durch und schaffen so eine Art Fußbodenheizung, den Sommer über wird der Dampf entsprechend abgeleitet.
Die Government Gardens liegen neben dem Stadtzentrum am See. Sie heißen so, weil die Zentralregierung in Wellington die gepflegten Parkanlagen anlegen ließ. Auch das historische Badehaus im Tudorstil wurde damals aus Steuergeldern gebaut. Heute sind hier das interessante Regionalmuseum und eine Kunstgalerie untergebracht.
Die heißen Quellen von Te Puia haben Tradition. Seit 100 Jahren führen Maori Touristen durch dieses faszinierende Thermalgebiet, in dem man Sinterterrassen, blubbernde Schlammtümpel und Geysire findet. Pohutu, der größte Geysir im Land, sprüht bis zu 30 Meter hoch, meist mehrmals am Tag.

Ein Paradies für Vögel

Auch der See Rotorua hat Attraktionen: Am besten erkundet man sie entlang des Seeufers, wo ein Naturlehrpfad angelegt worden ist. Man lernt, dass unterirdische Quellen Schwefel und Gase ausstoßen, die das Seewasser an einigen Stellen milchig färben und säurehaltig machen. Anderswo tritt eine Art Lachgas aus, was Touristen vor etwa 100 Jahren nach Berichten von Zeitgenossen immer sehr fröhlich gestimmt hat, wenn sie nicht gerade ohnmächtig wurden und ertranken. Man erfährt auch die Namen und Gewohnheiten von einem Dutzend Vogelarten, die hier im bedeutenden Naturschutzgebiet an der Sulphur Bay (glücklicherweise zur Hauptreisezeit) nisten. Es ist eine internationale Gesellschaft: Schwarze Schwäne aus Australien, Finkenarten aus Europa sowie Enten (Scaup) und Möwen (Black billed Gull), die es nur in Neuseeland gibt. Auf der Insel Mokoia, einem Vogelschutzgebiet der Naturschutzbehörde in der Mitte des Sees, sieht und hört man auch die extrem seltene Tieke (Saddleback), Hihi (Stitchbird) und die Nordinsel Drossel (North Island Robin).

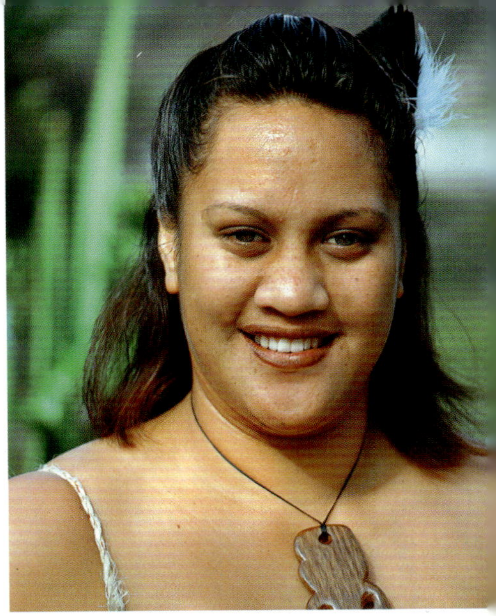

Regenbogenforellen sind keine eingeborenen »Neuseeländer«. Sie wurden 1889 im See ausgesetzt und gediehen prächtig. Wer welche essen möchte, muss sie sich selbst fangen, denn kommerziell darf mit dem Sportfisch nicht gehandelt werden. Im See Rotorua wiegen die Trophäen etwa drei Pfund, im Lake Tarawera sind Fische von sieben bis elf Pfund keine Seltenheit.

Der Untergang des achten Weltwunders

Rotoruas Umgebung ist vielgestaltig und interessant. Einen ersten Überblick erlaubt der Aussichtsberg Ngongotaha, auf den eine Gondelseilbahn führt. Abenteuerlustige können über eine 900 Meter lange Rutsche wieder ins Tal gelangen. Das beliebteste Ziel ist ein berühmtes Katastrophengebiet: See und Berg Tarawera. Mount Tarawera (verbrannter Speer) ragt 1111 Meter empor. Der Vulkan galt als erloschen, ehe er am 10. Juni 1886 regelrecht explodierte. Er schleuderte Felsen, Lava und Asche über ein Gebiet von 15 000 Quadratkilometern und begrub Dörfer, in denen 147 Maoris und sechs Europäer lebten, unter sich. Vernichtet wurden auch die legendären Pink and White Terraces, zwei eindrucksvolle Sinterterrassen, die vom Ufer des Lake Rotomahana 250 Meter in die Höhe ragten und von Schriftstellern des 19. Jahrhunderts als das achte Weltwunder bezeichnet wurden. Spuren der Eruption sind heute noch eindrucksvoll. Die Explosion hat eine sechs Kilometer lange und 250 Meter tiefe Schlucht in den Berg gerissen.

Die Vielfalt der Naturparks macht einem die Wahl schwer: In Waiotapu (»Heiliges Wasser«) hat sich die Natur als Maler versucht. Verschiedene Mineralzusätze haben Kratern und Teichen eine verblüffende Farbenvielfalt gegeben. Das »Tintenfass des Teufels« ist giftgrün, die »Palette des Künstlers« reicht von Ocker bis Dunkelorange. Das Tal von Waimangu bietet neben üppiger Vegetation dampfende Klippen und den größten kochenden See der Welt. In Orakei Korako warten ein Märchensee, Sinterterrassen und eine romantische Höhle.

RAFTING THE KAITUNA

Neuseeland hat viel aufregendes Wildwasser. Man erforscht es am besten per Gummifloß in einer kleinen Gruppe, geführt von einem Wildwasserprofi. Helme, Schwimmwesten und Neoprenanzüge stellen die Veranstalter, meist auch etwas zu essen und eine heiße Dusche danach.

Die Wildheit des Wassers wird in sechs Grade eingeteilt, wobei eins oder zwei langweilig und sechs unbefahrbar bedeutet. Anfänger kommen (als Mitfahrer) mit Grad 3–4 noch zurecht.

Schöne Naturerlebnisse in dieser Klasse findet man rund um Rotorua am Fluss Mohaka oder in den stilleren Teilen des Rangitikei (2–3). Die 200–300 Meter hohen Klippen um die Mokai-Schlucht des Rangitikei wurden in der ersten Folge des »Herrn der Ringe« verewigt. Wer sich fürchten möchte, muss auf den Kaituna River. Er hat Grad fünf, das steilste Gefälle und den tiefsten Fall von allen Wildbächen Neuseelands.

WEITERE INFORMATIONEN

Wet n Wild Rafting: 2 White St., Rotorua, Tel. (07) 348 3191, www.wetnwildrafting.co.nz

Verantwortlich: Stephanie Iber
Redaktion: Christa Klus-Neufanger
Layout: Mediaservice Rudi Stix
Repro: Repro Ludwig
Kartografie: Astrid Fischer-Leitl
Herstellung: Bettina Schippel
Gesamtherstellung:
Verlagshaus GeraNova Bruckmann

★★★★★

Sind Sie mit diesem Titel zufrieden? Dann würden wir uns über Ihre Weiterempfehlung freuen.
Erzählen Sie es im Freundeskreis, berichten Sie Ihrem Buchhändler, oder bewerten Sie beim Onlinekauf.
Und wenn Sie Kritik, Korrekturen, Aktualisierungen haben, freuen wir uns über Ihre Nachricht an Bruckmann Verlag, Postfach 40 02 09, D-80702 München oder per E-Mail an lektorat@verlagshaus.de.

Unser komplettes Programm finden Sie unter

www.bruckmann.de

Alle Angaben dieses Werkes wurden von den Autoren sorgfältig recherchiert und auf den neuesten Stand gebracht sowie vom Verlag geprüft. Für die Richtigkeit der Angaben kann jedoch keine Haftung übernommen werden.

Textnachweis
S. 12–19: Axel Pinck, Hamburg; S. 20–23: Eva Becker, München; S. 24/25: Jochen Müssig, München; S. 26–29: Karin Hanta, Vermont; S. 30–35: Michael Rinn, Gießen; S. 36–51: Constanze Wimmer, Passau; S. 52–55: Dagmar Kluthe, München; S. 56–63: Herbert Taschler, Eppan a.d.W.; S. 64–67: Dagmar Kluthe, München; S. 68/69: Peter V. Neumann, Burgkunstadt; S. 70–81: Lothar Schmidt, Düsseldorf; S. 82–85: Andrea Lammert/Dörte Sasse, Springe; S. 86–103: Jörg Berghoff, Oberdachstetten; S. 104–109: Peter Sahla, London; S. 110–117: Kerstin Langenberger, Lohmar; S. 118–121: Hans-Joachim Spitzenberger, Seevetal; S. 122–125: Hans Günther Meurer, Henstedt-Ulzburg; S. 126/127: Thomas Krämer, Filderstadt; S. 128–139: Hans-Joachim Spitzenberger; S. 140–153: Thomas Krämer; S. 154–161: Bernd Klaube, Kitzingen; S. 164–173: Hans-Günter Semsek, Bonn; S. 174/175: Franz Hölzl, Unterhaching; S. 176–205: Roland F. Karl, Wiesbaden; S. 207–231: Dr. Margit Brinke, Peter Kränzle, Augsburg; S. 232–245: Jochen Müssig; S. 246–253: Axel Pinck; S. 254–265: Rainer Waterkamp, Bonn; S. 266–273: Gregor Rabe, Berlin; S. 274/275: Andreas Drouve, Pamplona; S. 276/277: Hans-Joachim Löwer, Garmisch-Partenkirchen; S. 280–283: Klio Verigou, Aachen; S. 284–289: Michael K. Nathan, Hamburg; S. 290–297: Zeno von Braitenberg, Tirol; S. 298–313: Britta Petersen, Neu-Delhi; S. 314–317: Stefan Heiligensetzer, Sulzberg; S. 318–327: Oliver Fülling, Frechen; S. 328–335: Kay Maeritz, Salzböden; S. 336–349: Bernd Schiller, Hamburg; S. 350–359: Bernhard Kleinschmidt, Uffing; S. 362–375: Jochen Müssig; S. 376–379: Thomas Frank, Sydney

Bildnachweis
S. 4 o.: Bildagentur LOOK, München/Böttcher, U.; S. 4 M.: Kay Maeritz, Salzböden; S. 4 u.: Picture Alliance, Frankfurt a.M./dpa; S. 5 o.: Holger Leue, Haunetal ; S. 5 M.: Franz Marc Frei, München; S. 5 u.: Oliver Bolch, Maria Enzersdorf; S. 6 o.: Hans Zaglitsch, Deventer; S. 6 M.: Christian Heeb, Bend; S. 6 u.: Udo Bernhart, Frankfurt a.M.; S. 7 o.: Johann Scheibner, Berlin; S. 7 M.: Hans Zaglitsch; S. 7 u.: Clemens Emmler, Simonswald; S. 10 o.: Norbert Kustos, Malsch; S. 10 M.: LOOK/Martini, R.; S. 10 u.: Michael Rinn, Gießen; S. 10/11: Ernst Wrba, Wiesbaden; S. 12–20: alle Bilder von LOOK; S. 21/22: Shutterstock (www.shutterstock.com): 21 u., 22 u. (360b), 21 o. (Soundsnaps), 22 o. (qwertz1509); S. 26–29: alle Bilder von Rainer Hackenberg, Köln; S. 30–35: alle Bilder von Michael Rinn, außer: S. 33 u. (Shutterstock/DeepGreen), 32 u. (Shutterstock/Pecold), 35 u. (Shutterstock/pedrosala), 31 (Shutterstock/Vaclav Volrab); S. 36–51: alle Bilder von LOOK; S. 52–55: alle Bilder von Ernst Wrba; S. 56–63: alle Bilder von LOOK, außer: S. 58 M., 62 alle, 63 u. (Bernhart, U.), 59 o. (Picture Alliance, Frankfurt a.M./Bildagentur-online); S. 64–67: alle Bilder von Ernst Wrba; S. 68/69: alle Bilder von LOOK; S. 70–81: alle Bilder von Kay Maeritz, außer: S. 76 u., 77 (Zaglitsch, H.), 72 u. (Shutterstock/Gomez, F.), 73 u. (Shutterstock/jorgedasi), 72 o.r. (Shutterstock/Kelin, S.), S. 70 u., 73 o. (Shutterstock/Stone, J.); S. 82–85: alle Bilder von Norbert Kustos; S. 86–89: alle Bilder von Sammy Minkoff, Eching, außer: S. 89 o. (Berghoff, J.), 88 u. (Shutterstock/Clark, P.), 86 u. (Shutterstock/Gale, D.), 86 o., 87 (Shutterstock/Young, D.); S. 90–103: alle Bilder von Richard Gardner, London, außer: S. 93 o., 97 o., 97 u. (Berghoff, J.), 91 (Shutterstock/Melichar, R.); S. 104–109: alle Bilder von Petra Woebke, Hamburg, außer: S. 107 o. (Shutterstock/m. letschert), 105 u. (Shutterstock/Shaiith); S. 110–117: alle Bilder von Olaf Krüger, Stuttgart, außer: S. 110 u., 117 u. (Langenberger, K.); S. 118–121: alle Bilder von Petra Woebke, außer: S. 120 u., 121 o. (Spitzenberger, H.-J.); S. 122–125: Shutterstock: S. 124 o.l. (0399778584), 123 (anshar), 125 o. (gary718), 125 u. (Goryachev, S.), 124 u. (Nekrassov, A.), 122 u. (Selivanov, F.), 122 o. (SergiyN), 124 o.r. (Yargin); S. 126–149: alle Bilder von Petra Woebke, außer: S. 127 u., S. 141, 142 o., 142 M., 143 u., 143 o., 147 o. (Krämer, T.); S. 150–153: alle Bilder von Thomas Krämer, Stuttgart; S. 154-159: alle Bilder von Olaf Meinhardt, Kreuzkamp; S. 160/161: Shutterstock: S. 160 o. (Maksimyuk, A.), 161 o. (Mikadun), 161 u. (Poprotskiy, A.), 160 u. (Shchipkova, E.); S. 162 o.: Christian Heeb; S. 162 M.: Clemens Emmler ; S. 162 u.: Rainer Hackenberg; S. 162/163: Clemens Emmler; S. 164–173: alle Bilder von Rainer Hackenberg; S. 174/175: Shutterstock: S. 174 o. (hanbm52), 175 o. (mountaintreks), 175 u. (Photocreo), 174 u. (Todorovic, A.); S. 176–179: alle Bilder von LOOK, außer: S. 176 o., 176 u. (Heeb, C.), 179 o. (Karl, R.), 177 o. (Picture Alliance/Dumont Bildarchiv), 177 u. (Picture Alliance/akg-images); S. 180–183: alle Bilder von Christian Heeb, außer: S. 183 u. (Karl, R.), 182 o. (LOOK/age fotostock); S. 184–193: alle Bilder von LOOK, außer: S. 188 alle, 189 u., 190 u., 192 M., 193 o., 193 u. (Heeb, C.), 184 o., 187 o., 190 o., 192 o. (Karl, R.); S. 194–197: alle Bilder von Clemens Emmler; S. 198/199: Shutterstock: S. 198 u. (Loest, D.), 198 o., 199 o. (orangecrush), 199 u. (Temps, D.); S. 200–205: alle Bilder von Clemens Emmler, außer: S. 200 o. (Karl, R.); S. 206 o.: Picture Alliance/akg-images; S. 206 M.: Holger Leue; S. 206 u.: LOOK/age fotostock; S. 206–231: alle Bilder von Christian Heeb, außer: S. 230 o. (Shutterstock/fotomak), 231 u. (Shutterstock/Cavalleri, R.); S. 232–245: alle Bilder von Holger Leue, außer: S. 244 u. (Pompe, I.); S. 246–253: alle Bilder von Christian Heeb, außer: S. 247 o. (Picture Alliance/ NHPA/photoshot); S. 254–257: alle Bilder von LOOK, außer: S. 254 u., 257 u. (Waterkamp, R.), 255 (Picture Alliance/Bildagentur-online); S. 258–261: alle Bilder von Rainer Waterkamp, Bonn, außer: S. 259 u. (LOOK/Bogner, T.), 259 M. (Picture Alliance/Bildagentur-online); S. 262–265: alle Bilder von LOOK, außer: S. 262 u., 264 u., 265 o., 265 u. (Waterkamp, R.), 263 u. (Picture Alliance/ Bibliographisches Institut); S. 266–269: alle Bilder von Holger Leue, außer: S. 266 u., 276 o. (Chichester, P.); S. 270–273: alle Bilder von Ingolf Pompe, Stuttgart, außer: S. 271 o., 271 u., 272 o. (El-Salamouny, A.), 270 o., 272 M. (Leue, H.); S. 274/275: Shutterstock: S. 275 o. (Barskaya, G.), 275 u. (elnavegante), 274 u. (Kumsri, Y.), 274 o. (Serjio74); S. 276/277: Shutterstock: S. 276 u. (kavram), 276 o., 277 o., 277 u. (Pichugin, D.); S. 278 o.: Franz Marc Frei, München; S. 278 M.: Picture Alliance/dpa-Zentralbild; S. 278 u.: LOOK/Pompe, I.; S. 278/279: Johann Scheibner, Berlin; S. 280–283: alle Bilder von Franz Marc Frei; S. 284–289: alle Bilder von Ernst Wrba, außer: S. 287 o. (www.attractions-in-israel.com); S. 290–297: alle Bilder von Udo Bernhart; S. 298–313: alle Bilder von Johann Scheibner; S. 314–317: alle Bilder von Stefan Heiligensetzer, Sulzberg; S. 318–321: alle Bilder von Picture Alliance, außer: S. 319 o., 319 M., 319 u., 320 M., 320 u. (Bolch, O.); S. 322–327: alle Bilder von Oliver Bolch, außer: S. 322 u., 323 u., 324 o., 324 M., 324 u.l., 324 u.r. (Mohr, C.), 323 o. (Picture Alliance/Bildagentur Huber), 323 M. (Picture Alliance/Okapia), 325 o. (Picture Alliance/ Lonely Planet Images); S. 328–335: alle Bilder von Kay Maeritz, außer: S. 335 u. (Bildagentur Huber, Garmisch-Partenkirchen/Stadler, O.); S. 336–349: alle Bilder von LOOK, außer: S. 342 M., 342 o., 349 o. (Schiller, B.), 338 o., 340 u., 341, 342 o.r., 343 u., 344/345, 346 u., 348 o.r. (Zaglitsch, H.), 339 o. (Indochina Junk); S. 350–359: alle Bilder von Interfoto, München, außer: S. 358 o.r. (Shutterstock/Greir); S. 360 o., u.: Holger Leue; S. 360 M.: Clemens Emmler; S. 360/361: Holger Leue; S. 362–375: alle Bilder von Holger Leue, außer: S. 373 o. (Müssig, J.); S. 376–379: alle Bilder von Clemens Emmler.

Umschlag
Vorderseite:
Oben, v. l. n. r.: Die Pyramiden von Gizeh (Okapia/imagebroker); der Eiffelturm in Paris (Bildagentur Huber/Kremer, S.); Traumstrand auf Hawaii (LOOK/ Design Pics)
Mitte: Der Tadsch Mahal in Agra (Bildagentur Huber/Gräfenhain)
Unten: Die Skyline von Manhattan, New York City (Bildagentur Huber/Kremer, S.)
Rückseite:
Oben, v. l. n. r.: Die Berliner Museumsinsel (Shutterstock/Stroujko, B.); Giraffe im südafrikanischen Busch (Emmler, C.); liegender Buddha in Bangkok (Maeritz, K.)
Unten: Blick auf Rio de Janeiro und den Zuckerhut (Shutterstock/Belova, C.)
Klappe vorne: Der Gullfoss in Island (Krüger, O.)
Klappe hinten: Kioskverkäufer in Istanbul (Frei, F.)

S. 1: Grazien bei der Pfingst-Wallfahrt im andalusischen El Rocío (Maeritz, K.)
S. 2/3: Boot vor dem Hat Tham Phra Nang bei Krabi (Maeritz, K.)

Die Deutsche Nationalbibliothek verzeichnet diese Publikation in der Deutschen Nationalbibliografie; detaillierte bibliografische Daten sind im Internet über http://dnb.d-nb.de abrufbar.

ISBN 978-3-7654-6120-0